2012年教育部哲学社会科学重大课题攻关项目阶段性成果

作者简介

于志刚

男，1973年生，洛阳人。中国政法大学教授，博士生导师。法学学士（1995年，中国人民大学）、法学硕士（1998年，中国人民大学）、法学博士（2001年，中国人民大学），2001年进入中国政法大学任教，次年破格晋升副教授。2004年至2005年赴英国牛津大学做访问学者，2005年破格晋升教授，2006年被遴选为博士生导师，同年开始兼任北京市顺义区人民检察院副检察长至今。2009年至2012年任中国政法大学研究生院副院长，2012年起任学校教务处处长。2007年入选教育部新世纪优秀人才支持计划，2010年获北京市五四青年奖章，当选第11届全国青联委员。

十余年来在《中国社会科学》、《法学研究》等刊物上发表学术论文200余篇，出版《传统犯罪的网络异化研究》等个人专著12部、合著多部，主持教育部哲学社会科学重大课题攻关项目、国家科技支撑计划项目、国家社科基金项目等省部级以上科研项目近20项。2010年11月，当选第六届全国十大杰出青年法学家。

于 冲

男，1986年生，山东曲阜人。中国政法大学刑法学专业博士研究生。在《法学论坛》、《中州学刊》等刊物上发表学术论文20余篇，参与教育部哲学社会科学重大课题攻关项目、国家社科基金项目等省部级科研项目近10个，两次获批主持中国政法大学博士研究生创新实践资助项目。

2012年教育部哲学社会科学重大课题攻关项目阶段性成果

法学格致文库

穷究法理 探求真知

网络犯罪的裁判经验与学理思辨

于志刚

于冲 著

中国法制出版社

CHINA LEGAL PUBLISHING HOUSE

炼出共同的刑法理论命题，实现学术知识的增长，发现未来立法完善的方向。表面上看，以司法实务中的问题为导向的研究思路目前获得了普遍的认可，至少鲜有人会提出质疑，但是，此种研究思路的真正贯彻可能困难重重。刑法典、司法解释与司法案例是刑法学研究的三大素材，它们在学术研究中的受关注度依次递减。乐于研究"成品"，而不屑于以"毛坯"为对象创新、雕刻出精细"作品"，似乎是中国刑法学研究中一个颇成现象的习惯，此种研究现象造成了理论研究与司法实践的日渐脱节。因此，重视案例研究、办案智慧、司法经验的理论价值与立法意义，改变当前刑法学研究中"言必称'三、四要件'之争"的习惯，重视刑法问题中的中国思路与中国经验，是解决当前刑法学研究停滞不前问题的出路之一。

对于网络犯罪的研究，无法避免社会整体从传统工业社会到信息社会的过渡，从传统单层社会到双层社会（现实社会和虚拟社会）的过渡，涉及诸多层面的复杂问题。网络犯罪的研究，不仅仅是刑事实体法的研究，而且作为对一种犯罪现象的理论归纳性思考，应该立足于现实中的典型案例，从一线司法机关所审结的案例中探寻网络犯罪的当前态势和行之有效的解决方案。当然，从另一个方面说，任何源于司法实践的个案智慧和裁判经验都是有限的，具体的一个案例只是大量网络犯罪的一个缩影，无法全面反映出网络犯罪与刑事制裁的整体现状，如果桎梏于个案和经验的简单梳理，以案例分析取代理论研究，将很容易陷入到只见"树叶"不见"森林"的窘白之中。因此，应予提倡的案例研究不是就案论案的简单反思，而是要从典型案例中挖掘问题，在个案裁决中采撷经验，在学理思辨中升华智慧，进而拓展问题研究的视野，推动研究结论发挥社会效应。理论思索的优势不仅仅在于为问题找到答案，而且要使问题的答案能够成为"举一反三"型、放之四海而皆准的答案，最终为同类案件的顺利解决确定理论解析思路和法律依据，实现从"实践哺养理论"到"理论指导实践"的良性循环，达到立法、司法和理论一体化发展和互动的理想境界。

伴随着计算机和网络技术的普及化，网络成为几乎所有传统犯罪的平台和通道。传统的盗窃、诈骗、赌博等违法犯罪行为在网络世界中改头换面、大行其道，而网络攻击、网络病毒、恶意程序、网上信息泄露等新型的网络犯罪更是不断涌现。对于当前中国网络犯罪的发案趋势、犯罪类型、犯罪形态，以及各类典型网络犯罪的构成特征、司法认定中的疑点、难点和焦点问题以及刑罚适用方面的困惑问题进行全面、深入、细致、系统的分析研究，不仅有助于司法机关对网络犯罪正确定性和恰当量刑，而且将有助于促进网络犯罪理论研究与司法实践的结合与互动，实现理论研究与实践需求的有机结合。本书十分重视理论与实践的紧密结合，从宏观的、全局的角度，以网络犯罪的当前态势、犯罪类型以及罪名防治体系的大角度为起点，着眼于网络犯罪的现状，在充分借鉴我国刑法理论界和司法实践部门对中国当前网络犯罪的理论研究成果和司法经验、见解的基础上，试图以总结和评价裁判经验的形式将现有的研究成果予以展示。全书以现实存在的司法困惑为切入点，深入浅出，在服务司法实践和解决现实问题的同时，探讨当前理论界有关网络犯罪的焦点问题、争议问题，并充分考虑到网络犯罪的发展趋势，对于理论上和逻辑上可能存在的司法盲区也进行了一定程度的研讨，以使本书在增强司法实用性的同时，兼具一定的理论性和前瞻性。

本书分上、中、下三编，共三十章。上编是有关网络犯罪的基础理论，在这一编里，除了对网络犯罪的整体现状、发展趋势以及制裁网络犯罪的罪名体系进行概括性归纳之外，没有过多阐述网络犯罪的基本类型和特征，而是将这些内容分散到每章的具体分析之中。考虑到计算机本身在犯罪中既可以作为犯罪对象也可以作为犯罪工具存在，本书主要分两编阐述网络犯罪的基本理论和实务操作问题，其中，中编是纯粹的网络犯罪的司法典型案例及理论研析，从现行刑法所设置的关于计算机犯罪的罪名体系出发，以刑法条文分类为基础对司法实践中所涉及的相关典型判例进行分类研讨；下编则是针对利用计算机实施的传统犯罪，对于司法实践中存在的相关问题进行了分门别类的描述。全书力争每一个问题都让具有代表性的案例说话，选取的案例多是"全国网络犯罪第一案"、"××省网络犯罪第一案"、"××市网络犯罪第一案"以及曾经在司法实践中引发广泛关注和争议的典型案例，在保证案例最新时效的同时，确保案例中涉及争议问题的代表性。

本书同其他案例书的区别在于不满足于一案一议、就案论案的分析模式，而是触类旁通，以典型案例为基础，从裁判文书和庭审焦点中提出问题，进而从刑法理论角度分析问题，在案例归纳、比较中引发相关问题的思考。本书既没有踯躅于"以案说法"，也没有局限于"以案释义"，而是以更广阔的视角对案例进行重新整合和梳理，既融合了必要的法律归纳，又有适当的案例演绎，不仅彰显了司法实践的审判智慧，也体现出法理论证的精妙，充分践行了理论与实务相结合的研究方法。本书在对大量的问题进行深入地理论阐述的同时，对许多司法实践中的难点、疑点问题进行了有益的探讨。针对司法实践中长期存在的司法困惑，提出了一些司法实际部门可资借鉴的理论意见，具有现实的针对性，对司法实践具有重要的指导意义。

在本书的撰写过程中，中国人民公安大学法律系教师李怀胜博士、上海市青浦区人民法院陈强法官、江苏省无锡市中级人民法院蒋璟法官等都贡献了自己的智慧，为本书的写作节省了大量时间，在此深表谢意。在这里，我们还要向在司法一线辛勤耕耘的杰出司法官们表示由衷的敬意和感谢，正是他们在案件审判过程中积淀形成的诸多裁判文书和其中蕴含的裁判经验、智慧，为本书的写作提供了宝贵的事实依据和经验支撑。另外，本书的撰写还受益于中国政法大学"青年教师学术创新团队"项目的支持，在此一并表示感谢。

于志刚

2013 年 2 月 20 日

目　录

上编　网络和网络犯罪的现状

下编　利用网络实施的犯罪

上编　网络和网络犯罪的现状

第一章　互联网和网络犯罪的现状与趋势

　　1987 年 9 月 20 日，中国向世界发出第一封"跨越长城，走向世界"的电子邮件，1994 年中国正式接入国际互联网。[1] 自此之后，短短的 16 年间，中国就快速成为世界上网民最多的国家。[2] 截至 2012 年 6 月，网民数量更是多达 5.38 亿，相关的互联网产业也是迅速发展。《国民经济和社会发展信息化"十一五"规划》表明，我国 2010 年信息产业总收入达到 10 万亿元，占 GDP 的比重达 10% 以上。按《软件和信息技术服务业"十二五"发展规划》估算，到 2015 年，我国信息产业总收入将超过 16 万亿元。[3] 互联网成为推动我国经济发展的重要力量。

　　技术从来就是一把双刃剑，以互联网为代表的高新技术在给人们的生活带来极大便利的同时，也打开了潘多拉的魔盒——流氓软件、病毒、网络诈骗、网络诽谤、网络侵权、垃圾短信、倒卖个人信息等失德、违法、犯罪行为泛滥，各种形形色色的网络违法犯罪案件急剧增长。新型的网络犯罪和传统犯罪的网络化彼此交织，严重危害互联网产业和信息社会的健康发展。在互联网迅速发展的今天，十八大报

---

　　[1]　参见《中国互联网发展大事记（1987－2007）》，载 http://news.workercn.cn/contentfile/2008/12/04/154601619447674.html，2013 年 1 月 3 日访问。

　　[2]　2010 年中国成为世界上使用互联网人数最多的国家，详细请参见《互联网白皮书》。

　　[3]　《软件和信息技术服务业"十二五"发展规划》规定，软件信息技术服务业 2015 年将超过 4 万亿元，占信息产业总值的 25%。

告强调，"加强网络社会管理，推进网络依法规范有序运行"。虚拟社会与现实世界一样，同样遵守法律法规约束。① 正视网络空间法律规则的不足，完善网络法律体系也势在必行。为了保护公民隐私、维护网络与信息安全、保护网民权利、促进网络健康发展，为我国信息产业的进一步飞跃保驾护航，笔者梳理了当前现行有效的、直接规范网络行为的 172 个重要的规范性文件，② 并以此为样本，尝试分析我国网络法律体系的整体特征与趋势，并以此为基础来思考未来网络立法的填补方向。

作为 20 世纪最伟大的发明，互联网深刻影响着社会经济、政治、文化的发展。网络是精彩的，同样也是嘈杂的。作为一个崭新的平台，它在给公众的社交活动、信息服务等带来便利的同时，也带来了网络商业欺诈、网络色情、恶意攻击、造谣传谣等失德、违法和犯罪现象。虽然网络空间是一个被呼吁为"自由空间"的"公共"空间，但是，作为由多达 5.38 亿网民、10 亿多手机用户组成的巨大平台，它的秩序维护仅仅靠网民的自律显然是远远不够的。③ 网络空间需要依法运行。

一、互联网的发展速度和重要地位

近年来，我国信息产业快速发展，2005 年信息产业总收入达 4.4 万亿元，④ 而据《国民经济和社会发展信息化"十一五"规划》显示，2010 年信息产业总收入为 10 万亿元，至 2015 年，根据《软件和

---

① 参见任冰：《网络"正能量"持续释放离不开法治护航》，载 http：//news. ifeng. com/mainland/special/wangluofazhijianshe/content - 3/detail _ 2012 _ 12/18/20279515 _ 0. shtml，2013 年 1 月 3 日访问。

② 作为样本分析的 172 个规范性文件的检索，主要以北大法宝、中国网、光明网和有关的法律法规汇为依托，本文力求对现行有效的与网络有关的重要的规范性文件进行全面、系统的梳理，可能会有所疏漏，敬请批评指正。

③ 参见孔方斌：《网络需要依法运行》，载《人民日报》2012 年 12 月 20 日，第 1 版。

④ 数据来源于新华网，载 http：//www. cnstock. com/newcjzh/06cjdt/2007 - 05/17/content_ 2159686. htm，2013 年 1 月 3 日访问。

信息技术服务业"十二五"发展规划》估算将超过 16 万亿元① （见图一）。从 2005 年到 2010 年短短的五年时间，信息产业总收入增长了 5.6 万亿，增长率达到 127%；而 2010 年到 2015 年，信息产业收入增长 6 万亿，增长率达到 60%；从 2005 年到 2015 年的十年间，信息产业增长 11.6 万亿，增长率达 263%。信息产业已经成为中国经济发展的重要推动力。

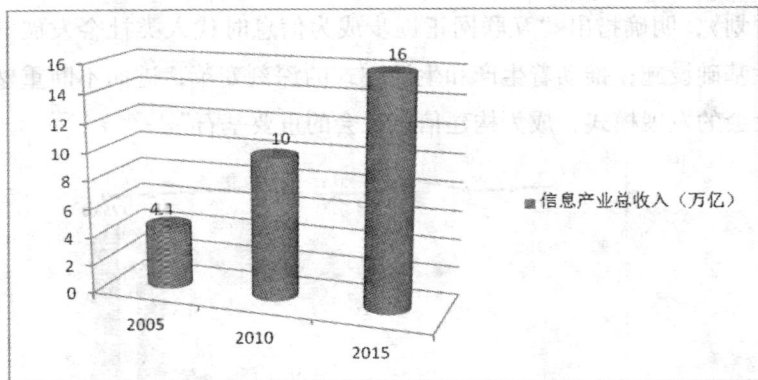

图一：我国信息产业总收入②

而作为信息产业核心的互联网产业自 2003 起更是突飞猛进。据《互联网行业"十二五"发展规划》显示，2010 年，互联网全行业收入超过 2000 亿元，"十二五"期间，互联网服务业收入年均增长超过 25%，突破 6000 亿元。据《中国互联网状况》（白皮书）显示，仅仅 2008 年一年，中国互联网产业规模就达到 6500 亿元，其中互联网制造业销售规模达 5000 亿元，占国内生产总值的 1/60。2010 年 6 月 3

---

① 数据来源于《软件和信息技术服务业"十二五"发展规划》。《软件和信息技术服务业"十二五"发展规划》表明软件信息技术服务业 2015 年将超过 4 万亿元，占信息产业总值的 25%，由此估算可得 2015 年信息产业总收入将超过 16 万亿元。

② 2005 年信息产业总收入为 4.4 万亿，数据来源于新华网，载 http://www.cnstock.com/newcjzh/06cjdt/2007-05/17/content_2159686.htm，2013 年 1 月 3 日访问。2010 年信息产业总收入 10 万亿，见《国民经济和社会发展信息化"十一五"规划》，2015 年信息产业总收入是根据《软件和信息技术服务业"十二五"发展规划》估算所得，《软件和信息技术服务业"十二五"发展规划》表明软件信息技术服务业 2015 年将超过 4 万亿元，占信息产业总值的 25%。

日国务院新闻办发布的《互联网状况》（白皮书）中，明确把互联网作为推进改革开放和现代化建设的重大机遇。根据《势不可挡——中国互联网经济解读》（见图二），从 2003 年到 2012 年连续 9 年，中国互联网经济规模的增长率都超过了 50%，2007 年的增长率更是高达103.6%。考虑到互联网对我国经济、政治、社会、文化的重大影响，2012 年国家工业和信息化部首次制定了《互联网行业"十二五"发展规划》，明确指出"互联网正逐步成为信息时代人类社会发展的战略性基础设施，推动着生产和生活方式的深刻变革，进而不断重塑经济社会的发展模式，成为构建信息社会的重要基石"。

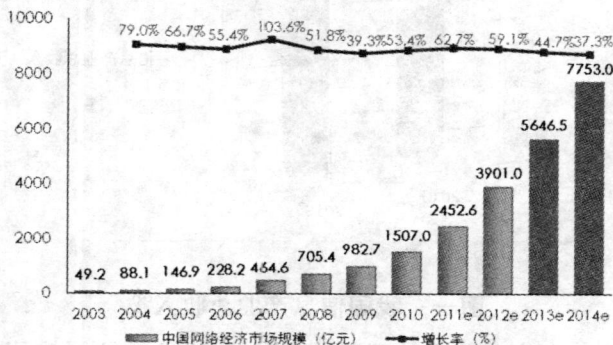

图二：我国互联网产业经济规模①

二、中国网民的增长速度

《中国互联网状况》表明，早在 2010 年，中国就已成为世界上网民最多的国家。而根据中国互联网络信息中心（CNNIC）在京发布的《第 30 次中国互联网络发展状况统计报告》显示，截至 2012 年 6 月底，中国的网民数量达到 5.38 亿，互联网普及率为 39.9%，其中手机网民规模达到 3.88 亿，手机首次超越台式电脑成为第一大上网终端。从 2008 年到 2012 年短短的四年，我国网民增长 2.396 亿人，增

---

① 详细数据参见艾瑞咨询：《势不可挡——中国互联网经济解读》，载 http：//wenku.baidu.com/view/fbd938ef19e8b8f67c1cb961.html，2013 年 1 月 3 日访问。

长率达到 80. 4%，平均每年约增加 5990 万人。虽然 2012 年增速略有
放缓，但上半年的网民增量仍达到了 2450 万。特别是我国现在处于
三网融合①的快速发展时期，当"三网融合"以后，不管是手机、电
脑、电视，甚至是一般的智能家用电视，都能上网，网络和现实的关
系将变得更加复杂，网络和现实将更加紧密地交织在一起。在信息技
术迅速发展的今天，网络已经不仅仅是交流的平台，更是我们生活的
一部分。那些在虚拟世界中受到他人攻击、伤害、欺诈的受害者，与
在现实中没有什么太大的差别，网络上的恶意攻击、造谣同样会给被
害者带来极大的伤痛，网络个人信息、隐私的泄露同样会造成严重的后
果。网络是现实的侧面，更是现实的延伸，网络空间同样需要法律的迅
速规制。

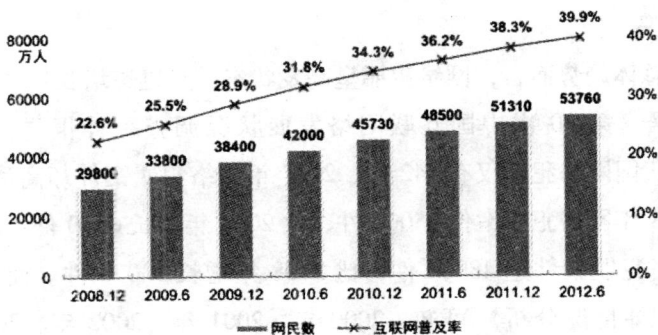

采源：CNNIC 中国互联网络发展状况统计调查   2012.6

图三：中国网民规模和互联网普及率

---

① 三网融合，通常是指通过对以电话网为代表的电信网、以有线电视为代表的广播电
视网和以互联网为代表的计算机通信网三大网络进行技术改造，使其技术功能趋于共通，
业务范围趋于一致；三大网络之间互联互通、资源共享，并为用户提供语音、数据、图像
等综合性的多媒体业务。我国在 2001 年通过的"十五计划纲要"，其中第一次明确提出
"三网融合"的概念，即"促进电信、电视、互联网三网融合"。2008 年初，国务院办公厅
转发六部委《关于鼓励数字电视产业发展若干政策的通知》提出"以有线电视数字化为切
入点，加快推广和普及数字电视广播，加强宽带通信网、数字电视网和下一代互联网等信
息基础设施建设，推进'三网融合'，形成较为完整的数字电视产业链，实现数字电视技术
研发、产品制造、传输与接入、用户服务相关产业协调发展。2010 年 1 月 3 日，国务院总
理温家宝主持召开常务会议，正式通过加快推进三网融合的决定。至此，我国开始进入三
网融合快速发展时期。

三、网络犯罪的高发态势和影响范围

我国不断增长的庞大的网民基数和多点上网的登录方式也给犯罪分子反向地侵害网民提供了契机。传统的盗窃、诈骗、赌博等违法犯罪行为在网络世界中改头换面、大行其道，而网络攻击、网络病毒、恶意程序、网上信息泄露等新型的网络违法犯罪更是不断涌现。根据诺顿官网 9 月 11 日的报告显示，在 2011 年，中国网络违法犯罪①的受害者超过 2.57 亿人，直接经济损失达 2890 亿元。平均下来，仅 2011 年一年的时间，超过 72% 的中国在线成人网民曾经遭到网络违法犯罪行为的侵害，平均每天有超过 70 万人遭到网络违法犯罪行为的侵害，平均每分钟就有 489 人遭到侵害，平均每个受害者遭受损失 1126 元。②

1. 总体趋势而言，网络犯罪呈高发状态，且迅速增长

根据《第 30 次中国互联网络发展状况调查统计报告》显示，1998 年我国网络犯罪仅有 142 件，2007 年网络犯罪案件却高达 29000 件，2008 年网络犯罪案件 35000 件，比 2007 年增长 6000 件，2009 年我国网络犯罪案件达 48000 件，比 2008 年增长 13000 件。而由《中国网络犯罪情况分析》可知，2000 年、2001 年、2002 年、2003 年、2004 年年我国网络犯罪的案件分别是 2740 件、4545 件、6633 件、11614 件、13650 件。③ 相对于 2007 年，我国 2008 网络犯罪增长率达 20.7%，2009 年网络犯罪增长率达 65.5%；相对于 2008 年，2009 年我国网络犯罪增长率却高达 37.1%。而据中国之声《新闻纵横》报道，2012 年 8 月到 10 月在公安部深化打击网络违法犯罪专项行动中，

---

① 诺顿官方的报告将"网络犯罪"分为 13 类，包括病毒或者恶意软件感染电脑，接收到虚假电子邮件，个人邮件账户和社交网络账户被盗用，遭遇在线信用卡诈骗等。但是，该公司统计的"犯罪"案件总数相当于我国的"违法"案件总数加上"犯罪"案件总数。因为西方国家对于犯罪仅做"定性"规定，不做"定量"的要求，而我国对于犯罪要求既定性有定量，因此，其中有些行为按照我国刑法来看可能不是犯罪，特在此加以说明。

② 佚名：《中国网络犯罪损失达 2890 亿元》，载《微电脑世界》2012 年第 10 期。

③ 参见许剑卓：《中国网络犯罪情况分析》，载《信息网络安全》2005 年第 12 期。

仅仅两个月的时间，就侦破刑事案件 4400 余起，抓获犯罪嫌疑人 8900 余人。[①] 9 月份诺顿官网显示，我国仅 2011 年网络犯罪受害人就有 2.57 亿人，直接损失达 2890 亿元。庞大的受害人数虽然与我国不断增长的网民基数有关，但却折射出我国网络犯罪高发的现状，且呈现快速增长的趋势。

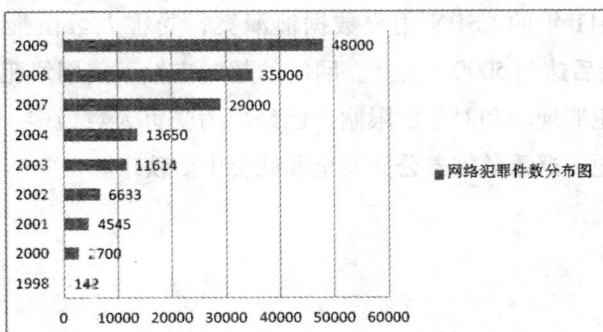

图四：网络犯罪[②]件数分布图

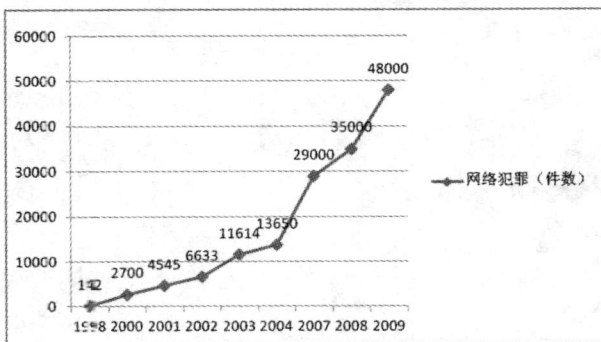

图五：网络犯罪趋势图

2. 网络违法犯罪受害人数众多，影响范围日益广泛

2010 年开展的移动终端病毒疫情调查显示，近四成的移动终端用

---

① 参见庄胜春、杨守华、周超：《公安部严打网络犯罪，揭开小木马背后的大秘密》，载 http://finance.jrj.com.cn/2012/10/16083114518661.shtml，2013 年 1 月 3 日访问。

② 注意，目前公安机关调查的网络犯罪包括利用网络实施的传统犯罪（例如，网络色情、赌博、诈骗等）以及针对网络实施的犯罪（例如，系统入侵、制作传播病毒等）。

户感染过手机病毒，54.09% 被病毒感染的用户手机无法正常使用，50.32% 被病毒感染的用户信息被泄露，46.55% 被病毒感染的用户被恶意扣费。① 而 2011 年 6 月的调查显示，在 2010 年短短的一年时间，全国就有 6000 万网民因网络欺诈损失 300 多亿元，30% 的网购者曾遭遇过钓鱼网站攻击。② 而 2009 年的"5·19"断网案，更是波及十几个省市；③ 2011 年的 CSDN 用户数据泄漏案，受害人数由最初爆料的 600 万个最后达到 5000 万个④。网络的超时空性，使网络犯罪完全突破了传统犯罪地域和对象的限制，已经成为受害人数最多、影响最广的社会问题，严重危害着公共安全和社会生活秩序。

---

① 参见吕献峰：《近四成移动终端用户感染过病毒，手机上网可能泄露信息》，载 http: //www. 022net. com/2011/10 - 21/51355931317553. html，2013 年 1 月 3 日访问。

② 调查称内地 6000 万网民因网络欺诈损失 300 多亿元，载 http: //news. ifeng. com/mainland/special/wangluofazhijianshe/content - 3/detail _ 2012 _ 12/20/20342381 _ 0. shtml，2013 年 1 月 3 日访问。

③ 2009 年 5 月 19 日，北京、上海等地使用电信网络服务的网民发现网络连接出现问题，纷纷向电信服务商投诉；直到 5 月 20 日上午，上述地区互联网连接仍未完全恢复。一开始媒体所称的"6 省出现互联网瘫痪"此时也扩大到十几个省及直辖市。此次断网事件是我国继 2006 年海底电缆中断以来，互联网断网产生的影响中最大的一次。

④ 参见佚名：《CSDN 网站用户数据泄露案告破，网络安全漏洞如何补》，载 http: //news. xinhuanet. com/tech/2012 - 03/21/c_ 122862812. htm，2013 年 1 月 3 日访问。

第二章 互联网的代际演变与网络犯罪的类型转变

面对网络犯罪的肆虐，司法实践中常常面临无法可依的局面，究其原因，可能在于三个方面：（1）中国当前的网络法律体系是以第一代互联网为基础的法律体系，落后于时代发展和网络现实。（2）长期以来过于重视现实空间，忽视虚拟空间，专门性的网络法律缺失严重，网络空间自身的行为准则还没建立起来。殊不知虚拟空间与现实空间同样重要，虚拟空间更需要法律规制。（3）传统的立法理念是"时机成熟再立法"，法学理论对于网络空间的重视严重不足，从而导致中国当前的刑事法律体系严重滞后于社会现实和发展需要，空白领域日益增大，法律缺憾日益突出。因此，依托于现有刑事立法的框架体系，进而有所扩张地解释现有的立法，同时，加大刑法理论自身的扩张解释力度，是解决所有问题的关键和基础。而要做到这一工作，首先就要对网络犯罪的技术背景进行理论分析。

我国当前的网络法律体系，从整体上而言，是建立在第一代互联网的基础之上，在体系上属于以保护网络和计算机信息系统本身为底色的法律体系。可是，近十年来，随着技术的发展，互联网已不仅仅是意味着信息平台、信息服务，更成为一个工作、生活平台，提供的主要是内容服务，网络已经成为我们工作、生活中的一部分。以此为背景，网络失德、违法和犯罪行为已经发生了质的转变。

一、互联网的代际转型：网络从"信息服务"到"内容服务"的转变

在"互联网1.0"时代，[①] 互联网主要是一个信息平台，主要提供信息服务。互联网、移动网和广播电视网三大网络各自为政，提供互有差异的单一信息服务。而随着技术的飞速发展，作为社会的基础设施网络，正在从提供"信息服务"向"内容服务"转变，人们的主要网络行为也正在从"信息交换"向"内容消费"转变。特别2010年快速推进"三网融合"以来，以电话网为代表的电信网、以有线电视为代表的广播电视网和以互联网为代表的计算机通信网三大网络通过技术改造，技术功能趋于共通，业务范围趋于一致；信息服务将由单一业务转向文字、语音、数据、图像、视频等多媒体综合业务，互联网、移动网和广播电视网正在向人们提供"无处不在的内容服务"。[②] 在"互联网2.0"时代，网络已经是社会公众工作、生活的一部分，网络已经不仅仅是一个信息平台，更是一个工作、生活平台。尽管虚拟性仍是网络的基本特色，但是，虚拟性对于网络而言也越来越具有相对性，网络正在进行从"虚拟性"到"现实性"的演变，虚拟和现实社会将更复杂地交织在一起。网络正在实现从"信息服务"到"内容服务"的转变，而个人用户也将从"个人消费"转向"内容消费"。中国互联网络信息中心（CNNIC）在京发布的《第30次中国互联网络发展状况统计报告》显示，截至2012年6月底，中国网民数量达到5.38亿，互联网普及率为39.9%，其中手机网民规模达到3.88亿，手机首次超越台式电脑成为第一大上网终端。在当代社会，无论是电子商务还是网络社区，网络已经逐渐形成自身的社会结构，并对现实空间形成了巨大的反向辐射效应。[③]

---

① "互联网1.0"时代和"互联网2.0"时代的代际转型，大致可以以2000年左右为时间界限，之前为"互联网1.0"时代，之后属于"互联网2.0"时代。

② 参见郭峰：《三网融合：推动个人内容服务的演进》，载《中广互联》2010年1月。

③ 参见于志刚：《三网融合视野下刑法的调整方向》，载《法学论坛》2012年第4期。

二、网络功能转型和网络社会的形成：从"人机互动"到"人人互动"的转变

"互联网1.0"时代是"联"字当头，"互联网2.0"时代则是"互"字当头。互联网由"联"字当头向"互"字当头的过渡，给人类的网络行为带来了根本性的变化。网络失德、违法和犯罪行为的根本性变化是"点对点"的犯罪行为成为主流。"点"指代的是单个网络参与者，在网络上则代表着独立的个人计算机终端。在"互联网1.0"时代，网络的主导力量是商业机构和门户网站，个人是网络信息的接收者而非网络活动的主动参与者，网络利益集中于或大或小的计算机信息系统。这一时期的网络犯罪行为基本上是个人对于大型机构所属计算机信息系统的攻击，在形式上表现为"弱者"（个人）对于"强者"（机构）的挑战。但在"互联网2.0"时代，网络成为了人们的基本生活平台，普通网民成为网络的主要参与者，网络犯罪也迅速改变攻击方向，开始以攻击普通公众为主要选择。因此，在"互联网1.0"时代，网络犯罪人被公众誉为"技术天才"、"网络英雄"，而在"互联网2.0"时代，他们就是犯罪人。"互联网2.0"时代"点对点"的"互动"特征表明，个人与个人之间的——对应关系开始在网络上得以复制和实施，所有规范个人行为的法律必须能够适用于网络空间，也必须能够适应网络空间的独有特点和趋势。

人类社会的进步和生产力的提升相辅相成，科技自然是生产力的最根本要素。科学技术的每一次跃升往往带来社会组织结构的重组乃至社会制度的革命性更新，简单回顾一下历史，这一点不言自明。由此也揭示了法律与技术之间微妙的互动关系。网络，是由信息技术构建起来的世界，因此，所有网络行为几乎都带有技术的成分，在网络空间中，技术不再像过去那样，迂回地通过影响"人与自然"的关系来塑造"人与人"的关系，而是通过人际空间的延伸来直接改变人的社会属性。但是，令人遗憾的是，用于规范和制裁人类行为的传统法律体系，却并没有伴随着人际空间的延伸而同步地进入网络空间，这

是出现关于网络空间的巨大立法、司法真空的根本原因。可以说，传统法律尽管可以通过部分的解释而强行适用于网络空间，但是，客观上较大面积的法律滞后、较大面积的法律真空已经出现。

三、网络违法犯罪对象的变化：从对"计算机网络系统本身"到"普通网民"

参照网络犯罪的类别划分理论，我们也可以把网络违法犯罪行为分为两类，一是在信息技术时代出现的新的技术型违法犯罪行为，二是利用网络实施的传统违法犯罪行为，例如，利用网络实施的侵权行为。技术的发展，尤其是互联网正从 1.0 时代到 2.0 时代的转变，使得网络的功能逐渐多元化，网络违法犯罪的侵害方向也随之由侵害组织、机关和攻击计算机系统迅速转向了对个人权益的侵害。

从另一个角度来看，在"互联网 1.0"时代，网络的主导力量是商业机构和门户网络，网络利益主要集中在那些或大或小的计算机信息系统。这个时代的网络违法犯罪主要表现在对于网络和计算机信息系统的入侵，在形式上表现为个人对机构的挑战。而当网络从信息平台向生活平台过渡的时候，普通网民成为网络空间更活跃的力量。网络违法犯罪的对象迅速发展变化，从传统的机构迅速转向普通的网民，而且发展成以侵害个人利益为主。[1] 网络黑客迅速实现了从单纯破坏到纯粹逐利的转变。[2]

四、网络违法犯罪模式的变化："一对多"的犯罪模式挑战着传统的规则和理论

在"互联网 1.0"时代，网络违法犯罪主要是个人对机构的挑战，通常是黑客攻击某个机构的单一网络系统，犯罪模式更主要的是

---

① 参见于志刚：《传统犯罪的网络异化》，中国检察出版社 2010 年版，第 5 页。
② 参见佚名：《公安部官员详解网络犯罪：黑客从破坏到逐利》，载 http://news.sina. com. cn/c/2006 - 04 - 06/14368632111s. shtml，2013 年 1 月 3 日访问。

一对一的犯罪模式。而在"互联网2.0"时代，特别是随着三网融合的快速推进，庞大的网民基数和多点上网的方式也给网络违法犯罪提供了新的犯罪契机和更加灵活的实施方式。网络违法犯罪更多的是表现为"一对多"的犯罪模式：其一，侵害对象具有不特定性，侵害后果具有很强的叠加性。同时，一个违法犯罪行为的实施所造成的损害，对于每一个侵害对象而言或许是微不足道的，但是，庞大的网民基数使得聚拢起来的损害总额（例如非法所得的数额）变得极其巨大。其二，一个犯罪人可能通过提供技术、程序、工具、软件而在职业化地帮助无限多的缺乏技术支持的犯罪人实施犯罪行为，例如，一个连键盘都没有摸过的人，完全可能通过下载专门的黑客软件实施高技术的专业化侵入行为。"一帮多"的职业犯罪帮助行为逐渐成为网络常态，共同犯罪人之间的关系日趋复杂化；其三，一个犯罪人可能同时参加多个犯罪组织、同时参与实施多个犯罪活动，因为网络违法犯罪人之间无需见面，已经能够突破时空限制成立违法犯罪集团甚至是犯罪组织。网络犯罪的体系化、产业化链条快速形成，网络违法犯罪的集团化、规模化、产业化的速度更快，发展趋势日益明显，此种情况，正如有的观点所指出，已经侵害了更大的群体利益，往重里说，甚至可以说已经危害到了公共安全，动摇了我们的基本生活秩序。①

互联网从"1.0"时代到"2.0"时代的演变，使得原先的网络违法犯罪发生了根本性的变化。但是，中国当前的网络法律体系，仍然是建立在"互联网1.0"的基础之上的，虽然不断地通过回应现实社会的需要而"修修补补"，然而，在整体上仍滞后于网络社会的需求和发展。更为重要的是，网络社会中许多重要领域内的规则缺失，使得当前的网络法律体系仅仅只能算是一个雏形。

---

① 参见佚名：《2011年网络刑事案件的新特点：呈集团化产业化的趋势》，载 http://www.chinanews.com/fz/2012/01-04/3578806_2.shtml, 2013年1月4日访问。

五、网络保护的现状：缺乏对虚拟空间的平等保护和同等保护

早在 1996 年，美国就明确将互联网世界定性为"与真实世界一样需要进行监控"的领域；在德国，宣扬纳粹思想的内容在互联网上无法打开；英国警察要求网吧保留对上网者行为的知情权。① 互联网发达国家的经验告诉我们，一定要同等地重视虚拟空间和现实空间，对于虚拟空间和现实空间进行同等的保护。尽管多年来一直有学者呼吁同等重视网络空间和现实空间，但直到 2012 年 11 月，我国十八大报告才明确提出，"加强网络社会管理，推进网络依法规范有序运行"。

虽然互联网技术的飞速发展对于传统的法律体系造成了巨大的冲击，对于传统理论造成多方面的挑战甚至在动摇着基本的理论体系，但是，这并不影响传统法律体系对于虚拟社会的适用。传统法律体系中的基本规则，仍是虚拟社会中规则构建的基础。但是，在肯定传统法律理论和规则的同时，也应有一个客观的认识，产生于农业社会、成熟与完备于工业社会的法律理论和法律规则，在信息社会已经呈现出体系性的滞后，法律和法学的时代转型将成为必然②。然而，中国当前网络立法活动，往往更为注重把传统的法律理念、法律规则通过立法、司法解释直接适用于网络空间，对于法律理念和法律规则在信息时代的转变则关注不足，忽视网络空间基于自身特点而形成的特殊法律需求。因此，网络空间中的行为规则实际上尚未建立。

这一点，可以下面两个方面为例加以分析：（1）从罪名体系上来看，对于计算机犯罪、网络犯罪，主要由《刑法》第 285 条、第 286 条、第 287 条予以规定。第 287 条通过提示性的规定确定了对于大部

---

① 参见江柳依：《虚拟空间离不开现实规则》，载《人民日报》2012 年 12 月 27 日，第 1 版。

② 参见于志刚：《信息时代和中国法律、中国法学的转型》，载《法学论坛》2011 年第 2 期。

分犯罪依然采用传统犯罪的处理模式——"利用计算机实施金融诈骗、盗窃、贪污、挪用公款、窃取国家秘密或者其他犯罪的，依照本法有的规定定罪处罚"。第 285 条、第 286 条和分别规定了四种独立的计算机犯罪（即非法侵入计算机信息系统罪，非法获取计算机信息系统数据罪、非法控制计算机信息系统罪，提供侵入、非法控制计算机信息系统的程序、工具罪，破坏计算机信息系统罪）。但是，在网络已经成为人们基本的工作、生活平台的今天，网络空间中严重危害国家安全、社会秩序和侵犯公民个人利益的行为，远远不止刑法第 285 条和第 286 条规定的四种情况。对于大量新增的严重网络失德、违法行为，司法机关要么不做犯罪处理，要么以扩张解释之名，行类推解释之实。即使对于一些民意汹涌、民愤极大的案件，也只能在通过司法解释将虚拟世界等同于现实世界，在现有的刑法资源中寻求解决依据。① 这种"头痛医头，脚痛医脚"的做法，不仅无助于长远地解决问题，反而会造成司法机关的极大越权。更为重要的是，"传统刑法主要从事对于可以清晰界定的有形物的保护，防止遭到人为攻击，而计算机犯罪往往侵犯的是新的无形价值，它们通常取决于诸多利益的平衡，而且很难用通用术语和空白条款加以概括，举例来说，版权法（平衡创造者、权力拥有者的经济利益与社会的信息需要）、隐私法（平衡保护隐私和搜集处理信息的自由），以及有害内容的法律规范（平衡保护未成年人和成人自由获取信息的权利）都体现了这种艰难的平衡行为"。② 以互联网上的"人肉搜索"为例，如何平衡网民言论自由和他人隐私权的保护，这是网络立法者必须解决的问题。（2）从刑事管辖权上来看，传统的刑事管辖权是建立在国家主权这一思想基础之上的。在一个特定国家内做出的诸多司法决定，它的直接范围通常也只能限于该国的领土范围之内。而网络是一个全球性

---

① 参见杨春洗、秦秀春：《电子商务犯罪及其在现行刑法框架下的处罚对策》，载《网络技术安全与应用》2011 年第 3 期。

② 参见 [德] 乌尔里希·齐白：《全球风险社会与信息社会中的刑法》，周遵友、江溯等译，中国法制出版社 2012 年版，第 305 页。

的媒介，网络无国界是一个基本特点。因此，网络的无国界性、虚拟性，使得网络违法犯罪对基于传统的主权理论的管辖权形成了巨大的冲击，但是，目前我国对于刑事管辖权的规则变更一直"视而不见"，没有进行积极的立法探索，至今仍在沿用现实社会的传统管辖规则。

因此，在信息社会高速发展的今天，必须转变立法方式，在传统法律理念、法律规则的基础上，充分考虑虚拟空间自身的特性，同等重视现实空间和虚拟空间，建立网络空间自身的独立行为规则。同时，在现有的法律框架体系下，一方面，要大力重视和推行把传统法律理念、法律规则通过立法、司法解释直接适用于网络空间，以解燃眉之急；但是，另一方面，应当重视网络空间自身特点形成的特殊法律需求，加大专门性刑事立法的建设力度。

第三章　制裁网络犯罪的罪名体系和内在关系

计算机犯罪的定义从其被提出之日起，无论是从犯罪学的角度还是从刑法学的角度来看，都是一个有争议的问题。尤其随着计算机和网络技术的普及，网络成为几乎所有传统犯罪的平台和通道，计算机犯罪的具体范畴更是变得扑朔迷离。实际上，梳理司法实践中出现的纷繁复杂的所谓计算机犯罪案例，不难发现这些犯罪无非分为两种形式，即以计算机（指计算机信息系统，包括计算机存储信息、程序及整个计算机信息系统）为对象和以计算机（网络）为犯罪工具或者犯罪平台，我们将其统称为"网络犯罪"。换言之，考虑到计算机本身在犯罪中既可以作为犯罪对象也可以作为犯罪工具存在，根据现有刑事立法体系，本章主要从以上两个路径阐述网络犯罪的基本理论和实务操作问题。

一、网络犯罪的罪名渊源与犯罪特征演变

1997 年刑法以三个条文的篇幅规定了计算机犯罪和与利用计算机实施的其他犯罪的定罪量刑制度，对于早期的计算机犯罪的防治起到了积极有效的作用。其中，1997 年《刑法》第 285 条规定："违反国家规定，侵入国家事务、国防建设、尖端科学技术领域的计算机信息系统的，处三年以下有期徒刑或者拘役。"第 286 条规定："违反国家规定，对计算机信息系统功能进行删除、修改、增加、干扰，造成计算机信息系统不能正常运行，后果严重的，处五年以下有期徒刑或者

拘役；后果特别严重的，处五年以上有期徒刑。违反国家规定，对计算机信息系统中存储、处理或者传输的数据和应用程序进行删除、修改、增加的操作，后果严重的，依照前款的规定处罚。故意制作、传播计算机病毒等破坏性程序，影响计算机系统正常运行，后果严重的，依照第一款的规定处罚。"这种立法模式虽然在整体上有利于打击和防范早期的黑客侵入和破坏计算机信息系统的犯罪，但其最大缺陷却在于无法全面反映计算机犯罪、网络犯罪的本质特征和实际情况。尤其在信息社会高速发展的当今时代，网络已经成为人们基本的生活平台，网络犯罪几乎在包括传统领域在内的各个领域向社会秩序发起了挑战，各种新型网络犯罪远远不止刑法第285条和第286条规定的纯粹针对计算机信息系统的犯罪。

因此，随着网络技术的迅猛发展和计算机犯罪的日益猖獗，传统的罪名体系已经无法满足高发的犯罪态势。有鉴于此，2009年通过的《刑法修正案（七）》在吸收一系列司法解释和实践经验的基础上，进一步扩大了计算机犯罪的罪名体系，增加了非法获取计算机信息系统数据、非法控制计算机信息系统罪；提供侵入、非法控制计算机信息系统程序、工具罪。其中第285条规定："违反国家规定，侵入前款规定以外的计算机信息系统或者采用其他技术手段，获取该计算机信息系统中存储、处理或者传输的数据，或者对该计算机信息系统实施非法控制，情节严重的，处三年以下有期徒刑或者拘役，并处或者单处罚金；情节特别严重的，处三年以上七年以下有期徒刑，并处罚金。提供专门用于侵入、非法控制计算机信息系统的程序、工具，或者明知他人实施侵入、非法控制计算机信息系统的违法犯罪行为而为其提供程序、工具，情节严重的，依照前款的规定处罚。"

经过以上关于网络犯罪的罪名梳理不难发现，网络犯罪已经从纯粹的以计算机信息系统为犯罪对象的"高技术"犯罪，逐步转变为以计算机为工具实施的传统犯罪。而且在这一演变过程中，两种网络犯罪形式由互为一体逐渐相互分离，并逐渐形成自己所独有的领域和范畴。实际上，在第一代互联网时期，我们早期所讲的计算机犯罪，都是些高技术的犯罪，其在定义上都是指以计算机为工具的，且以计算机为对象实施的犯罪。可以说，这是一种概念非常狭窄的概念，指的是早期的技术犯罪，例如 2002 年欧盟《网络犯罪的公约》中所指的网络犯罪就是狭义上的计算机犯罪，其规制对象就是高技术犯罪，这与我们以下所讲的网络犯罪是不同的。在第二代互联网时期，尤其是统观 2000 年以来网络犯罪的发展变化规律，如果说 2000 年之前网络犯罪以高技术犯罪作为主流，那么到现在，网络犯罪的高技术犯罪数量急剧下降，网络犯罪的主流开始变为以计算机为工具实施的传统犯罪，也就是说传统犯罪进入网络空间，几乎所有的传统犯罪都被复制到网络空间，这样不仅传统犯罪的总量可能翻了一倍，而且传统犯罪在犯罪方法、犯罪对象、犯罪表现形式和危害性等方面发生了非常大的变化，原因就在于他借助了网络这个新平台。概言之，计算机犯罪和网络犯罪之间有着紧密联系，是计算机时代背景下所出现的特殊犯罪现象。但是，由于计算机发展的代际差异，也使得这之间的本质核心有所不同，前者仅仅是在第一代互联网时期实施的具有高技术特征、以计算机存储数据及计算机信息系统为对象的"高智能"犯罪；后者却是在互联网迅猛发展的背景下，以计算机网络为工具实施的传统犯罪。

二、现行刑法中纯粹的计算机犯罪

我国刑法理论界目前关于计算机犯罪的定义存在不同认识，其根源在于力图概括所有涉及计算机的犯罪，可以说这是不可取的。一类新的犯罪类型及其定义的确立，应当有其实际存在的意义并且应当准确把握其本质特征，而前述各种观点或者学说的共同性缺陷，就是其定义无法将实际存在的作为新的犯罪类型的计算机犯罪与以计算机作为工具实施的传统型犯罪（即网络犯罪）准确加以区分。

（一）计算机犯罪的定义解读

理论界对于计算机犯罪的定义曾经进行了广义、狭义的讨论，从广义角度上讲，广义的计算机犯罪概念，通常是指所有涉及计算机的犯罪，但是具体表述形式可能各有不同：欧洲经济合作与发展组织的专家认为：在自动数据处理过程中，任何非法的、违反职业道德的、未经批准的行为都是计算机犯罪。① 有日本学者认为：计算机犯罪是指与计算机相关联的一切反社会行为。② 广义说的根本缺陷在于将一切涉及计算机的犯罪均视为计算机犯罪，因而从犯罪学的角度或许存在合理之处，但是却无法从根本上区别计算机犯罪与其他犯罪的界限，其所导致的直接后果是，几乎刑法规定的所有犯罪均可归类于计算机犯罪的范畴之中。此种空泛的概念确定和类型划分从刑法学的实际角度来讲毫无实际意义可言。此种定义的出现，在某种程度上完全是出于对计算机犯罪这一犯罪行为的手段的新颖性、神秘性和少见性的关注，而绝非是从此一类犯罪行为的本质特征出发进行的概念确定类型划分。根据此种定义，计算机犯罪与一般犯罪相比并无本质上的不同。也正是出于这种观点，有的学者认为，除杀人、伤害等与人身侵害有关的犯罪无法通过计算机直接进行以外，其他犯罪，尤其是经济犯罪则毫无例外地可以通过计算机来实施。③ 在广义说之后出现了狭义说。此一学说与广义说的根本区别是将计算机犯罪的范围加以限制，从涉及计算机的所有犯罪缩小为对计算机资产本身和计算机内存数据进行侵犯的犯罪。

笔者认为，要对计算机犯罪的定义正确加以概括，应当抛弃在犯罪中只要计算机作为犯罪工具或者作为犯罪对象出现即为计算机犯罪的提法，而应紧紧抓住其实质特征来加以概括，即在计算机犯罪中，计算机本身既是不可或缺的犯罪工具，在某种程度上同时也是作为犯罪对象出现的。从作为犯罪工具的角度来讲，真正意义上的计算机犯罪必须是借助于计算机的非法操作来实施的；从作为犯罪对象的角度来讲，此类犯罪所危害的是计算机信息系统（包括内存数据与程序）

---

① 转引自：公安部计算机管理监察司编，《计算机安全必读》，群众出版社 1988 年版，第 15 页。

② 参见［日］板仓宏：《电脑与刑法》，载《法学论坛》1982 年第 7 期。

③ 参见冯涛：《计算机犯罪的法律问题探讨》，载《江西法学》1990 年第 4 期。

的安全。

基于以上考虑，所谓计算机犯罪，是指利用计算机操作所实施的危害计算机信息系统（包括内存数据及程序）安全的犯罪行为。这种类型的计算机犯罪，实际上是指只能在计算机空间所实施的犯罪，如非法侵入计算机信息系统罪、破坏计算机信息系统功能罪等。这类计算机犯罪的共同特征在于，一方面其犯罪对象是计算机信息系统（包括内存数据与程序），因而其他涉及计算机的普通犯罪均被排除在外；另一方面行为所实施的危害计算机信息系统安全的行为只能通过非法操作计算机的行为来加以实施，以其他方法达到此类犯罪结果的，也不属于真正意义上的计算机犯罪。这类犯罪也即通常所称的危及计算机安全的犯罪。

将计算机犯罪的范围如此加以限定，主要有以下理由：（1）符合有关计算机犯罪的立法原意。我国计算机违法行为及犯罪行为的监察机关是公安部计算机监察管理司，因而有关计算机犯罪的法条的最初起草机关是公安部修改刑法领导小组。在该领导小组办公室所颁布的《危害计算机信息系统安全罪方案》中，对于计算机犯罪所下定义的保护重点即在于计算机信息系统安全。而对于其他涉及计算机的犯罪行为，该方案明确规定，对于"利用计算机进行贪污、盗窃、诈骗、制作、传播反动、淫秽文字、图像等其他涉及计算机的犯罪行为，可分别包含在刑法分则其他有关条款中。"尽管该方案还规定有盗用计算机信息系统服务罪等犯罪行为，但是在全国人大法工委所颁布的含有计算机犯罪条文的所有刑法修改草案中，由于上述犯罪可以归入到盗窃罪等传统型犯罪中，故而上述犯罪从来就没有被立法机关所颁布的各个刑法修改草案所采纳。（2）刑法条文的共性特征决定了计算机犯罪的范围。我国刑法第285条、第286条规定了计算机犯罪，所有的犯罪行为均无一例外地符合前述特征，即犯罪行为只能通过计算机非法操作来实施，而行为所指向的对象则是计算机信息系统（包括信息系统的内存数据和程序）的安全。而对于其他不符合此种特征的犯罪行为，新《刑法》第287条规定："利用计算机实施金融诈骗、盗窃、贪污、挪用公款、窃取国家秘密或者其他犯罪的，依照本法有关规定定罪处罚。"（3）犯罪行为的绝对法定化喻示了计算机犯罪的范围。对于我国刑法所规定的计算机犯罪而言，所有的犯罪行为方式或者说犯罪方法都是绝对法定的，换言之，其犯罪方法均是采用列举式立法方式明确加以规定的。这种立法规定方式毫无疑问喻示着，在可能以其他方法达到同样的破坏结果或者犯罪目的情况下，只有以法定的方法所实施的犯罪行为才属于计算机犯罪的范畴，而以其他非法定方法所实施的效果相同的犯罪行为，则不构成此类计算机犯罪，而可能构成其他犯罪。例如以通过计算机非法操作方式所实施的删除计算机内存数据的犯罪行为，依照刑法规定应当以破坏计算机信息系统罪定罪处刑，而以磁铁消磁方式所实施的非法毁灭计算机内存数据的行为，由于其犯罪方法不属于法定的犯罪方法之列，因而显然不属于此罪，只能以其他犯罪（如破坏生产经营罪、故意毁坏财物罪等）依法追究刑事责任。

基于以上理由，我们认为，真正意义上的计算机犯罪，只能是基于上述定义所确定的计算机犯罪。实际上我国新刑法典所规定的计算机犯罪类型的打击重点也在于此，有关计算机安全的行政法规（例如《计算机信息系统安全保护条例》等）所着重保护的也是计算机信息系统的安全问题。①

（二）计算机犯罪的罪名体系

现行刑法所规定的计算机犯罪的具体罪名类型，最高人民法院1997 年 12 月 9 日通过的《关于执行〈中华人民共和国刑法〉确定罪名的规定》和最高人民检察院《关于适用刑法分则规定的犯罪的罪名的意见》均认为包括两种犯罪，即非法侵入计算计算机信息系统罪和破坏计算机信息系统罪。对于非法侵入计算机信息系统罪而言，两高的意见是一致的，但对于刑法第 286 条规定的罪名，由于该条第 3 款

---

① 参见于志刚：《计算机犯罪的定义及相关概念辨析》，载《网络安全技术与应用》2001 年第 4 期。

内容所列举的犯罪对象和犯罪方法各不相同，因而该条究竟是一罪还是三罪及其罪名问题在 1997 年刑法颁布时就存在争议。笔者认为，现行刑法典第 286 条所规定的犯罪类型似乎应根据两高的司法解释，统一确定为破坏计算机信息系统罪较为妥当。根据目前刑法条文的内在关系和相关司法解释，计算机犯罪的罪名体系仅仅包括四个罪名：一是"非法侵入计算机信息系统罪"；二是"非法获取计算机信息系统数据、非法控制计算机信息系统罪"；三是"提供用于侵入、非法控制计算机信息系统的程序、工具罪"；四是"破坏计算机信息系统罪"。其中，非法获取计算机信息系统数据、非法控制计算机信息系统罪、提供侵入、非法控制计算机信息系统程序、工具罪两个罪名是刑法修正案逐步增设的罪名。正是从上述罪名体系出发，本文拟对司法实践中所涉及的相关典型判例进行分类研讨。

三、利用计算机实施的其他犯罪的基本理论问题

以计算机和互联网技术为先导的信息革命，给人类生活带来了极大的变革。犯罪——这一自始至终困扰人类社会的顽疾，在信息时代再次展现了其顽强的生命力和惊人的适应能力，迅速将触角伸入了互联网领域，攫取生存的资源和空间，呈现出不断变异和复杂之势。亦即，利用计算机实施的传统犯罪（以下统称网络犯罪）已经逐渐成为网络犯罪的主要类型。

利用网络实施的传统犯罪，在罪名和构成上都仍然是传统犯罪。但是，网络因素的介入，改变了组成犯罪的"原料"和"元素"，导致了犯罪的构成要件要素的变异，包括犯罪对象、犯罪行为、犯罪目的和犯罪结果等各方面。

（一）犯罪对象的一般特征："数据"和"控制权"等虚拟财产的法律认可

利用计算机实施的传统犯罪，在犯罪对象上呈现出变异现象。网络空间中的许多犯罪行为，尽管在行为方式的评价上与传统犯罪别无二致，但是由于犯罪对象的差异性，往往会造成传统刑法适用的障

码。例如，网络空间中虚拟财产的出现，就直接导致了对犯罪对象的判定出现争议。

在网络由信息媒介向生活平台转变的背景下，网络虚拟财产的出现具有必然性。当前典型的虚拟财产种类包括游戏装备、电子币、QQ 号码等。虚拟财产虽然具有"虚拟"的形式，但从本质上讲仍然是一种财产，他们具有与一般物理财产相同的财产属性：经济价值性、稀缺性、能够被人力所控制等。然而，网络虚拟财产毕竟是以数字化的虚拟方式存在的，它的物理意义恐怕仅在于自身是一段数字符号或者信息代码，可以被人力所控制，但是却不能脱离网络而存在。可见，网络因素"置换"了财产的存在形态，这是虚拟财产和现实财产的最大区分。由此导致的问题是：网络虚拟财产能否作为《刑法》第 92 条中"其他财产"的一种类型，从而获得法律的保护？

针对侵害虚拟财产的案件，刑法理论和司法实务没有达成相对一致的意见。以盗窃 QQ 号码第一案为例，[①] 犯罪嫌疑人利用在深圳腾讯公司工作的便利，盗窃腾讯公司的 QQ"靓号"转卖，牟利 7 万余元。审判过程中控辩双方展开了激烈争论：公诉人认为 QQ 号码是信息产品，是腾讯公司投入人力、物力研发而来，符合财物的特征，犯罪嫌疑人构成盗窃罪；辩护人认为 QQ 号码是一种服务代码，QQ 号码的性质认定没有明确法律依据，犯罪嫌疑人应当无罪。本案的焦点正是 QQ 号码的法律性质，然而审理此案的法院"巧妙"避开 QQ 号码作为虚拟财产的论证以及 QQ 号码经济价值的客观属性，最终将 QQ 号码视为通信代码，以侵犯通信自由罪对被告人定罪处罚，最大限度地保证了判决的"稳妥性"，但这种回避对虚拟财产价值判断的做法，显然无助于今后类似案件的解决。

同样的争论也出现在全国首例黑客倒卖中国移动电话号码靓号的案件中，辩护人认为，"移动电话号码是移动通信公司为客户提供通

---

① 参见《广东省深圳市南山区人民法院刑事判决书（2006）深南法刑初字第 56 号》，2006 年 1 月 13 日，广东省深圳市南山区人民法院藏。

信业务的识别码，是一串虚拟的电子号码，本身不具有法律意义上的
'物'的价值，不属刑法范畴的'财物'，因此不能成为盗窃犯罪的
侵害对象。所谓吉祥号码虽然有其不同于其他一般号码的身份价值，
但在本质上仍是电子代码，不具有财物价值。"[①] 然而这种观点显然无
法回答，为何"移动靓号"能够以不菲的价格进行市场买卖的问题。

　　目前国内关于盗窃网络虚拟财产的判例，有的以盗窃罪论处，有
的以破坏计算机信息系统罪论处，有的以侵犯通信自由罪论处，更有
甚者以无罪论处。类似案件的不同定性既凸显了法律适用的混乱，已
体现了司法人员不同的处理思路。以盗窃罪处罚显然着眼于犯罪对象
的客观属性和价值，以破坏计算机信息系统罪定性则更关注客观行为
方式的独特性（许多盗窃虚拟财产的犯罪案件都借助了黑客手段）。
而《刑法修正案（七）》又规定"采用其他技术手段，获取该计算机
信息系统中存储、处理或者传输的数据"的行为构成新罪，又给网络
虚拟财产的刑法保护增添了新的途径。笔者认为，随着网络虚拟财产
数量和形式的增多，考虑到刑法相关罪刑条款规制内容的特定性，应
当肯定网络虚拟财产是刑法中"财物"的一种形式，从而基于犯罪对
象的立场，将网络虚拟财产纳入到刑法的保护框架中来。这比诉诸立
法单独对网络虚拟财产进行保护更具经济性。至于虚拟财产的价值评
估，则纯属技术性问题，不会成为刑法适用的障碍。

　　在数字时代，犯罪对象的网络化、信息化和虚拟化是一个宏观的
趋势，虚拟财产、网络资源的价值性和传统财产没有任何区别。虚拟
财产和僵尸网络是网络空间中犯罪对象变异的两个代表性适例，两者
虽然都是网络时代的新生事物，但由于其承载的价值属性和代表的利
益关系仍然在传统刑法的保护范畴内，因而它们仍然是传统犯罪网络
变异的一个组成部分。

　　实际上，如果虚拟财产的法律认定还有争议的话，则"赃物"作

　　[①]　刘东：《全国首例长沙黑客盗卖移动"靓号"获利20余万》，载《长沙晚报》2008
年5月7日，第5版。

为财物在范畴上的扩张，则是令人鼓舞的。最高人民法院相关负责人明确表示，计算机信息系统数据和控制权是一种无形物，属于"犯罪所得"的范畴，理应成为掩饰、隐瞒犯罪所得罪的对象。从刑法体系看，刑法第 312 条的掩饰、隐瞒犯罪所得罪的上游犯罪应该涵盖第 191 条洗钱罪规定的上游犯罪以外的所有犯罪，理应适用于第 285 条、第 286 条规定的危害计算机信息系统安全犯罪。[①] 因此，2011 年最高人民法院、最高人民检察院《关于办理危害计算机信息系统安全刑事案件应用法律若干问题的解释》第 7 条规定："明知是非法获取计算机信息系统数据犯罪所获取的数据、非法控制计算机信息系统犯罪所获取的计算机信息系统控制权，而予以转移、收购、代为销售或者以其他方法掩饰、隐瞒，违法所得五千元以上的，应当依照刑法第三百一十二条第一款的规定，以掩饰、隐瞒犯罪所得罪定罪处罚。"也就是说，网络因素的介入，已经在本质上影响到了犯罪对象的变化，进而间接地影响到了"财物"的概念和范畴的变化。

（二）客观要件的变化：犯罪行为的网络变异

网络空间是一个新的犯罪平台，在此之上发生的犯罪行为，多数只是传统犯罪在网络中的"翻版"。但是，犯罪行为的特征和危害性同其实施的客观环境密切相关，当犯罪行为的客观环境由现实社会转移到网络空间中之后，犯罪行为自身必然会出现一定的变异，从而影响了其相应的犯罪评价。

1. 利用网络程序缺陷实施的传统犯罪行为

计算机程序较之人类在稳定性和准确性上具有无可比拟的优势，人们越来越习惯将更多领域的工作和任务交由计算机程序控制。但计算机程序并非是完美的，它同样存在这样或那样的程序缺陷。程序缺陷一旦被犯罪分子利用，就会对人们的人身、财产安全带来危害，甚至直接威胁社会的整体稳定。

[①] 参见袁定波、卢杰：《"两高"有关负责人解读危害计算机信息系统安全犯罪司法解释，盗取 10 组网银身份信息即入罪》，载《法制日报》2011 年 8 月 30 日。

利用程序缺陷实施的犯罪目前呈现出多发态势。例如，2005 年易某利用网易一卡通销售系统的漏洞，利用交易完成后页面刷新速度的延迟，修改原来的支付金额，以每张 0.1 元或者 0.01 元的价格从网易公司的销售系统中购买一卡通虚拟卡共计 346418 张，价值 507.83 万余元。后易某通过淘宝网以低于网易公司的销售价格进行销赃。本案检察院以盗窃罪起诉，法院最终以诈骗罪定案，理由有二：第一，易某通过网络购买网易一卡通虚拟卡的行为发生在正常的商品交易过程中，是一种交易行为，体现了交易双方的意志，是各方意志共同作用的结果，并非凭借单方意志即可完成的盗窃行为；第二，虽然整个一卡通的销售过程始终由电脑完成，表面上易某是在和计算机网络系统打交道，但事实上，网易销售系统按照程序人员预先设计的程序运行，体现了网易公司程序设计之初的意志。因此，本案属于是网易公司因易某在付款环节中的"调包计"而产生易某已足额支付货款的错误认识，并自愿将点卡发送至通行证账号，因此构成诈骗罪。[1]

传统刑法理论往往认为机器不能成为诈骗罪对象，因为机器不具有独立意志，不可能基于错误的认识而产生错误的判断，进而主动地实施某种行为。因此，对于此类利用计算机程序缺陷而获得财产的行为，由于不存在被欺骗的独立意志，难以构成诈骗罪。本案中法院虽然提出"计算机程序中体现着网易公司程序设计之初的意志"，试图通过意志的转嫁来解释计算机程序具有独立的意志，但是计算机程序是否能有效体现出或者说是等同于程序设计者的意志，仍然存在论证上的不足。然而，如果将利用程序缺陷非法占有财产或财产性利益的行为一律认定为盗窃罪，逻辑上同样难以自圆其说：一方面，此类行为同传统的盗窃行为在行为特征上具有较大差异性，相比较而言其行为特征上同诈骗罪更为相似。另一方面，同传统的机器相比，现代化计算机的功能更为强大，在一定程度上可以完全脱离人类的监督和操

---

[1]　参见《北京市海淀法院刑事判决书（2007）海法刑初字第 87 号》，2007 年 4 月 20 日，北京市海淀区人民法院藏。

作进行工作。以 ATM 机为例，它就可以自动地对其所具有的各项服务进行处理，完全不需要银行人员的参与，ATM 机拥有了对其所管理的货币的完全处置权。2008 年最高人民检察院在《关于拾得他人信用卡并在自动柜员机（ATM 机）上使用的行为如何定性问题的批复》中规定，拾得他人信用卡并在自动柜员机（ATM 机）上使用的行为，属于《刑法》第 196 条第 1 款第（3）项规定的"冒用他人信用卡"的情形，应当以信用卡诈骗罪定罪。据此，司法机关在一定程度上承认了 ATM 机可以作为诈骗犯罪的对象，然而这一解释只能说明司法机关对于 ATM 机能否被骗的态度。2003 年最高人民检察院在《关于非法制作、出售、使用 IC 电话卡行为如何适用法律问题的答复》中规定，明知是非法制作的 IC 电话卡而使用或者购买并使用，造成电信资费损失数额较大的，应当以盗窃罪定罪。根据这一解释，最高人民检察院不认同 IC 电话机可以被骗。可见，对于机器能否成为诈骗犯罪的对象，最高司法机关自身同样很矛盾。

犯罪人往往变相利用网络程序的功能缺陷来实施犯罪行为。网络程序介入使传统犯罪行为产生了变异，司法机关对于此类行为的定性争议，正是刑法理论和刑法规范对于此种变异准备不足的表现。名噪一时的"许某案"最后以最高人民法院特殊核准予以减轻处罚的方式结案，在刑法规定和社会一般公众的朴素正义感中找到了平衡。

无独有偶，2001 年云南学生何某在 ATM 机上从余额只有 10 块钱的农行卡中取出了 42 万元，之后以盗窃罪被判无期，公众称之为"云南许某"。2009 年底，云南省高级人民法院将刑期骤减为 8 年半并上报最高人民法院复核。与此相似的案件在全国仍有很多，最高人民法院显然无法通过核准减轻处罚和减少刑期的方式来一一纠正，这对于其他的"许某"们显然是极为不公平的。因此，网络时代对于刑法规范提出了严峻挑战，刑法规范迫切需要进行一定调整来加以应对。立法机关在 1997 年刑法中，将盗窃金融机构数额特别巨大行为的最低起刑点定位为无期徒刑，就是考虑到金融机构的特殊性：金融机构的防范措施通常都极为严密，作为社会公众所认同的最为安全的机构，它的被盗本身就具有一般盗窃行为所不具备的极为恶劣的社会影响。但是，立法机关显然没有预料到 ATM 机、网络银行的普及会使盗窃金融机构达到数额巨大变得如此的常见和多发，此时仍使用传统的刑法规范对此类行为进行评价明显有违罪责刑相适应原则，就只能转而依靠通过最高人民法院个案调整的方式来达到对此类案件的合理评价，司法尴尬可见一斑。可以说，刑法理论的跟进和刑法规范的调整已然迫在眉睫。

2. 滥用软件技术保护措施的行为及其评价

技术保护措施实质上就是一种为保护软件版权免受不法侵害而采取的防御性技术手段。网络空间中的盗版软件可以在极短时间内无限量地复制与传播，软件开发商被迫不断增强软件技术保护措施的对抗强度，以加强自身权益的保护力度，但当这一强度突破合法权利的界限时，就可能面临着刑法制裁。

"微软黑屏事件"，是近年来典型的软件开发商滥用软件技术保护措施的案例：微软自 2008 年推出了两个重要更新——WGA 通知和 OGA 通知。其中 WGA（Windows Genuine Advantage）程序针对目前绝大部分网民使用的 XP 系统进行正版验证。安装更新程序后，非正版的 XP 操作系统用户开机进入后，桌面背景被强制变为纯黑色，用户在重新设置系统后每隔 60 分钟，桌面背景将重新变回黑色，这一案件引发了公众的广泛谴责。实际上此类案件早有出现，1995 年，国内文字表格处理软件 CCED5.0 的版权人在该软件中加入了一种针对盗版用户计算机数据的破坏性加密程序。该程序在测出用户使用的 CCED5.0 软件为盗版后，将在不发出警告的情况下不定期地破坏盗版用户的硬盘数据。① 更为著名的事件是"KV300L＋＋逻辑锁事件"：北京江民新技术有限公司在杀毒软件"KVL300＋＋"版中加入了具有高智能化逻辑判断的"逻辑锁（反盗锁）"程序，它的运行机理

---

① 参见王迁：《略论数字化作品著作权保护系统引发的法学课题》，载《著作权》2001 年第 1 期。

是：在盗版者使用"中国毒岛论坛"提供的解密匙复制盗版盘并上机运行时，该"逻辑锁"严格的逻辑判断程序即可准确识别出盗版盘，并立即锁死盗版者的计算机硬盘，迫使计算机停止工作，硬盘数据暂时无法使用。可以说，网络空间中软件开发商滥用技术保护措施已经逐渐成为一种普遍的现象。

作为一种防止盗版的技术手段，软件技术保护措施只允许具有消极的防御功能，其技术措施的强度仅限于对自己软件版权的保护，否则就可能遭受法律的制裁。现行刑法没有对滥用软件技术保护措施的行为作出直接规定，此类行为也多数发生在网络空间中，似乎其危害性也没有受到足够的关注和评价。但是，如果相类似的行为发生在现实空间中，毫无疑问会进入刑法的评价视野。比如，在自家菜园拉上电网以防范他人盗窃瓜菜，致使他人在进入菜园中偷瓜果时被电网击倒，或者说在自家菜园中的西瓜中注入剧毒农药，致使他人食用西瓜后中毒，此时尽管目的是合法的，但是其手段自身却会因为对公共安全构成现实或潜在的威胁，而可能受到刑法的惩处。

滥用软件技术保护措施同样如此，当前一些软件开发商以保护版权为名，采用惩罚性的技术保护措施，其波及的计算机恐怕已经不能以万计，体现出一定的对网络空间中"公共安全"的危害性。应当指出，此种行为的危害性达到一定的程度时，就应当考虑刑法介入和评价的可能，至于罪名，传统刑法中的罪名是足以套用的。

网络空间中的犯罪行为与传统犯罪的最显著区别，是犯罪行为的技术色彩浓厚。利用程序缺陷或者技术优势实施犯罪，是网络犯罪行为的两大特色。网络是由技术构筑的世界，技术能力的高低代表了犯罪主体犯罪能力的高低。互联网和信息技术的社会化程度远远超过了此前所有的技术形态，可以说，犯罪行为的网络变异是技术扭曲使用在互联网时代的新表现。

（三）犯罪结果的网络变异

网络攻击行为是网络时代的新兴犯罪行为，它已经成为网络安全的首要威胁。对它的制裁主要是依靠刑法第 285 条、第 286 条规定的四个罪名。但是，除了非法侵入计算机信息系统罪这一罪名外，其余三个罪名都需要运到情节严重或后果严重的才能成立犯罪。对于何为"情节严重"和"后果严重"，尚无明确的司法解释，对于网络攻击行为而言，它所造成的危害结果无疑是"情节严重"和"后果严重"认定的重要标准，但是，相比较现实社会中的传统犯罪而言，网络攻击的危害结果在认定上却具有特殊性。

网络攻击危害结果的特殊性首先表现在其直接结果和间接结果的划分上。传统刑法理论中，直接结果一般指由危害行为直接造成的侵害事实，间接结果是指危害行为间接造成的侵害事实，二者的区别在于危害行为同危害结果之间是否存在着独立的另一现象作为联系的中介。① 一般而言，直接结果更能体现出犯罪的现实危害性，是定罪量刑的主要依据；间接结果更多的时候只是影响到量刑。然而，网络空间中信息系统之间的联系程度远比现实社会中的事物紧密，网络是由无数个相互连接的信息系统所组成的整体，对于这一个整体中某一个环节的网络攻击，都有可能使整个网络轰然倒塌，上文提及的"5·19 断网事件"就是典型例证。因此，考虑到网络的这一特性，对于网络攻击的直接结果的范围在认定上应当加以适度扩张，例如在现实社会中，某甲将其乙殴打至死，由于某乙是某工厂的主要项目负责人，乙的死亡使该项目流产造成巨额损失，此时无论某甲对某乙的项目负责人身份是否有认识，都只能将某乙的死亡作为犯罪的直接结果，而不能将项目损失作为直接结果；然而在网络空间中，某自然人甲攻击网络中某服务器乙，致使服务器乙瘫痪，同时由于乙服务器无法提供正常服务，造成乙服务器下的网站都无法访问，此时网站无法访问就应当作为某甲实施网络攻击所造成的直接危害结果。

网络攻击危害结果的特殊性还表现在对其危害程度的准确认定上。网络具有无限延展性，此种延展性可以使信息得到无限复制和快

---

① 参见高铭暄、马克昌主编：《刑法学》，北京大学出版社、高等教育出版社 2003 年版，第 80 页。

速传输，有助于信息共享，但同时此种无限延展性也会使网络攻击行为的危害结果无限展开，产生巨大的社会危害性。然而，此种危害结果却往往又是难以准确定量的。以传播计算机病毒行为为例，病毒潜伏在网络的信息系统中，可以在任意的某一个时间点爆发，在它未爆发时很难发现其存在，也无法准确计算感染病毒的计算机数量，而病毒一旦爆发，它所造成的损失通常非常巨大，但准确估量其带来的损失却难以做到，并且病毒还具有长期发作的可能性。例如，著名的 CIH 病毒发作时硬盘一直转个不停，所有数据都被破坏，硬盘分区信息也将丢失。在 CIH 病毒发作后，就只有对硬盘进行重新分区。同时，CIH 病毒发作时也可能会破坏某些类型主板的电压，改写只读存储器的 BIOS，被破坏的主板只能送回原厂修理，重新烧入 BIOS。该病毒自从 1999 年到 2004 年，每年的 4 月 26 日都会大规模地爆发，至今仍然时有爆发，只不过范围已经有限。对于网络空间此种长达数年的危害后果，显然无法在犯罪之时或者之后不久就能对犯罪行为的危害结果做出准确定量。因此，刑法理论有必要探讨新的、更具可行性的量化标准，以指导司法实践进行准确的定罪量刑。

（四）犯罪的社会危害性的变化

源于网络的平台效应，即使某个网络犯罪行为与传统犯罪别无二致，其社会危害性仍可能发生根本性变化。网络对犯罪的社会危害性的变异作用，体现为复制性、聚焦性、扩散性。

1. 犯罪的社会危害性的网络复制性

网络空间不存在传统空间的时空概念，在理论上可以无限延展，蕴含其中的信息可以快速和无限制地传播和复制。此种特性导致了网络犯罪社会危害性的复制和放大，许多普通犯罪行为一旦移植到网络中便可能产生令人瞠目的结果。

网络对犯罪社会危害性的复制放大，体现在横向和纵向两个方面。（1）横向上的复制性，例如侵权复制品的网络传播。传统空间的知识产权附着于一定物质载体，物质载体本身存在成本，因此传统侵犯知识产权行为的危害性无论多么巨大，客观上总是有限度的。知识产权的数字形态摆脱了物质载体束缚，作品在网络上可能仅仅占用微不足道的存储空间，但是在传播上却没有任何物理局限，因而网络知识产权犯罪的危害性与传统犯罪在危害性方面不可同日而语。（2）纵向上的复制性，体现为犯罪总量的激增。网络空间的存在，使得传统犯罪由"现实空间"一个发生平台增加为"现实空间"和"网络空间"两个平台，使犯罪在整体上获得了更多犯罪资源，降低了一些传统犯罪的门槛。具体表现为：其一，犯罪行为激增。网络空间为犯罪提供了新的资源和空间，除了原有现实平台之外，一个具体犯罪行为既可以是全部犯罪过程都发生于网络空间，也可以同时跨越网络空间和现实社会两个平台。同时，传统空间资源是有限的，存在着对犯罪有形与无形的各种束缚，而理论上网络资源无限、可再生，网络平台客观上使犯罪行为获得了更为充裕的犯罪资源和空间。既然网络行为和信息可以无限复制，那么网络犯罪的危害性也就具有了可复制性。其二，犯罪人数扩张。"互联网2.0"时代人与系统的互动、人与人的互动成为主要特点，在这一背景之下，陌生人在网络空间中偶遇和共谋，在现实社会或者网络空间中进一步相互配合而实施共同犯罪的现象大量出现，客观上直接导致共同犯罪的整体数量增加。例如，2009年1月徐州市云龙区破获的一起诈骗电讯资费的共同犯罪案件，就是一个典型判例：团伙内成员之间的联系极为随意和松散，成员间多是通过网络进行单线联系，且互有交叉，没有严格"上下线"关系，彼此之间有不同的"分赃"协议，所获得的非法收入一天一结算，不一定有固定合作关系，随时都有人退出，也不断有人通过网络获得该信息而申请加入。① 此案表明，现实社会中共同犯罪局限于一定的时空范围内，共同犯罪人数很难达到一定的规模，即便是有组织犯罪，也需要相当长的时间以完成犯罪成员的吸收和犯罪组织的建立。而网络中的共同犯罪却可以在短时间内轻易纠集大量人员进行共

---

① 参见李春丽、王磊：《网络电话群拨：声讯资费诈骗新套路》，载《检察日报》2009年10月13日，第4版。

同犯罪，尽管共同犯罪人之间的联系极为松散，大多互不相识，却丝毫不影响共同犯罪实行。可以说，网络并没有改变犯罪的本质，却使其形式迅速变化，网络独有的虚拟信息交流特征，使得共犯的形成呈现出随意性、松散性的特点；提供犯罪工具型技术帮助行为的职业化，也使得犯罪的实施变得更为简单，危害性更为巨大。

2. 犯罪的社会危害性的网络聚焦性

网络的聚焦效应客观影响着犯罪社会危害性的评价。大量只有一般危害性的网络违法行为，通过"一对多"犯罪模式的过滤和汇聚，在另外一个"节点"上集中爆发出来并升格为新的罪质更为严重的犯罪行为。搜索引擎的恶意链接行为就典型体现了网络的此种聚焦特性。

链接的作用与钥匙相似，点击一个链接就恰如打开一扇房门，它可以为信息的获取提供极大方便。但同时，链接又具有极强的指引性，网民的行为极易为链接所引导。链接无所不在，而搜索引擎则将链接这一行为的重要性与广泛性推向了极致。近年来，搜索引擎巨头屡屡陷入法律纠纷之中，许多因恶意链接而起，例如谷歌"涉黄门"、百度"版权门"等。

就链接行为和被设链网页、信息的通常关系而言，恶意设链原本是一种典型的片面共犯：恶意链接帮助了违法、侵权信息的传播和扩散，因此是一种具有帮助性质的共犯，其危害性应当小于正犯行为。但网络空间中犯罪的社会危害性的聚合效应改变了网络片面共犯的规范形态，片面共犯与共犯的关系发生了变异。片面共犯原来处于辅助和从属地位，但在网络中，由于链接行为对信息具有事实上的传播作用，搜索引擎相对于被链接信息而言占据着主动地位和主导作用，搜索引擎的社会危害性也随之增强，刑法评价基点也就必须加以转换。

恶意链接行为的社会危害性为什么会得到强化？这其实是所有网络帮助性犯罪的共性问题。在现实空间中，无论是片面共犯还是帮助犯，共犯与正犯之间是"一对一"的关系，帮助行为对正犯行为只具有"加速"作用，即帮助行为促进和便利了正犯行为的实现，使正犯行为的"时点"提早到来，但现实空间中的帮助犯不可能加剧正犯的社会危害性，自身的社会危害性程度也不可能超越正犯行为。在网络世界中，这一切都发生了改变。网络中的主流犯罪模式是"一对多"的关系，帮助行为面对的往往是不特定的多数人，在搜索引擎中则是一家搜索引擎针对海量网页和信息，其"一对多"的关系更加夸张。

正因为存在这种一对多的关系，使得原本处于从属地位和帮助地位的链接行为出现了社会危害性的聚拢、集聚、强化作用。以淫秽信息为例，孤立地看，链接行为只需要为每次检索到的具体淫秽信息承担责任，而多数情况下被链接者所上传到网络中的淫秽信息数量较小，虽然也是一种传播行为，但往往只属于违法行为而不构成犯罪，那么根据片面共犯的传统理论，链接行为也不构成犯罪。但从整体看，所有散落在网络空间中的淫秽信息都可以通过链接寻找到和汇集到一起，链接本身又属于一种传播行为，那么，设置链接者就应当对所有被链接的淫秽信息的传播承担责任。搜索单一淫秽信息的危害性点滴汇聚，使得搜索引擎整体社会危害性大大超过被链接淫秽信息的社会危害性。因此，搜索引擎个案中的社会危害性的狭小不能掩盖整体上社会危害性的巨大。如同磁铁一样，搜索引擎对信息具有"吸取"和"聚拢"功能，聚拢的功能就是其链接功能，吸收的力量就是设置链接的强度大小。因此，无论是典型共犯还是片面共犯，都已经不可能真实反映链接行为的社会危害性，必须将链接行为的刑法评价机制独立化。也就是说，此类帮助行为由于社会危害性的升高，应当摆脱共犯地位的束缚予以正犯化处理。

网络的聚焦作用还有另一种表现形式：快速聚拢社会公众原本分散的注意力，将其集中投射在某一具体行为或者事件上，从而导致犯罪的"恶劣"影响被迅速放大，或者其中的"同情因素"被快速放大。一个普通事件，无论是在现实空间口口相传还是经由传统媒体报道，影响力都是有限的，但在网络中则极可能会形成一定时期内的网络热点，引起大量"跟贴"评价，舆论汹涌导致了犯罪行为危害性的放大（恶劣影响被放大时）或者缩小（同情因素被放大时）。例如在

"艾滋女闰德利案件"中，网络的聚焦作用给被害人和社会秩序形成的巨大影响和冲击是有目共睹的，直接导致这一案件由"告诉才处理案件"上升转化为"严重危害社会秩序和国家利益"的公诉案件。可以说，任何一条信息，在网络空间中都可能被数量庞大的受众获知、审视、传播和评价，它的影响力自然成几何级扩大。但无法回避的尴尬事实是，两个同样的犯罪行为，如果一个受到网络聚焦效应的影响，另一个没有受到网络关注，两者的评价结论就会差异极大。因此，网络的聚焦作用对于犯罪社会危害性的抬升和压缩，是一个值得研究的问题，"网络推手"介入刑事司法的事件逐渐增多，人为制造的网络关注现象正在严重冲击着刑法理论的评价模式，也影响着司法的公正和独立。

3. 犯罪的社会危害性的网络扩散性

源于网络空间中"一对多"的犯罪模式，网络扩散效应和聚焦效应一样，也在客观影响着犯罪社会危害性的评价。聚焦与扩散，恰如一对矛盾统一到网络空间中。

以网络空间中培训黑客技术的行为为例。网络犯罪爆炸式增长和传统犯罪网络变异发生的大背景，源于犯罪门槛大幅度降低，网络犯罪开始由精英犯罪蜕变为平民犯罪，而造就、推动这一现象形成的始作俑者便是黑客培训学校。① 黑客学校的快速出现和泛滥，引发的不仅仅是黑客技术的传播，更是网络违法犯罪的快速增加；而黑客技术培训，也被固化到黑客产业链（受利益的驱动，从编写程序到传播，到销售再到洗钱分账，病毒和攻击程序的买卖已形成了一条完整的产业链）中。体现了网络帮助行为从"工具提供"到"技术提供"的新特点。黑客学校在某种程度上是黑客犯罪产业链的源头，它一方面通过自己编造病毒程序出售或者传播，另一方面通过学校、论坛传授，推动病毒买卖与传播的产业化，也推动黑客违法犯罪主体的日趋

---

① 确切来讲，此处的"黑客学校"应当指通过网络进行黑客技术传授的黑客网站、黑客技术论坛等培训模式。考虑到用语习惯、用语的统一化和理解的方便，本文仍然使用黑客学校这一说法。

年轻化和黑客犯罪的"平民化"、"全民化"。

从刑法共犯的角度看，黑客技术培训是为后续的犯罪行为提供技术帮助，在性质上属于对正犯的帮助行为。帮助行为的危害性小于正犯行为的危害性。这是传统刑法理论的一般认识。但在网络世界中，此类帮助行为的社会危害性远超正犯行为。原因是，孤立地看，虽然黑客技术培训行为只需要对每次的后续黑客行为承担责任，其危害性不可能超过后续行为①，但从另一个角度看，正是黑客技术培训才催生了所有后续的正犯行为，每一次正犯行为的源头都是黑客技术培训行为。那么，黑客技术培训当然应为所有的正犯行为承担责任。这恐怕才是黑客技术培训社会危害性的本来面目，造成这一事实的正是网络中通行的"一对多"的犯罪模式。

更进一步讲，"一对多"的犯罪模式也只有在虚拟、无限延展的网络世界才能大行其道。通过网络平台，接受黑客技术培训的人可能成千上万，甚至黑客技术培训者自己都不清楚准确数量。"一对多"的犯罪模式普遍存在于网络帮助型的共同犯罪中，而且其社会危害性大大超越正犯行为。这在传统刑法中是难以想象的。

"聚焦"和"扩散"效应如同一个硬币的正反两面，共存于网络空间中。危害性的网络聚焦性要求刑法打击点后置，即将干预重点由前一个初始行为转向后续行为；而危害性的扩散性则迫使刑法打击点前移，在犯罪的社会危害性未及充分发散前将其消灭于无形。无论是打击点的前移还是后置，都体现一个思路：传统犯罪的网络变异影响着刑法的打击策略，犯罪的社会危害性发生改变，刑法规则的切入点必须相应转变。无论是"扩散"还是"聚焦"，总会存在一个社会危害性的"焦点"——刑法制裁侧重点永远停留的地方。

（五）利用计算机实施的传统犯罪的犯罪形态特征

以伪造证件类犯罪的网络变异为例进行分析。2007 年底，被告人

---

① 后续行为未必就是犯罪，有的可能只是一般的违法行为，因此黑客技术培训的危害性就更小。

李康在帮助伪造证件者增加计算机信息系统中存储的证件比对、验证数据过程中，发现借此可以获取高额利润，遂与被告人李航预谋：抛弃原来的合作者，由李航直接联系需要增加计算机信息系统数据的合作者，由李康负责侵入到相关计算机信息系统中添加信息。此后一年半，李航通过采取注入工具软件、上传后门木马程序等手段，多次非法侵入陕西省职称、职（执）业资格证核查系统、陕西卫生网、江西省自学考试网等网站，修改、增加上述网站中的数据信息1289条。被告人李航共收受非法所得130余万元。法院认为，被告人李康、李航等人违反国家规定，对于计算机信息系统中存储、处理的数据和应用程序进行修改、增加的操作，后果严重，其行为已构成破坏计算机信息系统罪。

网络拥有高效性、开放性、同步性、共享性，这些都为证照信息的同步共享、查验和比对提供了可能。证照存在形态的变化使得伪造证件类犯罪技术升级，仅仅针对文本证照本身进行伪造，只是完成了整个伪造过程的一部分，要真正实现伪造证照的现实使用和达到"以假乱真"的目的，就必须要完成对网络虚拟领域中用于比对的信息的伪造。

网络因素渗入伪造证件类犯罪后，带给此类犯罪三方面的变异。（1）犯罪停止形态的变异。过去文本的证件一旦伪造完成，犯罪即宣告既遂，但现在由于用于证件信息和内容比对的网络信息数据库存在，只有侵入相应网络数据库添加伪造证件信息，才能保证伪造证件被正常使用。也就是说，后续侵入计算机信息系统行为开始"挤入"犯罪过程，成为证件伪造犯罪的一个组成部分。这一行为的"挤入"在客观上拉长了犯罪物理过程，且使原来存在于现实空间的犯罪既遂变为犯罪预备。（2）共犯形态的变异。在本案中，被告人李康帮助伪造证件者增加计算机信息系统中存储的证件数据，性质上属于他人正犯行为的帮助犯；但在李康发现此事有利可图而"单干"时，原来的伪造证件者只能被迫反过来求助于李康。原因很简单，没有李康的"帮助"，单纯的文本证件伪造在市场上将没有任何"竞争力"。这就意味着由于证件信息"网络伪造"的地位凸显，过去帮助行为和实行行为的角色开始互换，帮助行为强化为实行行为，实行行为弱化为帮助行为。（3）罪名选择的变异。本案中李康的修改、添加计算机信息系统内存储的信息是伪造证件的一个手段，这一手段自始至终为伪造证件服务。但侵入有关计算机信息系统，修改、添加该系统内存储信息的行为违反了刑法第286条规定，构成破坏计算机信息系统罪和伪造证件罪的想象竞合犯，根据"择一重罪处断"原则，依据刑法第280条与第286条法定刑比较，应当以破坏计算机信息系统罪定罪量刑。由此导致的一个问题是，在伪造证照犯罪中，只要介入网络因素就只能出现一种结果：破坏计算机信息系统罪。也就是说，基于想象竞合理论而把伪造证照犯罪的法律规定完全架空，刑法第280条关于伪造证照犯罪的规定完全失去了司法实践意义，而破坏计算机信息系统罪则成为一切介入网络因素的伪造证照犯罪——以及其他类似犯罪的"新口袋罪"。

网络对犯罪形态变异的影响力是立体而非平面的。在网络空间中，技术帮助行为在整个共同犯罪中的地位凸显，在共同犯罪中的实际作用和占有的"社会危害性"的比重都超越了传统犯罪行为。正是共同犯罪内部社会危害性地位的转换，才导致帮助行为和实行行为的角色互换，并引起刑法打击策略和评价体系的整体变化。

中编　纯粹的网络犯罪

第四章 非法侵入计算机信息系统罪

[**典型判例**] **范某某、文某非法侵入计算机信息系统案**

案由：非法侵入计算机信息系统与非法控制计算机信息系统

基本案情：2010 年 3 月至 5 月间，被告人范某某伙同被告人文某在暂住地河南省关州市黄河路东三街米兰公寓 607 室，利用计算机上互联网，通过后门程序进入最高人民检察院反渎职侵权厅网站（服务器地点位于北京市朝阳区酒仙桥）后台，修改网页源代码（在网站源文件上植入"黑链代码"），对网站主页进行修改，以提高其他网站在搜索引擎的排名，从而达到非法获利的目的。

同时，范某某和文某又通过后门程序侵入长沙质量技术监督局、青海质量监督总站、抚顺政务公开网、佛山市高明区档案局、句容市安全生产监督管理局、繁昌县文化广电新闻出版局（体育局）、楚雄州人大常委会等网站后台，修改网页源代码，添加黑链代码，对上述网站的主页进行修改，以提高其他网站在搜索引擎的排名，从而达到非法获利的目的。二被告人获利共计人民币 6000 元。

判案理由：北京市朝阳区人民法院经审理认为，被告人范某某、文某法制观念淡薄，为谋取私利，违反国家规定，侵入国家事务领域的计算机信息系统，并多次利用后门程序非法控制国家事务、国防建设和尖端科学技术领域以外的计算机信息系统，情节严重，二被告人的行为均已构成非法侵入计算机信息系统罪和非法控制计算机信息系统罪，依法应予数罪并罚。在共同犯罪中，被告人范某某起意并组织实施犯罪，系主犯；被告人文某在范某某的安排下实施犯罪行为，系从犯。鉴于二被告人能如实供述起诉书指控的两起犯罪事实，且其家属帮助退缴大部分赃款，故本院对被告人范某某所犯罪行酌予从轻处罚，对被告人文某所犯罪行依法予以从轻处罚。

定案结论：北京市朝阳区人民法院根据《刑法》第 26 条第 1 款、第 27 条、第 285 条第 1 款、第 2 款的规定作出如下判决：被告人范某某犯非法侵入计算机信息系统罪、非法控制计算机信息系统罪，判处有期徒刑 1 年 6 个月，罚金人民币 2000 元；被告人犯非法侵入计算机信息系统罪、非法控制计算机信息系统罪，判处有期徒刑 1 年，罚金人民币 2000 元；二被告人犯罪所得依法予以追缴。①

[**学理简析**] 本案中，被告人范某某、文某侵入计算机信息系统的目的，是对于网站主页进行修改，以提高其他网站在搜索引擎的排名，从而达到非法获利的目的。被告人范某某、文某明知入侵对象为国家政府计算机信息系统，仍然实施了非法侵入行为，具备侵犯计算机信息系统犯罪的主观故意。尽管被告人侵入上述政府机关计算机信息系统的主观目的在于非法牟取利益，但犯罪目的并不影响非法侵入计算机信息系统行为的定性。从客观方面讲，被告人范某某伙同被告人文某在暂住地河南省郑州市黄河路东三街米兰公寓 607 室，利用计算机上互联网，通过后门程序侵入长沙质量技术监督局、青海质量监督总站、抚顺政务公开网、佛山市高明区档案局、句容市安全生产监督管理局、繁昌县文化广电新闻出版局（体育局）、楚雄州人大常委会等网站后台，修改网页源代码，添加黑链代码，对于上述网站的主页进行修改。因此，被告人范某某、文某在客观方面实施了非法侵入国家机关计算机信息系统的行为，具备了非法侵入计算机信息系统罪的客观构成要件。在犯罪对象上，范某某、文某所侵入的计算机信息系统主要为长沙质量技术监督局、青海质量监督总站、抚顺政务公开

---

① 案例内容参见：张蕾：《两名 19 岁"黑客"上午受审》，载《北京晚报》2011 年 1 月 7 日；崔雷：《政府网站遭黑，黑客入侵"两步走"隐藏"产业链"》，载《北京晨报》2011 年 3 月 31 日。

网、佛山市高明区档案局、句容市安全生产监督管理局、繁昌县文化广电新闻出版局〔体育局〕、楚雄州人大常委会等网站后台，而这些政府网站都是属于履行国家事务的计算机信息系统。因此，范某某、文某侵犯的犯罪对象属于国家事务领域的计算机信息系统，符合非法侵入计算机信息系统犯罪的客体要件。

计算机网络是未来我国计算机应用发展的重要方向之一，而且在现实生活中，计算机网络的建设和运行近年来也在以惊人的速度发展。地区内、行业系统内乃至全国性的计算机网络纷纷建立，已经可以通过国际互联网络与世界一百多个国家和地区相连。伴随着计算机网络的逐步连接和广泛应用以及信息高速公路的建立，计算机的安全问题已经成为目前亟待解决的课题，非法侵入计算机信息系统的犯罪也不再是遥远的事情，它严重的社会危害性已经开始逐步显示出来。我国《刑法》第 285 条设立了非法侵入计算机信息系统罪，以保护国家各类秘密不受侵犯。根据《刑法修正案（七）》修正之前的《刑法》第 285 条规定：非法侵入计算机信息系统罪，是指违反国家规定，侵入国家事务、国防建设、尖端科学技术领域的计算机信息系统的行为。所谓计算机信息系统，根据 1994 年 2 月 18 日国务院颁布的《信息系统安全保护条例》第 2 条的规定，是指由计算机及其相关的和配套的设备、设施（含网络）构成的，按照一定的应用目标和规则对信息进行采集、加工、存储、传输、检索等处理的人机系统。

一、非法侵入计算机信息系统罪的主体问题

本罪的主体是一般主体。凡是达到刑事责任年龄和具备刑事责任能力的人均可构成本罪。在司法实践中本罪的主体一般是具有相当水平的计算机操作人员。值得注意的是，以窃取、非法持有、非法散布各类秘密为目的的非法入侵者在客观上是大量存在的，显然其危害性更为严重，对于此种情况，应当以牵连犯论，从一重处罚。

关于本罪的犯罪主体，司法实践中存在争议的问题在于：单位是否可以成为本罪的主体？目前，个别网络公司为牟利实施的非法侵入

计算机信息系统的行为，已经连续出现。对于此种案件，究竟应当认定为相关直接责任人员的个人犯罪，还是单位犯罪，实际上一直有争议。

有学者认为，单位可以成为本罪的主体。理由是，修订后的刑法关于计算机犯罪的条款中都加有一个"违反国家规定"的前提，论者认为这里的"规定"主要是指国务院 1991 年颁布的《计算机软件保护条例》和 1994 年颁布实施的《计算机信息系统保护条例》。而《计算机信息系统保护条例》第 7 条明确规定："任何组织或者个人，不得利用计算机信息系统从事危害国家利益、集体利益或者公民合法权益的活动，不得危害计算机系统的安全。"论者认为这表明单位组织也可以成为计算机犯罪的主体。①

我们不赞同这种观点。我国《刑法》第 30 条规定："公司、企业、事业单位、机关、团体实施的危害社会的行为，法律规定为单位犯罪的，应当负刑事责任。"根据该条规定，只有法律明确规定单位可以构成某种犯罪的，单位才能成为该罪的犯罪主体。而刑法第 285 条规定的非法侵入特定计算机信息系统罪中，没有明确规定单位可以成为本罪的主体，因而应当认为只有自然人才能构成本罪并依法被追究刑事责任。前述论者所依据的《计算机信息系统保护条例》显然不能作为单位也能成为本罪主体的法律依据。虽然该条例规定任何组织也不得实施此类危害行为，但是，该条例在性质上只是国家的一个行政规章，而非可以规定犯罪与刑罚的法律，因此违反该条例的行为并非一定被认为是犯罪，进而被追究刑事责任，而仅仅可能被认为是普通的违法行为，仅受到行政处罚或者行政处理。从这个角度上说，单位可能由于实施此类危害行为成为违反行政规章的行为主体，但是却并不能成为非法侵入计算机信息系统罪的犯罪主体。

这里应当指出的是，虽然目前刑法没有将单位规定为非法侵入计算机信息系统罪的主体，但是对于本罪而言，单位实施的犯罪在计算机普及程度已经有极大提高的情况下，已经大量出现，因此，追究单

---

① 参见姚茂文：《计算机犯罪及实践问题》，载《人民检察》1997 年第 7 期。

位实施的此类行为的刑事责任是未来刑事立法修正时的关注重点之一，这一点在西方发达国家的立法中已有反映。但单位实施的非法侵入计算机信息系统的案件数量增加较快，在中国的司法实践中已经变得不容忽视。但在立法没有修正的情况下，应当对于单位直接负责的主管人员、直接责任人员以个人犯罪追究刑事责任，无法追究单位整体犯罪的"罚金"；但是，应当避免的一个问题是，不能因为刑法没有规定"单位"整体不能成为本罪的犯罪主体，而基于错误理解的"罪刑法定原则"，放纵单位内部的相关责任人员的行为，以单位整体不构成犯罪为由而不追究此类人员的刑事责任。

实际上在其他的罪名之中也存在着类似的问题。换句话说，这一问题属于单位实施了刑法没有规定单位犯罪条款的情况下，单位的直接责任人员能否按自然人犯罪定罪处罚的问题。对于这一问题，否定的观点认为，对于刑法典没有确立单位犯罪但是事实上却由单位实施的严重危害行为，应当坚持罪刑法定原则，既不能违法追究单位的刑事责任，也不能对单位中直接负责的主管人员和直接责任人员单独以直观相应的个人共同犯罪论处。[1] 肯定的观点认为，无论是单位实施单位犯罪，抑或是单位实施非单位犯罪，单位成员承担刑事责任的唯一依据是其内部自然人的行为构成了犯罪，与刑法是否规定了单位犯罪条款没有关系。因此，当单位实施非单位犯罪时，只要单位成员实施的行为能够被评价为自然人犯罪，就必须追究单位成员的刑事责任。[2]

笔者认为，当单位实施了刑法没有规定单位犯罪条款的犯罪时，不处罚单位本身就已经算坚持了罪刑法定原则，若认为单位内部的直接责任人员也不能处罚的观点则是对罪刑法定原则的僵化解读。是否能对直接责任人员进行处罚，首先要明确刑法分则中单位犯罪条款的法律本质。从法条竞合的角度看，在同一罪名之下，规定单位犯罪的

---

① 张军、姜伟、郎胜、陈兴良：《刑法纵横谈》，法律出版社2003年版，第306页。
② 参见董玉庭：《论单位实施非单位犯罪问题》，载《环球法律评论》2006年第6期。

条款和规定自然人犯罪的条款之间，是一种特殊的法条竞合关系。法条竞合是指，行为人基于一个犯意而实施的一个犯罪行为，因为法律上的错综复杂的规定，而同时符合了数个在构成要件上具有包容或者交叉关系的刑法条文，但依据数条文之间的逻辑关系，只能适用其中一个条文而排斥其他条文适用的情形。① 我国刑法中的罪名是司法罪名而非立法罪名，法条竞合在同一条的不同款之间也是可能存在的。在刑法规定单位犯罪的情况下，单位犯罪应当视作自然人犯罪的特殊表现形式，适用特殊法优于一般法的规则，以所犯之罪对其定罪，只是依据的量刑条款是规定单位犯罪的专门条款，分则中的单位犯罪条款本质上并不是定罪的特殊条款，而只是量刑的特殊条款；在刑法没有规定单位犯罪的情况下，即单位实施的犯罪主体仅限于自然人的情况下，则应当视为刑法没有设置单位犯罪的量刑特殊法的规定，直接适用一般法，对单位内部的主管人员和其他直接责任人员按所触犯的自然人犯罪进行定罪量刑，此种情况下，与自然人犯罪相比，不仅仅在定罪上适用同一条款，而且在量刑上也适用同一条款。规定单位犯罪的具体条款本质上只是量刑条款而不是定罪条款，不允许因为没有特殊的量刑条款，而否定一般条款的定罪价值。

从法条竞合的角度反思单位犯罪和自然人犯罪的关系，对于同一犯罪，如果法律规定自然人和单位均可以实施的情况下，单位实施这一犯罪时，实际上犯罪的实施主体仍然是自然人。换句话说，单位犯罪的实质无非是自然人犯罪主体的一种特殊组织形式或者特殊组合形式，也可以说单位犯罪的主体仍然是自然人，只不过刑法规定了单位这一特殊的组合形式而已。自然人在实施某一犯罪时，属于一般或者典型的犯罪形式，而单位在实施同一犯罪时，视为自然人利用单位形式实施的特殊自然人犯罪形式，二者存在着一般与特殊的关系。②

因此，对于单位实施的非法侵入计算机信息系统的案件，应当坚

---

① 参见马克昌主编：《犯罪通论》，武汉大学出版社 1999 年版，第 627 页。
② 具体理由，参见于志刚：《单位犯罪与自然人犯罪——法条竞合理论的一种解释》，载《政法论坛》2008 年第 6 期。

决地对单位中的所有直接责任人员和主管人员，按照非法侵入计算机信息系统罪追究刑事责任，同时，对单位予以行政处罚。

正是因为以上的理由和依据，2011 年最高人民法院、最高人民检察院《关于办理危害计算机信息系统安全刑事案件应用法律若干问题的解释》第 8 条规定，"以单位名义或者单位形式实施危害计算机信息系统安全犯罪，达到本解释规定的定罪量刑标准的，应当依照刑法第二百八十五条、第二百八十六条的规定追究直接负责的主管人员和其他直接责任人员的刑事责任。"也就是说，在这一司法解释中，最高司法机关首次承认了一种规则：单位犯罪只是一种犯罪形式，不是一种犯罪主体，单位犯罪即使在具体的罪名条款中没有规定，仍然可以追究单位内部两类直接责任人员的刑事责任，不能依据所谓的"罪刑法定原则"放弃对于自然人刑事责任的追究。

二、非法侵入计算机信息系统罪的主观罪过

非法侵入计算机信息系统罪的主观方面为故意犯罪，过失不能构成此罪。当然，理论界曾经有学者认为过失也可构成本罪。理由是：为了从法律上保护国家计算机信息系统不受侵害，特别是考虑到计算机系统被破坏后将造成的重大损失，对过失犯罪也应当定罪处罚。并认为由于计算机犯罪主观认定的复杂性，如果不设立过失犯罪，任何人都可将自己侵入计算机系统的行为表白为疏忽大意所致，其结果将导致保护不力。[①] 应当说，多数学者是不赞同这种观点的。众所周知，我国刑法以处罚故意犯罪为原则，以处罚过失犯罪为例外，因而现行《刑法》第 15 条第 2 款规定："过失犯罪，法律有规定的才负刑事责任。"这一规定意味着，对于某一犯罪行为，只有当法律明确规定处罚其过失犯罪的，才能对于过失犯该罪的行为追究刑事责任。而由于现行刑法未规定过失行为可以构成非法侵入特定计算机信息系统罪，因此本罪的主观方面只能是故意而不可能是过失。

---

① 参见姚茂文：《计算机犯罪及实践问题》，载《人民检察》1997 年第 7 期。

另外，从实践中发生的案例来看，非法侵入行为一般情况下也只能是故意，因为各类计算机信息系统一般均有特殊的控制访问机制也即安全保卫机制，这对于作为本罪犯罪对象的国家事务、国防建设、尖端科学技术领域的计算机信息系统而言更是如此，因此行为人如果不作技术等方面的努力一般是不可能破译密码而突破此类安全保卫机制或者成功绕过此类安全保卫机制的，纯过失而误入此类计算机信息系统的行为是不存在的。虽然说目前借助于专门的黑客工具能够较为轻易地侵入一些防范不甚严格的计算机信息系统，但是，获取、操纵和使用黑客攻击工具、程序的行为，本身已经证明了犯罪嫌疑人的主观认知类型，因此，即使在当前的专门侵入程序和工具甚嚣尘上的情况下，也不能否认非法侵入计算机信息系统行为的故意。

基于以上理由，我们以为，纯过失地侵入国家重要计算机信息系统的行为是不存在的，因而也就不存在过失侵入而不构成犯罪的情况及对此种情况探讨的必要性。

三、非法侵入计算机信息系统行为的具体分析

北京市朝阳区人民法院判定范某某、文某构成非法侵入计算机信息系统罪是正确的，但为了给今后司法实践中其他同类案件提供指导性意见，我们以下着重对本案涉及的客观要件方面进行详细阐释。本罪客观方面表现为违反国家规定，侵入国家事务、国防建设、尖端科学技术领域的计算机信息系统的行为。准确把握本罪的客观特征，应当从以下几个方面入手：

1. "侵入"一词的含义

所谓"侵入"，是指非法用户调取、访问计算机信息系统内的系统资源的行为。一般而言，所有的计算机信息系统都有其自身的安全控制机制，这一机制可以鉴别并给用户以访问授权，也就是说它可以决定哪些用户有访问计算机信息系统的权力，并在此基础上明确规定合法用户的访问权限。计算机信息系统的安全机制分为二类：一是对用户进行常规识别，以确定用户的身份，从而防止非法入侵者入侵系

统；二是系统内部用户对系统资源的访问控制，也即对合法用户的访问权限进行限制。一般而言，在某一信息系统内极少有某一合法用户对系统内部资源拥有不受限制的访问权限，这在重要的计算机信息系统内更是如此。

根据上述用户的身份特征和访问权限来划分，非法侵入行为的非法性可以分为两类：一是非法用户侵入信息系统，也即无权访问特定信息系统的人非法侵入该信息系统。二是合法用户的越权访问，也即有权访问特定信息系统的用户，未经批准、授权或者未办理手续而擅自访问该信息系统或者调取系统内部资源。在现实生活中发生的非法入侵行为主要是指前者，而且一般认为我国刑法所打击的非法入侵行为也主要是指前者。

具体到本案中，范某某、文某二人于 2010 年 3 月至 5 月间，在河南省郑州市用计算机登录互联网，通过后门程序，将"客户"提供的关键词如"传奇私服"、"汽车交易"、"美国留学"等添加到黑链代码中，先后进入最高人民检察院反渎职侵权厅等政府网站，二人突破了上述政府网站计算机信息系统的安全控制机制，明显属于非法访问，进而构成侵入行为。

此外，值得注意的是，曾经有的学者根据侵入行为的实施者在侵入后是否有进一步的犯罪行为（如窃密等——笔者注），而将侵入分为善意侵入和恶意侵入两种。[①] 我们不赞同这种观点，认为对于本罪的侵入行为，法条规定了"违反国家规定"一词及"侵"字的含义，已表明了行为人的主观罪过，因而从未经授权这一角度来衡量，所有的侵入行为可以说均是"恶意"的，而无善意的可能。同时，以是否实施更为严重的犯罪行为作为标准，将犯罪人的主观罪过界定为"善"与"恶"，也与法理不符。如果有后续性的行为，可能要以牵连犯论处，而不转而错误地讨论该行为是否构成犯罪的问题。

---

① 参见王松江：《计算机犯罪的概念》，载《法制与社会发展》1997 年第 3 期。

2. "非法"的应有之义

对于"非法"的确切含义，应当从有关立法机关颁行的法律法规之中和司法机关的司法解释等规范性文件中去探根溯源。关于非法侵入计算机信息系统罪的立法文件，最早见于全国人民代表大会法律工作委员会1996年10月10日印行的，《刑法（修订草案）》（征求意见稿）的第254条，该条规定："违反规定，侵入国家事务、国防建设、尖端科学技术领域的计算机信息系统的，处3年以有期徒刑或者拘役，可以并处或者单处罚金。"① 除了1996年12月20日的《刑法（修订草案）》第259条将"违反规定"修改为"违反国家规定"以外，② 其他的历次草案（指1997年2月17日及1997年3月1日的《刑法（修订草案）》）对于本罪均是法定刑罚幅度或者刑种上的变动，而未再作实质性修改。而对于本罪立法过程中的更早源头，则可溯及至公安部修改刑法领导小组办公室1996年8月《危害计算机信息系统安全罪方案》（公安部修改刑法研究方案之八），该方案第1条规定了非法进入计算机信息系统罪，内容为"未经许可，擅自进入国家事务、经济建设、国防建设、尖端科学技术领域的计算机信息系统的，处5年以下有期徒刑、拘役，可以单处或者并处罚金。"从以上对比可以看出，"非法"的最初含义是"未经许可，擅自进入"，而后发展演变为"违反规定"、"违反国家规定"，它的范围和所违反对象本身是在不断一步步缩小的，由违反客体不明的"未经许可"，最终缩小到"违反国家规定"。本案中，范某某、文某二人不具备上述政府网站的访问权限，属于非法侵入计算机信息系统。

3. 侵入的对象与方式

范某某、文某二人所侵入的计算机对象前文已有详细阐释，在此不作赘述，但以下将对于其他同类案件相关问题予以阐述。对于本罪而言，必须具有"非法侵入"行为，而且非法侵入的是国家事务、国

---

① 参见赵秉志主编：《新刑法全书》，中国人民公安大学出版社1997年版，第1755页。

② 参见赵秉志主编：《新刑法全书》，中国人民公安大学出版社1997年版，第1781页。

防建设和尖端科学技术领域的计算机信息系统。如前所述，从用户的身份特征和访问权限来看，非法侵入行为的非法性可以分为非法用户侵入信息系统和合法用户的越权访问。通常情况下非法用户的侵入方式可以分为以下几种：

其一，冒充合法用户。即不具有合法用户身份者冒充合法用户而进入计算机信息系统。常见的冒充的方式有以下几种：一是使用别人的访问代码冒充合法用户进入计算机信息系统，而无论其所使用的他人的访问代码是偷窃来的，还是以其他非法方式获得的（如通过设立陷阱程序骗取合法用户的代码等）。对于此种情况，有的学者指出，此种行为经常发生牵连犯罪的情况。比如行为人所窃取的口令是国家绝密材料，则构成了窃取国家秘密罪，其手段行为触犯一罪，而目的行为又触犯另一罪，因而构成牵连犯。我们赞成这种观点。二是"乘机而入"，即"侵入者"利用合法用户输入口令（password）获取访问（access），或合法用户结束使用但未退出联机之前获得访问的一种方法。这就像小偷正要撬门而有人进出就乘机混入大门一样。三是利用非法程序或方法蒙骗正在向计算机登录的合法用户以进入系统。比如，利用寄生术（piggyback）。寄生术是指跟随其他用户的合法访问操作混入计算机系统作案的一种方法。

其二，采用计算机技术进行技术攻击。非法用户针对前述所讲的计算机信息系统的身份识别机制采用计算机技术进行攻击，以图达到绕过或突破此类硬件及软件访问、存取控制机制以进入系统。技术攻击的方法一般有两种，一是技术突破，即通过猜想口令等方法硬性闯过安全防卫机制；二是绕过，即避开安全防卫机制进入计算机信息系统。在这一点上，此种方式和第二次世界大战中德军绕过法国的"马其诺"防线较为相似。当时法国为了防止德军从德法边境入侵而修建了长达数百公里，宽约数十公里的"马其诺"防线，但是法国人忘记了法国的边境除了法德边境外还有法荷边境，结果德军从法荷边境长驱直入而进入法国，使"马其诺"防线失去了作用。而在计算机信息系统的安全防卫机制中，同样存在众多可以绕过的地方，因而往往使经过精心设计的安全控制机制归于无效。

目前实践中为防止非法用户的入侵而采取的用户身份识别机制或者措施主要有以下几种：一是基于用户独具知识的身份识别，如用户的 ID 号码、口令、密钥等；二是基于用户物理特征的身份识别，如声音、相貌、指纹、签字等；三是基于用户所持证件的身份识别，如光卡、磁卡等；四是基于上述各种方法的组合而采取的身份识别。① 这些身份识别措施可以归纳为二类：一是利用生物学方法寻求用户个人的唯一识别信息，如指纹、手纹、唇纹等，这些特征是与用户个人紧密相关而且通常情况下是唯一的，因而较难仿冒。但是缺点是占用内存容量大，运行不太准确，因而在现阶段难以大规模进行推广。二是利用密码理论和密码技术通过确定用户代号来达到身份识别的目的。这是现实中较为常用的一种方法。通常是采用输入用户识别号（如 ID 号码）和输入一个由用户自己记忆的不常变化的口令（PW）的办法。但是 ID 号码是公开的，而口令则通常字符较短，极容易被破译。事实上，密码代号的识别防范机制在某种程度上会极大刺激非法侵入行为的增长，就现实中相当大一部分非法侵入计算机信息系统的案件的行为人而言，其犯罪动机仅仅在于通过破译密码、侵入防范严密的特定计算机信息系统来显示其个人的聪明才智。

实践中常见的以直接采用计算机技术攻击方式非法侵入计算机信息系统的行为方式主要有以下几种：一是利用网络设计缺陷，比如在 INTERNET（全球计算机网络）中，一种被称为"路线标定者"的特殊网络由计算机决定信息数据的确认和配送。非法侵入者则利用网络设计上的一个缺陷，采用欺骗"路线标定者"的办法冒充合法用户，从而得到受保护的计算机数据资源通道，控制有关系统。二是搜索系统口令表，也就是入侵者通过访问并修改系统口令表，设置假口令从而达到非法侵入的目的。三是直接破译用户身份识别密码或者口令。

---

① 参见姚青林：《论侵入重要领域计算机信息系统罪》，载《人民检察》1997 年第 8 期。

这是最为常见的攻击方法，也最容易得逞。四是开发欺骗程序。例如有关国家曾经开发出一种全新的计算机信息系统安全防卫形式——电话回拨系统，也就是说，合法用户访问这种系统时要输入自己的 ID 号（用户身份号）和口令，系统据此查出用户的电话号码，并挂断用户拨入的电话，然后回拨给用户，据此识别和证明用户的合法身份。但是，一些不法之徒"开发"出了一些能使电话回拨系统失去作用的程序，通过电话进入电话回拨系统，使回拨系统不能真正挂断电话，当系统回拨后模仿其拨号声，让电话一直接通而直接闯入信息系统。①此外，比较普遍的非法入侵手段是于 1994 年 12 月 5 日才被首次发现的"INTERNET 规程欺骗"。这种方法是给路由器造成一个可靠发信人正在试图向收信人发送信息的假象，在得到认可后进入到作为目标的计算机信息系统内。1994 年 12 月 5 日，一位在美国圣地亚哥巨型机中心工作的著名计算机安全专家的机器遭到入侵，不知不觉被占用了一天多时间，该专家为保护计算机安全而设计的大量软件被盗走，这才使得"INTERNET 规程欺骗"方法被发现。②

其三，通过"后门"进行非法入侵。"后门"一般是软件作者出于维护或其他理由而设置的一个隐藏或伪装的程序或系统的入口。例如，一个操作系统的口令机构可能隐含这样一个后门，它可以使一定序列的控制字符允许访问经理的账号。当一个后门被人发现以后，就可能被未授权用户恶意使用。

其四，通过"陷阱门"进行非法入侵。陷阱门也叫活门。在计算机技术中，是指为了调试程序或处理计算机内部意外事件而预先设计的自动转移条件。陷阱一般只有制造商知道，不告诉用户。程序调好后应关闭陷阱。如果厂商交货时忘记关闭陷阱，就会被人利用而绕过保护机制，然后进入系统。非法侵入计算机信息系统的第二种情况是合法用户的越权访问。一般情况下，某一计算机信息系统的合法用户

---

① 参见《INTERNET 信息安全面临严峻挑战》，载《电脑报》1995 年 12 月 1 日，第 4 版。
② 参见《INTERNET 信息安全面临严峻挑战》，载《电脑报》1995 年 12 月 1 日，第 4 版。

是有权访问该信息系统或者调取其内部资源的。但是，合法用户的访问权是有限制的，换言之，其访问权一般只限于访问该信息系统的某些部分，或者只能调取该信息系统内部资源信息的某些部分。访问权的大小和级别通常根据用户的身份、地位、工作需要而决定，极少有不受任何限制的用户访问权。对于国家事务、国防建设、尖端科学技术领域等重要计算机信息系统来说更是如此。系统内部的访问控制机制目前主要有两种，一种是自主控制访问机制，就是用户可以随意在系统中定义谁可以访问他们的文件；一种是强制访问控制机制，在此种机制中，用户和文件都有固定的安全属性，这些属性由系统使用，以决定某个用户是否可以访问某个文件。强制访问控制机制是比任意访问控制机制更强的一种控制访问机制，这可以通过无法回避的访问限制来防止某些对系统的非法入侵。在强制访问控制机制下，安全属性是由系统自动地或由系统管理员或者系统安全员人工分配给每一个主体或者内部资源文件的。这些属性不能被任意更改。它通过比较访问者和被访问资源文件的安全属性来决定是否允许用户调取系统内部资源文件，如果系统认为具有某一安全属性的访问者不能访问具有一定安全属性的资源文件，那么任何人都无法使该访问者接触到该资源文件。代表用户的应用程序不能改变自身的或者其他资源文件的安全属性，也不能把某一文件的访问权授予其他用户。而自主访问控制机制则不能有效对抗非法入侵者的渗透入侵，例如"特洛伊木马"程序这种技术渗透。因为在自主访问控制中，某一合法用户可以任意运行一段程序来修改该用户拥有的文件的访问控制信息，而操作系统无法区别这种修改是用户自己的非法操作还是"特洛伊木马"的非法操作。强制访问控制机制通常和自主访问控制机制相结合使用，以确保用户只有在通过了自主与强制访问机制检查后，才能访问某个系统或者其内部资源文件，从而防止非法者入侵或者合法用户的越权访问。

合法用户只能在其所拥有的访问权限以内行使访问权，任何未经批准、授权的越级、越权访问或者调取，均属于非法侵入，而无论其采用何种侵入方法。从实质上讲，这种非法侵入同上述非法用户的非法侵入在性质上是相同的。也就是说，只要合法用户越权侵入系统，其身份即由合法变为非法。换言之，合法用户也可以通过或者借助计算机技术或者外界帮助以突破权限内的访问控制机制，从而实现对信息系统的侵入，也可以通过借助隐蔽通道进入系统。非法侵入计算机信息系统的方式从与计算机信息系统的距离远近来看，可以分为直接侵入和间接侵入两种方式。直接侵入又可分为接触式侵入和本地侵入两种方式。前者是指直接运用前述三类计算机信息系统的某个终端实现直接操作；后者是指运用上述三种计算机信息系统专用设备实现联机侵入。间接侵入可以有广域网侵入和局域网侵入。前者是指远途侵入，一般是采用电话线进行登录，后者则一般是使用专用计算机光缆侵入。[①]

四、非法侵入的"计算机信息系统"的类别认定

本罪所侵犯的客体是国家重要领域计算机信息系统的安全。随着计算机在我国的日益普及化，各种国家事务秘密、国防建设秘密以及尖端科学技术秘密越来越多地保存在计算机信息系统中或者说以计算机存储数据的方式出现。因而计算机信息系统的安全对于国家重要部门和重要事务的影响越来越大，保证这些重要部门的计算机信息系统的安全，对于保护各种国家秘密、国防秘密、尖端科学技术秘密不受侵犯，对于维护正常的社会秩序和保卫国家安全，无疑起着重要的作用。

如前所述，在现实生活中固然有一部分非法侵入的犯罪行为，其目的是为显示超群才智，以单纯破解安全密码为目的，换言之，其目的是单纯的非法侵入计算机信息系统内部，以显示安全控制机制对其并不起任何阻碍作用，而并不是针对计算机信息系统内部所存储的数据和秘密，似乎并未造成实质上的重大损害。但是事实并非如此，这正如有的学者所言，一个计算机中心被侵入，其心理及精神上的损失

---

① 参见赵秉志、于志刚：《论非法侵入计算机信息系统罪》，载《法学研究》1999年第2期。

是无法估计的，被侵入的安全系统势必重新布置，严加防范，时间上和精力上的花费都很大。①

本罪的犯罪对象是特定计算机信息系统。所谓计算机信息系统，如前所述，是指由计算机及其相关的和配套的设备、设施（含网络）构成的，按照一定的应用目标和规则对信息进行采集、加工、存储、传输、检索等处理的人机系统。但是应当注意的是，并非所有的计算机信息系统均可成为本罪的犯罪对象，具体而言，本罪的犯罪对象仅限于国家事务、国防建设、尖端科学技术领域的计算机信息系统，因而非法侵入其他计算机信息系统的，不构成本罪，但是可能构成其他犯罪。计算机信息系统的外延是非常广泛的，其表现形式也多种多样。按照系统内计算机构成来划分，可将计算机信息系统分为两类，一类是只包括一台计算机系统的信息系统，另一类是由多个计算机系统组成的分布式系统。无论哪一种系统都可以成为国家事务、国防建设和尖端科学技术领域的计算机信息系统。确定一个系统是否属于国家事务、国防建设和尖端科学技术领域的计算机信息系统，主要是看该系统所采集、加工、存储、传输、检索的信息属于何种性质，具体的技术性规定应由国家相关部门发布规章加以规定。② 我们同意这种观点，但认为应当进一步深化，即何谓此三类计算机信息系统，不仅要以其内部存储信息的性质作为判断标准，而且要和保守国家秘密的有关法规联系起来进行判断。因此，2011 年最高人民法院、最高人民检察院《关于办理危害计算机信息系统安全刑事案件应用法律若干问题的解释》第 10 条规定，对于是否属于刑法第 285 条、第 286 条规定的"国家事务、国防建设、尖端科学技术领域的计算机信息系统"难以确定的，应当委托省级以上负责计算机信息系统安全保护管理工作的部门检验。司法机关根据检验结论，并结合案件具体情况认定。

---

① 参见［美］刘江彬：《计算机法律概论》，北京大学出版社 1992 年版，第 157 页。
② 参见姚青林：《论侵入重要领域计算机信息系统罪》，载《人民检察》1997 年第 8 期。

五、非法侵入计算机信息系统罪的刑罚裁量

根据《刑法》第 285 条的规定，犯非法侵入特定计算机信息系统罪的，处 3 年以下有期徒刑或者拘役。对于非法侵入计算机信息系统罪的刑罚适用，笔者认为应当考虑以下两个方面的因素：

1. 所侵入的计算机信息系统的重要性

如前所述，对于非法侵入计算机信息系统的行为单独设立一罪，是为避免此类秘密的泄露，加强对危害国家事务秘密、国防建设秘密和尖端科学技术秘密的法定保护。因而对于非法侵入计算机信息系统的行为适用刑罚的一个重要原则，是应当着重考虑非法侵入的计算机信息系统的属性及其重要程度。而这种重要程度应当和该计算机信息系统所属单位的属性有直接联系。进一步讲，侵入关系到国家重大决策、国防部署等极重要计算机信息系统的，应当处以法定刑罚幅度内较重的刑罚；侵入一般的国家事务、国防建设等计算机信息系统的，应当在法定刑罚幅度内处以较轻的刑罚。

2. 其他情节因素

具体而言，影响本罪刑罚适用的可能有以下情节：非法侵入前述三类计算机信息系统的次数、范围；所造成的实际影响程度；是否有已经构成其他犯罪的后续性行为等。具有以上所述情节的，应当在法定刑罚幅度内适用较重的刑罚；没有上述情节，仅仅是非法侵入后即自行离开的，可以在法定刑罚内适用较轻的刑罚。

3. 关于共同犯罪行为的追诉

正如最高人民法院相关负责人所指出，"同传统犯罪不同，危害计算机信息系统安全犯罪活动分工细化，形成了利益链条，导致危害计算机信息系统安全犯罪活动迅速蔓延。"① 因此，在此类案件中，应当注意追诉共同犯罪行为，主要有以下几种情况：其一，为犯罪嫌疑

---

① 参见袁定波、卢杰：《"两高"有关负责人解读危害计算机信息系统安全犯罪司法解释 盗取 10 组网银身份信息即入罪》，载《法制日报》2011 年 8 月 30 日。

人提供专门的侵入工具、程序的犯罪行为。目前借助于专门的黑客工具能够较为轻易地侵入一些防范不甚严格的计算机信息系统，因此，为他人提专门的黑客攻击工具、程序的行为，属于共同犯罪。其二，为他人的牟利行为提供互联网接入、服务器托管、网络存储空间、通讯传输通道、费用结算、交易服务、广告服务、技术培训、技术支持等帮助，也属于共同犯罪，本案中，很可能就存在着此类共同犯罪行为。其三，通过委托推广软件、投放广告等方式向实施非法侵入行为的犯罪嫌疑人提供资金的行为，此类行为也属于共同犯罪行为，本案中也可能会存在着此种情况。

对于以上共同犯罪行为，2011 年最高人民法院、最高人民检察院《关于办理危害计算机信息系统安全刑事案件应用法律若干问题的解释》第 9 条，对于共犯设置了独立的定罪量刑标准，主要规定了 3 种共同犯罪形式，对情节严重的行为予以刑事惩治。

司法解释规定的共同犯罪的追诉标准是：明知他人实施刑法第285 条、第 286 条规定的行为，具有下列情形之一的，应当认定为共同犯罪，依照刑法第 285 条、第 286 条的规定处罚：（1）为其提供用于破坏计算机信息系统功能、数据或者应用程序的程序、工具，违法所得 5000 元以上或者提供 10 人次以上的；（2）为其提供互联网接入、服务器托管、网络存储空间、通讯传输通道、费用结算、交易服务、广告服务、技术培训、技术支持等帮助，违法所得 5000 元以上的；（3）通过委托推广软件、投放广告等方式向其提供资金 5000 元以上的。同时，根据以上司法解释，实施前款规定行为，数量或者数额达到前款规定标准 5 倍以上的，应当认定为刑法第 285 条、第 286条规定的"情节特别严重"或者"后果特别严重"。

第五章　非法获取计算机信息系统数据罪

[典型判例] 赵某某非法获取计算机信息系统数据案

案由: 非法获取计算机信息系统数据、非法控制计算机信息系统

基本案情: 自 2009 年 9 月以来,被告人赵某某先后多次利用在湘潭市公安局岳塘分局五里堆派出所监控中心值班之机,私自将该派出所监控电脑的网线从治安电子监控交换机上拔下接入公安专网交换机上,并进行公安专网段 IP、掩码、网关、DNS 等网络设置,然后利用事先准备的黑客软件侵入公安专网部分网段的电脑,非法下载被侵入电脑上的重要公安信息数据,后将下载的数据全部存储在自己的移动硬盘上。2010 年 1 月 17 日下午,被告人赵某某采用相同手段侵入公安部计算机系统并非法获取数据时被公安部侦控系统发现。2009 年 12 月左右,被告人赵某某利用黑客软件,在网吧内通过互联网非法侵入湖南联通长沙分公司的计算机系统,非法下载其中的重要数据存于自己的移动硬盘上。

判案理由: 湖南省湘潭市岳塘区人民法院经审理认为,被告人赵某某违反国家规定,侵入其他计算机信息系统,获取该计算机信息系统中的数据,情节严重,其行为构成非法获取计算机信息系统数据罪,公诉机关指控的罪名成立。被告人赵某某系初犯、偶犯,认罪态度好,辩护人的观点法院亦予以支持。根据被告人犯罪的事实、性质、情节和对社会的危害程度,对被告人适用缓刑不致再危害社会,可以宣告缓刑。

定案结论： 湖南省湘潭市岳塘区人民法院认定被告人赵某某犯非法获取计算机信息系统数据罪，判处有期徒刑1年，缓刑1年，并处罚金30000元（已缴纳）。[①]

[**学理简析**] 在赵某某非法获取计算机信息系统数据案中，被告人赵某某自2009年9月先后多次利用在湘潭市公安局岳塘分局五里堆派出所监控中心值班之机，私自将该派出所监控电脑的网线从治安电子监控交换机上拔下接入公安专网交换机上，并进行公安专网段IP、掩码、网关、DNS等网络设置，然后利用事先准备的黑客软件侵入公安专网部分网段的电脑，非法下载被侵入电脑上的重要公安信息数据，后将下载的数据全部存储在自己的移动硬盘上。同年12月左右，被告人赵某某利用黑客软件，在网吧内通过互联网非法侵入湖南联通长沙分公司的计算机系统，非法下载其中的重要数据存于自己的移动硬盘上。湖南省湘潭市岳塘区人民法院认定赵某某为非法获取计算机信息系统数据罪。本章主要探析非法获取计算机信息系统数据罪的犯罪构成及司法认定中涉及的典型性问题，以期对今后同类司法案件有所借鉴。

湖南省湘潭市岳塘区人民法院认为赵某某非法获取计算机信息系统数据罪，这一罪名是《刑法修正案（七）》新增的罪名，它是指违反国家规定，侵入刑法第285条第1款规定的三类特定计算机信息系统以外的计算机信息系统或者采用其他技术手段，获取该计算机信息系统中存储、处理或者传输的数据，情节严重的行为。下面，笔者对于非法获取计算机信息系统数据罪的定罪量刑问题进行具体解读。

一、非法获取计算机信息系统数据罪的构成特征

非法获取计算机信息系统数据罪，是指违反国家规定，侵入国家事务、国防建设、尖端科学技术领域以外的计算机信息系统或者采用其他技术手段，获取该计算机信息系统中存储、处理或者传输的数

---

① 案例内容参见：北京市宣武区人民法院刑事判决书（2010）岳刑初字第62号。

据，情节严重的行为。非法获取计算机信息系统数据罪的犯罪主体是一般主体，即年满 16 周岁、具备相应刑事责任能力的自然人均可以构成本罪。被告人已年满 23 周岁，属于完全刑事责任能力人，符合本罪的犯罪主体要件。非法获取计算机信息系统数据罪的主观方面为行为人明知自己无权获取他人计算机信息系统中的数据，仍希望获取上述数据。

本罪主观方面与其他罪名相异的地方在于，本罪主观仅为直接故意，即行为人明知其没有相关权限而非法侵入计算机信息系统或者以其他技术手段非法获取该计算机信息系统中存储、处理或者传输数据的行为，而仍然故意为之。间接故意和过失不构成本罪。

本罪客观方面主要体现为非法获取前述计算机信息系统中计算机数据的行为，即行为人未经权利人或者国家有权机构授权而非法取得他人计算机信息系统数据的行为。从传统意义上讲，非法"获取"行为本质上就是指行为人基于占有他人财物的主观故意而实施的侵犯他人财物的犯罪行为，行为人此时主观上对于特定财物具有非法占有的强烈愿望。据此不难发现，行为人主观上对于行为对象有占有、希望得到的意愿，从而就可确定犯罪行为人的犯罪故意是属于直接犯罪故意。[①] 判定本罪是否成立的关键，在于明确行为人的客观行为是否符合本罪的客观要件。非法获取计算机信息系统数据罪的客观方面表现为行为人违反国家规定，实施侵入国家事务、国防建设、尖端科学技术领域以外的普通计算机信息系统，或者采用其他技术手段，从而获取这些计算机信息系统中存储、处理或者传输的数据，情节严重的行为。不难理解，刑法增设本罪的意图主要在于扩大刑法对于教育、卫生、公共利益等领域中计算机信息系统的保护范围，从客观构成要件上讲，需要明确以下几个问题：其一，本罪客观方面首先要求违反国家规定，这里的国家规定是一个泛指概念，《计算机信息系统安全保

---

① 参见赵秉志主编：《刑法修正案最新理解适用》，中国法制出版社 2009 年版，第 143 页。

护条例》和公安部发布的《计算机信息网络国际联网安全保护管理办法》等行政法规、部门规章，都是国家规定的范围。其二，行为人侵入国家事务、国防建设、尖端科学技术领域以外的计算机信息系统后又实施了获取该计算机信息系统存储数据的行为，即非法获取刑法第285条1款规定外的计算机信息系统中处理、存储、传输的数据。所谓"计算机信息系统中存储、处理或者传输的数据"是指存放在信息系统中的数据，可包括图片、文字、影音资料、专有的程序或者软件等，它们的状态或是处于存储状态下，或是正被有关人员编辑，或正被传输，传输行为方式则为通过网络发送到其他终端和通过一些专门工具发送到移动存储设备上。① 本案中，赵某某非法下载被侵入电脑上的重要公安信息数据，并将下载的数据全部存储在自己的移动硬盘上，即属于非法获取计算机信息系统存储数据的行为。

非法获取计算机信息系统数据罪的犯罪客体是计算机信息系统的安全，犯罪对象仅限于正在使用的计算机信息系统中存储、处理、传输的数据，脱离计算机信息系统存放的计算机数据，例如移动硬盘、U盘等移动存储设备存储的数据不是本罪的犯罪对象。值得注意的是，本罪所侵犯的犯罪对象并不限于涉及计算机信息系统中的数据和应用程序，还包括权利人存放在计算机信息系统中的各种信息数据，例如个人信息、公司商业信息等等。因此，本罪保护对象的外延远远大于刑法第285条规定的非法侵入计算机信息系统罪，扩大了刑法对于计算机信息系统的保护范围，即扩大至国家事务、国防建设、尖端科学技术领域之外的普通计算机信息系统。本案中，行为人赵某某利用事先准备的黑客软件侵入公安专网部分网段的电脑，非法下载被侵入电脑上的重要公安信息数据，后将下载的数据全部存储在自己的移动硬盘上，同时，还利用黑客软件，在网吧内通过互联网非法侵入湖南联通长沙分公司的计算机系统，非法下载其中的重要数据存于自己的移动硬盘上。实际上，本案中赵某某前半段行为，属于侵入"国家

---

① 参见赵秉志主编：《刑法修正案最新理解适用》，中国法制出版社2009年版，第144页。

事务"领域的计算机信息系统，进而获取相关数据；后半段行为，则是侵入普通计算机信息系统，之后实施了非法获取其中存储数据的行为。

二、对于"非法获取"的理解与认定

应当提出的是，行为人通过各种手段进入上述特定计算机信息系统的行为是违反国家规定的，也即是未经合法授权的"非法"入侵行为。对于"非法"一词，现行刑法中并未明确规定，但是刑法理论界和司法实践部门无一例外地将本罪的罪名冠之以"非法获取计算机信息系统数据罪"，最高司法机关有关罪名的解释也持同样看法。① 因而我们这里必须对于"非法"含义进行合理的探讨。

非法获取计算机信息系统数据的"非法"的一般理解，即为违反国家规定。对于"国家规定"的具体范围，1997 年《刑法》第 96 条作了明确规定。结合刑法第 285 条的规定，笔者认为这里的"非法"应当是指第 285 条所称的"违反国家规定"。而所谓违反国家规定，具体到本罪而言，是指违背国家关于计算机信息系统管理的各项法律、法规，不具有合法身份或者条件而未经授权擅自侵入计算机信息系统并获取数据的行为。例如，违反《计算机信息系统安全保护条例》。目前我国关于计算机信息系统管理方面的法规还有《计算机信息网络国际联网管理暂行规定》、《计算机信息网络国际联网出入信道管理办法》、《中国公用计算机互联网国际联网管理办法》、《专用网与公用网联网的暂行规定》等，违反上述规定、办法均可视为违反国家规定。

此外，非法获取计算机信息系统数据罪中"非法获取"的认定，可以从以下两个方面来理解：（1）行为人的权限。一般情况下，特定

---

① 参见最高人民法院、最高人民检察院《关于执行〈中华人民共和国刑法〉确定罪名的补充规定（四）》，2009 年 9 月 21 日由最高人民法院审判委员会第 1474 次会议、2009 年 9 月 28 日由最高人民检察院第十一届检察委员会第 20 次会议通过，自 2009 年 10 月 15 日起施行。

计算机信息系统的使用或根据操作人员的职务等级、工作性质等划分计算机信息系统的使用权限。只有在其权限内，才能登录计算机信息系统并获取相关数据。如果行为人超越了其使用权限，或者根本没有使用权限，而擅自侵入计算机信息系统获取信息数据，则为非法获取。（2）侵入计算机信息系统的行为。行为人侵入了除涉及国家事务、国防建设、尖端科学技术领域以外的普通计算机信息系统或者采用其他技术手段，获取该计算机信息系统中存储、处理或者传输的数据，情节严重的行为。关于侵入计算机信息系统中"侵入"行为的认定，前文已有详述，在此不赘。简而言之，所谓"侵入"就是指行为人采用破解密码、盗取密码、强行突破网络系统安全防护屏障等手段，未经权利主体许可而擅自进入他人计算机信息系统的行为。常见的方式是利用他人网上认证信息进入计算机信息系统。本案中，赵某某先后多次利用在湘潭市公安局岳塘分局五里堆派出所监控中心值班之机，私自将该派出所监控电脑的网线从治安电子监控交换机上拔下接入公安专网交换机上，并进行公安专网段 IP、掩码、网关、DNS 等网络设置，然后利用事先准备的黑客软件侵入公安专网部分网段的电脑，此类行为均属于非法侵入计算机信息系统的行为。

三、非法获取计算机信息系统数据罪的定罪量刑

本罪为情节犯，成立本罪需要行为人实施的非法获取计算机信息系统数据行为具有情节严重的情形。笔者认为，"情节严重"主要包括多次、大量获取他人计算机数据，即获取数据数量多、对比较多的计算机信息系统实施了非法获取行为、犯罪行为加重了计算机信息系统的工作负担、犯罪行为人获取的计算机信息系统数据有很重要意义、犯罪行为人取得了较大利益等等。[1]

（一）关于判断是否构成犯罪的角度

根据司法实践的一般经验，判断非法获取计算机信息系统数据的

---

[1] 参见赵秉志主编：《刑法修正案最新理解适用》，中国法制出版社 2009 年版，第 145 页。

行为是否构成犯罪，应当从以下三个角度进行判断：

1. 非法获取认证信息的数量

除了获取国家秘密、高科技技术、国防建设领域的技术和秘密之外，其他的非法侵入普通计算机信息系统的行为要构成犯罪，主要判断的标准，是后续性的行为中非法获取计算机信息系统数据的数量和种类。因此，判断构成犯罪与否的第一个标准，是获取的数据的类型。从目前的司法实践来看，犯罪行为指向的数据类型，主要是身份认证信息。所谓"身份认证信息"，是指用于确认用户在计算机信息系统上操作权限的数据，包括账号、口令、密码、数字证书等。而身份认证信息中也是有分类，用于网络盗窃、诈骗犯罪等信息，是犯罪行为指向的主要对象。因此，根据数据的重要性程度不同，最高法院相关负责人指出，应当对于非法获取计算机信息系统数据罪的入罪标准予以合理区分。具体地说，非法获取支付结算、证券交易、期货交易等网络金融服务的身份认证信息 10 组以上的即构成犯罪，而非法获取其他身份认证信息 500 组以上的，才构成犯罪。①

但是，应当指出的是，越来越多的个人信息目前也正在被黑客关注，并被窃取之后放在网上。目前，全球震动的美国著名黑客遭到通缉之后自杀的事件，实际上就与此相关。根据中新网和相关美国媒体的报道，1 月 11 日，正接受司法部门调查的黑客斯瓦兹（AaronSwartz）自杀身亡，美国司法当局指控斯瓦兹在互联网上非法公开 400 万份资料，又从网上非法下载数百万份学术文件，所有罪名如果成立的话，斯瓦兹最高可被判处 31 年监禁，并被罚款 100 万美元。斯瓦兹的自杀引发了黑客组织的报复，黑客组织"匿名者"（Anonymous）因不满美国政府的刑事调查导致其自杀身亡，继而入侵美国司法机关网站，扬言向政府"宣战"。"匿名者"表示已偷取大量机密文件，威胁把资料公开。美国联邦调查局（FBI）表示，已把这次入侵网站

---

① 参见袁定波、卢杰：《"两高"有关负责人解读危害计算机信息系统安全犯罪司法解释，盗取 10 组网银身份信息即入罪》，载《法制日报》2011 年 8 月 30 日。

事件列为刑事案件。26 日，"匿名者"入侵量刑委员会（Sentencing Committee）网站，并在网页上留下了"已经越过底线"等字句，到了周六中午，网站虽然恢复正常，但黑客表示已偷取大批敏感资料，政府如果不答应他们的要求，就会把数据公开，还将用计算机程序编写而成的"（导弹）弹头"攻击其它网站。"匿名者"发表的声明措词相当强硬，说现在是时候让司法部及其附属机构见识"真正的渗透"，让政府体系"自尝苦果"，"感受无助与恐惧"。FBI 主管网络犯罪的官员表示，部门正着手调查此事，并把事件列为刑事案。① 事实上，这一著名案件中非法获取"学术论文"的情况，是值得关注的，这也是重要的类型。

2. 非法获取数据之后的获利，或者造成的经济损失

行为非法获取数据之后，通过违法数据获得的违法所得较大，或者给被害人造成的经济损失较大的，也可以考虑构成犯罪。因此，司法解释规定，违法所得 5000 元以上或者造成经济损失 10000 元以上的，构成犯罪。所谓"经济损失"，不仅仅包括危害计算机信息系统犯罪行为给用户直接造成的经济损失，而且包括用户为恢复数据、功能而支出的必要费用。

（二）具体的定罪和量刑标准

2011 年 8 月 29 日，最高人民法院、最高人民检察院联合发布《关于办理危害计算机信息系统安全刑事案件应用法律若干问题的解释》，其第 1 条规定：非法获取计算机信息系统数据或者非法控制计算机信息系统，具有下列情形之一的，应当认定为刑法第 285 条第 2 款规定的"情节严重"：（1）获取支付结算、证券交易、期货交易等网络金融服务的身份认证信息 10 组以上的；（2）获取第（1）项以外的身份认证信息 500 组以上的；（3）非法控制计算机信息系统 20 台以上的；（4）违法所得 5000 元以上或者造成经济损失 10000 元以上

---

① 参见仁健：《美国黑客组织向司法网站宣战，报复黑客自杀事件》，载 http：//news .dz169. net/gjxw/2013/0128/69031. html，2013 年 2 月 10 日访问。

的；（5）其他情节严重的情形。

此外，根据上述司法解释的规定，实施非法获取数据的行为，具有下列情形之一的，应当认定为刑法第285条第2款规定的"情节特别严重"：（1）数量或者数额达到前款第（1）项至第（4）项规定标准5倍以上的；（2）其他情节特别严重的情形。

（三）关于本案判决结论的评价

在本案中，实际上应当将赵某某的行为分为两个行为阶段予以评判：（1）赵某某利用事先准备的黑客软件侵入公安专网部分网段的电脑，非法下载被侵入电脑上的重要公安信息数据，后将下载的数据全部存储在自己的移动硬盘上，实际上，至此为止，赵某某属于侵入"国家事务"领域的计算机信息系统，进而获取相关数据，此时，应当按照非法侵入计算机信息系统罪论处，如果赵某某非法获取的数据属于国家秘密等的范畴，则赵某某属于非法侵入计算机信息系统罪和非法获取国家秘密等涉及国家秘密的罪名的牵连犯，应当从一重处罚，如果后续的获取数据的行为不构成犯罪，则只能以非法侵入计算机信息系统罪一罪论处。（2）在上述行为之外，赵某某还利用黑客软件，在网吧内通过互联网非法侵入湖南联通长沙分公司的计算机系统，非法下载其中的重要数据存于自己的移动硬盘上，赵某某的后半段行为，侵入的是普通计算机信息系统，不属于刑法第285条第1款所设定的三类特定的计算机信息系统，之后赵某某再次实施了非法获取其中存储数据的行为，属于典型的非法获取计算机信息系统数据罪。

综合全案来看，本案应当以非法侵入计算机信息系统（在赵某侵入公安部信息系统不构成犯罪的情况下）和非法获取计算机信息系统数据两罪并罚，而不应当以单纯的非法获取计算机信息系统数据罪一罪论处。

第六章　非法控制计算机信息系统罪

［典型判例］向某非法控制计算机信息系统案

案由：非法控制计算机信息系统

基本案情：《××》是上海 A 公司独家代理运营的一款网络游戏，于 2008 年 11 月 6 日获得《互联网出版许可证》，A 公司拥有独占许可使用权。被告人向某在《××》游戏过程中，为炫耀其游戏技术，以进入《××》游戏主页面左上角第一个房间即第 100 号房间为荣，采用分布式拒绝服务攻击方式，攻击《××》服务器，致使网络中断，其他玩家掉线，从而自己抢先登陆第 100 号房间，以此获得其他玩家的羡慕、崇拜。

2010 年 1 月至 8 月，被告人向某通过运行黑客软件非法控制并远程操控 55 台他人计算机作为"傀儡机"，多次对上海 A 公司代理运营的《××》网络游戏服务器发动分布式拒绝服务攻击，造成服务器网络带宽被大量占用，网络通讯被堵塞，导致网络中断、玩家掉线，造成 A 公司严重经济受损，品牌价值降低，玩家满意度严重下降。同时，被告人向某注册域名为"向某"的黑客网站，并在网页上发布"出售傀儡机、分布式拒绝服务攻击、黑客培训"等信息，公开收费攻击《××》游戏服务器。

判案理由：上海市徐汇区人民法院经审理认为，被告人向某违反国家规定，对 55 台计算机信息系统实施非法控制，情节严重，其行为已构成非法控制计算机信息系统罪，应予处罚。公诉机关指控的犯罪事实清楚，证据确实、充分，指控罪名成立。鉴于被告人向某到案后能如实供述自己的罪行，上海市徐汇区人民法院依法予以从轻处罚。

定案结论： 上海市徐汇区人民法院依照《刑法》第 285 条第 2 款、第 67 条第 3 款、第 53 条及第 64 条之规定，判决被告人向某犯非法控制计算机信息系统罪，判处有期徒刑 11 个月，并处罚金人民币 2000 元；犯罪工具予以没收。①

[**学理简析**] 作为上海首例非法控制计算机信息系统案，向某通过运行黑客软件，非法控制并远程操控 55 台他人计算机作为"傀儡机"，多次对《××》网络游戏服务器发动 DDOS 攻击，造成服务器网络带宽被大量占用，网络通讯被堵塞，导致网络中断、玩家掉线，致使《××》游戏的经营者遭受巨额经济损失，严重降低品牌价值和玩家满意度。上海市徐汇区人民法院判定其行为构成非法控制计算机信息系统罪。本章主要探讨非法控制计算机信息系统罪的认定问题，尤其对何为"控制"行为进行学理解读，以求对今后同类司法案件起到指导作用。

一、非法控制计算机信息系统罪的构成特征

非法控制计算机信息系统罪，是根据《刑法修正案（七）》修改的新罪名。根据《刑法》第 285 条第 2 款规定，非法控制计算机信息系统罪，是指违反国家规定，非法控制第 285 条第 1 款规定以外的计算机信息系统，情节严重的行为。

（一）犯罪主体特征

非法控制计算机信息系统罪的犯罪主体是一般主体，即年满 16 周岁、具备相应刑事责任能力的自然人均可以构成本罪。关于本罪的犯罪主体，需要注意的问题在于境外人员实施此类危害行为的刑事责任问题。计算机网络从某种意义上消除了社会和空间界限，消除了国

---

① 案例内容参见：上海市徐汇区人民法院刑事判决书（2011）徐刑初字第 287 号。

境线，但由此引发的一个问题是，实施各类计算机空间犯罪的人的空间位置也同时超越了国境线。通过国际互联网络实施犯罪行为的人数猛增，跨国界犯罪在所有计算机犯罪中所占的比例越来越高。对于此种跨国境的非法控制计算机信息系统的案件，如果所控制的计算机信息系统是在我国境内，则显然应当适用我国刑法，依法追究非法控制者的刑事责任。对此我国刑法学界没有异议。有的学者认为，对于此类行为人处于我国境外，通过互联网络实施的非法控制我国计算机信息系统的行为，在管辖的依据上，应当适用我国《刑法》第 8 条："外国人在中华人民共和国领域外对中华人民共和国国家或者公民犯罪，而按本法规定的最低刑为 3 年有期徒刑的，可以适用本法，但是按照犯罪地的法律不受处罚的除外。"① 但是有的学者持不同意见，认为在管辖的依据上，应当适用我国《刑法》第 6 条第 3 款的规定："犯罪的行为或者结果有一项发生在中华人民共和国领域内的，就认为是在中华人民共和国领域内犯罪。"②

我们赞同后一种观点，因为此类跨国境犯罪的犯罪行为虽然不在我国境内实施，但是犯罪结果显然是发生在我国领域内的，因而显然符合该条的规定。前一种观点的不妥之处有两点：一是，我国刑法第 8 条所规定的外国人在我国领域外犯罪适用我国刑法的保护主义管辖规定，是特别针对犯罪主体不是中国人，同时犯罪行为或者结果均不发生在我国领域内的犯罪而言，只有在这种情况下才能适用该条的规定，而对于犯罪行为或者结果有一项发生在我国领域内的犯罪，则应当视为在我国领域内犯罪，根本就不应当适用该条。二是，该论者一方面强调此类犯罪行为应当依照我国刑法追究刑事责任，另一方面又坚持应当依照刑法第 8 条的规定适用我国刑罚，这无疑有自我矛盾之处。因为根据该条的规定，外国人在我国领域外对我国国家或者公民犯罪，只有该犯罪的法定最低刑为 3 年以上有期徒刑的，才适用我国

---

① 参见姚茂文：《计算机犯罪及实践问题》，载《人民检察》1997 年第 7 期。

② 参见姚青林：《论控制重要领域计算机信息系统罪》，载《人民检察》1997 年第 8 期。

刑法。但是对于本罪而言，根据《刑法》第285条的规定，本罪的法定刑为3年以下有期徒刑或者拘役，因而如果依照该论者的观点，对于外国人在我国领域外实施非法控制我国国内的特定计算机信息系统这一犯罪行为的，我国刑法是没有管辖权的。这不但是该论者前后观点的自相矛盾，而且对于维护我国国家主权和国家权益是极为不利的，也是极为不妥的。

非法控制计算机信息系统罪作为一种刑法新增的犯罪，同其他计算机犯罪相比具有较多的不同之处。而此种犯罪类型中，外国人在我国领域外通过国际互联网络控制我国境内的特定计算机信息系统的犯罪行为则更具有特殊性。尽管我国1979年《刑法》就有"犯罪的行为或者结果有一项发生在中华人民共和国领域内的，就认为是在中华人民共和国领域内犯罪"的规定，但是众所周知，在司法实践中，犯罪行为或者结果不同时发生在中华人民共和国领域内的犯罪是极为少见的，外国人在我国领域外对我国领域内的犯罪对象犯罪更是少之又少。有的刑法教科书所举的案例，例如在国境外开枪，打死了境内的人员，在司法实践中也是不太可能发生的，即使发生了也较为少见。但正是由于此类犯罪的数量较少，也使得这对极少数犯罪适用我国刑法显得不太脱离实际。但是非法控制计算机信息系统的犯罪却不同，因为在计算机网络空间上是没有领土边界的，在网络普及程度日渐提高的今天，此类犯罪行为已经大量出现。

例如，目前引发中美两国政治争议的"黑客数量"问题，美国著名电脑软件安全公司迈克菲的全球公关主任埃弗斯曾经胡言乱语地说，中国的"僵尸电脑"（被黑客恶意控制的一类染上病毒的电脑）比世界上任何国家都多，占全世界这类电脑数量的12%。但是，根据互联网安全公司美国赛门铁克公司发布的报告，美国是黑客的大本营，而中国是最大的受害者。此外，根据中国国家计算机网络应急技术处理协调中心的数据显示，去年上半年，国内约有780万台计算机遭到了来自其他国家2.79万个IP地址的攻击，这些网络攻击主要来自美国。① 此外，根据 IT 安全服务商 NCC Group 公布的 2012 年第一季度《Origins of Global Hacks》排行榜，其中美国和中国仍占据全球十大黑客事件发源地排行榜前两位，黑客攻击事件数量分别占 17. 355% 和 13. 703% 。NCC Group 的黑客事件发源地排行榜是各个国家黑客组织或个人对计算机攻击事件宣称负责的数量统计，每三个月更新一次，数据来自合作网络安全社区 DSHield 的入侵检测监控日志。本次的全球十大黑客事件发源地分别是美国、中国、俄罗斯、荷兰、乌克兰、德国、英国、韩国、丹麦、巴西。其中美国和中国一直处在前两位，俄罗斯本次排名较高，黑客攻击比例从之前的 3. 5% 上升到 12. 407% ，排名第三。荷兰和英国也呈现较快增长，英国本次进入全球十大黑客发源地排行榜第七名（之前在十名以外）。之前进入前十的意大利、法国和印度则跌出排行榜，取而代之的是乌克兰和韩国。当然，在一般情况下，黑客通常会伪装成外国的 IP 地址，所以其统计数据并非十分准确，但具有参考意义。② 但是，至少这些数据可以说明的一点，跨国的黑客行为，尤其是非法控制计算机信息系统的行为，已经到了极为猖獗的地步，严重冲击了刑事管辖权的确定规则。

因此，对于此种犯罪行为处于领域外而犯罪结果发生于领域内的犯罪，虽然中国司法机关对于实施犯罪行为的外国人追究刑事责任比以前更为困难，这不仅是刑事管辖权的具体实施问题，而且还因为"把任何给定的信息从 A 点传输到 B 点要牵涉成千上万的计算机和许多不同的环节，因此，按照法庭诉讼的可靠性证明它的确是从 A 点出发并且到达 B 点可能是极为困难的。"③ 对于此种情况，如前所述，直接适用我国刑法的地域管辖权是可行的，但是管辖方式并不限于此，例如英国的《滥用计算机法》就规定：只要被控制的计算机在英

---

① 参见杨骏：《美国是黑客大本营，中国是最大受害者》，载 http://whb. news365. com. cn/ewen hui/wh6/html/2013 - 02/06/content_ 8. htm，2013 年 2 月 11 日访问。

② 参见 leo：《全球黑客攻击来源报告：中国占 13.7%，和美国仍是全球两大黑客事件发源地》，载 http://www. 36Kr. com/p/110162. html，2013 年 2 月 10 日访问。

③ 参见［美］刘江彬：《计算机法律概论》，北京大学出版社 1992 年版，第 157 页。

国，该法就适用，而不论行为实施者在何处。笔者认为这种立法方式是可资借鉴的。

（二）犯罪的主观特征

非法控制计算机信息系统罪的犯罪主观方面为犯罪故意。对于本罪的主观方面认定，需要注意犯罪目的方面的问题。某种程度上讲，破坏安全系统进而实施的犯罪行为可能涉及对隐私权的侵害、商业秘密的侵害或者知识产权的侵害。因而与控制计算机信息系统行为本身对安全系统的破坏形成了结果行为与方法的牵连关系。[①] 因而应当注意的是，如果行为人具有其他特定的犯罪目的而实施非法控制计算机信息系统的，如获取非法利益等为目的，则存在方法行为与结果行为或者说目的行为与手段行为的牵连关系，因而应当从一重论处。我们以为，通常应当以其目的行为所构成的具体犯罪追究刑事责任，如非法获取国家秘密罪、侵犯商业秘密罪或者以某种特定危害国家安全罪追究刑事责任更为妥当一些。而且由于本罪规定的法定刑过低，即使按照从一重处罚的原则，也往往不以本罪追究犯罪人的刑事责任。

从另一个角度讲，本罪行为人主观方面的目的和非法持有毒品罪的主观方面的目的具有相似性。即非法控制的犯罪目的应当具有某种程度上的潜在多样性和当前目的的不可查证性。对于非法持有毒品罪的犯罪目的而言，由于该法条规定的特殊性和持有行为本身所处阶段的特殊性，因而其犯罪目的如果能够查证为出于走私、贩卖、运输、制造或者窝藏的目的，则已超出非法持有毒品罪所能容纳的范畴，而应当以其犯罪目的所构成的具体犯罪定罪量刑。对于本罪而言，如果能够查明是出于其他犯罪目的而非法控制计算机信息系统的，则要么非法控制行为被其他犯罪行为所吸收，不再以本罪进行处罚，如间谍罪等；要么非法控制行为和其目的行为构成牵连关系，应当从一重论处。

（三）犯罪的客观特征

本罪客观方面表现为未获授权或者他人同意，通过技术手段侵入

---

① 参见〔美〕刘江彬：《计算机法律概论》，北京大学出版社1992年版，第157页。

计算机信息系统并非法控制的行为。非法控制是指通过各种技术手段，使得他人的计算机信息系统处于掌控之中，能够接受其发出的命令。对于本罪的客观要件认定的关键在于非法控制的理解，我们下文重点讨论非法控制行为的认定，在此不再赘述。

（四）犯罪的客体特征

非法控制计算机信息系统罪的犯罪客体是计算机信息系统的安全，本罪保护对象的外延远远大于刑法第 285 条规定的非法侵入计算机信息系统罪，扩大了刑法对计算机信息系统的保护范围，即扩大至国家事务、国防建设、尖端科学技术领域之外的普通计算机信息系统。

二、对于"非法控制"的理解与认定

所谓非法控制，是指未经授权地控制他人计算机的行为。非法控制一般包括不妨害计算机信息系统的正常使用和排除权利人对计算机信息系统的控制两种情形。所谓不妨害计算机信息系统的正常使用，主要是指非法控制者在计算机信息系统内植入木马病毒等特定程序，导致他人计算机信息系统完全成为黑客等控制者的控制对象。

一般来讲，由于控制者对于他人计算机信息系统的控制往往都是通过绕过木马程序杀毒软件和防火墙来实施，这些被控制的计算机就是通常所说的"肉鸡"，尽管这些"肉鸡"被入侵者所远程控制，但却并不影响权利人继续对计算机信息系统的使用。尽管此种控制对于权利人的损害似乎不是很明显，但是已经从本质上严重威胁到权利人计算机信息系统的安全。另一种情形是排除权利人对计算机系统的正常使用，即入侵者的这种控制使得被控制计算机信息系统的合法用户无法登陆，或者登录计算机后无法按照合法用户的意愿完成操作，而非法控制行为人则对他人计算机信息系统实施远程控制。对此曾有学者指出，"从行为的客观表现来看，控制计算机信息系统后，表现为行为人有能力使用计算机系统中的资源，这本质上也是一种非法控制行为，加之其性质上属于未经授权或者超越授权的行为，因此，应对新设立的非法控制计算机信息系统罪中的非法控制行为，做严格的限定解释。"① 因此，司法实践中对于非法控制计算机信息系统犯罪的认定，应当严格限制将控制行为解释为非法"控制"行为，避免司法实践中对于非法控制计算机信息系统罪的架空。本案中，被告人向某通过运行黑客软件非法控制并远程操控 55 台他人计算机作为"傀儡机"，就是一般意义上讲的"控制"计算机系统的行为。

三、非法控制计算机信息系统罪的定罪量刑

非法控制计算机信息系统罪是情节犯，成立本罪需要行为人实施的非法控制计算机信息系统行为具有情节严重的情形。

（一）入罪标准

2011 年 8 月最高人民法院、最高人民检察院公布的《关于办理危害计算机信息系统安全刑事案件应用法律若干问题的解释》第 1 条对于非法控制计算机信息系统罪的入罪标准做出了明确规定：其一，非法控制计算机信息系统 20 台以上的；其二，违法所得 5000 元以上或者造成经济损失 10000 元以上的。本案中，向某通过运行黑客软件，非法控制并远程操控 55 台他人计算机作为"傀儡机"，在控制的计算机数量上符合了情节严重的标准。

（二）共同犯罪的情况

此外仍需要注意的是，从具体法条的设置来看，《刑法修正案（七）》关于非法控制计算机信息系统罪的设置主要解决的是初始控制行为，但是却忽视了对于最终使用者和中介者法律责任的评价，尤其是对于中介者的法律责任，目前根本无法评价。因此，应当注意两个方面：其一，对于最终使用者。一般情况下，最终使用者和非法控制行为的初始实施者之间，可能会存在共同犯罪关系。因此，最终使用者从事其他犯罪的，可以按照其他犯罪来定罪处罚，如果只是单纯控

---

① 参见皮勇：《我国网络犯罪刑法立法研究——兼论我国刑法修正案（七）中的网络犯罪立法》，载《河北法学》2009 年第 6 期。

制的，最终使用者勉强可以以共同犯罪论，即按照"非法控制计算机信息系统罪"来定罪处罚。但是，在通常情况下，尤其是在僵尸网络多次转手时，僵尸网络的最终使用者与初始控制者之间没有共犯关系，因此，对于"最终使用者"如果按照"非法控制计算机信息系统罪"来定罪，至少在解释论上是比较勉强的。正是基于此种考虑，最高人民法院、最高人民检察院公布的《关于办理危害计算机信息系统安全刑事案件应用法律若干问题的解释》第 1 条专门规定："明知是他人非法控制的计算机信息系统，而对该计算机信息系统的控制权加以利用的，依照前两款的规定定罪处罚。"也就是说，此种情况下，对于最终使用者直接按照非法控制计算机信息系统罪定罪即可，不必依照共同犯罪的关系来定罪，因为使用行为也是一种"非法控制状态下"的使用行为，此外，从承继共犯的角度，似乎也可以解释通这个规则的出台。其二，中介者的责任。实际上，此种情况下，中介者只是介绍出租、出售被非法控制的计算机信息系统，中介者本身并没有实际地控制或者使用被控制的计算机信息系统，因此，他们的刑事责任如何进行评价和判断，是后面关于"僵尸网络"问题中将要探讨的问题。

第七章 提供侵入、非法控制计算机信息系统程序、工具罪（一）：提供程序、工具

[典型判例] 赵某某、闫某非法提供侵入计算机信息系统程序案

案由：提供侵入计算机信息系统程序

基本案情： 2009 年至 2010 年间，北京某计算机信息技术公司程序员闫某，按无业男子赵某某的要求，先后对用于非法获取《魔兽世界》、《永恒之塔》、《新奇迹世界》、《冒险岛》、《龙之谷》等网络游戏中用户账号、密码的盗号木马程序进行破解及免杀升级，闫某从中非法获利共计 20 余万元。赵某某则将经闫某做过破解及免杀升级的针对《新奇迹世界》、《龙之谷》、《冒险岛》等网络游戏的盗号木马程序卖给赵俊、谢胡斌等人，赵某某从中非法获利共计 7 万余元。

2009 年 11 月，经事先预谋，谢某斌、赵某俊等人在广西柳州从事非法获取他人网络游戏账号和密码的活动，谢某斌、赵某俊从赵某某处购得一系列针对相关网络游戏的盗号木马程序，并由谢某斌、赵某俊负责联系他人将盗号木马程序挂在相关网页上，用于非法获取点击网页的网游用户的游戏账号和密码；谢某斌另外还召集了被告人李某、蒋某、李某兴、李某元等人利用盗号木马程序共同非法获取他人网络游戏账号和密码，并用非法获取的游戏账号和密码进入他人游戏，将他人的游戏装备、游戏币等虚拟物品转移至由他们控制的游戏账号内，之后再将窃得的虚拟物品进行出售获利。赵某俊还让向其出

资的覃某采用上述方法非法获取了 1000 余组游戏账号和密码，覃某则利用非法获取的游戏账号和密码进入他人的游戏，并将他人的游戏装备、游戏币等虚拟物品转出进而销售获利。2011 年 1 月 6 日，公安人员从赵某俊使用的电脑中提取了相关盗号木马程序的收信地址，并从该地址中搜查到非法获取的网络游戏用户的账号和密码共计 8992 组。

判案理由： 江苏省南京市下关区人民法院经审理认为，公诉机关指控被告人赵某某、闫某非法提供侵入计算机信息系统程序罪的罪名成立。被告人赵某某、闫某在法庭上自愿认罪，均可以酌情从轻处罚。

定案结论： 江苏省南京市下关区人民法院认定赵某某、闫某构成提供侵入计算机信息系统程序罪，判处赵某某有期徒刑 3 年 8 个月、罚金 5 万元，闫某 2 年 6 个月（缓刑 2 年 6 个月）、罚金 10 万元。①

[学理简析] 赵某某、闫某非法提供侵入计算机信息系统程序案中，闫某根据无业男子赵某某的要求，先后对用于非法获取《魔兽世界》、《永恒之塔》、《新奇迹世界》、《冒险岛》、《龙之谷》等网络游戏中用户账号、密码的盗号木马程序进行破解及免杀升级，赵某某则将经闫某做过破解及免杀升级的针对《新奇迹世界》、《龙之谷》、《冒险岛》等网络游戏的盗号木马程序卖给赵某俊、谢某斌等人，赵某某从中非法获利共计 7 万余元。江苏省南京市下关区人民法院判定赵某某、闫某提供侵入计算机信息系统程序罪。本章主要阐释提供侵入计算机信息系统程序罪的犯罪构成要件认定问题，以期对今后同类司法案件有所借鉴和参照。

根据《刑法》第 285 条第 3 款之规定，提供用于侵入、非法控制计算机信息系统的程序、工具罪，是指提供专门用于侵入、非法控制计算机信息系统的程序、工具，或者明知他人实施侵入、非法控制计

---

① 案例内容参见：冒群：《全国首例"计算机信息安全"案昨宣判 赚了 20 万获刑 2 年半》，载《南京晨报》2011 年 12 月 17 日；参见佚名：《全国首例网络游戏盗号案最高判 4 年》，载 http：//www.hblsfw.com/news/39_497.html，2012 年 5 月 27 日访问。

算机信息系统的违法犯罪行为而为其提供程序、工具，情节严重的行为。本罪犯罪主体为一般主体，犯罪客体是计算机信息系统安全，对此我们不再详细阐述，以下仅对赵某某、闫某非法提供侵入计算机信息系统程序案定性的提供用于侵入、非法控制计算机信息系统的程序、工具罪的主观要加和客观要件进行解读。

一、提供侵入、非法控制计算机信息系统程序、工具罪客观要件的理解

本罪客观上要求行为人实施了提供用于侵入、非法控制计算机信息系统的程序、工具的行为，对于何为用于侵入、非法控制计算机信息系统的程序、工具，曾有立法机关的负责同志指出："所谓专门用于侵入计算机系统的程序、工具，主要是指专门用于非法获取他人登录网络应用服务、计算机系统的账号、密码等认证信息以及智能卡等认证工具的计算机程序、工具；所谓专门用于非法控制计算机信息系统的程序、工具主要是指叫用于绕过计算机信息系统或者相关设备的防护措施，进而实施非法入侵或者获取目标系统中数据信息的计算机程序"。①

如前所述，行为人提供的犯罪工具包括两种，即专门用于侵入、非法控制计算机信息系统的程序、工具，或者明知他人实施侵入、非法控制计算机信息系统的违法犯罪行为而为其提供程序、工具。2011年8月，最高人民法院、最高人民检察院公布了《关于办理危害计算机信息系统安全刑事案件应用法律若干问题的解释》第2条对于刑法第285条第3款规定的"专门用于侵入、非法控制计算机信息系统的程序、工具"进行了明确的界定：（1）具有避开或者突破计算机信息系统安全保护措施，未经授权或者超越授权获取计算机信息系统数据的功能的；（2）具有避开或者突破计算机信息系统安全保护措施，未

---

① 参见孙中梅、赵康：《试论提供用于侵入非法控制计算机信息系统的程序、工具罪的实然适用与应然展望》，载《中国检察官》2012年第1期。

经授权或者超越授权对计算机信息系统实施控制功能的；（3）其他专门设计用于侵入、非法控制计算机信息系统、非法获取计算机信息系统数据的程序、工具。本案中，闫某对《魔兽世界》、《永恒之塔》、《新奇迹世界》、《冒险岛》、《龙之谷》等网络游戏中用户账号、密码的盗号木马程序进行破解及免杀升级程序，就属于专门用于侵入、非法控制计算机信息系统的程序、工具。

二、提供侵入、非法控制计算机信息系统程序、工具罪主观要件的理解

根据《刑法》第285条第3款的规定，本罪属于典型的故意犯罪，其中对于行为人主观方面"明知"的认定需要进行审慎把握。对于提供用于侵入、非法控制计算机信息系统的专门工具、程序的行为，刑法没有对于行为人应当明知的内容进行规定，只是对于提供具有危害性功能的非专门工具、程序的行为，要求行为人"明知他人实施侵入、非法控制计算机信息系统的是违法犯罪行为"。据此可以发现，立法者对行为人向他人提供计算机程序、工具构成犯罪的主观方面进行了严格限制，即规定行为人明知他人实施侵入、非法控制计算机信息系统的是违法犯罪行为。那么，司法实践中应如何认定"明知他人实施侵入、非法控制计算机信息系统的违法犯罪行为"？

笔者认为，关于"明知"的主观方面的认定，只需要行为人对于他人有实施侵入、非法控制计算机信息系统的某种犯罪行为有概括性认识，不需要对于特定犯罪行为的具体内容和后果有认识。本案中，闫某先后对用于非法获取《魔兽世界》、《永恒之塔》、《新奇迹世界》、《冒险岛》、《龙之谷》等网络游戏中用户账号、密码的盗号木马程序进行破解及免杀升级，并交给赵某某，赵某某又转卖给他人。二人所提供的计算机程序均为用于侵入、非法控制计算机信息系统的专门工具、程序，主观上对于所向他人提供的上述程序均有明知，符合提供侵入计算机信息系统程序罪的主观要件。

三、提供侵入、非法控制计算机信息系统程序、工具罪认定构成犯罪的基本思路

在司法实践中，要确定犯罪嫌疑人的行为是否构成犯罪，关键点在于判定提供的程序、工具是否属于专门用于非法侵入、非法控制计算机系统。而这一点，是司法解释制定过程中的关键争议点。

（一）基于程序、工具"功能"的解释无法操作

认定犯罪嫌疑人所提供的某种程序、工具具有能够突破、绕开防护措施的功能，对此，两高司法解释已经作了相对较为细致的思索规定，基于什么是"侵入"和"侵入之后"的目的，对于"专门用于侵入"的程序、工具进行了解释，但是，它解释的是程序、工具本身的功能是否具备的问题，因此，司法解释只是强调"具有避开或者突破计算机信息系统安全保护措施"和"其他专门设计用于侵入、非法控制计算机信息系统、非法获取计算机信息系统数据的程序、工具"。

客观地讲，程序、工具本身的功能是较为复杂的，可能是只有一种用于侵入、控制的功能，也可能是同时具有多种功能，同时，也可能是原来就有多种功能的正常程序、工具被修改之后具有了某种侵入、控制的特殊功能。对此，司法解释在形式上没有回答，司法解释制定过程中也一直在讨论。因此，如何判定某种程序、工具是"专门用于侵入计算机系统的程序、工具"，成为司法实践中一个应当关注的复杂问题。

对于这一问题，一般应当结合犯罪人的主观认知来加以认定，仅仅从程序、工具的客观功能和作用上来分析，可能会与司法实践要达到的目的和追求的效果南辕北辙。

（二）"功能"上的"专门用于"和"用途"上的"专门用于"

程序、工具在功能上只有一种功能的，可以准确、无争议地判定为"专门用于"，但是，有多种功能的，就成为应当思考的问题。问题的解决方案在于，牢牢地根据《刑法修正案（七）》第9条第3款的规定，深刻理解立法的精神实质，通过结合"功能"和"用途"，

来完成"专门用于"的判断:"提供专门用于侵入、非法控制计算机信息系统的程序、工具,或者明知他人实施侵入、非法控制计算机信息系统的违法犯罪行为而为其提供程序、工具,情节严重的,依照前款的规定处罚。"

1. 功能上的"专门":程序、工具本身就是只能用于侵入计算机系统

如果犯罪嫌疑人提供的程序、工具本身属于只能用于即"专门"地"用于侵入计算机系统的程序、工具",没有其他的功能和价值的,则此处的"专门用于侵入计算机系统的程序、工具"就可以直接认定,不需要进行其他方面的判断。

2. 用途上的"专门":明知他人将兼有其他功能的程序、工具用于侵入计算机系统

如果行为所提供的程序、工具是同时具有多种功能的程序、工具,或者,是将原来就有多种功能的正常程序、工具加以修改之后增添了某种可以用于侵入、控制的特殊功能,则此时,对于工具、程序本身的"功能"上的单一判决,就不足以判定程序、工具本身是否是"专门用于侵入计算机系统的程序、工具",必须结合被提供者和提供者的关系来加以判断。因为被提供者完全可能用该程序、工具去实施不构成犯罪的正常行为。因此,在此种情况下,如果犯罪嫌疑人是明知他人用该程序、工具是实施侵入、非法控制行为,就可以认定他提供的程序、工具被"专门用于"非法侵入、非法控制计算机信息系统,因而构成本罪。

四、提供侵入、非法控制计算机信息系统程序、工具罪的刑罚裁量

本罪除了满足上述主客观要件之外,还要求行为人实施的提供用于侵入、非法控制计算机信息系统的程序、工具的行为达到"情节严重"的程度。

（一）共同犯罪的问题

在程序、工具属于功能上的"专门"程序、工具的情况下，由于程序、工具本身就只能用于侵入计算机系统，因此，提供者可以直接被认定为犯罪，不需要借助于他人的其他犯罪行为或者犯罪意图进行认定，因此，一般不会涉及共同犯罪的问题。

但是，在程序、工具属于用途上的"专门"程序、工具的情况下，对于提供者的稳固行为的认定，就必须借助于他人的犯罪行为等作为判定基础，因此，只有在他人实施犯罪行为的情况下，提供者又在事先明知他人将兼有其他功能的程序、工具用于侵入计算机系统而提供，提供者可以基于和其他犯罪人的共谋关系而以共同犯罪论。本案就属于此种情况。

因此，对于"用途上"的"专门用于"，2011年8月，最高人民法院、最高人民检察院公布了《关于办理危害计算机信息系统安全刑事案件应用法律若干问题的解释》第9条专门规定：明知他人实施刑法第285条、第286条规定的行为，具有下列情形之一的，应当认定为共同犯罪，依照刑法第285条、第286条的规定处罚：为其提供用于破坏计算机信息系统功能、数据或者应用程序的程序、工具，违法所得5000元以上或者提供10人次以上的。

（二）当前司法实践关注的重点领域

目前司法实践中危害较大的案件，主要是犯罪嫌疑人提供能够用于非法获取支付结算、证券交易、期货交易等网络金融服务身份认证信息的专门性程序、工具，因此，对于此类案件的打击是司法实践的着力点。而提供其他的专门用于侵入、非法控制计算机信息系统的程序、工具，根据刑法的规定，也应当追究刑事责任，但是，目前的发案率和危害性都较低。因此，无论是提供"能够用于"还是"专门用于"实施非法获取支付结算、证券交易、期货交易等网络金融服务身份认证信息的违法犯罪行为的程序、工具，都是打击的重点。

（三）司法解释确定的入罪标准

2011年8月，最高人民法院、最高人民检察院公布了《关于办理危害计算机信息系统安全刑事案件应用法律若干问题的解释》第 3 条专门规定了刑法第 285 条第 3 款规定的"情节严重"的具体情形：（1）提供能够用于非法获取支付结算、证券交易、期货交易等网络金融服务身份认证信息的专门性程序、工具 5 人次以上的；（2）提供第（1）项以外的专门用于侵入、非法控制计算机信息系统的程序、工具 20 人次以上的；（3）明知他人实施非法获取支付结算、证券交易、期货交易等网络金融服务身份认证信息的违法犯罪行为而为其提供程序、工具 5 人次以上的；（4）明知他人实施第（3）项以外的侵入、非法控制计算机信息系统的违法犯罪行为而为其提供程序、工具 20 人次以上的；（5）违法所得 5000 元以上或者造成经济损失 10000 元以上的；（6）其他情节严重的情形。

（四）本案的判决

本案中，闫某先后对用于非法获取《魔兽世界》、《永恒之塔》、《新奇迹世界》、《冒险岛》、《龙之谷》等网络游戏中用户账号、密码的盗号木马程序进行破解及免杀升级，闫某从中非法获利共计 20 余万元。赵某某则提供将经闫某做过破解及免杀升级的针对《新奇迹世界》、《龙之谷》、《冒险岛》等网络游戏的盗号木马程序卖给赵某俊、谢某斌等人，赵某某从中非法获利共计 7 万余元。从违法所得来看，二人均达到了情节严重的程度。因此，两人构成犯罪的认定思路，既有自愿认罪的对于"明知"的承认，也有违法所得巨大的客观标准，因此，判决在定性和量刑都是恰当的。由于本案属于典型的共同犯罪，因此，"专门用于"的认定是较为清楚和简单的，但是，在其他的案件之中，可能会较为复杂，应当结合程序、工具本身的功能和程序、工具的可能用途进行判断。

第八章　提供侵入、非法控制计算机信息系统程序、工具罪（二）：网上传播黑客技术

[**典型判例**]　**王某某、周某某提供侵入、非法控制计算机信息系统的程序、工具案**

案由：提供侵入、非法控制计算机信息系统的程序、工具

基本案情：2008 年 12 月，被告人王某某成立了北京黑基国际科技有限公司，并衣托"黑基网"（前身是黑客基地），招聘知名黑客及一些曾在杀毒软件公司供职的技术人员担任顾问、专职讲师，办起网络培训班，向网站学员传授网络安全及黑客技术。被告人王某某为吸引收费会员、增加网站利润，授意员工周某某向"黑基网" VIP 会员区及相关板块上传大量专门用于侵入、非法控制计算机信息系统的程序、工具及相关技术教程供会员下载。

据周某某交待，2009 年初进入"黑基网"担任讲师时，在王某某授意下，制作上传了"黑基 2009 全能工具箱"、"网站种马演练"等多款网络侵入、控制工具和相关技术教程。从 2009 年初截至案发，"黑基网"已招收 VIP 会员 1789 人。2010 年 10 月，王某某等人被警方抓获。北京市海淀区人民检察院认为，王某某伙同周某某为他人大量提供专门用于侵入、非法控制计算机信息系统的程序、工具，其行为均已触犯刑法，应当追究其刑事责任。

判案理由：王某某、周某某上传的软件中，既包括具有远程侵入

或控制功能的工具，还包括网站注入工具、漏洞扫描工具、数据库入侵工具以及可以用来检测网络上明文传输的用户名和密码信息的网络嗅探工具，危害十分巨大。王某某授意周某某向他人提供侵入、非法控制计算机信息系统的程序、工具，情节特别严重，已构成犯罪。鉴于被告人王某某、周某某在共同犯罪中所起作用不同，周某某属于从犯，从轻处罚。

定案结论：北京市海淀区人民法院认定，被告人王某某、周林亮犯提供侵入、非法控制计算机信息系统程序、工具罪，判处王某某有期徒刑 5 年，并处罚金 60 万元；判处周林亮有期徒刑 4 年，并处罚金 10 万元。①

[**学理简析**] 在计算机犯罪爆炸式增加和传统犯罪网络异化的大背景下，计算机犯罪的门槛大幅度降低，开始由精英犯罪蜕变为平民犯罪，这是值得关注的巨大特点，而造就、推动这一现象形成的始作俑者便是黑客培训学校。② 黑客学校的快速出现和泛滥，引发的不仅仅是黑客技术的传播，背后更是网络违法犯罪的快速增加。当前，利用网络传播黑客技术的现象十分普遍，在网络搜索引擎中输入"黑客培训"、"黑客辅导"，很快就会得到上千万条资料，例如，"黑客网站——大型专业级黑客学习培训基地"等等。可见，黑客学校传播黑客技术已成为一种网络常见现象。

王某某开设黑基网站传授"黑客技术"一案作为北京市首起以提供侵入、非法控制计算机信息系统程序、工具罪定罪的案件，曾引起了司法实践部门与刑法理论界的较大关注，对于网络传授"网络技术"乃至"黑基技术"的行为应如何认定成为网络犯罪是亟须关注的重要问题。本案中，被告人王某某成立了北京黑基国际科技有限公

---

① 案例内容参见：佚名：《黑客教头提供入侵软件获刑 5 年》，载《新京报》2012 年 6 月 5 日；佚名：《国内著名"黑客教头"王献冰被判处有期徒刑 5 年》，载《重庆晚报》2012 年 6 月 6 日。

② 确切来讲，此处的"黑客学校"应当指通过网络进行黑客技术传授的黑客网站、黑客技术论坛等培训模式。考虑到用语习惯、用语的统一化和理解的方便，本文仍然使用黑客学校这一说法。

司，并依托"黑基网"（前身是黑客基地），招聘知名黑客及一些曾
在杀毒软件公司供职的技术人员担任顾问、专职讲师，办起网络培训
班，向网站学员传授网络安全及黑客技术。2011 年 11 月，北京市海
淀区人民法院判处王某某、周某某犯提供侵入、非法控制计算机信息
系统程序、工具罪。笔者认为，目前司法实践中，对于"黑客网站"
传授"黑客技术"的行为定性主要涉及传授犯罪方法罪、提供用于侵
入、非法控制计算机信息系统的程序、工具罪以及以特定计算机犯罪
的共犯（帮助犯），法院最终以提供侵入、非法控制计算机信息系统
程序、工具罪定罪定性是正确的。本章主要探析对于"黑客网站"或
者"黑客学校"等黑客技术培训、传播黑客技术行为的定性问题，以
期对此后司法人员在审理同类的"网络黑客学校"案件时而有所参考、
有所借鉴。

一、网络传播黑客技术能否定性为传授犯罪方法罪

王某某等人在黑基网站上传供会员下载的"黑基 2009 全能工具
箱"囊括了各类网络病毒和木马软件，能否将此类上传"黑客工具"
的行为定性为传授犯罪方法？司法实践中一般认为，对于黑客培训学
校传授犯罪方法尤其是传授计算机犯罪的犯罪方法的行为，如果传授
行为有一定的针对性，根据目前的刑法理论，可以直接以传授犯罪方
法罪追究刑事责任。例如，2006 年 2 月 21 日，河南许昌"网上黑客
学校"主要负责人就因涉嫌利用互联网传授犯罪方法或煽动扰乱社会
秩序被依法刑事拘留。[①] 2007 年 9 月，某检察院以林某某等利用网站
传授黑客教程及各种网游、网银木马病毒下载和使用方法的行为涉嫌
传授犯罪方法罪向法院提起公诉。[②] 尽管此类案件均在《刑法修正案
（七）》增设提供侵入、非法控制计算机信息系统程序、工具罪等罪名
之前，但相关争议仍对今后关于类似案件的定性提供了借鉴意义。对

---

① 参见王明浩：《河南许昌警方捣毁"网上黑客校"》，载 http//www. people. com . cn/
GB/paper464/16946/148486. html，2009 年 8 月 3 日访问。

② 参见于同志：《网络犯罪》，法律出版社 2008 年版，第 71 页。

此，刑法理论界有学者认为，从特征、危害等方面分析，这种在互联网上肆意传播黑客技术的行为，情节严重的，可以构成传授犯罪方法罪，理由是：一方面，黑客技术从本质而言属于犯罪方法；另一方面，传播黑客技术的行为符合传播犯罪方法罪的行为要件。①但是，也有学者提出质疑：如果行为人是针对不特定人的提供犯罪工具，换言之，在网络中如果行为人是向不特定的多数人提供犯罪工具，是否还应当以传播犯罪方法罪处罚？② 我们以下仅以王某某等人提供侵入、非法控制计算机信息系统程序、工具案为契机，探讨类似案件能否定性为传授犯罪方法罪的理论根据。

（一）"黑基2009全能工具箱"能否认定为"犯罪方法"

现行刑法规定的传授犯罪方法罪，是指行为人故意用语言、文字、动作、图像或者其他方法，将犯罪的方法、技能等传授给他人的行为。此处的犯罪方法，主要是指犯罪的经验、技能以及反侦查、逃避审判的方法，还包括如何进行犯罪预备、如何在犯罪后逃匿、销毁罪证等方法。当然，所传播的犯罪方法，一般认为，只能是直接故意犯罪的方法。③ 具体到王某某案中，王某某等人在"黑基网站"上传的"黑基2009全能工具箱"等黑客技术是否属于此种概念上的方法，以及网站上传的诸如病毒程序、木马等黑客工具是否属于严格意义上的犯罪方法，"犯罪方法"的概念呈现出外延与内涵的狭窄性。

1. "黑基2009全能工具箱"是否应当被认定为犯罪方法存在争议

本案中，"黑基2009全能工具箱"在某种程度上可以理解为一种黑客技术。所谓黑客技术，简单地说，是对计算机系统和网络的缺陷和漏洞的发现，以及针对这些缺陷实施攻击的计算机操作技术。其主要手段包括获取口令、放置特洛伊木马程序、使用被篡改过的网页进

---

① 参见常宁：《网上传播黑客技术行为应构成传授犯罪方法罪》，载《河南公安高等专科学校学报》2006年第5期。

② 参见郝斌：《论我国计算机犯罪的刑事立法完善》，载《商丘师范学院学报》2003年第6期。

③ 参见王作富：《刑法分则实务研究（中）》，中国方正出版社2007年版，第1299页。

行欺骗、电子邮件攻击、通过一个节点来攻击其他节点、利用缺省账号进行攻击、偷取特权等。① 黑客技术实质上是中性的，因而黑客技术是否能被认定为犯罪方法存在着较为强烈的争议。例如，英国网络专家亚门·阿克豆尼兹认为，传授黑客技术本身并不违法，只有黑客活动是违法的，黑客学校如果不教唆学生们从事非法活动，那么就不违反任何法律。② 比如现在也有很多"开锁培训班"，专门教授在没有原配钥匙的情况下如何打开门锁甚至保险柜的技术。肯定有人用学来的开锁技术去盗窃，但不能因此就认为"开锁培训班"是违法的。③

客观地讲，如何判定行为人就某种具体行为方法向他人进行传授的行为的性质，主要应当从以下两方面来考察：第一，如果一种方法的应用范围只能是违法和犯罪，例如扒窃技术，那么通常应当认定行为人的传授行为符合传授犯罪方法罪的客观要件。因为，行为人一旦将该种方法传授给他人，就对他人是用此方法实行犯罪还是实行一般违法行为难以控制，而且也很难想象被传授人学会该种方法后会只将其用于实行一般违法行为而不用于实行犯罪。所以，行为人传授该种方法的行为对社会的危害性应视为已经达到构成犯罪的程度。第二，如果一种方法既可以用于违法犯罪，也可以用于正当合法的行为，则只能结合其整体传授过程，根据社会通常观念做出判断。具体采讲，主要应当考察以下几个方面的情况：行为人的个人情况；向他人传授该种方法的原因；被传授人基于何种原因向行为人学习该种方法；行为人和被传授人言行的倾向性（例如，有无指明该种方法是实行某种犯罪的方法）等等。④ 从这个角度来看，黑客技术显然属于后者，由

---

① 参见刘教民：《网络黑客与防范措施》，载 http//office. hebust. edu. cn/study/wljczs/index0603. htm. ，2009 年 8 月 3 日访问。

② 参见一航行、远飞：《网络双刃剑——谈谈国外的黑客学校》，载《电脑校园》，2004 年第 6 期。

③ 参见佚名：《"黑客培训班"尴尬了谁》，载 http：//www. xqlx. com/nv101389. htm，2009 年 8 月 3 日。

④ 参见刘志伟、三坚卫：《传授犯罪方法罪中若干问题探究》，载《河南省政法管理干部学院学报》2003 年第 2 期。

于黑客技术在用途上的两面性，导致有些学者反对将黑客技术认定为犯罪方法：既然黑客技术并非只能用于违法和犯罪，而是也能用于正当目的，就不能一概而论，应当区别对待。①

2. 传播"黑基2009全能工具箱"不属于"犯罪方法"的范畴

如前所述，本案中黑基网站供下载的内容不仅局限于传授犯罪方法，还经常地表现为为学员提供黑客工具。显然，传授犯罪方法与提供犯罪工具是两个既相互联系又有所区别的概念。对于此类行为，再认定为传授犯罪方法似有不妥。因为此类行为中行为人提供的对象性质，已经明显超出了刑法规定的"犯罪方法"可能具有的含义，不能将提供此类黑客程序或者黑客工具的行为解释为传授犯罪方法罪所要求的行为。在网络空间中，明知他人将要利用自己提供的漏洞、僵尸网络、网站流量等从事网络攻击、窃财窃密、破坏计算机信息系统等具体犯罪行为的，应当以相应犯罪的帮助犯论处，实难以传授犯罪方法罪定罪处罚。因此，有学者认为此种行为与现行刑法规定的"传授犯罪方法罪"具有明显的不同特点，曾经建议将此类行为增设为"传播犯罪方法罪"。②

（二）向网上不特定的多数人传授"黑基2009全能工具箱"是否构成传授犯罪方法罪

传授犯罪方法罪中的传授，是指将犯罪的方法教给他人。实践中，传授的方式多种多样，可以是公开地传授，也可以是秘密地传授；可以口头传授，也可以书面传授；可以向一人传授，也可以是向多人传授，等等。传授的犯罪方法并非是一切的犯罪方法，而只能是直接故意犯罪的犯罪方法。③ 基于此，行为人在网上向多数人传授黑客技术也可以构成传授犯罪方法罪，但是问题在于，"多数人"应当理解为特定的"多数人"。然而，从社会危害性的角度比较来看，向

---

① 参见王作富、庄劲：《黑客行为与两极化的刑事政策》，载《湖南社会科学》2004年第6期。

② 参见张承平：《论我国计算机犯罪的刑事立法完善》，载《学海》2001年第1期。

③ 参见王作富：《刑法分则实务研究（中）》，中国方正出版社2007年版，第1299页。

不特定的人员传授犯罪方法的行为比一般的传授犯罪方法的行为危害
性更为严重。[1] 向特定的人员传授犯罪方法的结果是有限的人员掌握
了该犯罪方法，而向不特定的人员传授犯罪方法，由于其学习者不特
定，从而难免会对潜在的犯罪行为疏于防范，亦即这种向不特定的人
员传授犯罪方法的行为更容易造成侵害他人合法利益或者破坏社会公
共秩序等行为的发生，其社会危害性相对较大。[2] 因此，对于本案中，
尽管王某某等人在其创设的黑基网站上上传了"黑基 2009 全能工具
箱"等黑客技术，但有权下载的对象却是不特定的，尽管部分软件只
是限于会员下载，但传授对象的不特定性使得对于王某某等人的行为
以传授犯罪方法罪加以评价就出现了进退维谷的尴尬局面，这也是
"传授犯罪方法罪"不能有效涵盖本案中王某某通过黑基网站传授黑
客技术的固有缺陷。

二、网络传播黑客技术能否定性为计算机犯罪的共犯

常见的另一种思路是，将王某某黑基网站上传黑客技术的行为认
定为特定计算机犯罪的共犯（帮助犯），可以克服以"传授犯罪方法
罪"来制裁此类行为时的不周延性，并且能够解决提供黑客工具的行
为的刑法调整问题。但是，这一解决问题的模式依然存在着问题。

（一）关于黑基网站黑客培训认定为网络犯罪帮助犯的主要条件

所谓帮助犯，是指故意帮助他人实行犯罪。而网络帮助犯，如前
所述，应当是指通过网络在他人犯罪之时提供帮助之情形。将黑客技
术培训行为认定为网络犯罪帮助犯应具备以下特征：（1）网络犯罪帮
助故意之认定。所谓帮助故意，是指明知自己是在帮助他人实行犯
罪，希望或者放任其帮助行为为他人实行犯罪创造便利条件，并希望

---

① 参见于志刚主编：《计算机犯罪疑难问题司法对策》，吉林人民出版社 2001 年版，
第 388 页。

② 参见常宁：《网上传播黑客技术行为应构成传授犯罪方法罪》，载《河南公安高等
专科学校学报》2006 年第 5 期。

或者放任实行行为造成一定的危害后果。① 换言之，需要培训黑客技术的行为人"认识到正犯之行为由于自己之行为而容易实施或助其结果之发生"，并且希望或者放任通过自己的帮助行为，实行犯能够造成一定的危害后果。② 值得注意的是，构成帮助犯，虽然要求行为人明知他人将要实施的是犯罪行为，但是明知不是确知，对于他人具体要犯的是什么罪以及犯罪的时间、地点等内容并不要求确切了解。也就是说，帮助犯明知他人准备犯罪，但不具体了解准备犯什么罪，而积极予以帮助，也构成帮助犯。③（2）帮助犯的帮助行为认定。所谓帮助实行犯罪，是指在他人实行犯罪之前或实行犯罪过程中给予帮助，使他人易于实行犯罪或易于完成犯罪行为。④ 网络帮助行为主要有以下几种形式：其一，物质帮助，也称有形帮助，主要是向相对人提供用于犯罪的各种资金、软件。通过网络向他人提供资金、软件，主要是指通过网络进行电子资金的转移以及发送软件的行为。其二，无形帮助，可分为精神鼓励与技术支持两种。前者主要是指通过电子邮件、聊天工具等为实行犯出主意、想办法，撑腰打气，强化其犯罪决意。另外，对实行犯技能之认可，夸耀其具有实施网络犯罪之技术能力，足以达到强化其犯罪意志之程度，亦属于精神鼓励之范畴。⑤后者是指明知他人将要实施网络犯罪，而为其提供所需技术的行为。技术支持行为，从行为表象上，是一种传授犯罪方法的行为，但是在本质上，因技术支持行为人具有共同犯罪之故意，而与传授犯罪方法行为有别。⑥

（二）将培训黑客技术行为认定为网络犯罪帮助犯引发的困境

从以上两个角度来分析，可以发现，将培训黑客技术的行为认定

---

① 参见陈兴良：《共同犯罪论》，中国社会科学出版社1992年版，第133页。

② 参见马德鸿、李斌：《如何认定帮助犯的共谋犯意》，载《人民法院报》2005年5月11日。

③ 参见陈兴良：《共同犯罪论》，中国社会科学出版社1992年版，第134页。

④ 参见马克昌主编：《犯罪通论》，武汉大学出版社1999年版，第549页。

⑤ 参见赵秉志、于志刚：《论计算机犯罪的定义》，载《现代法学》1998年第5期。

⑥ 参见赵秉志、张新平：《试论网络共同犯罪》，载《政法论坛》2002年第10期。

为计算机犯罪的帮助犯，存在以下无法回避的问题：（1）认定为网络犯罪的帮助犯，无法评价未造成犯罪后果的传授黑客技术行为。例如，刑法第286条第1款的破坏计算机信息系统罪是结果犯，只有实施的行为造成危害后果才构成犯罪。而黑客培训传授黑客技术的行为只要实施即具有了造成危害后果的高度盖然性。但是，作为这些条文所表述的犯罪的共犯，却无法准确全面地将黑客学校传授黑客技术的行为囊括在内。（2）主观方面难于查证。依据传统刑法理论，作为具体犯罪的帮助犯，在主观上应当明知他人将要实施犯罪行为而故意提供帮助，并希望或者放任危害结果的发生。虽然可以将帮助者在此种情形下之帮助故意认定为概括之故意，以实际发生危害之后果认定其犯罪因果关系之存在。但是，单纯考虑实际发生之危害后果，显然有悖于刑法之公正性，有客观归罪之嫌。因此，解决黑客学校培训的刑事责任问题的根本途径在于将黑客培训行为单独定罪处罚。（3）在被培训者未实施犯罪行为的情形下，无法追究培训黑客技术者的刑事责任。由于黑客培训学校是通过黑客技术的培训来帮助不特定的大多数人实施网络违法或者犯罪行为的，为网络空间带来极不稳定的因素。正是由于网络空间中有大量提供黑客技术的培训学校，以及黑客软件和黑客工具的出售，使盗窃个人信息的技术要求大幅降低，越来越多的年轻人在利益的诱惑下参与到网络犯罪当中。[①] 但是，传统的帮助犯构成犯罪的前提在于被帮助者的行为构成犯罪，而在黑客培训学校传授黑客技术的形式下，存在着大量被帮助者没有实施犯罪行为的情形，或者是仅仅实施了网络违法行为，[②] 此类情况下，根本无法按照传统的帮助犯理论来追究黑客培训学校传授黑客技术的刑事责任。（4）培训对象的不确定性对传统帮助犯理论的冲击。传统的帮助犯要求帮助者认识到被帮助者是特定的人，但在网络环境下，从黑客培训

[①] 参见侠名：《80后少年黑客偷QQ自爆月赚达3万元》载http://dailynews.dayoo.com/guangzhou/20080/17/53872_3473964.htm.，2009年8月3日访问。

[②] 详见于志刚、军强：《网络空间中的帮助违法行为及其入罪化》，载《北京人民警察学院学报》2008年第5期。

学校实施培训黑客技术行为的实质来考虑，即使行为人主观具有协助他人犯罪的故意，客观上实施了帮助犯罪的行为，且行为人对该帮助行为所具有的直接后果非常清楚，但是，由于帮助对象的不确定性，行为人难成立帮助犯。

三、网络传播黑客技术行为的定性思路

正如有的观点所指出，网络传播黑客技术行为是直接将技术传播作为行为的内容，行为的不法内涵就是技术的不法内涵，虽然技术的不法内涵的判定标准是一个重大的理论与实践课题，但是并非无法判定；虽然说技术因素的介入给网络犯罪的侦查、证据搜集等带来了全新挑战，但是，在涉及网络犯罪的理论研究中，要克服的只是面临技术强势之时的畏惧感，① 而不是退避和推卸责任。因此，鉴于网络传播黑客技术行为的严重危害性，司法机关应在现有的刑法框架内予以积极应对。无论技术行为和传统行为有多么大的不同，刑法对之评价的归宿都是一致的，即刑法着眼的是技术行为的刑法意义和法律后果，至于技术行为本身的特性，不过是评价的基底。

（一）网络传播黑客技术行为的社会危害性认识

网络犯罪行为的广度和深度，以及行为的目的性都要受到技术因素的制约。在虚拟的网络空间中，犯罪能力和技术能力是对等的，没有技术能力的犯罪企图，在网络空间中将被压缩为一种"犯意表示"。网络犯罪的技术依赖性在黑客犯罪中最为突出。现代互联网和通信技术的发展，用"日新月异"这四个字来形容最为恰当，几年前还属于站在时代前沿的尖端技术，今天可能即将被淘汰。犯罪能力和技术进步是此消彼长的关系，技术影响对网络硬件系统和软件环境的制约是根本性的，技术的发展性暗示了技术并不是完美的，必然存在缺陷和漏洞，由此也必然导致两个方面的违法和犯罪：一是缺陷和漏洞被恶

---

① 参见李怀胜：《黑客学校的刑法分析》，中国政法大学 2009 年刑法学硕士学位论文，第 120 页。

意利用的违法犯罪，二是高新技术被恶意扭曲使用的违法犯罪。而这
两类行为，正是所有黑客培训学校的培训重点。从理论上讲，只要有
足够的时间，世界上没有任何一个计算机网络是无坚不摧的。就连以
防护严密著称的美国国防部网络，也仍然不断地爆出被黑客攻破的传
闻。而此类恶性黑客侵入和非法控制犯罪案件的发生和爆发式增长，
绝大部分并非是专业的高技术人才实施的，而是源于"技术新手"，
其技术来源则是类型各异的黑客培训学校。

客观地讲，由于网络犯罪对于技术的先天依赖性，缺乏技术技能
的犯罪人为了完成犯罪：要么寻求特定共同犯罪人的技术支持（包括
技术互补）而共同实施犯罪；要么借助于专门用于犯罪的程序、软件
去实施共同犯罪；要么加盟专门的犯罪技术传授机构、网站等去获取
专门用于犯罪的技术。因此，培训黑客技术的行为，直接导致了网络
犯罪的技术门槛大幅度降低，进而大大地提高了网络犯罪的增长速
率。

网络本身是技术进步的产物，网络技术的特殊性使得培训黑客技
术的行为具有特殊的危害性，这一点具体表现为，培训黑客技术的行
为，降低了网络犯罪的门槛，放大了其客观危害，却提高了制裁的难
度：（1）网络的存在为一些原本不可能出现或不易出现的犯罪提供了
新的犯罪手段、犯罪工具和犯罪平台，原本需要付出巨大体力成本的
犯罪行为，可以简单地通过键盘操作来轻易完成，而其危害性较之过
去却是有过之而无不及。例如，盗窃金融机构的行为，现在只需要借
助一台电脑突破银行交易系统，然后就可以随心所欲的通过转账来完
成犯罪，整个过程只是键盘的操作行为；再如，原本要付出巨大风险
的煽动分裂国家的行为，现在只需要在境外建立一个非法网站就可以
向庞大的人群传播反动信息。（2）网络本身的无限延展性和开放性，
导致了同一犯罪的客观危害往往会被无限制地放大和复制。例如，在
现实空间中盗窃金融机构中的货币，只能以金融机构中存在的货币数
量为限，而在网络实施盗窃的情况下，数额则没有限制，可以无限额
地实施盗窃。（3）网络犯罪的技术门槛并不总是高高在上，一旦跨越

技术障碍，就很难再进行有效制约和防范，事后的侦查、制裁难度和成本也远远高于传统犯罪。也就是说，网络空间中犯罪的技术性特征大大提高了对于网络犯罪的侦破和制裁成本和难度，但是，对于犯罪分子而言，实施犯罪的成本和难度却大幅度地降低，而这一技术门槛的降低，往往是来自于黑客培训学校的"贡献"。网络犯罪的技术特性是其根本特征，只要一定的黑客犯罪技术，任何人都可以通过简单的操作来实现网络犯罪的目的。因此，黑客培训学校所进行的培训黑客技术行为，在整个计算机违法犯罪过程中（或者说是"链条中"）有着极为独特的地位和作用，在某种程度上已经远远超越了黑客技术学习者所实施的后续性的侵入、非法控制等犯罪行为的社会危害性。

（二）网络传播黑客技术行为的现有评价模式

现行刑法设置的"传播犯罪方法罪"，其传授的只能是"犯罪方法"。但是，黑客技术在用途上具有两面性，从贬义的角度来说，可以称之为"黑客技术"，因为它主要是被用于违法和犯罪，但是，从褒义的角度来看，此类技术往往被称之为"计算机安全技术"，也就是说，此类技术也可能被用于正当目的。因此，黑客培训学校也往往打着"计算机安全技术培训"的幌子在"挂羊头卖狗肉"。

在传统犯罪之中，也往往存在着一些"中立化技术"或者"中立化业务"，例如，出租车司机明知他人要前往某地实施杀人行为仍然将其运往该地，五金商店的店员明知螺丝刀的购买者将会把螺丝刀用于盗窃，仍然将螺丝刀卖给购买者。[①] 在传统刑法中，此类外表无害的"中立行为"（日常生活行为），在客观上帮助了正犯，此时能否成立帮助犯，也时时存在争议。基于此，许多国家的司法机关和刑法理论界也承认用以评价"中立技术行为"、"中立业务行为"的"技术中立原则"，将其作为传统帮助犯的免责事由。互联网时代如何评价和适用"技术中立原则"，是合法技术创新与技术滥用之间必然存在的对立和矛盾之一。客观地讲，刑法应当控制自身对技术行为的评

---

① 参见张明楷：《外国刑法纲要》（第二版），清华大学出版社2007年版，第329页。

价深度，以保护正常的技术应用活动，但是，刑法也不应当过于顾虑对于技术发展应用的影响而放弃对于技术扭曲使用行为的制裁，必须要承担起应有的职责，控制和约束因技术滥用带来的消极后果。对于培训计算机安全技术的行为，如果其所传授的是中性技术，那么无论技术被扭曲用于多么严重的犯罪，都不应当套用刑法去评价技术传授者的责任；但是，如果所传授的技术不再具有"中性"的特点，则该传授行为就可能已经进入了刑法打击的半径。"计算机安全技术"本身在用途上具有两面性，是一把典型的"双刃剑"，摆动于"保护计算机安全"和"侵入、非法控制计算机"之间；刑法对于"黑客技术"的评价也是一把"双刃剑"，摆动于"技术传播"和"技术滥用"之间。无论对于"安全技术"这一"双刃剑"，还是对于"技术使用"这一"双刃剑"，刑法所打击的永远只是"伤人"的"一刃"。不可能由于它在客观上是"双刃剑"，就在允许、鼓励其合法、合理的"一刃"存在的同时，放任、漠视其"伤人"的另"一刃"的存在。因此，是"计算机安全技术"还是"黑客技术"，是"技术传播"还是"技术滥用"，在判断上虽然存在着临界地带和模糊地步，但是，这一地带的存在和由此导致的判断上的客观困难，并不是放任此类行为危害社会的理由，反而应当是加倍关注的重点，唯有如此，才能真正地兼顾到促进技术发展、传播和制裁技术滥用、扭曲使用。

目前，《刑法修正案（七）》第9条第3款规定，"提供专门用于侵入、非法控制计算机信息系统的程序、工具，或者明知他人实施侵入、非法控制计算机信息系统的违法犯罪行为而为其提供程序、工具，情节严重的，依照前款的规定处罚。"增设该条的目的，就是对于提供专门用于侵入、非法控制计算机系统的程序、工具的行为加以约束，以期严厉打击目前黑客培训、病毒制作、病毒加工、病毒贩卖、窃取信息等犯罪行为，切断网络上的灰色产业链。应当指出，由于入侵计算机信息系统和非法获取数据、非法控制他人计算机要求具有较高的技术水平，目前不法分子大多是通过向其他人购买现成的盗号木马、入侵程序等专用程序和工具，来达到实施和完成此类犯罪的。因此，当前职业化地制作、提供和出售此类程序已经成为网络犯罪大幅上升的主要原因之一。新设立的刑法第 285 条第 3 款打击的就是此种为计算机犯罪提供专门程序、工具的犯罪行为，打击的是犯罪的"前行为"和"帮助行为"。可以说，《刑法修正案（七）》扩展了网络犯罪的保护对象，将刑法干预和打击的阶段向上游延伸，进一步严密了法网，增强刑法的威慑力。尤其是将提供非法黑客工具、软件的行为作为犯罪处理，对于网络上曾经一度逍遥法外的黑客学校、黑客网站来说，可以说是厄运当头，也会对于计算机犯罪的产业链产生震慑作用。但是，修正案这一条款的适用范围仅仅是打击提供"犯罪工具"的行为，却无法涵盖黑客培训学校单纯地传授黑客技术的所有培训行为，这是一个立法遗憾，更是导致培训黑客技术行为处于刑法真空之中的真正原因。

综上所述，笔者认为，无论是"传授犯罪方法罪"、计算机犯罪的共犯抑或是"提供专门用于侵入、非法控制计算机信息系统的程序、工具罪"，都不能全面评价王某某案中通过黑基网站传授黑客技术行为，尽管上述三种解决模式可以在某种程度上和一定范围内对黑客技术培训行为加以刑法评价和制裁，能够适度地抑制黑客学校的泛滥。但是，要从根本上解决黑客培训学校的刑事责任问题，恐怕还是要另寻他径。但在刑事立法未进一步修改之前，现阶段以提供专门用于侵入、非法控制计算机信息系统的程序、工具罪对于此类行为定性仍将是司法实践中的首选罪名。

最后应当指出的是，对于黑客学校培训行为的刑事责任追究，可能必须依赖于上一章中所说的基本判断依据："功能"判断和"用途"判断，结合这一判断规则，既可坚持《刑法修正案（七）》第 9 条第 3 款的规定，也可以清楚地判断出黑客学校和培训出的黑客犯罪人之间的关系，进而可以依据两者之间的关系，来判断黑客学校的特定行为究竟是构成"传授犯罪方法罪"，还是构成"提供专门用于侵入、非法控制计算机信息系统的程序、工具罪"。实际上，最高人民法院相关负责人关于前述的司法解释制定背景的解释，也较好地印证了笔者建议的此种规则的合理性："近年来，制作黑客工具、销售黑客工具、非法获取数据、非法控制计算机信息系统、倒卖非法获取的数据、倒卖非法控制的计算机信息系统的控制权等各个环节分工合作，形成了环环相扣的利益链条。为从源头上切断利益链条，司法解释明确了制作黑客工具、销售黑客工具、非法获取数据等各种行为的刑事责任。"① 也就是说，应当从黑客培训和培训出的黑客之间在特定案件中的关系上入手，在特定案件的查处中，追究黑客学校和侵入、非法控制计算机信息系统的犯罪嫌疑人的刑事责任，切断黑客犯罪的利益链条。

---

① 参见袁定波、卢杰：《"两高"有关负责人解读危害计算机信息系统安全犯罪司法解释，盗取 10 组网银身份信息即入罪》，载《法制日报》2011 年 8 月 30 日。

第九章 破坏计算机信息系统罪（一）："计算机信息系统"的界定

[**典型判例**] **倪某某破坏计算机信息系统案**

案由： 破坏计算机信息系统

基本案情： 被告人倪某某在担任无锡宝通电子有限公司副总工程师期间，在为公司3台"惠普"牌HPE5100A网络分析仪编制测试软件的过程中，相继在这3台网络分析仪的内存中设置了正常工作不需要、执行后会使系统屏幕成为"黑屏"的FILE—1程序，在存储于软盘的AUTOST测试软件中修改、增加了时间条件语句及执行上述FILE—1程序的Sta子程序，并设置了时间条件（简称时间陷阱）。后被告人倪某某为了提高自己在公司中的地位，于2001年案发前曾数次操作上述程序使网络分析仪屏幕成为"黑屏"，在宝通公司其他技术人员无法排除的情况下，被告人倪某某再将其解除，再设置新的时间条件。在其自动离职时，未将上述程序删除，亦未向公司汇报，导致HPE5100A网络分析仪按被告人倪某某预设的时间条件自动执行了上述程序而出现"黑屏"现象，引起宝通电子有限公司生产停顿，造成经济损失人民币131.52万元。

判案理由： 江苏省无锡市滨湖区人民法院认为，被告人倪某某违反国家关于任何个人不得利用计算机信息系统从事危害集体利益的活动等有关规定，对计算机信息系统中的应用程序进行修改、增加，严重破坏计算机信息系统的有效运行，影响其正常的工作，给集体经济造成重大损失，后果严重，其行为触犯了《刑法》第286条第1款、第2款之规定，已构成破坏计算机信息系统罪。对于被告人倪某某及其辩护人提出HPE5100A网络分析仪不是计算机信息系统，中国人民解放军总参谋部第五十六研究所和江南学院不具备鉴定资格，其作出的HPE5100A网络分析仪属于计算机信息系统的结论不能被采用。侦查机关认为根据《刑事诉讼法》第119条"为了查明案情，需要解决案件中某些专门性问题的时候，应当指派、聘请有专门知识的人进行鉴定"的规定，聘请上述二单位中有专门知识的人进行鉴定，符合法律规定，而且鉴定人员根据HPE5100A网络分析仪的硬、软件组成及其工作原理，作出的HPE5100A网络分析仪属于计算机信息系统的鉴定结论，符合《计算机信息系统安全保护条例》中关于计算机信息系统是指"由计算机及其相关的和配套的设备、设施（含网络）构成的，按照一定的应用目标和规则对信息进行采集、加工、存储、传输、检索等处理的人机系统"的定义。因此，对被告人倪某某及其辩护人的意见不予采纳。

定案结论：江苏省无锡市滨湖区人民法院认定被告人倪某某犯破坏计算机信息系统罪，判处有期徒刑3年。一审宣判后，被告人倪某某提起上诉。江苏省无锡市中级人民法院二审认为，原审判决认定事实清楚，适用法律正确，量刑适当，审判程序合法，应当予以维持。上诉人倪某某的上诉理由及其辩护人的辩护意见不能成立，不予采纳，依法裁定：驳回上诉，维持原判。①

[**学理简析**] 被告人倪某某在担任无锡宝通电子有限公司副总工程师期间，在为公司3台"惠普"牌HPE5100A网络分析仪编制测试软件的过程中，相继在这3台网络分析仪的内存中设置了"时间陷阱"。后被告人倪某某为了提高自己在公司中的地位，曾数次操作上述程序使网络分析仪屏幕成为"黑屏"，在宝通公司其他技术人员无

---

① 案例内容参见：江苏省无锡市中级人民法院裁定书（2001）锡刑终字第213号。

法排除的情况下，被告人倪某某再将其解除，再设置新的时间条件。在其自动离职时，未将上述程序删除，亦未向公司汇报，导致HPE5100A 网络分析仪按被告人倪某某预设的时间条件自动执行了上述程序而出现"黑屏"现象，引起宝通公司生产停顿，造成公司经济损失。江苏省无锡市滨湖区人民法院、江苏省无锡市中级人民法院均判决倪某某构成破坏计算机信息系统罪，而倪某某的主要辩护理由则是 HPE5100A 网络分析仪不构成计算机信息系统。因此，认定HPE5100A 网络分析仪是否属于计算机信息系统成为本案定性的关键问题。本章主要探讨破坏计算机信息系统犯罪中关于"计算机信息系统"的判定基础，以期为今后同类司法案件提供学理性根据。

一、"计算机信息系统"的界定：以倪某某案中 HPE5100A 网络分析仪为例

《计算机信息系统安全保护条例》第 2 条曾对"计算机信息系统"做出了规定，即计算机信息系统是指由计算机及其相关的和配套的设备、设施（含网络）构成的，按照一定的应用目标和规则对信息进行采集、加工、存储、传输、检索等处理的人机系统。

倪某某案作为破坏计算机信息系统犯罪案件的特殊性在于，其侵犯的对象为 HPE5100A 网络分析仪，这一仪器能否成为破坏计算机信息系统罪的犯罪对象成为本案审理的关键。破坏计算机信息系统罪是1997 年《刑法》新增的罪名，根据《刑法》第 286 条规定，破坏计算机信息系统罪，是指违反国家规定，对计算机信息系统功能进行删除、修改、增加、干扰，造成计算机信息系统不能正常运行，后果严重的行为。由此发现，破坏计算机信息系统的对象为计算机信息系统，而在本案审判的时候尚无明确的司法解释对于何为计算机信息系统进行明确的解释，因而本案定性首先需要确定被告人倪某某侵犯的对象HPE5100A 网络分析仪是否属于《刑法》第 287 条所规定的"计算机信息系统"。

实际上，关于传统意义以外的"计算机信息系统"的设备设施是

否可以属于"计算机信息系统"的问题，在多年以前，已经成为司法上的一个"心病"，并纳入立法修正的考虑范畴。2006年，在笔者所参加的公安部提交全国人大法工委的刑法建议修正意见之中，就建议将相关的设备纳入"计算机信息系统"的范畴。当时的建议草案中的条文如下："第二百八十五条 非法侵入国家重点保护的计算机信息系统或者相关设备，处三年以下有期徒刑或者拘役；情节严重的，处三年以上七年以下有期徒刑。前款所称'国家重点保护的计算机信息系统或者相关设备'是指国家机关、国防事务、尖端科学技术、金融、公共卫生、能源、交通、通信等领域中遭到非法侵入后，会危及国家安全、重大公共利益的计算机信息系统或者相关设备。"当时具体条文建议理由是：当前刑法中"界定的非法入侵对象'计算机信息系统'范围过窄。当前工业控制设备、路由器等非传统意义上的计算机信息系统同样存在着被侵入的可能性，并且被侵入后同样可能危害国家安全和重大公共利益，但现行刑法规定并未将此类设备纳入保护范畴。"因此，"对于入侵对象的范围加以扩展，在'计算机信息系统'之外增加了'相关设备'这一犯罪对象。"

因此，伴随着各类可以联网的设备设施的增多，适度地扩大"计算机信息系统"的范围，是一个趋势，计算机信息系统已经不再是当初的一个简单"电脑"意义上的计算工具，而成为一种日常工具的发展趋势。因此，本案审理过程中，一审、二审法院经查阅说明书得知，HPE5100A网络分析仪是美国"惠普"公司制造的智能化电子测量仪器（宝通公司用来测量其生产的陷波器、滤波器等元器件的电参数），具有计算机的基本功能，带有软盘驱动器，其运行程序是用IBASIC语言编制的。同时又申请中国人民解放军总参谋部第五十六研究所对该系统HPE5100A网络分析仪进行了鉴定，并给出了鉴定意见认为HPE5100A网络分析仪具备中央处理器、存储器、输入接口，输出接口和控制器等硬件，能够对电子元器件等对象进行特定的信息数据采集、加工，并且按照一定的应用目标和程序对采集的数据进行处理，然后提供处理结果，继而判定HPE5100A系统及其相关的功能软件和生成的数据以及打印机等配套设备属于计算机信息系统。可以说，本案对于司法实践中判定行为对象是否属于"计算机信息系统"提供了借鉴和参考依据。

二、关于"计算机系统"和"计算机信息系统"的关系

应当特别注意的是，虽然关于网络犯罪的刑法条文在表述上可能是出现无意，但是确实在用语上区别使用了"计算机信息系统"、"计算机系统"两种表述，因此，时常会导致两者在犯罪认定中的争议和困惑：《刑法》第 285 条第 1 款、第 2 款、第 3 款使用了 5 次"计算机信息系统"，第 286 条第 1 款、第 2 款各自使用了 1 次"计算机信息系统"，而第 286 条第 3 款则使用了"计算机系统"一词。因此，"计算机信息系统"、"计算机系统"两者是同一术语，还是略有差异，甚至是根本不同，在司法实践中一直有争议。

如果 1997 年《刑法》制定之初尚有争议的话，近年来随着计算机技术的发展，计算机操作系统与提供信息服务的系统已密不可分。正如最高人民法院相关负责人在答记者问中所指出：很多操作系统自身也提供 WEB（互联网）服务、FTP（文件传输协议）服务，而侵入操作系统也就能够实现对操作系统上提供信息服务的系统的控制，破坏操作系统的数据或者功能也就能够破坏操作系统上提供信息服务的系统的数据或者功能，从技术角度无法准确划分出提供信息服务的系统和操作系统。因此，根据最高司法机关的意见，司法解释对"计算机信息系统"和"计算机系统"作了统一界定，采用了概括加例举的解释方法，将"计算机信息系统"、"计算机系统"界定为"具备自动处理数据功能的系统，包括计算机、网络设备、通信设备、自动化控制设备等"。[1] 具体而言，2011 年 9 月 1 日起施行的最高人民法院、最高人民检察院《关于办理危害计算机信息系统安全刑事案件应

---

[1] 参见袁定波、卢杰：《"两高"有关负责人解读危害计算机信息系统安全犯罪司法解释，盗取 10 组网银身份信息即入罪》，载《法制日报》2011 年 8 月 30 日。

用法律若干问题的解释》第11条对于《刑法》第286条规定的破坏计算机信息系统罪中的"计算机信息系统"做出了明确规定：本解释所称"计算机信息系统"和"计算机系统"，是指具备自动处理数据功能的系统，包括计算机、网络设备、通信设备、自动化控制设备等。

应当说，这一司法解释的出台，比较完美地解决了网络数字化时代，尤其是当今三网融合背景下愈演愈烈的新型网络犯罪对刑事立法体系的挑战，将计算机信息系统扩张解释为所有具备自动处理数据功能的系统，使得现有立法体系下所有适用于网络犯罪的罪名，均能扩张适用至诸如移动终端设备、平板电脑等任何具备处理数字功能的内置操作系统设备。

无独有偶，为了应对日益猖獗的"手机网络犯罪"，2012年1月1日起施行的工信部《移动互联网恶意程序监测与处置机制》第2条，对移动互联网恶意程序进行了明确解释，规定移动互联网恶意程序是指运行于包括智能手机在内的具有移动通信功能的移动终端之上，存在窃听用户通话、窃取用户信息、破坏用户数据、擅自使用付费业务、发送垃圾信息、推送广告或欺诈信息、影响移动终端运行、危害互联网网络安全等恶意行为的计算机程序。

客观地讲，网络的迅猛发展必然导致计算机终端无限扩大，这就使得手机、平板电脑甚至家用智能电器都可能成为侵入、破坏和传播计算机病毒的对象。鉴于此，上述解释的出台打破了对于传统计算机信息系统的固化解释，几乎将所有与计算机相关联的网络终端设备，无论屏幕大小，都解释为计算机信息系统，使得司法实践中对于网络犯罪的认定无须再桎梏于判断犯罪对象是否属于计算机，这不仅顺应了数字化革命的趋势，也顺应了网络犯罪的时代变迁。笔者认为，现有的司法探索表明了司法机关对于日益泛滥的网络犯罪已有所关注，在面对网络空间中数量倍增、危害性不断扩大的犯罪而言，扩张解释现行刑法规范是首要的选择。但是，扩张解释的范围总是有限的，它受制于罪刑法定原则的根本制约。而且，即使一些行为可以通过扩张解释进行定性，依然会造成量刑上的不公平。前文提到的手机恶意软件扣费案就是明显的例证。最为重要的是，在信息社会的今天，传统犯罪的网络异化目前已然不是手段的翻新、个别罪名的异化，而是整个犯罪论体系的异化，在应对这种整体性的异化趋势时，寻求刑事立法层面上的解决思路势在必行。

三、案件审理中与相关罪名的争议分析

本案审理过程中，除了对于计算机信息系统的界定争论之外，典型的焦点问题还在于破坏计算机系统罪与破坏生产经营罪、故意毁坏财物罪的司法界分。

（一）本罪与破坏生产经营罪的区分

本案在审判过程中，有观点指出被告人倪某某的行为给所在单位生产经营带来影响，造成重大经济损失，是否可以定性为破坏生产经营罪。根据《刑法》第 276 条规定，所谓破坏生产经营罪是指由于泄愤报复或者其他个人目的，毁坏机器设备、残害耕畜或者以其他方法破坏生产经营的行为。由此看出，该罪名在客观方面要求行为人毁坏机器设备、残害耕畜或者以其他方法破坏生产经营，被告人倪某某在 HPE5100A 网络分析仪中设置了"时间陷阱"，导致 HPE5100A 网络分析仪按被告人倪某某预设的时间条件自动执行了上述程序而出现"黑屏"现象，引起宝通公司生产停顿，造成经济损失人民币 131.52 万元。因而从本质上讲，倪某某的上述行为符合了破坏生产经营罪的客观构成要件。但值得注意的是，认定本罪除了客观要件的判定之外，还需要明确本罪的主观要件要求行为人具有破坏生产经营的主观故意。本案中倪某某设置"时间陷阱"并不是为了破坏公司生产经营，而是为了提高自己在公司中的地位，因此从主客观相统一的视角来看，对倪某某案不应定性为破坏生产经营罪。

（二）本罪与故意毁坏财物罪的区分

倪某某通过设置"时间陷阱"导致 HPE5100A 网络分析仪按被告人倪某某预设的时间条件自动执行了上述程序而出现"黑屏"现象，

使得该仪器无法正常运转，引起宝通公司生产停顿。因此，倪某某的上述行为导致 HPE5100A 网络分析仪无法正常运转，实际上已经产生了故意毁坏财物的后果。根据《刑法》第 275 条规定，故意毁坏财物罪是指故意毁坏公私财物，数额较大或者有其他严重情节的行为。本罪与破坏计算机信息系统犯罪相比，犯罪对象相对较为广泛，只要是故意毁坏公私财物价值人民币 3000 元以上的，就可以追究刑事责任。而且破坏计算机信息系统犯罪本质上就是故意毁坏财物的行为，只是其犯罪对象属于计算机信息系统而已。但值得注意的是，由于刑法已经将破坏计算机信息系统罪设置为独立罪名，就不应再将此类行为定性为故意毁坏财物罪，除非是物理性的破坏，直接针对的是计算机信息系统的组成硬件和设施。

综上分析，被告人倪某某对计算机信息系统中存储、处理的应用程序进行修改、增加的操作，造成计算机信息系统不能正常运行，后果严重，其行为已构成破坏计算机信息系统罪，法院以此罪对倪某某案定性是正确的。

第十章　破坏计算机信息系统罪（二）：删除、修改数据

[典型判例] 林某某破坏计算机信息系统案

案由： 破坏计算机信息系统

基本案情： 2000 年 12 月 26 日中午 12 时许，被告人林某某在其工作单位福建省厦门市工商银行，利用该单位的互联网登录设备和条件，对昆明市的云南信息电讯网站进行破坏性攻击，删除了该网站几乎全部的用户数据，并上传具有分裂国家企图的文字（英文）图片，将云南信息电讯网站的主页替换，致使该网站被迫关闭。经有关部门进行鉴定，云南信息电讯网站因此次受攻击而遭受的直接经济损失为人民币 4300 元。

判案理由： 昆明市五华区人民法院经审理认为：被告人林某某违反国家有关规定，对计算机信息系统中存储、传输的数据和应用程序进行删除、增加的操作，造成严重后果，其行为已构成破坏计算机信息系统罪，公诉机关的指控成立。被告人林某某明知其行为会给云南信息电讯网造成严重后果，仍恶意实施破坏性攻击，导致该网站被迫关闭，危害后果严重。故被告人及其辩护人提出被告人主观并无恶意、后果不严重和情节轻微的辩护意见不予采纳。关于附带民事诉讼原告人的诉讼请求，被告人林某某对其犯罪行为给他人造成的物质损失依法应承担赔偿责任。附带民事诉讼原告人就其网站受到攻击而遭

受的4300元直接经济损失向法庭提供了相应证据，对此予以支持；但未能就其所主张的其他经济损失向法庭提供相应的事实证据，故对该诉讼请求不予支持。

定案结论：昆明市五华区人民法院依照《刑法》第286条第1款、第2款，《民法通则》第117条之规定，作出如下判决：被告人林某某犯破坏计算机信息系统罪，判处有期徒刑2年；被告人林某某赔偿附带民事诉讼原告人云南信息电讯网直接经济损失人民币4300元；附带民事诉讼原告人云南信息电讯网的其他诉讼请求不予支持。一审宣判后，被告人林某某提起上诉。昆明市中级人民法院二审认为，原审判决认定事实清楚，证据确实充分，定罪准确，量刑适当，审判程序合法。上诉人林某某的上诉理由及其辩护人的辩护意见不能成立，不予采纳，依法裁定：驳回上诉，维持原判。①

[**学理简析**] 林某某利用其单位福建省厦门市工商银行的互联网登录设备和条件，对昆明市的云南信息电讯网站进行破坏性攻击，删除了该网站几乎全部的用户数据，并上传具有分裂国家企图的文字（英文）图片，将云南信息电讯网站的主页替换，致使该网站被迫关闭。一审、二审法院均以破坏计算机信息系统罪对本案定性，笔者认为这一定性是正确的。本章主要探析行为人侵入计算机信息系统后其所实施的后续行为的定性问题，以及对于非法侵入计算机信息系统后又破坏计算机信息系统案件的量刑问题。

一、破坏计算机信息系统罪和非法侵入计算机信息系统罪的罪名关系

本案中，被告人林某某非法侵入了云南信息电讯网站，其行为符合了非法侵入计算机信息系统罪的构成要件。司法实践过程中，对于被告人行为的定性曾经存在着能否判定为非法侵入计算机信息系统罪的观点。对此，需要全面考虑非法侵入计算机信息系统与其实施的后

---

① 案例内容参见：云南省昆明市中级人民法院裁定书（2001）昆刑终字第600号。

续的破坏计算机信息行为的合理界分。

如前所述，非法侵入计算机信息系统的犯罪行为不以行为人侵入计算机信息系统后产生的后果作为构成要件，只要行为人实施了非法侵入计算机信息系统的行为即可构成犯罪。对此我国刑法学界没有异议。但是，单纯出于破解密码、突破安全控制访问机制、以显示个人超凡才智为动机的非法入侵行为，在第一代互联网时期出现的频率确实是相当高，颇受公众的关注。但是，在第二代互联网时期，此类在侵入行为几乎销声匿迹，它只是所有非法入侵行为中非常小的一部分，而且，即使对这部分非法侵入行为来说，侵入后什么也不干即自行离开的事情也是极为少见的。从另一个角度来讲，非法侵入计算机信息系统的行为通常伴随着某种后续性行为，当然此种后续性行为与计算机信息系统安全控制访问机制所保护的核心内容是否有关不确定。恶作剧式的侵入（并不涉及内部秘密的侵入）后即自行退出的行为也是存在的，例如著名的美国司法部网络系统被入侵案。但即使对于此类案件而言，也应当以非法侵入计算机信息系统罪追究刑事责任。惩罚此类入侵行为的关键之处在于，其非法入侵计算机信息系统的行为已经使国家事务秘密、国防建设秘密和尖端科学技术秘密等受保护的秘密超出了限定的受权接触范围，并且行为人不能证明上述秘密未被不能知悉的人（包括入侵者本人和其他人）知悉。对于此种以保护秘密为目的而设立的特殊处罚和求证原则，我国有关法律也已有类似规定，例如《保守国家秘密法实施办法》第 35 条规定，《保密法》和本办法规定中的"泄露国家秘密"是指违反保密法律、法规和规章的下列行为之一：（一）使国家秘密被不应知悉者知悉的；（二）使国家秘密超出了限定的接触范围，而不能证明未被不应知悉者知悉的。

对于实施后续性行为的处理，通常情况下应当具体情况具体对待，依照以下原则处理：（1）非法侵入计算机信息系统后窃取各种国家事务秘密、国防建设秘密和尖端科学技术秘密的，如果出于好奇的目的而非法获取的，应当以非法获取国家秘密罪等侵犯国家秘密的罪名和非法侵入计算机信息系统罪实行数罪并罚。（2）非法侵入计算机信息系统后对计算机信息系统的功能进行删除、修改、增加、干扰，造成计算机信息系统不能正常运行，后果严重的，应当以非法侵入计算机信息系统罪和破坏计算机信息系统罪实行数罪并罚。（3）非法侵入计算机信息系统后对于计算机信息系统存储、处理、传输的数据和应用程序进行删除、修改、增加的操作，后果严重的，应当以非法侵入计算机信息系统罪和破坏计算机信息系统罪实行数罪并罚。

对于以上几种非法侵入计算机信息系统后的后续性行为而言，其应当共同注意的是牵连犯问题。基本的处理方式是，在非法侵入之前已经有侵入后实行某一犯罪的犯罪行为目的，如以为境外窃取、刺探计算机信息系统内部存储的国家事务秘密、国防建设秘密和尖端科学技术秘密等为目的而实施非法侵入行为的，构成牵连犯，应当从重处罚。而如果行为人后续的犯罪行为是在非法侵入计算机信息系统后才产生并付诸实践的，实质上属于两罪，应当以非法侵入计算机信息系统罪和后续行为所构成的犯罪实行数罪并罚。例如美国少年米尼克，1979年运用破泽计算机安全密码的特殊才能，成功地打入"北美防空指挥中心电脑系统"后，将美国瞄准前苏联弹头的绝密资料一览无疑。[①] 对于此案，如果尼米克在展示自己的才能，侵入后自行离去，依照我国刑法来衡量，则仅应当以非法侵入计算机信息系统罪来处罚即可；若其侵入后又临时起意而非法获取军事绝密材料，则应当两罪并罚。

从另一个角度讲，非法侵入计算机信息系统罪的主观方面是故意，即明知是特定的计算机信息系统而仍然故意实施侵入行为。正如有的学者所言，破坏安全系统进而实施的犯罪行为可能涉及对隐私权、商业秘密或者知识产权的侵害，因而与侵入行为本身对安全系统的破坏形成了方法与结果行为的牵连关系。[②] 因而应当注意的是，如

---

① 参见赵廷元：《信息时代、电脑犯罪与刑事立法》，载高铭暄主编：《刑法修改建议文集》，中国人民大学出版社1997年版。

② 参见［美］刘汇彬：《计算机法律概论》，北京大学出版社1992年版，第157页。

果行为人具有其他特定的犯罪目而实施非法侵入计算信息系统的，如以非法获取国家秘密、商业秘密等为目的，则存在方法行为与结果行为或者说目的行为与手段行为的牵连关系，因而应当从一重论处。我们以为，通常应当以其目的行为所构成的具体犯罪追究刑事责任，如非法获取国家秘密罪、侵犯商业秘密罪或者以某种特定危害国家安全罪追究刑事责任更为妥当一些。而且由于非法侵入计算机信息系统罪规定的法定刑过低，即使按照从一重处罚的原则，也往往不以非法侵入计算机信息系统罪追究犯罪人的刑事责任。

非法侵入计算机信息系统罪和非法持有毒品罪在行为人主观方面的目的上具有相似性。即非法侵入的犯罪目的应当具有某种程度上的潜在的多样性和当前目的的不可查证性。① 对于非法持有毒品罪的犯罪目的而言，由于该法条规定的特殊性和持有行为本身所处阶段的特殊性，因而其犯罪目的如果能够查证为出于走私、贩卖、运输、制造或者窝藏的目的，则已超出非法持有毒品罪所能容纳的范畴，而应当以其犯罪目的所构成的具体犯罪定罪量刑。对于非法侵入计算机信息系统罪而言，如果能够查明是出于其他犯罪目的而非法侵入计算机信息系统的，则要么非法侵入行为被其他犯罪行为所吸收，不再以非法侵入计算机信息系统罪进行处罚，而可能以其他犯罪追究刑事责任，如间谍罪等；要么非法侵入行为和其目的行为构成牵连关系，应当从一重论处。事实上，非法侵入计算机信息系统是对计算机信息系统安全体系的破坏，而这种破坏是一个较为广泛的概念，它往往被更深一层的犯罪行为所吸收，因此犯罪独立存在的情况是比较少见的。②

本案中，林某某侵入云南信息电讯网站之后，破坏了该网站计算机信息系统的正常使用，其犯罪对象即为计算机信息系统的安全；实际上，林某某侵入该计算机信息系统之后，又实施了破坏云南信息电讯网中存储的全部用户数据和替换网站主页的行为，并造成了正在运

---

① 参见于志刚：《毒品犯罪之理论问题研究》，时事出版社 1997 年版，第 254 页。
② 参见姚青林：《论侵入重要领域计算机信息系统罪》，载《人民检察》1997 年第 8 期。

行的网站被迫关闭，使正常的网络工作秩序被破坏，在云南省乃至其它地区造成了恶劣的社会影响，已达到了后果严重的程度，符合破坏计算机信息系统罪的客观要件；从主观方面上讲，林某某明知其行为对计算机信息系统产生的破坏后果仍然故意实施，符合破坏计算机信息系统罪的主观要件。因此，林某某的行为符合破坏计算机信息系统罪的犯罪构成要件，对其以破坏计算机信息系统罪定罪是正确的。

二、删除、修改计算机信息系统存储数据行为的刑罚裁量

本案中，林某某破坏计算机信息系统所造成的损害结果是有限度的，经有关部门鉴定，云南信息电讯网站因此次受攻击而遭受的直接经济损失仅为人民币 4300 元。但值得注意的是，由于网络上的经济利益相当部分不是直接表现的，因此林某某对于云南信息电讯网站还存在着难以证明的损害结果。本案中，林某某造成营业中的网站存储的全部用户数据丢失，网站主页被替换成恶劣言论，并被迫闭网一段时间，最终鉴定的直接经济损失是 4300 元。但是这仅仅是恢复系统数据的人工费用，并不能体现出林某某破坏计算机信息系统对于被害网站所造成的其他间接损失。当然，如何确定网络系统受侵害的经济损失是一个复杂的问题，可以主要参考以下标准，例如破坏计算机信息系统的重要性，破坏计算机信息系统的次数、范围；所造成的实际影响程度；是否有已经构成其它犯罪的后续性行为等。具有以上所述情节的，应当在法定刑罚幅度内适用较重的法定刑。

根据 2011 年最高人民法院、最高人民检察院《关于办理危害计算机信息系统安全刑事案件应用法律若干问题的解释》第 4 条的规定，破坏计算机信息系统功能、数据或者应用程序，具有下列情形之一的，应当认定为《刑法》第 286 条第 1 款和第 2 款规定的"后果严重"：（1）造成 10 台以上计算机信息系统的主要软件或者硬件不能正常运行的；（2）对 20 台以上计算机信息系统中存储、处理或者传输的数据进行删除、修改、增加操作的；（3）违法所得 5000 元以上或者造成经济损失 10000 元以上的；（4）造成为 100 台以上计算机信息

系统提供域名解析、身份认证、计费等基础服务或者为 10000 以上用户提供服务的计算机信息系统不能正常运行累计 1 小时以上的；（5）造成其他严重后果的。

同时，司法解释还规定，实施破坏计算机信息系统功能、数据和应用程序的行为，具有下列情形之一的，应当认定为破坏计算机信息系统"后果特别严重"：（1）数量或者数额达到前述第（1）项至第（3）项规定标准 5 倍以上的；（2）造成为 500 台以上计算机信息系统提供域名解析、身份认证、计费等基础服务或者为 50000 以上用户提供服务的计算机信息系统不能正常运行累计 1 小时以上的；（3）破坏国家机关或者金融、电信、交通、教育、医疗、能源等领域提供公共服务的计算机信息系统的功能、数据或者应用程序，致使生产、生活受到严重影响或者造成恶劣社会影响的；（4）造成其他特别严重后果的。

第十一章　破坏计算机信息系统罪（三）：制作、传播破坏性程序

[典型判例] 李某等人破坏计算机信息系统案

案由： 破坏计算机信息系统

基本案情： 被告人李某于 2006 年 10 月开始制作计算机病毒"熊猫烧香"，并请被告人雷某对该病毒提供修改建议。雷某认为，该病毒会修改被感染文件的图标，且没有隐藏病毒进程，容易被发现，建议李某从这两个方面对该病毒进行修改。李某按照雷某的建议修改了"熊猫烧香"病毒，由于其技术方面的原因而使修改后的病毒虽然能不改变别人的图标，但会使别人的图标变花、变模糊，隐藏病毒进程问题也没有解决。2007 年 1 月，雷某亲自对该病毒进行修改，也未能解决上述两个问题。2006 年 11 月中旬，李某在互联网上叫卖该病毒，同时也请被告人三某及其他网友帮助出售该病毒。随着病毒的出售和赠送给网友，"熊猫烧香"病毒迅速在互联网上传播，由此导致自动链接李某个人网站 www.krvkr.com 的流量大幅上升。王某得知此情形后，主动提出为李某卖"流量"，并联系被告人张某购买李某网站的"流量"，所得收入由王某和李某平分。为了提高访问李某网站的速度，减少网络拥堵，王某和李某商量后，由王某化名董某为李某的网站在南昌锋讯网络科技有限公司租用了一个 2G 内存、百兆独享线路的服务器，租金由李某、王某每月各负担 800 元。张某购买李某网站

的流量后，先后将九个游戏木马挂在李某的网站上，盗取自动链接李某网站游戏玩家的"游戏信封"，并将盗取的"游戏信封"进行拆封、转卖，从而获取利益。从 2006 年 12 月至 2007 年 2 月，李某获利 145149 元，王某获利 80000 元，张某获利 12000 元。"熊猫烧香"病毒的传播，造成北京、上海、天津、山西、河北、辽宁、广东、湖北等省市众多单位和个人的计算机受到病毒感染，不能正常运行，同时也使众多游戏玩家的游戏装备、游戏币被盗。2007 年 2 月 2 日，李某将其网站关闭，之后再未开启该网站。被告人李某归案后，向公安机关提供线索抓获了其他同案人。案发后，被告人李某、王某、张某退还了所得的全部赃款。被告人李某交出"熊猫烧香"病毒专杀工具。

判案理由：湖北省仙桃市人民法院认为：被告人李某、雷某故意制作计算机病毒，被告人李某、王某、张某故意传播计算机病毒，影响了众多计算机系统正常运行，后果严重，其行为均已构成破坏计算机信息系统罪，应负刑事责任。公诉机关起诉指控的罪名成立，本院予以确认。关于公诉机关指控被告人李某与雷某共同制作了"QQ 尾巴"计算机病毒，并进行了传播的事实，由于公诉机关没有提供确实、充分的证据，不予认定。被告人李某制作、传播计算机病毒，已经造成了严重后果。因此，其辩称系犯罪中止的辩护意见不能成立，不予采纳。被告人李某是在公安机关掌握了其涉嫌犯破坏计算机信息系统罪的相关证据后被抓获的。因此，其辩护人提出李某有自首情节的辩护意见不能成立，不予采纳；被告人李某协助公安机关抓获本案同案犯，依法应认定为有立功表现，其辩护人辩称李某有立功情节的辩护意见，予以采纳；被告人李某归案后认罪态度好，主动交出病毒专杀工具，积极退赃，属酌定从轻处罚情节，该辩护意见予以采纳。关于被告人王某、张某的辩护人提出的"被告人王某、张某系本案的从犯及有酌定从轻处罚情节"的辩护意见，本案系共同犯罪，被告人王某、张某在共同犯罪中起次要作用，应认定为本案的从犯，且二被告人的认罪态度好，积极退赃，有酌定从轻处罚的情节，上述辩护意

见，予以采纳。关于被告人雷某及其辩护人辩称"被告人雷某的行为
属于犯罪未遂"的辩护意见，《刑法》第23条第1款规定，已经着手
实行犯罪，由于犯罪分子意志以外的原因而未得逞的，是犯罪未遂。
本案系共同犯罪，其犯罪的危害结果已经发生，故其辩护意见不成
立，不予采纳。关于被告人雷某的辩护人提出的"被告人雷某系从
犯，且有酌定从轻处罚情节"的辩护意见，经查，被告人雷某在共同
犯罪中，起次要作用，应认定为本案的从犯，且认罪态度好，有酌定
从轻处罚的情节，上述辩护意见，予以采纳。本案系共同犯罪，被告
人李某在共同犯罪中起主要作用，是本案主犯，应当对其参与的全部
犯罪处罚。被告人王某、张某、雷某在共同犯罪中起次要作用，是本
案从犯，依法应当从轻处罚。被告人李某有立功表现，依法可以从轻
处罚。被告人李某主动交出"熊猫烧香"病毒专杀工具，可以酌情从
轻处罚。被告人李某、王某、张某能积极退赃，均可酌情从轻处罚。
被告人李某、王某、张某、雷某认罪态度好，有悔罪表现，亦可酌情
从轻处罚。

定案结论：被告人李某犯破坏计算机信息系统罪，判处有期徒刑
4年；被告人王某犯破坏计算机信息系统罪，判处有期徒刑2年6个
月；被告人张某犯破坏计算机信息系统罪，判处有期徒刑2年；被告
人雷某犯破坏计算机信息系统罪，判处有期徒刑1年。被告人李某的
违法所得人民币145149元，被告人王某的违法所得人民币80000元，
被告人张某的违法所得人民币12000元，予以没收，上缴国库。[①]

[**学理简析**] 被告人李某于2006年10月开始制作计算机病毒
"熊猫烧香"，并请被告人雷某对该病毒提修改建议。2006年11月中
旬，李某在互联网上叫卖该病毒，同时也请被告人王某及其他网友帮
助出售该病毒。王某得知此情形后，主动提出为李某卖"流量"，于
联系被告人张某购买李某网站的"流量"，所得收入由王某和李某平

———————————

① 本案例内容参见湖北省仙桃市人民法院刑事判决书（2007）仙刑初字第350号，
合议庭成员：周国华、王建亮、郭越群。

分。张某购买李某网站的流量后，先后将九个游戏木马挂在李某的网站上，盗取自动链接李某网站游戏玩家的"游戏信封"，并将盗取的"游戏信封"进行拆封、转卖，从而获取利益。"熊猫烧香"病毒的传播，造成北京、上海、天津、山西、河北、辽宁、广东、湖北等省市众多单位和个人的计算机受到病毒感染，不能正常运行，同时也使众多游戏玩家的游戏装备、游戏币被盗。湖北省仙桃市人民法院判决其构成破坏计算机信息系统罪。李某等人故意制作、传播计算机病毒等破坏性程序的行为属于典型的破坏计算机信息系统犯罪，本章以李某等人破坏计算机信息系统案为契机，对于同类行为的犯罪构成要件进行学理性阐释，以期为今后司法实践中同类案件的定性提供理论根据。

一、故意制作、传播计算机病毒等破坏性程序的构成特征分析

被告人李某、雷某故意制作计算机病毒，被告人李某、王某、张某故意传播计算机病毒，影响了众多计算机系统正常运行，后果严重，其行为均已构成破坏计算机信息系统罪，应负刑事责任。根据《刑法》第 286 条规定，故意制作、传播计算机病毒等破坏性程序，影响计算机系统正常运行，后果严重的，依照破坏计算机信息系统罪的规定处罚。本罪具有如下构成特征：

1. 犯罪主体要件的认定

本罪的主体是一般主体，凡是达到刑事责任年龄，具备刑事责任能力的人，均可以成为本罪的主体。就制作行为而言，行为人往往是受过高等教育尤其是计算机专业教育的技术人员，当然不排除个别具有熟练编程技能的计算机爱好者。就传播行为而言，则可能是任意自然人。本案中，李某等人均已达到刑事责任年龄，属于完全刑事责任能力人，符合破坏计算机信息系统罪的主体要件。

2. 犯罪主观方面的认定

行为人在主观方面是出于故意，即明知是破坏性程序而仍故意进

行制作或者传播。过失不能构成本罪。本案中，王某介绍被告人张某购买李某网站的流量，李某将张某提供的盗号木马的自动下载链接挂到 www.krvkr.com 网站，从而中了"熊猫烧香"病毒的计算机自动访问该网站时就会感染盗号木马，木马会自动监测计算机里的网络游戏的账号和密码，然后通过电子邮件发送出来。张某将木马盗窃的含账号和密码的大量网络游戏"电子信封"以每个 0.9 元至 2.5 元的价格在网上出售，并先后多次给李某、王某汇款。在此期间，王某在网上通过腾讯 QQ 帮李某卖出三个"熊猫烧香"病毒后三次共汇给李某 1450 元。通过病毒的传播，李某获利 145149 元，王某获利 80000 元，张某获利 12000 元。因此，不难发现，李某等人从起初制作传播病毒，到通过病毒牟取非法利益，其主观目的经历了多重变化，但是他们却具备同样的主观故意，即明知"熊猫烧香"对计算机信息系统的破坏，而不断进行制作完善和传播，其行为符合破坏计算机信息系统罪的主观要件。

从实际发生的案例看，行为人制作、传播病毒等破坏性计算机程序的动机一般有以下几种：其一，显示"超群智力"，也即为了显示自己的聪明才智而刻意编制病毒等破坏性程序，这是最为常见的制作、传播行为，也是多数破坏性计算机程序所产生的直接原因。其二，利用病毒进行报复，例如美国某计算机公司的一名工程师就曾经为了报复公司对其不公平的解雇而编制病毒程序，使公司计算机系统遭到严重破坏。其三，对付非法拷贝，即为了防止他人非经授权地拷贝文件、程序而编制病毒作为惩罚手段，最初的计算机病毒的制作动机即来源于此。其四，敲诈勒索，例如美国的一名人类学博士就曾经向世界各地大公司和银行寄发含有艾滋病预防措施的磁盘，但要求收到并使用者必须支付高额费用，否则将破坏其全部应用程序。这就属于典型的以敲诈勒索为目的的制作、传播行为。另外，若干国家目前也已经发现有反政府组织或者恐怖组织利用破坏性计算机程序要挟政府部门和大公司的犯罪行为。其五，不正当竞争。具体而言，出于不正当竞争目的而制作、传播计算机破坏性程序在司法实践中大致有以下两种表现形式：一是利用病毒等破坏性程序损害竞争对手，破坏竞争对手的计算机系统数据文件，使商业竞争对手减弱或者丧失竞争能力或者竞争机会。二是利用病毒等破坏性程序来扩大其产品市场占有率和销售额。国内目前已发现有人利用出售防治计算机病毒软件而借机向用户和计算机使用单位扩散特定病毒，迫使他人继续购买其所制作或者经销的更高版本杀毒软件，以扩大产品的市场占有量和销售额。其六，出于政治、军事目的。例如在海湾战争中，美方在伊拉克防空指挥计算机系统中事先植入破坏性病毒程序，成功地使伊方的防空系统在战时基本陷于瘫痪。另外，据报载，美军方正在高额悬赏各种"烈性"病毒，以用于破坏敌方的作战指挥系统。其七，出于恶作剧。即行为人编制病毒等破坏性程序完全是出于捉弄他人，寻求刺激和乐趣。无论行为人制作、传播病毒等破坏性程序的动机如何，都不影响犯罪的成立。只要行为人明知其所制作、传播的是计算机病毒等破坏性程序而仍然决意继续实施其行为的，即构成犯罪。

此外，需要强调的是，在同类案件中认定本罪行为人的主观方面，必须注意两点，一是如果行为人是无故意而且也无过失的意外事件，例如行为人不知其软磁盘中有病毒而给他人拷贝、复制数据文件或程序，而使他人或者单位、公众计算机系统感染病毒的，不构成犯罪；二是过失行为不构成犯罪，例如某计算机所的病毒研究防治人员曾经在公共使用的计算机网络上进行病毒运行和防范实验，行为人实施操作前也曾考虑过病毒可能失控，而造成毁灭性后果，但却过于相信其所设计的杀毒软件的合理性和可靠性而轻信能够避免，结果造成了难以控制的恶性事故，病毒大幅度蔓延，造成严重损失。这种过失行为由于不具备故意的主观要件而不构成本罪，但可能构成其他犯罪。

3. 犯罪客观方面的认定

本罪的客观方面表现为制作、传播计算机病毒等破坏性程序，影响计算机系统正常运行，后果严重的行为。尽管计算机破坏性程序的范围远不限于计算机病毒，但要了解本罪的客观构成要件，首先必须了解作为破坏性程序核心内容的计算机病毒。本案中，李某等人为转卖网站流量，故意制作"熊猫烧香"破坏性计算机病毒程序并将其传播，其行为在客观上符合破坏计算机信息系统罪的客观要件。在李某破坏计算机信息系统案中，需要明确的问题在于，"熊猫烧香"是否属于计算机病毒？计算机病毒应如何认定？

（1）计算机病毒的概念和特征

在李某案中，"熊猫烧香"所具有的对计算机信息系统的破坏功能，已经证明其属于计算机病毒，但对于今后同类案件仍需要明确阐释计算机病毒的基本概念和特征。所谓计算机病毒，是指那些能够在计算机系统运行过程中反复自我繁殖和扩散，危及计算机正常工作、浪费系统资源，破坏存储数据的一类计算机程序。此类程序一般能够在适当时机获得系统控制权，从而发挥其各种功能。

计算机病毒一般具有以下特征：其一，病毒程序是人为编制的软件，小巧玲珑。也就是说，病毒程序短小精悍是其突出特点，这样使得其不易被人察觉和发现。其二，计算机病毒可以隐藏在可执行程序或数据文件中。应当指出，计算机病毒的源程序可以是一个独立的程序体，而源病毒经过扩散生长的再生病毒往往采用附加或者插入的方式隐藏在可执行程序或者数据文件中间，采用分散或者多处隐藏的方式。而当病毒程序所潜伏的程序体被合法调用时，病毒程序也将随之"合法"投入运行，并可将分散的程序部分在所非法占用的存贮空间内进行重新装配，从而构成一个完整的病毒体投入运行状态。其三，可传播性，具有强再生机制。计算机病毒的强再生机制反映了病毒程序最本质的特征，可以说，离开再生机制，就不称其为计算机病毒。例如微型计算机系统的计算机病毒，可以在运行过程中根据病毒程序的中断请求随机读写，不断进行病毒体的传播、扩散。病毒程序一旦加载到当前运行的程序体上面，就开始搜索能进行感染的其他程序，从而使病毒很快扩散到磁盘存储器和整个计算机系统上面，进而开始自我运作、复制，挤占空间，破坏资源。其四，可潜伏性，具有依附于其他媒体寄生的能力。一个编制巧妙的病毒程序，可以在几周或者几个月内进行传播和再生复制而不被人发现。在此期间，系统的备份设备（主要是磁盘驱动器）复制病毒程序，制成程序或者数据的副本并送到其他的部位，使之受感染。其五，可激发性，在一定的条件下接受外界刺激，使病毒程序活跃起来。激发的本质是一种条件控制，一个病毒程序可以按照设计者的要求，在某个点上激活并发起攻击。发起攻击的时间或者说被激活的条件可以与多种情况联系起来，包括指定的某个时间或日期、特定的用户标识符的出现、特定文件的出现或使用、用户的安全保密等级或者一个文件使用的次数等等。

（2）计算机病毒的分类

计算机病毒根据不同的出发点和分类方法，可以作不同标准的分类或划分。最常见的是按照计算机病毒入侵系统的途径，分为以下四种：其一，源码病毒，即病毒程序在源程序被编译之前插入到诸如 C 语言、Bascal、Cobol 等算法语言编制的源程序中。由于用源码编写病毒程序难度大，因而此类病毒较为少见。其二，入侵病毒。入侵型病毒侵入到现有程序中，实际上把病毒程序的一部分插入主程序，因而不破坏主文件就难以除去病毒程序。其三，操作系统病毒。此类病毒用本身逻辑加入或者替代部分操作系统进行工作。操作系统病毒最常见，危害也最大。因为整个计算机是在操作系统控制下运行的，操作系统病毒的入侵可以造成病毒程序对系统的持续不断攻击。其四，外壳病毒。此类病毒将它们自己置放在主程序的周围，一般情况下不能对原来程序进行修改。实践中大约有半数以上的针计算机病毒是采用这种外围方式传播病毒的。

（3）计算机病毒的传染媒介及形式

计算机病毒并不是靠空气传染的，而是有一定传染媒介，主要有以下三种：其一，计算机网络：计算机病毒利用网络通讯实现从一个计算机系统到另一个计算机系统的传染。其二，磁性介质：计算机病毒通过软磁盘、硬磁盘从一台计算机到另一台计算机的传染。其三，光学介质：计算机病毒通过光盘进行传染。病毒传染有静态传染和动态传染两种传染方式：其一，静态传染：静态传染是由于用户使用了

COPY、DISKCOPY、RESTORE 等拷贝命令或类似操作，一个病毒连同其载体文件一起从一处被复制到另一处。这种传染病毒的载体程序不变，被复制后的病毒仍是静态的。静态传染是任何防病毒软件与防病毒卡所无法防范的。其二，动态传染：动态传染是指一个静态病毒被加载进入内存变为动态病毒后，当其传染模块被激活所发生的传染操作。另外，应当指出的是，本罪客观方面的行为表现为制作、传播计算机病毒等破坏性程序，因而，破坏性计算机程序的范围大于计算机病毒的范围，计算机病毒只是破坏性程序的一种主要表现形式，但破坏性程序并不仅限于此，还有众多其他表现形式，现实中常见的破坏性计算机程序还有以下几种：第一种是，"逻辑炸弹"。"逻辑炸弹"是一种典型的破坏性程序，但却并不属于计算机病毒。所谓"逻辑炸弹"，就是在计算机操作系统中插入某些程序编码，这些程序编码仅在特定时刻或特定条件下自动激活执行程序而起到破坏作用。"逻辑炸弹"是系统的潜在危险和隐患，可以造成严重破坏。例如，美国就曾发生某公司负责工资表的程序员在文件中编写放置了一个"逻辑炸弹"，当他本人被公司解雇或他的名字从工资表去掉时，事先秘密放置的"逻辑炸弹"程序，在他本人离开 3 个月之后破坏了系统的文件库。"逻辑炸弹"的关键是特定条件、特殊时期或者特殊时刻下的程序激活，也即破坏性程序自动运行对计算机发起攻击的条件是行为人所事先在程序中设置的逻辑上的特殊自动运行条件的实现，至于所设置的逻辑条件则可能是多种多样的，可以是某种程序本身所存储或者使用的特定信息的改变、删除或者自然失效，如前述程序员的名字被删除即是这样一种情况；也可以是某个特定时刻的来临，这种情况通常也被称为定时炸弹（time bomb），也即此种逻辑炸弹启用的特殊条件就是实际日期或者时刻与事先所在程序设置的时期或者时刻相吻合。实际上，前述计算机病毒的可激发特征，实际上就是逻辑炸弹。但反过来讲，并非所有的逻辑炸弹都是病毒，两者的根本区别是"逻辑炸弹"没有传染性，也即没有再生机制，不自我进行复制。

目前我国现实生活中已经发生多起利用"逻辑炸弹"破坏计算机

系统的案件,这类案件的严重社会危害性证明了此类破坏性程序的严重破坏性。例如,1996年6月29日,上海劳改局所属的上海胜达实业公司寻呼台主控计算机突然"死机",硬盘分区表破坏,系统数据库(2万余用户数据)、系统管理执行文件和用户资料全部丢失,造成1.8万个用户交费情况混乱。经对寻呼台主控计算机进行技术检查,发现在执行无线寻呼管理程序SDUNP. EXE时,一旦计算机时钟日期为6月29日,系统即死机,用户数据库被破坏。经现场取证,SDUNP. EXE管理程序中含有彻底破坏数据库文件的程序手段,以及一段与寻呼业务无关的程序段。当计算机系统满足6月29日条件时,如果运行SDUNP. EXE,则该程序中的破坏性程序段被执行,调用密码库覆盖用户基本信息库,破坏寻呼计算机系统管理程序和用户基本信息库,使整个系统全部瘫痪。经查,此案是该公司主管工程师张某所为。该人因向单位提出的住房条件及待遇未能得到满足,而在系统中设置了"逻辑炸弹"造成计算机系统被破坏。

第二种是,"特洛伊木马"(troj anhorse)"特洛伊木马"是指表面上在执行一个任务,但是实际上是在执行另一个程序,这一名称来自古希腊著名的"特洛伊木马"战计。这种程序和计算机病毒的区别在于,计算机病毒必须依附于一个载体之上,而且都能自我进行复制,而"特洛伊木马"则不需要依附于任何载体而独立存在。但是应当提出的是,并非所有的"特洛伊木马"均为破坏性计算机程序,相当一部分"特洛伊木马"的功能或者使用后果仅在于造成散布者非法获取他人的个人信息或者隐私,只有具有破坏作用的那一部分"特洛伊木马"才属于这里所讲的破坏性计算机程序。

第三种是,"野兔"(rabit)。野兔是一种无限制地复制自身而耗尽一个系统资源(如CPU空间、磁盘空间、假脱机空间等等)的程序。这种破坏性计算机程序与病毒的区别在于其本身就是一个完整的程序,它不感染其他程序。包括病毒在内的计算机破坏性程序的破坏性主要表现为以下几种方式:其一,破坏存储器内的数据信息;其二,破坏互连网络中的各项资源;其三,构造系统死循环;其四,破坏系统文件；其五，破坏系统 I/O 功能；其六，彻底毁坏软件系统。

关于"破坏性程序"的准确定义，2011 年最高人民法院、最高人民检察院《关于办理危害计算机信息系统安全刑事案件应用法律若干问题的解释》第 5 条明确规定："具有下列情形之一的程序，应当认定为刑法第二百八十六条第三款规定的'计算机病毒等破坏性程序'：（1）能够通过网络、存储介质、文件等媒介，将自身的部分、全部或者变种进行复制、传播，并破坏计算机系统功能、数据或者应用程序的；（2）能够在预先设定条件下自动触发，并破坏计算机系统功能、数据或者应用程序的；（3）其他专门设计用于破坏计算机系统功能、数据或者应用程序的程序。"

最后，本罪客观方面所说的"制作"行为，是指利用各种算法语言编写、设计、开发病毒程序或者改编病毒程序。所说的"传播"行为，是指针对特定对象或不特定对象的扩散。扩散的方式可以是多种多样的，例如采用欺骗的方式，私自安装、复制的方式，或者非法秘密反搭售的方式，或者在网络上公布并免费提供的方式等等。

本罪是结果犯，必须客观上发生了由于行为人所制作、传播的病毒等破坏性程序的作用致使计算机系统不能正常运行，后果严重的行为。如果行为人仅仅有制作、传播计算机病毒等破坏性程序的行为，但未造成严重后果的，不构成本罪。这里的"后果严重"，可以理解为造成了人身伤亡、公私财产重大损失、公共秩序混乱等严重后果。既包括由于病毒等破坏性程序的作用而发生的直接后果，例如由于病毒程序所造成的 1989 年美军隐形战斗机试飞时的坠毁事故，就属于此种直接性破坏后果；也包括由于计算机系统的非正常运行而造成的间接损失，例如发出的错误气象分析而使他人未及时采取防范措施所造成的实际损失，以及由于疏导程序混乱造成大面积交通瘫痪而造成的间接损失等都属此类间接性损失。

4. 犯罪客体的认定

李某案中，"熊猫烧香"病毒的传播，造成北京、上海、天津、山西、河北、辽宁、广东、湖北等省市众多单位和个人的计算机受到病毒感染，不能正常运行，同时也使众多游戏玩家的游戏装备、游戏币被盗。不难发现，李某等人制作传播计算机病毒的行为已经严重损害了计算机信息系统安全。由于计算机病毒等破坏性程序的强再生机制和传播的隐蔽性、无形性及其难以防范性，并且由于计算机应用的日趋广泛化、社会化以及全社会对它逐渐增加的依赖性，因而制作、传播计算机病毒等破坏性程序的行为的社会危害性往往是范围巨大或者说不可估量的。遭受破坏的计算机系统的停顿或者非正常运行，轻则造成个人数据信息丢失、丧失功效，或者操作系统功能的破坏，重则引起不同范围内的秩序混乱，如引起政府、金融、交通等社会管理部门工作无法运作或陷入混乱，以致引发社会动乱，甚至导致两国间的外交冲突、爆发战争等。

从破坏性程序所实际破坏的内容及性质上来分析，本罪的犯罪对象大致可以分为以下三大类：其一，计算机系统所存储的数据信息。例如利用计算机病毒或者其他破坏性程序对计算机系统内所存储的数据信息进行删除、增加、修改，从而使此类数据信息丢失或者丧失其原有功效或者价值。其二，对前述数据信息进行加工、处理、分析、比较的处理机制或者程序。例如利用破坏性程序扰乱、破坏此类程序以使计算机对数据信息作出错误的分析、运算，而得出错误结论或者发出错误、误导性指令。其三，计算机操作系统。即对上述数据信息和程序以外的其他操作系统的破坏。实际上，从破坏后果来看，此类破坏往往同时破坏了上述数据信息和程序。

二、故意制作、传播计算机病毒等破坏性程序的定罪规则

对于本罪而言，区分罪与非罪应注意的问题除了是否造成严重后果以外，关键在于认定行为人所制作、传播的程序是否属于破坏性程序。

（一）区分罪与非罪的界限

如前文所述，李某等人制作、传播破坏性计算机病毒程序破坏计算机信息系统案定性的关键在于，认定李某等人所制作、传播的"熊

猫烧香"程序是否属于破坏性程序。本案中，对于"熊猫烧香"病毒的破坏性已经为社会所公认，但为了给今后同类司法案件提供借鉴，我们以下再从计算机病毒设计者的意图和病毒程序对于计算机系统的影响出发，对已发现的计算机病毒大致分为以下两类：

其一，恶性病毒，即是有明显破坏能力、破坏目的或破坏目标的病毒，此类病毒的破坏力和危害性都很大。最常见的恶性病毒的破坏性体现在消除、修改数据、删改文件或对磁盘进行重新格式化等。此类病毒可以中断一个大型计算机中心的正常工作或者使一个计算机网络处于瘫痪，造成灾难性的后果。此类计算机病毒显然属于破坏性程序。制作、传播此类病毒并造成严重后果的，当然构成本罪，应当追究行为人的刑事责任。

其二，"良性病毒"，即以恶作剧形式存在但不对计算机系统造成恶性破坏或者发起攻击的病毒，例如 IBM 圣诞树病毒，它可令计算机系统在圣诞节时显示问候的话语并在屏幕上出现圣诞树的画面，除此之外不对计算机产生其他负面影响。再如数学家病毒，在开机时屏幕上显示出两道数学题，强迫使用计算机者解题。此类形式的病毒除占用一定的系统开销外，对计算机系统其他方面不产生或产生极小的影响，有人将此类形式的计算机病毒称为良性病毒。由于此类恶作剧形式的病毒或者说良性病毒的非破坏性，因而虽然它们也属于计算机病毒的一类，但却显然不属于本罪所指的破坏性计算机病毒，而是非破坏性程序，因而制作、传播此类病毒的，不构成本罪。但应指出，由于任何良性病毒都要占用一定的系统开销，并且都是对计算机系统的非受权入侵，因而制作、传播此类非破坏性病毒程序的行为虽不构成本罪，但可能构成其他犯罪。

（二）区别此罪与彼罪的界限

在这里主要应当注意的是制作、故意传播破坏性程序犯罪同以此为手段的其他犯罪之间的界限。例如以制作、故意传播计算机破坏性程序为手段而实施的危害国家安全犯罪、危害公共安全犯罪等的区别。从本质上讲，本罪同危害国家安全犯罪的区别在于危害国家安全犯罪必须具备危害国家安全的目的，本罪则不要求这一目的。而本罪同危害公共安全罪（例如以其他危险方法危害公共安全罪）的界限则应当从实际上的危害结果或者造成的危险性程度来确定。如果行为人制作、传播计算机病毒等破坏性程序的犯罪行为已经或者足以危害不特定多数人的生命、财产安全的，则构成危害公共安全罪，例如以制作、故意传播病毒程序破坏供电自动管理系统的行为，显然就属于危害公共安全罪。但如果行为人制作、传播破坏性程序的行为显然不足以危害不特定多数人的生命、财产安全的，也即不足以危害公共安全的，则不能构成危害公共安全罪，应当以本罪论处。

三、故意制作、传播计算机病毒等破坏性程序的刑罚裁量

本案中，被告人李某犯破坏计算机信息系统罪，判处有期徒刑 4 年；被告人王某犯破坏计算机信息系统罪，判处有期徒刑 2 年 6 个月；被告人张某犯破坏计算机信息系统罪，判处有期徒刑 2 年；被告人雷某犯破坏计算机信息系统罪，判处有期徒刑 1 年。

笔者认为，根据《刑法》第 286 条第 3 款的规定，故意制作、传播计算机病毒等破坏性程序，影响计算机系统正常运行，后果严重的，应当依照以下原则进行处罚：

1. 犯有本罪的，处 5 年以下有期徒刑或者拘役。如前所述，构成本罪，应当以后果严重为必备要件。因而对于本罪行为人的刑罚适用，应当从以下两方面考虑：其一，后果严重的程度。具体而言，如果行为人的制作、传播行为仅造成一般严重后果的，例如造成多台或者部分一般单位的计算机非正常运行，致使其无法正常工作的，应当考虑适用拘役或者较短的有期徒刑；反之，如果行为人的制作、传播行为造成了较严重后果，例如造成较大面积计算机无法正常运行，或者造成某些重要单位无法工作或者造成重要数据丢失的，应当适用较长的有期徒刑。其二，行为人不同行为的性质。一般而言，制作病毒等破坏性程序的行为显然要比传播此类程序的行为的危害性大得多，因而应当对制作行为在量刑幅度内适用较长的有期徒刑，而对传播行

为则可以考虑适用拘役或较短的有期徒刑。但是，如果传播行为动机
卑鄙，手段恶劣的，当然也应适用较长的有期徒刑。

　　根据 2011 年最高人民法院、最高人民检察院《关于办理危害计
算机信息系统安全刑事案件应用法律若干问题的解释》第 6 条的规
定，故意制作、传播计算机病毒等破坏性程序，影响计算机系统正常
运行，具有下列情形之一的，应当认定为《刑法》第 286 条第 3 款规
定的"后果严重"：（1）制作、提供、传输特定程序（是指能够通过
网络、存储介质、文件等媒介，将自身的部分、全部或者变种进行复
制、传播，并破坏计算机系统功能、数据或者应用程序），导致该程
序通过网络、存储介质、文件等媒介传播的；（2）造成 20 台以上计
算机系统被植入特定的破坏性程序的（包括两种：一是能够在预先设
定条件下自动触发，并破坏计算机系统功能、数据或者应用程序的；
二是其他专门设计用于破坏计算机系统功能、数据或者应用程序的程
序。）；（3）提供计算机病毒等破坏性程序 10 人次以上的；（4）违法
所得 5000 元以上或者造成经济损失 10000 元以上的；（5）造成其他
严重后果的。

　　2. 犯有本罪，后果特别严重的，处 5 年以上有期徒刑。所谓后果
特别严重，具体包括哪些情形，新刑法典并未作出明确、具体的规
定，尚有待最高司法机关作出相应司法解释。一般认为包括以下几种
情形：造成大面积或者数量众多的计算机停止工作，损失严重的；因
破坏性程序而造成社会秩序混乱、公私财产重大损失的；因破坏性程
序而造成人为的"自然灾难"，如水库决水、仓库爆炸等；因破坏性
程序而影响外交关系、引发国际误解、冲突的，等等。①

　　根据 2011 年最高人民法院、最高人民检察院《关于办理危害计
算机信息系统安全刑事案件应用法律若干问题的解释》第 6 条的规
定，具有下列情形之一的，应当认定为破坏计算机信息系统"后果特

---

① 参见蒋浩、于志刚：《论制作、传播破坏性计算机程序罪》，载《法学家》1997 年
第 5 期。

别严重"：（1）制作、提供、传输特定程序（是指能够通过网络、存储介质、文件等媒介，将自身的部分、全部或者变种进行复制、传播，并破坏计算机系统功能、数据或者应用程序）导致该程序通过网络、存储介质、文件等媒介传播，致使生产、生活受到严重影响或者造成恶劣社会影响的；（2）造成100台以上计算机系统被植入特定的破坏性程序的（包括两种：一是能够在预先设定条件下自动触发，并破坏计算机系统功能、数据或者应用程序的；二是其他专门设计用于破坏计算机系统功能、数据或者应用程序的程序。）；（3）提供计算机病毒等破坏性程序50人次以上的；（4）违法所得25000元以上或者造成经济损失50000元以上的；（5）造成其他特别严重后果的。

第十二章 破坏计算机信息系统罪（四）：僵尸网络

[典型判例] 徐某破坏计算机信息系统案

案由： 操纵僵尸网络破坏计算机信息系统

基本案情： 被告人徐某利用 QQ 尾巴等程序在互联网上传播其编写的 ipxsrv. exe 程序，先后植入 40000 余台计算机，形成 BotNet 僵尸网络。2004 年 10 月至 2005 年 1 月，被告人徐某操纵僵尸网络对北京大吕黄钟电子商务有限公司所属音乐网站（www. kuro. com. cn 北京飞行网，简称酷乐），发动多次 DDOS 攻击，致使该公司遭受重大经济损失，并且影响北京电信数据中心皂君庙机房网络设备及用户，造成恶劣的社会影响。经计算机病毒防治产品功能测试机构鉴定，ipxsrv. exe 程序为破坏性程序。

判案理由： 河北省唐山市路北区人民法院认为，被告人徐某故意制作、传播破坏性程序，影响计算机系统正常运行，后果严重，其行为已构成破坏计算机信息系统罪。唐山市路北区人民检察院指控被告人徐某犯破坏计算机信息系统罪的事实清楚，证据充分，罪名成立。

定案结论： 河北省唐山市路北区人民法院认定：一、被告人徐某犯破坏计算机信息系统罪，判处有期徒刑 1 年 6 个月。二、随案移送作案工具索尼笔记本电脑 1 台、DNS 服务器 1 台、U 盘 1 个,依法没收。①

[学理简析] 近年来,一系列具有重大社会影响力的网络安全事件背后都浮现出了"僵尸网络"的身影。僵尸网络这一新的网络犯罪形式的出现,表明了网络犯罪已经实现了自身技术手段的升级换代,网络安全领域矛与盾的对决又到了一个新的高度。本案中,被告人徐某利用 QQ 尾巴等程序在互联网上传播其编写的 ipxsrv. exe 程序,先后植入 40000 余台计算机,形成 BotNet 僵尸网络。2004 年 10 月至2005 年 1 月,被告人徐某操纵僵尸网络对北京大吕黄钟电子商务有限公司所属音乐网站(www. kuro. com. cn 北京飞行网,简称酷乐),发动多次 DDOS 攻击,致使该公司遭受重大经济损失,并且影响北京电信数据中心皂君庙机房网络设备及用户,造成恶劣的社会影响。河北省唐山市路北区人民法院判处被告人徐某破坏计算机信息系统罪,此种定性是正确的。对于本案中徐某制造 BotNet 僵尸网络的行为,鉴于审理法院并没有予以详细评价,本章在探讨徐某破坏计算机信息系统案的基础上,对于徐某制造、操纵 BotNet 僵尸网络的行为予以进一步阐释,以期对今后同类案件具有借鉴指导价值。

一、案件的关键:创建僵尸网络所使用程序的认定

僵尸网络的危害性主要体现在后续的操作行为,其中尤以倒卖、出租僵尸网络为甚。僵尸网络是一种对用户计算机的非法控制状态,后续操作行为本质上是无偿占有他人计算机和网络资源的"使用盗窃"行为,而倒卖和出租僵尸网络属于"使用盗窃"中的帮助行为。本案中,徐某正是通过制造 BotNet 僵尸网络,之后再操纵僵尸网络对北京大吕黄钟电子商务有限公司所属音乐网站发动多次 DDOS 攻击,以致最终造成恶劣的社会影响。以下我们仅对僵尸网络做简要阐释。

---

① 本案例内容参见:河北省唐山市路北区人民法院刑事判决书(2005)北刑初字第305 号。

1. 僵尸网络的概念和特点

僵尸网络（Botnet）是指采用一种或多种传播手段，将大量主机感染"bot"程序（僵尸程序），从而在控制者和被感染主机之间所形成的一个可一对多控制的网络。Bot 程序是"robot"的缩写，是指实现恶意控制功能的程序代码；僵尸计算机就是被植入 bot 的计算机。[①]工业与信息化产业部颁布的《木马和僵尸网络监测与处置机制》（以下简称《机制》）中对于僵尸网络的定义是，"僵尸网络是指由攻击者通过控制服务器控制的受害计算机群。"当然也有观点认为，僵尸网络（Botnet）是一种从传统恶意代码转化形成的新型攻击方式，它采用多种传播机制，使僵尸程序感染互联网上的大量主机，并通过一对多的命令与控制信道，控制大量僵尸主机（Bot）实现分布式拒绝服务攻击（DDoS）、信息窃取、发送垃圾邮件（Spam）、监听网络流量（SniffingTraffic）、记录键盘（Key logging）、扩散新的恶意软件、点击欺诈（Click Fraud）、操控在线投票和游戏（Manipulatingon – line polls/games）等恶意网络行为。[②] 比较以上定义，前两种标准着眼于僵尸网络的静态特征以及外部表现，将僵尸网络界定为非法控制的计算机网络，第三种定义则着眼于僵尸网络的实际用途，将僵尸网络视为一种新型攻击手段。实际上这两种定义类型没有本质区别，从功能上看，僵尸网络就是一种对他人计算机的非法控制状态；从方式上看，僵尸网络是一种综合了过去传统攻击手段的新型破坏方式。我们可以从以下几个方面来理解僵尸网络：

第一，僵尸网络是借助僵尸程序实现的一个可控制的网络。根据《机制》的定义，木马是指由攻击者安装在受害者计算机上秘密运行并用于窃取信息及远程控制的程序。根据该定义，僵尸程序和木马程序应当是同一事物。但是，僵尸程序和普通的木马程序不同的是，普

---

①　百度百科：僵尸网络，载 http：//baike. baidu. com/view/297306. htm，2012 年 5 月 12 日访问。

②　参见袁春阳、徐娜、王明华：《僵尸网络的类型、危害及防范措施》，载《现代电信科技》2009 年第 4 期。

通的木马程序只能实现木马传播者和受侵害的计算机之间一对一的控制关系，而且侵入者对网络的危害仅限于感染木马程序的计算机；但是僵尸程序却能够通过不断的传播和复制，使所有被侵入的计算机同时被侵入者控制，从而形成一个控制网络。所谓"控制网络"，是就其功能意义而言的，不同于我们通常理解的物理意义上具有拓扑结构的网络。当然，随着僵尸程序的不断扩散或被查杀，组成僵尸网络的计算机数量也在不断的变动中。

第二，僵尸网络是通过僵尸程序采取恶意传播的方式形成的，具体包括发送垃圾邮件、发送欺骗信息、通过下载传播等。另外，僵尸程序自身也能够像病毒和蠕虫程序那样自我复制。僵尸程序在入侵过程中借助了大量社会工程学的手段，以诱骗潜在的受害者安装僵尸程序。比如，用户被提供了一个有趣的视频文件，但是需要再下载一个专门的解码器，最终的结果是，用户下载了相关的文件后仍然没有看到视频文件，但是僵尸程序已经在用户电脑中扎下根来。用户计算机从此成为僵尸网络的一个终端组成部分。[①]

第三，也是僵尸网络的最主要特点，就是可以一对多地执行相同的恶意行为，比如后面介绍的 DDoS 攻击、同时对许多用户发送大量的垃圾邮件。正是这种一对多的控制关系，使得攻击者能够以极低价格高效地控制大量的资源为其服务，这也是僵尸网络攻击模式近年来受到黑客青睐的根本原因。[②] 换言之，僵尸网络与之前网络犯罪模式的显著不同之处在于，它既是一个网络犯罪手段，同时也是网络犯罪的平台。利用该平台，攻击者能够发起各种各样的破坏行为，由于平台的搭建使得这些破坏行为产生聚合，造成比传统破坏行为更大的危害，并且使得攻击的防范难度增大。这种犯罪的平台效应使得僵尸网

---

① Yury Namestnikov. The economics of Botnets，载 http：//www. viruslist. com/en/analysis? pubid＝204792068，2012 年 4 月 9 日访问。

② 参见金双民、郑辉、段海新：《僵尸网络研究概述》，载《中国教育网络》2006 年第 6 期。

络成为有史以来最为严重的网络犯罪形式之一。①

　　2. 僵尸网络的演变及形成过程

　　作为一种较为智能的网络攻击手段，僵尸网络也处于不断的发展和演变过程中。在早期的 IRC 聊天网络中，管理员为了防止频道被滥用，更好地实现管理权限、记录频道事件等一系列功能，编写了智能程序来完成这一系列的服务。于是在 1993 年，在 IRC 聊天网络中出现了 Bot 工具——"Eggdrop"，这是第一个 bot 程序，能够帮助用户方便地使用 IRC 聊天网络。这种 bot 的功能是良性的，是出于服务的目的，然而这个设计思路却为黑客所利用，他们编写出了带有恶意的 Bot 工具，开始对大量的受害主机进行控制，利用他们的资源以达到恶意目标。Botnet 是随着自动智能程序的应用而逐渐发展起来的。上世纪 90 年代末，随着分布式拒绝服务攻击（DDoS）概念的成熟，出现了大量分布式拒绝服务攻击工具（例如 TFN、TFN2K 和 Trinoo 等），攻击者利用这些工具控制大量的被感染主机，发动分布式拒绝服务攻击。而这些被控主机从一定意义上来说已经具有了 Botnet 的雏形。②

　　早在 2003 年，僵尸网络就已经引起了国内外互联网研究人员和网络安全监管者的关注，并对其开展了相关的研究工作。2004 年，我国内地爆发了首起僵尸网络事件，从此僵尸网络正式成为"成熟"的新型互联网安全威胁和犯罪模式。从技术层面讲，僵尸网络的组建大致需要传播、加入和控制三个阶段。传播阶段也就是木马程序侵入计算机系统的过程。一个僵尸网络首先要具备数量不等的被控制计算机，这有赖于木马程序的扩散，通常会采取主动攻击漏洞、邮件病毒、恶意网站脚本、特洛伊木马等多种攻击和传播手段。从这几种传播手段可以看出，在僵尸网络的形成中传播方式与蠕虫病毒以及功能复杂的间谍软件很相近。传播木马程序的过程，也就是侵入他人计算

---

　　① 参见佚名：《僵尸网络成为网络安全最严重危害之一》，载 http：//www. linuxidc. com/Linux/2009 – 05/20083p2. htm，2012 年 4 月 10 日访问。

　　② 参见叶子：《僵尸网络的发展历程及研究现状》，载 http//www. net130. com/CMS/Pub/network/network – manage/2008 – 03 – 10 – 63207. htm，2012 年 4 月 9 日访问。

机信息系统的过程，对于侵入计算机的行为，我国刑法具有相应的处罚依据。而建立僵尸网络的多数木马程序，其目的仅在于传播和控制，其对计算机系统功能的破坏是非常有限的，因此许多木马程序并不属于《刑法》第286条中的"破坏性程序"。在加入阶段，每一个被感染主机都会随着自身隐藏的木马程序的发作而加入到僵尸网络中去。通常攻击者会找到一个主机作为僵尸网络的中继服务器，通过遥控中继服务器来达到对僵尸网络的控制。在控制阶段，攻击者就会通过向中继服务器发出各种指令，来遥控僵尸主机实施各种破坏活动。在我国，被僵尸程序控制的主机还有一个通俗称谓——"肉鸡"，即被侵入的计算机在控制者手中就像任人宰割的肉鸡一样。这一称呼形象地表明了被侵入计算机在僵尸网络中的真实地位。"传播—加入—控制"，是建立僵尸网络的最简单流程。

3. 本案 BotNet 僵尸网络的学理阐释

本案中，被告人徐某利用其编写的 ipxsrv. exe 程序，在互联网上进行传播，先后感染 40000 余台计算机，形成 BotNet 僵尸网络，其所利用的 ipxsrv. exe 僵尸程序与普通的木马程序不同的是，普通的木马程序只能实现木马传播者和受侵害的计算机之间一对一的控制关系，而且侵入者对网络的危害仅限于感染木马程序的计算机；但是僵尸程序却能够通过不断的传播和复制，使所有被侵入的计算机同时被侵入者控制，从而形成一个控制网络。同时，一个僵尸网络首先要具备数量不等的被控制计算机，这有赖于木马程序的扩散，通常会采取主动攻击漏洞、邮件病毒、恶意网站脚本、特洛伊木马等多种攻击和传播手段。本案中，徐某先后利用僵尸程序所感染的 4000 余台计算机正是被僵尸网络所控制的"肉鸡"。因此，从徐某传播 ipxsrv. exe 程序的手段可以看出，本案中所谓在僵尸网络的形成中传播方式与蠕虫病毒以及功能复杂的间谍软件很相近。但是，需要注意的是，建立僵尸网络的多数木马程序，其目的仅在于传播和控制，其对计算机系统功能的破坏是非常有限的，因此许多木马程序并不属于《刑法》第286条中的"破坏性程序"。在加入阶段，每一个被感染主机都会随着自身隐藏的木马程序的发作而加入到僵尸网络中去。因此，今后审理同类案件的过程中，尽管行为人制造僵尸网络的计算机程序可能并不属于刑法所规定的破坏性程序，但只要利用该程序实现了非法控制他人计算机的目的，即可以将其认定为破坏性程序。

二、建立僵尸网络和后续犯罪行为的定性选择

本案中，徐某在利用 ipxsrv. exe 程序先后感染 40000 余台计算机，并形成 BotNet 僵尸网络后，利用该僵尸网络实施攻击北京大吕黄钟电子商务有限公司所属音乐网站（北京飞行网，简称酷乐），致使该公司遭受重大经济损失，并且影响北京电信数据中心皂君庙机房网络设备及用户，造成恶劣的社会影响。河北省唐山市路北区人民法院据此判决徐某构成破坏计算机信息系统罪是正确的。今后司法实践中，对于利用僵尸网络攻击他人计算机信息系统的案件可以借鉴上述判决的依据，但是要明确制造僵尸网络后续行为的差异性。

通过徐某利用僵尸网络破坏计算机信息系统案不难发现，僵尸网络的危害性是巨大的，在司法实践中主要表现在两方面：对内，它可以方便地侵入被控制的僵尸主机，并窃取僵尸主机的上网账号、网游账号和密码、信用卡资料等其他一切可以利用的资源；对外，它可以利用僵尸网络作为平台和跳板，对僵尸网络以外的计算机信息系统和网站实施犯罪活动。僵尸网络的这一特性使得它较之以前的网络犯罪模式具有无与伦比的优越性。在微观的犯罪手段上，僵尸网络并没有明显的飞跃和进步，但是它可以借助自己建立的犯罪平台，将各种犯罪攻击和入侵技术手段进行有机整合，因此，其犯罪聚合产生的破坏作用远远大于单独的网络攻击和入侵行为。僵尸网络不但危害被控制的计算机，还威胁其他众多的计算机信息系统，它的犯罪的"平台效应"才是真正可怕的地方。比如 2007 年冬，一撮黑客控制了全球 26000 个网站，并让访问者在不知情的情况下被转到含有恶意代码的网站；在中国，仅 2008 年 5 月一个月内，国家计算机网络应急技术

处理协调中心就在中国大陆发现了 75967 个僵尸网络对应的客户端。①

僵尸网络的后续操作行为，是指犯罪分子建立僵尸网络后，利用僵尸网络再次实施的操作行为，由于这些行为一般都具有违法、犯罪的性质，因此我们称为后续犯罪行为。后续犯罪行为是僵尸网络盈利的主要来源，也是目前最具破坏性的网络犯罪行为。2009 年 7 月，著名的网络安全服务提供商卡巴斯基在其网站上发表了《僵尸网络的经济效益》（The economics of Botnets）的文章，文章指出，大量的僵尸网络建立的目的只有一个："钱"。僵尸网络的收入来源包括 DDoS 攻击、窃取机密信息（theft of confidential information）发送垃圾邮件、网络钓鱼（phishing）、搜索引擎作弊（SEO）、广告点击欺诈以及传播恶意软件和广告软件（distribution of adware and malicious programs）。上述行为都可以给犯罪分子带来利益，而且可以同时实施这些行为。

DDoS 攻击是威力强大的攻击手段，在网络中时常有人租借僵尸网络实施 DDoS 攻击，到竞争对手那里"砸场子"，5·19 断网事件的起因即是一家私服网站租用 81 台服务器对竞争对手的私人服务器进行 DDoS 攻击，当事人为此花费了 28 万元。目前国内租用一个 G 的流量每小时需要两三千元，与此相对应，建立 20G 的防护动辄需要 500 万元以上，许多互联网企业对此不堪重负。据卡巴斯基估计，2008 年互联网上大约发生了 19 万起 DDoS 攻击，犯罪分子获利约两千万美元。这一数字尚且不包括以攻击为威胁的敲诈收入。②

窃取的个人信息来自于僵尸网络控制的僵尸主机，包括银行账户、个人身份信息、电子邮件地址等。每一个类型的信息在黑市上都有数额不等的价码。而通过网络钓鱼获得的年收入可以达到上百万美元。据卡巴斯基实验室估计，世界上 80% 的垃圾邮件都是通过僵尸网络发送的，在 2008 年，僵尸网络发送垃圾邮件的收入为 7.8 亿美元。

---

① 周永林、王明华：《我国大陆地区数万台计算机被黑客控制成为僵尸网络》，载《信息网络安全》2008 年第 7 期。

② 于志刚：《关于出租、倒卖"僵尸网络"行为的入罪化思路》，载《北京联合大学学报（人文社会科学版）》2009 年第 4 期。

僵尸网络的另一个用途是恶意使用搜索引擎优化（SEO）。网站管理员使用搜索引擎优化（SEO）来提高其网站在搜索结果中的排名，排名越高，就意味着通过搜索引擎访问其网站的用户越多。非法的搜索引擎优化价格是300美元。而由于僵尸网络控制了大量主机，还可以用来传播恶意程序和广告软件。很多提供在线广告服务的公司会为用户安装相应的软件并承担安装的费用。传播恶意程序的网络犯罪分子也使用同样的方法，为每一次恶意软件的安装付费。此外，由于网络广告的费用是按点击量结算的，僵尸网络还可以通过制造虚假点击来欺骗广告公司，从而获得大量的利润。马克思闻名世界的公式"商品—货币—商品"在僵尸网络这里变成了"僵尸网络—货币—僵尸网络"，由此造成了巨大的经济损失。例如2007年4月，北京联众公司托管在上海和石家庄IDC机房的13台服务器遭到大规模拒绝式服务攻击，致使服务器全部瘫痪，在此服务器上运行的网络游戏被迫停止服务，造成的经济损失约3460万元。而根据犯罪学的一般原理，犯罪行为造成的实际损失远远数倍于犯罪分子的实际收益。在中国，据国家计算机网络应急处理中心估计，仅仅一个木马黑色产业链条的年产值就已经超过了2.38亿元，由此造成的损失超过了76亿元。[①] 但是，如果我们把僵尸网络放在木马产业链中时就会发现，单纯的后续犯罪行为以及损失数字还不是问题的全部。

因此，在本案的定性中，一个不得不提及的问题，就是建立僵尸网络的行为，毫无疑问构成了"非法控制计算机信息系统罪"，而操纵僵尸网络攻击系统等后续性操作行为，毫无疑问又构成了"破坏计算机信息系统罪"等罪名，前行为和后续行为之间的关系，会成为此类案件中一个无法回避的问题。应当说，这是一个牵连犯的问题，应当从一重处罚，如果仅仅是在本案中涉及的两个罪名即"非法控制计算机信息系统罪"和"破坏计算机信息系统罪"之间进行选择，当然

---

① 佚名：《巨大经济利益助长黑客猖狂》，载 http://www.hack371.com/news/8183.html，2012年6月8日访问。

应当构成"破坏计算机信息系统罪"。

三、无法回避的问题：出租、倒卖僵尸网络行为的定性思路

客观地讲，作为一个孤立个案的僵尸网络犯罪也许没有那么复杂的产业流程，但是总体而言，涉及僵尸网络犯罪的产业化程度已经到了令人瞠目结舌的地步。僵尸网络的主要危害体现在后续犯罪行为的操作上，很明显，以经济利益驱动的犯罪行为其主观恶性和客观危害都要大于恶作剧式的网络犯罪，因为在这类犯罪中犯罪分子更有发挥自己"聪明才智"的积极性和主动性。木马产业链下的僵尸网络犯罪则预示着存在网络共同犯罪的可能。应当说，僵尸网络的严重社会危害性已经引起了立法者的关注。2009 年 2 月 28 日通过的《刑法修正案（七）》第 9 条规定，在《刑法》第 285 条中增加两款作为第 2 款、第 3 款："违反国家规定，侵入前款规定以外的计算机信息系统或者采用其他技术手段，获取该计算机信息系统中存储、处理或者传输的数据，或者对该计算机信息系统实施非法控制，情节严重的，处三年以下有期徒刑或者拘役，并处或者单处罚金；情节特别严重的，处三年以上七年以下有期徒刑，并处罚金。""提供专门用于侵入、非法控制计算机信息系统的程序、工具，或者明知他人实施侵入、非法控制计算机信息系统的违法犯罪行为而为其提供程序、工具，情节严重的，依照前款的规定处罚。"结合《刑法》原第 285 条和第 286 条的规定，制作并提供木马的行为、用木马侵入计算机信息系统的行为、控制计算机信息系统的行为以及利用被控制的计算机从事攻击他人计算机系统、侵入他人计算机系统的行为都可以获得刑法的评价，而前文介绍的"提供漏洞"、"提供流量"的行为一般情况下也可以作为共犯的帮助行为进行处罚。应当说，《刑法修正案（七）》的颁布在一定程度上严密了网络犯罪的刑事法网，但是立法者还是忽略了木马产业链的中间环节，即出租、倒卖僵尸网络的行为。面对此类危害巨大的行为，司法者不能轻易以没有立法依据为由而放弃处罚，然而这

里的疑问是，在新的立法尚未出台前，能否使用扩张解释的方式来作为打击出租、倒卖僵尸网络的权宜之计？

（一）尝试性方案：掩饰、隐瞒犯罪所得、犯罪所得收益罪的扩张适用

面对技术普及与技术扩张日益产生的技术扭曲适用，传统的罪名确实存在着滞后感，毕竟罪名的设置多数情况下是个案经验积累与总结的结果。因此，重视对既有的传统罪名的学理解释，扩展传统罪名的适用范围，可能是面对网络空间中新型犯罪行为的一种方式，也是防治"无法"空间过大的方式之一。虽然临时的学理解释可能有所不妥，但是，只要避免陷入类推的范畴，学理解释及其引发的有效司法解释，对于滞后的刑事立法，往往是有帮助的，至少会避免刑法真空的出现或者扩大。① 在僵尸网络中，如前所述，出租、倒卖僵尸网络类似于传统行业的物流环节，"木马侵入→建立僵尸网络→转卖（租）僵尸网络"这一远程与传统犯罪中"前犯罪行为（盗窃、抢劫等）→产生赃物→赃物的处理"的流程具有很大相似性，因此通过掩饰、隐瞒犯罪所得、犯罪所得收益罪的扩张适用来打击出租、倒卖僵尸网络的行为或许不失为现行刑法框架下的一条可行路径。

刑法第312条规定了掩饰、隐瞒犯罪所得、犯罪所得收益罪。从一定意义上讲，出租、倒卖僵尸网络，无论是收购后继续倒卖的，还是收购后自己使用或者租借给他人使用的，无论是从僵尸网络控制者手中直接收购的，还是从僵尸网络的职业贩子手中收购的，都符合掩饰、隐瞒犯罪所得、犯罪所得收益罪的客观行为方式。至于主观方面的明知因素也不难证明，因而以掩饰、隐瞒犯罪所得、犯罪所得收益罪惩处倒卖、出租僵尸网络的关键，在于僵尸网络是否是本罪的犯罪对象。

1997年刑法修订时，该罪的犯罪对象被设定为"赃物"，《刑法修正案（六）》将该罪的犯罪对象扩大为"犯罪所得及其产生的收

---

① 于志刚：《虚拟空间中的刑法理论》，中国方正出版社2003年版，第17页。

益"。对于何为犯罪所得，理论上有不同的理解。一种观点认为，"犯罪所得，即从被害人处非法取得的物品，例如盗窃、诈骗的财物等，是犯罪分子实施犯罪行为追求的目的物。用于犯罪的工具、物品，如杀人的凶器、撬门别锁的工具、运送走私物品的车船等，不是赃物。"① 即把犯罪所得仅限于具有物理存在形式的物品。另一种意见认为，窝藏、转移、收购和代为销售的"犯罪所得"通常都是有形的财物，不包括财产性利益。但是，如果是具有有形载体的财产性利益，例如证券、支票等，则可以对其予以窝藏、转移、收购或代为销售，此时应当属于"犯罪所得"的范围；相反，如果是不具有有形载体的财产性利益，例如提供旅游或出国的机会等，由于不能被窝藏、转移、收购或代为销售，故不能成为赃物犯罪的对象。② 笔者认为，从《刑法修正案（六）》对该罪的修改来看，立法上是倾向于扩大该罪的犯罪对象的，从司法实践的现实需要出发，可以对本罪的"赃物"做广义的理解，但对于没有有形载体的财产性利益乃至非财产性利益，虽然有在立法上予以保护的必要，但是不占有空间，也无法被感官感知，其窝藏、转移的方式和有形财产截然不同，因而目前不宜将之纳入到赃物犯罪的对象中。不过，随着科技的发展，对于具有有形载体的财产性利益，完全可以实现与有形财产同样的控制方式，因此应当将具有有形载体的财产性利益作为掩饰、隐瞒犯罪所得、犯罪所得收益罪的犯罪对象，也就是赃物的一种表现形式。

以此为出发点，僵尸网络可以视为一种赃物。僵尸网络能够出租、转卖，表明其具有财产利益，即使该价值不被法律承认、不受法律保护，其客观价值性却是不容否定的。僵尸网络不是物理性的网络拓扑结构，出租、倒卖僵尸网络也不是出租、倒卖真实的计算机系统，它出租、倒卖的是对不特定数量的计算机系统进行操作的权利，

---

① 王作富：《刑法分则实务研究（下）》，中国方正出版社 2007 年版，第 1388－1389 页。

② 张阳：《对"窝藏、转移、收购、销售赃物罪"的再认识》，载《吉林公安高等专科学校学报》2005 年第 5 期。

但该权利毕竟附着于僵尸主机上，因此，将僵尸网络视为物化的权利也未尝不可。在没有更明确的法律依据之前，司法实践中可以考虑用掩饰、隐瞒犯罪所得、犯罪所得收益罪处罚倒卖、出租僵尸网络的行为。

（二）不可否认的缺陷：扩张解释的矛盾与不足

通过对"赃物"扩张解释的方式来满足打击出租、倒卖僵尸网络的行为，只是一种权宜之计。扩张解释仍然面临着一些无法回避的问题：其一，僵尸网络虽然可以视为一种物化的权利，但是它和有价证券这种典型的物化权利却有所不同，后者中载体是权利的形式，权利是载体的内容，而僵尸网络和僵尸主机不是内容和形式的关系。其二，掩饰、隐瞒犯罪所得、犯罪所得收益罪中的赃物是犯罪所得之物，不能是犯罪所用之物（工具），也不能是犯罪所生之物，对此理论上的观点比较统一。却僵尸网络比较特殊：它是犯罪分子积极追求的结果，因而可以视为犯罪所得之物；犯罪分子控制僵尸网络的目的在于实施后续犯罪行为，是犯罪的手段，因而也是犯罪所用之物；僵尸网络不是自始就存在的，它是犯罪分子在他人计算机基础上建立的，因而也是犯罪所生之物。僵尸网络是犯罪制造物、犯罪追究物和犯罪所用物的统一体，这必将大大削弱其作为"犯罪所得"的性质。甚至在一定程度上讲，僵尸网络是木马侵入行为造成的客观后果，是犯罪损害的一种表现，犯罪的危害后果与犯罪所得并非一回事，僵尸网络既非犯罪所得，更非犯罪所得收益；其三，僵尸网络实际上代表了木马侵入者对计算机终端的控制关系，僵尸网络控制者出租、转卖的不是网络本身而是网络的控制权以及该控制权派生的利益，该控制权不具有独占性和排他性，它无法剥夺僵尸主机的用户对电脑的物理占有和处分，不妨得用户本人对电脑的正常使用，在不实施其他操作的情况下也不耗费用户的网络资源。换句话说，用户资源是可以分割使用的，这与赃物犯罪中对赃物犯罪的独占性不可同日而语。

（三）司法解释最终采纳的思路：以赃物犯罪论处

尽管在司法解释的制定过程中，笔者多次指出，按照刑法第312条规定的掩饰、隐瞒犯罪所得、犯罪所得收益罪制裁出租、出售和出让僵尸网络的行为略有不妥，必要时，应当按照"非法控制计算机信息系统罪"追究出租、出售和出让行为，但是，此种处置模式只能有效地制裁那些亲自建立僵尸网络或者已经实际接手僵尸网络的行为，这一点，在前面"非法控制计算机信息系统罪"一章中，已经充分探讨。但是，在网络犯罪产业化的趋势下，没有接手僵尸网络的人在产业链上也是大量存在的，他们是职业的或者偶尔出现的中介者，在交易的过程中，没有实际地控制过僵尸网络，却实际参与了僵尸网络的收购、出售、出租等行为，对于此类行为的实施者，按照"非法控制计算机信息系统罪"就根本无法追究。

因此，尽管对于出租、出售、出让、收购僵尸网络的行为按照刑法第 312 条规定的掩饰、隐瞒犯罪所得、犯罪所得收益罪定性有一些理论上的瑕疵，但是，在司法解释的最终公布稿之中，还是采纳了此种处理模式，也开创了中国刑法理论和实践中"财物"的全新解释空间：数据和控制权，都是财物的范畴，都可以作为赃物存在。

根据最高人民法院相关负责人的答记者问，由于收购、代为销售或者以其他方法掩饰、隐瞒计算机信息系统数据、控制权的行为已经泛滥，甚至形成了大规模的网上交易平台。为严厉打击这一行为，司法解释规定，明知是非法获取计算机信息系统数据犯罪所获取的数据、非法控制计算机信息系统犯罪所获取的计算机信息系统控制权，而予以转移、收购、代为销售或者以其他方法掩饰、隐瞒的，以掩饰、隐瞒犯罪所得罪定罪处罚。"两高"研究室负责人表示，计算机信息系统数据和控制权是一种无形物，属于"犯罪所得"的范畴，理应成为掩饰、隐瞒犯罪所得罪的对象。从刑法体系看，刑法第 312 条的掩饰、隐瞒犯罪所得罪的上游犯罪应该涵盖第 191 条洗钱罪规定的上游犯罪以外的所有犯罪，理应适用于第 285 条、第 286 条规定的危害计算机信息系统安全犯罪。[1]

---

[1] 参见袁定波、卢杰：《"两高"有关负责人解读危害计算机信息系统安全犯罪司法解释，盗取 10 组网银身份信息即入罪》，载《法制日报》2011 年 8 月 30 日。

　　基于以上考虑，2011 年最高人民法院、最高人民检察院《关于办理危害计算机信息系统安全刑事案件应用法律若干问题的解释》第 7 条规定："明知是非法获取计算机信息系统数据犯罪所获取的数据、非法控制计算机信息系统犯罪所获取的计算机信息系统控制权，而予以转移、收购、代为销售或者以其他方法掩饰、隐瞒，违法所得五千元以上的，应当依照刑法第三百一十二条第一款的规定，以掩饰、隐瞒犯罪所得罪定罪处罚。"同时，实施以上行为，违法所得 50000 元以上的，应当认定为刑法第 312 条第 1 款规定的"情节严重"。

　　应当注意的是，尽管刑法第 312 条规定的掩饰、隐瞒犯罪所得、犯罪所得收益罪没有规定单位犯罪的情况，但是，上述司法解释仍然规定，单位实施第 1 款规定行为的，定罪量刑标准，参照自然人犯罪的标准执行。也就是说，在计算机犯罪的司法解释中，已经率先承认了单位犯罪不是一种犯罪主体，而是一种犯罪形式，在刑法典关于具体罪名的法定刑设置中没有规定单位犯罪的情况下，仍然可以认定单位犯罪是一种犯罪形式，只是直接追究单位中两类直接责任人员的刑事责任即可。

第十三章 破坏计算机信息系统罪（五）："后果严重"的判定

[典型判例] 罗某破坏计算机信息系统案

案由：破坏计算机信息系统

基本案情：被告人罗某于 2002 年 5 月 18 日，利用其事先从客户端 SQLSERVER 企业管理器获取的江苏省普通高中会考办公室 FTP 站点服务器的 IP 地址、账号、用户名及密码，从苏州市第十中学计算机学校信息中心办公室其个人使用的计算机上，先后两次使用 Leapftp 软件非法登陆江苏省中小学生信息技术等级考试网站（江苏省普通高中会考办公室专用服务器），执行删除文件命令，删除了 100 个 RST 文件（江苏省中小学生信息技术等级考试考生成绩文件），造成 85 所学校 9991 名考生的成绩被删除。后经江苏省普通高中会考办公室组织各考点将备份文件重新上传，方将数据恢复。

判案理由：苏州市沧浪区人民法院经审理认为：被告人罗某违反国家规定，对计算机信息系统中存储、处理的数据进行删除，后果严重，其行为已构成破坏计算机信息系统罪。公诉机关指控被告人罗某犯破坏计算机信息系统罪的事实清楚，证据确实、充分，指控的罪名正确，予以支持。关于辩护人提出的无罪辩护意见，经查，被告人罗某作为计算机专职教师，主观上明知自己的行为会造成文件删除的后果，客观上仍实施了非法登陆江苏省中小学生信息技术等级考试网站和删除文件的行为，并造成 9991 名考生成绩被删除的严重后果，符合破坏计算机信息系统罪的构成要件，因此该辩护意见不予采纳。鉴于被告人罗某认罪态度较好，酌情予以从轻处罚。

定案结论：苏州市沧浪区人民法院认定被告人罗某犯破坏计算机信息系统罪，判处有期徒刑 6 个月，缓刑 1 年。①

[**学理简析**] 本案行为人罗某利用其事先从客户端 SQLSERVER 企业管理器获取的江苏省普通高中会考办公室 FTP 站点服务器的 IP 地址、账号、用户名及密码，从苏州市第十中学计算机学校信息中心办公室其个人使用的计算机上，先后两次使用 Leapftp 软件非法登陆江苏省中小学生信息技术等级考试网站（江苏省普通高中会考办公室专用服务器），执行删除文件命令，删除了 100 个 RST 文件（江苏省中小学生信息技术等级考试考生成绩文件），造成 85 所学校 9991 名考生的成绩被删除。后经江苏省普通高中会考办公室组织各考点将备份文件重新上传，方将数据恢复。苏州市沧浪区人民法院判处被告人罗某犯破坏计算机信息系统罪。罗某的辩护人曾辩护称被告人罗某的行为并未造成严重后果，因此不应定罪，本章结合这一案件，主要探讨破坏计算机信息系统罪的入罪标准的认定，对于本罪名成立是否需要具备结果要素进行学理性阐释。

一、"严重后果"须与危害行为之间存在必然的因果关系

根据《刑法》第 286 条第 1 款规定，违反国家规定，对计算机信息系统功能进行删除、修改、增加、干扰，造成计算机信息系统不能正常运行，后果严重的行为构成破坏计算机信息系统罪；第 2 款规定，违反国家规定，对计算机信息系统中存储、处理或者传输的数据和应用程序进行删除、修改、增加的操作，后果严重的，依照前款的规定处罚。据此，本案的争论焦点是罗某的行为是否属于"后果严

---

① 案例内容参见：江苏省苏州市沧浪区人民法院刑事判决书（2002）沧刑初字第 254 号。

重"的行为。罗某及其辩护人主张虽然罗某违反国家规定，对江苏省中小学生信息技术等级考试考生成绩文件进行了删除，但并没有造成江苏省中小学生信息技术等级考试网站的正常运行，而且由于已有数据备份，考上数据经上传后均得到恢复，故而本案最终也没有产生任何的实际损害后果。因此，罗某及其辩护人认为罗某行为未造成严重后果，不构成破坏计算机信息系统罪。另一方面，公诉机关则认为罗某对非法侵入江苏省中小学生信息技术等级考试网站的行为对该计算机信息系统安全造成了潜在威胁，而且罗某实际上也实施了删除考生信息文件的行为，造成全省将近 30 万名考生考试信息系统关闭了一定时间，已经造成严重后果，罗某删除考生信息的行为与考试信息系统被破坏的危害后果存在直接的因果关系。

概言之，在确定危害后果范围之前，必须明确行为人实施的对计算机信息系统中存储、处理或者传输的数据和应用程序进行删除、修改、增加的操作行为与危害后果之间存在必然的因果关系，这应成为确定行为人造成的危害后果范围的首要前提。对于如何确定二者之间的因果关系，刑法没有做出明确的规定，目前在理论界"必然因果关系"说成为主流观点，这在司法解释中也有所体现。例如，最高人民法院《关于刑事附带民事诉讼范围问题的规定》第 2 条指出，被害人因犯罪行为遭受的物质损失，是指被害人因犯罪行为已经遭受的实际损失和必然遭受的损失，这说明计算犯罪行为造成的物质损失只限于和危害行为存在必然因果关系的范围之内。[①] 同理不难理解，确定犯罪危害后果的范围，也应以其与危害行为之间存在必然因果关系为限。

二、对于"后果严重"的判定标准

根据《刑法》第 286 条规定，无论是对计算机信息系统功能进行

---

① 参见邱爽、张红：《破坏商业计算机信息系统如何认定后果严重》，载《法制日报》2008 年 2 月 13 日。

删除、修改、增加、干扰，还是对计算机信息系统中存储、处理或者传输的数据和应用程序进行删除、修改、增加的操作，在构成犯罪上均要具备"后果严重"。因此，如何认定上述行为"后果严重"成为划分本罪罪与非罪的标准和界限。

破坏计算机信息系统罪作为刑法理论中的结果犯，即行为人实施的危害行为必须达到一定的犯罪后果才构成犯罪。此处的"后果严重"不再是量刑的评价标准，而是已经成为犯罪构成要件的一部分。笔者认为，确定破坏计算机信息系统犯罪后果的严重性，可以参照行为人所破坏的计算机信息系统功能的性质、作用和影响，以及危害行为对计算机信息系统破坏性的大小、造成的实际财产损失、因计算机信息系统被破坏所造成的重大社会影响等情况。例如，立法根据计算机信息系统的重要性设置了不同的保护层级，侵害的计算机信息系统对象体现了行为对社会关系造成破坏的性质，应成为确定危害后果是否严重的主要参考标准之一。根据全国人民代表大会常务委员会《关于维护互联网安全的决定》的有关规定，可以发现涉及国家事务、国防建设、尖端科学技术领域的计算机信息系统无疑成为最为重要的保护对象，对于此类计算机信息系统的侵入都构成犯罪，那么对计算机信息系统功能进行删除、修改、增加、干扰更属于后果严重的犯罪。

1."后果严重"的客观标准

根据 2011 年最高人民法院、最高人民检察院《关于办理危害计算机信息系统安全刑事案件应用法律若干问题的解释》第 4 条的规定，破坏计算机信息系统功能、数据或者应用程序，具有下列情形之一的，应当认定为《刑法》第 286 条第 1 款和第 2 款规定的"后果严重"：（1）造成 10 台以上计算机信息系统的主要软件或者硬件不能正常运行的；（2）对 20 台以上计算机信息系统中存储、处理或者传输的数据进行删除、修改、增加操作的；（3）违法所得 5000 元以上或者造成经济损失 10000 元以上的；（4）造成为 100 台以上计算机信息系统提供域名解析、身份认证、计费等基础服务或者为 10000 以上用户提供服务的计算机信息系统不能正常运行累计 1 小时以上的；（5）

造成其他严重后果的。

同时，司法解释还规定，实施破坏计算机信息系统功能、数据和应用程序的行为，具有下列情形之一的，应当认定为破坏计算机信息系统"后果特别严重"：（1）数量或者数额达到前述第（1）项至第（3）项规定标准5倍以上的；（2）造成为500台以上计算机信息系统提供域名解析、身份认证、计费等基础服务或者为50000以上用户提供服务的计算机信息系统不能正常运行累计1小时以上的；（3）破坏国家机关或者金融、电信、交通、教育、医疗、能源等领域提供公共服务的计算机信息系统的功能、数据或者应用程序，致使生产、生活受到严重影响或者造成恶劣社会影响的；（4）造成其他特别严重后果的。

2. "后果严重"和事后恢复之间的关系

计算机犯罪的后果严重的评判即使有了客观的标准，但是，由于网络的虚拟性，使得一些严重的犯罪后果也难以根据现有经济价值标准来衡量。上述司法解释确立了客观上的次数标准、台数标准和破坏领域的标准等。但是，本案中引起争议的问题是，"后果严重"是临时性的破坏后果，还是包括可恢复的破坏后果。

本案中，罗某及其辩护人主张的罗某只是对江苏省中小学生信息技术等级考试的考生成绩文件进行了删除，并没有造成江苏省中小学生信息技术等级考试网站无法运行，而且由于已有数据备份，考生数据经上传后均得到恢复，故而本案最终也没有产生任何的实际损害后果。这种观点完全是狡辩之词：犯罪的危害性和可恢复之间，本来就不是一个层面的问题。如果说将他人的四肢砍下来之后，由于现代医学技术的进步，医生可以将四肢接好，就不认定为重伤，肯定是无法让人接受的。"删除数据"行为的犯罪构成标准，本来就没有要求将实际损失数额作为唯一标准，而是多种标准，因此，只从现实经济角度来强调客观上造成的直接经济损失尚不构成后果严重，是不妥当的。

此案需要明确的是，罗其所删除的计算机信息系统数据是属于江苏省中小学生信息技术等级考试网站的考生信息，其侵犯对象关系到广大考生的切实利益和信息安全，侵犯对象的性质和影响不言而喻。而且罗某这种删除考生数据的行为，潜在威胁是巨大的，如果没有信息备份的话，其行为必将造成严重的危害后果。因此，本案中罗某攻击考试网站，删除考生信息的行为已经符合破坏计算机信息系统犯罪的"后果严重"，法院的判决也是正确的。

下编　利用网络实施的犯罪

第十四章　利用互联网颠覆国家政权的行为

[典型判例]　黄某某颠覆国家政权案

案由：颠覆国家政权

基本案情：黄某某在境外"博讯"新闻网站上以"清水君"之名组织、策划成立"中华爱国民主党"，同时在互联网上发表了《中华爱国民主党章》、《颠覆无罪、民主有理》、《珍惜经济成就，共建大中华——CPDP 中华爱国民主党成立宣言》、《建立爱民根据地政府》等大量文章，攻击中国共产党和政府，意欲推翻现行政权和人民民主专政制度，建立"爱民"根据地。并以"中华爱国民主党"的名义招募沈某、高某、闫某等数名预备党员，唆使他们成立"中华爱国民主党"支部，发展党员，散发传单，宣传"中华爱国民主党"。此外，被告人黄某某还亲自向孙某等人散发印有"中华爱国民主党"创办人"清水君"的名片，宣传"中华爱国民主党"，意图发展党员。

判案理由：江苏省常州市中级人民法院经审理认为，被告人黄某某无视国法，以"中华爱国民主党"筹委会负责人的身份，在互联网上发表大量反动文章，发展党员，组织、策划、实施颠覆国家政权，推翻我国社会主义制度，其行为已构成颠覆国家政权罪，且罪行重大，依法应予惩处。江苏省常州市人民检察院指控被告人黄某某犯颠覆国家政权罪的事实清楚，证据确实、充分，定性准确。被告人黄某某及其辩护人认为黄某某网上筹建政党、发表文章，属于依法行使宪法赋予的结社自由权、言论自由权，黄某某的行为不构成犯罪。经查，结社自由权、言论自由权是宪法赋予我国公民的一项政治权利，但宪法也明确规定，公民在行使该权利时，不得损害国家利益和安全，被告人黄某某利用筹组政党、发表文章、招募党员等方式实施颠覆国家政权的活动，危害了国家安全，其行为符合颠覆国家政权罪的构成要件，故被告人及其辩护人的辩解及辩护意见不成立。

定案结论：江苏省常州市中级人民法院认定：1. 被告人黄某某犯颠覆国家政权罪，判处有期徒刑 12 年（刑期从判决执行之日起计算，判决执行以前先行羁押的，羁押 1 日折抵刑期 1 日，即自 2003 年 9 月 14 日起至 2015 年 9 月 13 日止），剥夺政治权利 4 年。2. 查获供犯罪使用的名片等物品，予以没收。①

[**学理简析**] 本案中的黄某某在互联网上创建网站，并发表多篇具有煽动颠覆国家政权，推翻社会主义制度的反动文章，以供网民浏览、下载，社会危害性极大，是一起典型的利用互联网实施犯罪的案件。被告人黄某某在境外"博讯"新闻网站上以"清水君"之名组织、策划成立"中华爱国民主党"，同时在互联网上发表了《中华爱国民主党章》、《颠覆无罪、民主有理》、《珍惜经济成就，共建大中华——CPDP 中华爱国民主党成立宣言》、《建立爱民根据地政府》等大量文章，攻击中国共产党和政府，意欲推翻现行政权和人民民主专政制度，建立"爱民"根据地。鉴于被告人黄某某主观上均具有颠覆国家政权、推翻社会主义制度的目的，客观上通过在境外网站多次发表攻击中国政府的文章，而且通过在互联网上发表由其亲自制定的《中华爱国民主党党章》（征求意见稿），该党章在总则中确定："中华爱国民主党"的短、中、长期目标是"意志坚决地反对和揭露集团的黑暗势力和垄断制度"，"深刻批判和反思独裁集团祸国殃民的罪行"，最终"建立大中华民主联盟"。黄某某的行为构成颠覆国家政权罪，江苏省常州市中级人民法院的定性是正确的。

---

① 本案例内容参见：江苏省高级人民法院裁定书（2004）苏刑终字第 309 号。

一、利用互联网颠覆国家政权行为的定性

本案中，网络作为行为人实施颠覆国家政权行为的工具，使得该犯罪行为的实施变得更加方便，利用互联网煽动颠覆国家政权或者颠覆国家政权属于典型的利用互联网实施的危害国家安全犯罪。对本案定性的争议主要在于，本案是应当被认定为煽动颠覆国家政权罪还是被认定为颠覆国家政权罪？颠覆国家政权罪和煽动颠覆国家政权罪在犯罪主体和主观方面均相同，它们区别的关键是犯罪客观方面不同。颠覆国家政权罪的行为人进行了组织、策划、实施颠覆国家政权、推翻社会主义制度的行为；煽动颠覆国家政权罪的客观方面则表现为造谣、诽谤或者用其他方法煽动颠覆国家政权的行为。

1. 黄某某案能否定性为颠覆国家政权罪

本案中，黄某某利用互联网实施的颠覆行为融入了网络因素，而网络的开放性、交互性和时空性使得黄某所实施的犯罪行为之社会危害性被放大，已经符合了颠覆国家政权罪的构成要件。源于网络的平台效应，即使某个网络犯罪行为与传统犯罪别无二致，它的社会危害性仍可能发生根本性变化。尤其是对于诸如本案中的颠覆国家政权罪、煽动颠覆国家政权罪而言，它的社会危害性被网络予以复制、聚焦、扩散，危害性更加巨大。详言之，网络空间不存在传统空间的时空概念，在理论上可以无限延展，蕴含其中的信息可以快速和无限制地传播和复制。这种特性导致了本案利用网络实施颠覆国家政权犯罪的社会危害性的复制和放大，对于诸如黄某某此类行为一旦移植到网络中便可能产生令人瞠目的结果。

网络对于颠覆国家政权犯罪社会危害性的复制放大，体现在横向和纵向两个方面。（1）横向复制性，例如颠覆国家政权言论的网络传播。传统空间的诽谤言论、颠覆言论附着于一定物质载体，物质载体本身存在成本，因此颠覆国家政权行为的危害性无论多么巨大，客观上总是有一个有限的限度。颠覆国家政权行为在网络空间中予以实施，网络本身的传播形态和独特的载体形式，使犯罪行为的传播挣脱

了物质载体束缚，黄某的"党章"等"作品"在网络上可能仅仅占用微不足道的存储空间，但是在传播上却没有任何物理局限，因而利用网络实施的颠覆国家政权犯罪的危害性与传统犯罪不可同日而语。（2）纵向上的复制性，体现为犯罪总量的激增。网络空间的存在，使得传统颠覆国家政权犯罪由"现实空间"一个发生平台增加为"现实空间"和"网络空间"两个平台，使犯罪在整体上获得了更多犯罪资源，降低了颠覆国家政权犯罪的门槛和难度。具体表现为：其一，犯罪行为可以影响的空间无限扩大，犯罪行为存续的空间无限扩大。网络空间为犯罪提供了新的资源和空间，除了原有现实平台之外，一个具体犯罪行为既可以是全部犯罪过程都发生于网络空间，也可以同时跨越网络空间和现实社会两个平台。同时，传统空间资源是有限，存在着对犯罪有形与无形的各种束缚，而理论上网络资源无限、可再生，网络平台客观上使犯罪行为获得了更为充裕的犯罪资源和空间。既然网络行为和信息可以无限复制，那么网络犯罪的危害性也就具有了可复制性。其二，感受到犯罪行为存在的人数无限扩张，可能参与犯罪的人群也大量增加。"互联网2.0"时代人与系统的互动、人与人的互动成为主要特点，在这一背景之下，陌生人在网络空间中偶遇和共谋，在现实社会或者网络空间中进一步相互配合而实施共同犯罪的现象大量出现，客观上直接导致共同犯罪的整体数量增加。黄某某的犯罪行为利用网络实施，可以使其犯罪行为的影响力和影响范围无限扩大，从而使颠覆国家政权罪的破坏性更为广泛，可能在网络上知晓甚至是参与犯罪的人群范围也在增加。

如同磁铁一样，网络对信息具有"吸取"和"聚拢"功能，聚拢的功能就是网络链接功能，吸收的力量就是设置链接的强度大小。这就使得诸如本案中黄某某所在网上传播的颠覆国家政权言论，其社会影响性被无限放大。因此，无论是典型共犯还是片面共犯，都已经不可能真实反映链接行为的社会危害性，必须将链接行为的刑法评价机制独立化。网络的聚焦作用还有另一种表现形式：快速聚拢社会公众原本分散的注意力，将其集中投射在某一具体行为或者事件上，从而导致犯罪的"恶劣"影响或者其中的"同情因素"被快速放大。具体到本案中，黄某某在网络发表《颠覆无罪、民主有理》、《珍惜经济成就，共建伟大中华——CPDP 中华爱国民主党成立宣言》等大量文章，这就使其方便快捷的将颠覆国家政权言论传播给无法统计的网络用户，通过这一传播途径和网络犯罪手段，同时还可能激起其他人颠覆国家政权的欲望，进而通过互联网联合起来共同实施颠覆国家政权的犯罪行为。由此可见，网络的交互性和聚拢性使得犯罪行为人实施颠覆国家政权犯罪更加快速便捷，后果也会比使用传统犯罪方法更加严重。因此，'交互性"和"扩散性"如同一个硬币的正反两面，共存于利用网络实施的颠覆国家政权犯罪中。危害性的网络聚焦性要求刑法打击点后置，即将干预重点由前一个初始行为转向后续行为；而危害性的扩散性则迫使刑法打击点前移，在犯罪的社会危害性未及充分发散前将其消灭于无形。无论是打击点的前移还是后置，都体现一个思路：传统颠覆国家政权犯罪的网络变异影响着刑法的打击策略，犯罪的社会危害性发生改变，刑法规则的切入点必须相应转变。江苏省常州市中级人民法院对本案定性为颠覆国家政权罪是正确的。黄某的行为不是在煽动他人颠覆国家政权，而是在组织他人一起颠覆国家政权，因此，应当定性为颠覆国家政权罪。

2. 黄某某案颠覆国家政权罪与非罪的认定

需要强调的是，颠覆国家政权罪是故意犯罪，且具有明确的危害国家安全和利益的目的，这是构成本罪的基本条件。同时，颠覆国家政权罪是行为犯，只要被害人实施了颠覆行为，无论其行为是否得逞或者是否造成严重后果均构成本罪。本案中，黄某某及其辩护人辩称黄某某网上筹建政党，发表文章，属于依法行使宪法赋予的结社自由权、言论自由权。事实上，言论自由与结社自由权的行使并不是没有限度的，黄某某在网络空间中攻击我国的政治制度，提出"三权分立，双重首长制"，建立"强大的政治替代组织"及"爱民"根据地，最终实现"大中华民主联盟"的政治目标，这一行为已经不再是言论自由权的行使，其主观上具备了颠覆国家政权的故意，客观上实施了上述颠覆国家政权的行为，已经构成颠覆国家政权罪。

二、利用互联网颠覆国家政权案中的电子证据问题

一般来讲，利用网络实施的犯罪其犯罪手段往往比较隐蔽，而且犯罪证据极易灭失，这就更加大了办理网络犯罪案件的取证难度。网络犯罪证据又称电子证据，主要指在行为人利用网络实施犯罪过程中，计算机系统或计算机本身所产生的记录。电子证据与传统犯罪中的证据相比，更加容易被删除篡改，因此，确定电子证据就成为认定网络犯罪的关键因素。

本案中，黄某某颠覆国家政权犯罪主要的证据均属于电子证据，这对于今后较难取证的网络犯罪的司法实践有着一定的借鉴意义。尽管属于互联网证据，但仍须遵循证据审查程序，对于证据的合法性，例如，对于互联网证据应当考虑证据来源、形成时间、地点等因素，并对于电子证据的储存介质进行审查。此外，对于电子证据的客观性尽管难以证明，但这不应成为司法的障碍，根据网络空间中的 IP 地址、域名、上网账号、互联网地址等均可以成为确定犯罪行为人的相关犯罪行为的证据。今后司法实践中，应当对关涉犯罪主体、犯罪主体与犯罪行为之间因果关系的证据尤其予以关注。

第十五章 通过破坏计算机信息系统操纵证券交易价格

[典型判例] 赵某操纵证券交易价格案

案由： 操纵证券交易价格

基本案情： 被告人赵某为拉高在上海证券交易所挂牌上市的"兴业房产"和"莲花味精"两种股票的价格以使本人及朋友所持有的这两种股票得以抛售赢利，窜至三亚中亚信托投资公司上海新闸路证券交易营业部营业厅，乘股市午间休市之机，通过小厅内的电脑终端非法侵入该证券营业部的计算机信息系统，利用所掌握的证券行业电脑操作技术，对待发送的委托数据记录进行修改，将其中的五条记录内容分别改为以当日的涨停价位每股 10.93 元买入"兴业房产"共计 198.95 万股，以每股 12.98 元买入"莲花味精"共计 298.98 万股。赵某修改完毕后，立即通过电话委托抛售其本人持有的 7800 股"兴业房产"股票。当日 13 时股市开盘，上述修改过的委托数据被发送至上海证券交易所，造成"兴业房产"和"莲花味精"两种股票价格被拉至涨停价位。赵某抛售的"兴业房产"和赵某事先通知其朋友抛售的"莲花味精"股票均得以涨停价成交。由于被告人修改了委托数据，致使三亚中亚信托投资公司上海新闸路证券交易营业部遭受损失人民币 295 万余元。

判案理由： 被告人赵某身为证券行业从业人员，理当执行证券管理制度、维护证券交易秩序，但其为了使自己和朋友能获取非法利益，利用修改计算机信息系统存储数据的方法，人为操纵股票价格，扰乱股市交易秩序，造成三亚中亚上证公司巨大经济损失。被告人赵某非法侵入他人计算机信息系统，修改他人计算机信息系统中存储的数据，客观上致使他人计算机信息系统受到破坏，但从其追求的犯罪目的、采用的手段以及行为侵犯的客体和对象考虑，符合操纵证券交易价格罪的特征，且情节严重。故检察机关指控被告人的犯罪成立，被告人赵某的行为已构成操纵证券交易价格罪，依法应予惩处。

在本案中，股民高某因受被告人赵某的示意而买进数万股"莲花味精"股票，并且在开盘前以涨停价格委托抛出。高的委托价格与开盘后出现的涨停价位相符，因此，高某关于被告人告诉其"莲花味精"会涨停，要其买进该股票的说法是可信的。被告人及其辩护人的相关辩解不予采信。被害单位三亚中亚上证公司受到的经济损失，是因被告人扰乱股市的行为所导致的，即使损失与平仓之间有联系，也是被告人的犯罪行为造成的，应当由被告人承担全部责任。因此，辩护人关于全部经济损失不应由被告人承担的意见不予采纳。被告人赵某的犯罪手段恶劣，社会危害性大，并且造成被害单位的经济损失至今无法挽回，故辩护人要求对被告人适用缓刑的意见也不予采纳。但鉴于被告人赵某交代态度较好，可酌情从轻处罚。

定案结论： 上海市静安区人民法院认定：一、被告人赵某犯操纵证券交易价格罪，判处有期徒刑 3 年，并处罚金人民币 1 万元。（刑期从判决执行之日起计算。判决执行以前先行羁押的，羁押 1 日折抵刑期 1 日，即自 1999 年 5 月 23 日起至 2002 年 5 月 22 日止。罚金应于判决生效后 5 日内向本院缴纳）。二、被告人赵某应赔偿三亚中亚信托投资公司上海新闸路证券交易营业部经济损失计人民币 249.760462 万元。三、追缴被告人赵某违法所得人民币 7277.01 元予以没收。①

[**学理简析**] 赵某操纵证券交易价格案作为我国首起通过破坏计

---

① 案例内容参见：上海市静安区人民法院刑事判决书（1999）静刑初字第 211 号。

算机信息系统操纵证券交易价格的犯罪，对于此案的定性曾产生了较大争议。赵某为拉高在上海证券交易所挂牌上市的"兴业房产"和"莲花味精"两种股票的价格以使本人及朋友所持有的这两种股票得以抛售赢利，窜至三亚中亚信托投资公司上海新闸路证券交易营业部营业厅，乘股市午间休市之机，通过小厅内的电脑终端非法侵入该证券营业部的计算机信息系统，利用所掌握的证券行业电脑操作技术，对待发送的委托数据记录进行修改，将其中的五条记录内容分别改为以当日的涨停价位每股 10.93 元买入"兴业房产"共计 198.95 万股，以每股 12.98 元买入"莲花味精"共计 298.98 万股。赵某抛售的"兴业房产"和赵某事先通知其朋友抛售的"莲花味精"股票均得以涨停价成交。由于被告人修改了委托数据，致使三亚中亚信托投资公司上海新闸路证券交易营业部遭受损失人民币 295 万余元。上海市静安区人民法院判决赵某构成操纵证券交易价格罪。笔者认为，赵某侵入证券营业部的计算机信息系统，并对于待发送的委托数据记录进行修改，其行为触犯了破坏计算机信息系统罪、操纵证券交易价格罪，法院最终选择判处操纵证券交易价格罪是正确的。本章主要探析对赵某选择适用"操纵证券交易价格罪"定性的理论根据，以期对此后司法人员在审理同类案件时有所裨益。

一、利用网络操纵证券交易价格的罪名适用问题

根据《刑法》第 286 条第 2 款规定：违反国家规定，对计算机信息系统中存储、处理或者传输的数据和应用程序进行删除、修改、增加的操作，后果严重的，构成破坏计算机信息系统罪。本案中，赵某侵入计算机信息系统并修改系统数据记录，属于典型的破坏计算机信息系统行为，因此本案定性的焦点在于，赵某通过网络侵入证券公司计算机信息系统修改存储数据，人为地操纵股票价格，并从中获利，应认定为破坏计算机信息系统罪，还是操纵证券交易价格罪？

从犯罪客体上讲，破坏计算机信息系统罪侵犯的客体，是计算机信息系统安全及国家相关的安全保护制度。根据《刑法》第 182 条规

定，操纵证券交易价格罪侵犯的客体是证券投资者的合法权益以及国家对证券的管理制度。从本案中的行为模式和行为方法上看，赵某侵入证券营业部修改计算机存储数据的行为，致使证券营业部计算机系统存储的数据遭到破坏，并造成有关股票的价格异常波动，最终导致三亚中亚信托投资公司上海新闸路证券交易营业部遭受巨大经济损失，犯罪后果不可谓不严重，符合《刑法》第 286 条第 2 款的规定，据此，有观点认为赵某的行为构成破坏计算机信息系统罪。① 但另一方面，赵某修改证券营业部计算机信息系统存储数据的目的在于，通过操纵证券市场交易价格获取非法利益，而且其行为在客观上也确实引起了证券市场的价格的异常波动。

客观地讲，将利用互联网对证券营业部待发送的委托数据记录进行修改的行为定性为操纵证券交易价格罪，符合案件的本质特征，是正确的。随着证券业的发展，信息公开制度对保证证券交易的公开、公平、公正有着越来越重要的作用，篡改证券营业部计算机信息系统的行为则严重危害了证券交易秩序。证券价格作为证券市场的核心与关键，直接影响着证券投资者的收益或损失，操作证券交易价格的行为严重扰乱了正常的证券市场交易秩序。尤其随着计算机在证券领域的广泛应用，更给犯罪分子提供了新的通道和工具。本案作为刑法修订后第一起利用网络操纵证券交易价格的犯罪案件，对于今后其他同类案件的定性起到了指导性作用。本案中，犯罪行为人赵某为了获取不正当利益，非法侵入证券公司计算机报价系统，对系统存储的股票委托买卖信息数据进行篡改，严重破坏了证券市场交易秩序。赵某的行为，实际上是利用网络实施的传统犯罪行为，符合《刑法》第 287 条的描述和具体规定：利用计算机实施金融诈骗、盗窃、贪污、挪用公款、窃取国家秘密或者其他犯罪的，依照本法有关规定定罪处罚。据此，赵某的行为已经符合了操纵证券交易价格罪的犯罪构成，应以该罪定罪处罚。

---

① 参见江溟：《操纵证券交易价格行为定性探疑》，载《湖北社会科学》2006 年第 3 期。

在这里应当特别指出的是，"口袋罪"的时代演变之中，一个绞大的问题，就是信息时代出现了一个新的口袋罪："破坏计算机信息系统罪"。一旦在案件中出现利用计算机、网络所实施的犯罪行为，无论行为人的犯罪目的和犯罪行为的本质特征是什么，一概以"破坏计算机信息系统罪"定罪归责，这是极端错误的。不仅没有认真思考案件的本质特征，而且完全变成以技术定案，实际上反映了司法人员在计算机、网络技术面前的无所适从和技术盲从。因此，凡是利用计算机、网络所实施的传统犯罪，原则都应当按照刑法第 287 条的规定，依据犯罪行为所构成的具体罪名来定罪处罚，除非"破坏计算机信息系统罪"处罚得更重。

二、利用网络操纵证券交易价格行为的罪数认定问题

关于本案的罪数认定问题，在审判过程中曾有观点认为，对于被告人赵某应当以破坏计算机信息系统罪和操纵证券交易价格罪数罪并罚。从犯罪构成上来看，行为人出于操纵证券市场交易价格的主观目的，非法入侵计算机信息系统，对计算机信息系统中存储、处理或者传输的数据和应用程序进行删除、修改、增加的操作，后果严重的，同时触犯了破坏计算机信息系统罪和操纵证券市场交易价格罪。但需要明确的是，赵某侵入证券营业部计算机信息系统进行篡改系统存储数据，目的却在于操纵证券交易价格以获取非法利益，破坏计算机信息系统的行为仅仅是操纵证券市场交易价格的手段，符合牵连犯的特征，故可以按照牵连犯的处理原则处理。

从两罪的法定刑来看，破坏计算机信息系统罪的法定刑有两个幅度，第一量刑幅度是"五年以下有期徒刑"，第二量刑幅度为"五年以上有期徒刑"；操纵证券市场交易价格罪也有两个量刑幅度，第一量刑幅度是"五年以下有期徒刑"，第二量刑幅度为"五年以上十年以下有期徒刑"。结合本案的具体情况，赵某的行为虽然构成犯罪，但是，尚未达到适用第二量刑幅度的恶劣程度，因此，应当在两罪的第一量刑幅度之内确定刑罚。但是，两罪的第一量刑幅度的法定刑完

全相同，无所谓孰轻孰重，在法定刑完全相同的情况下，案件的定性既然无法按照"从一重处罚"的规则定性，就必须结合全案的本质特征来考虑定罪。

在本案中，赵某侵入证券营业部计算机信息系统修改证券交易数据的行为，虽然触犯了刑法第 286 条第 2 款的规定，但该手段行为本质上侵犯的客体却仍然属于刑法第 182 条所保护的证券投资者的合法权益和国家对证券交易市场秩序的管理制度。因此从主客观相结合的角度来看，对赵某行为应以操纵证券交易价格罪从重处罚，而不应以破坏计算机信息系统罪和操纵证券交易价格罪数罪并罚。

第十六章 网络销售假冒注册商标的商品

[典型判例] 张某某销售假冒注册商标的商品案

案由： 销售假冒注册商标的商品

基本案情： 2008 年 4 月起，被告人张某某为牟利，在淘宝网上开设名为"相机配件旺旺店"的店铺，上网销售电池等物，并在上海市闵行区银春路 1799 弄 9 号 601 室囤积货物。被告人张某某明知是假冒注册商标的"SONY"、"Canon"、"Nikon"、"SAMSUNG"等品牌的电池、充电器，仍予以销售，销售金额共计人民币 82684.80 元。2011 年 6 月 27 日，被告人张某某在其暂住处被公安机关抓获，并查获了假冒上述注册商标的电池、充电器共 626 件，待销售金额人民币 14836 元。

判案理由： 上海市闵行区人民法院经审理认为，被告人张某某违反商标管理法规，为牟取非法利益，销售明知是假冒注册商标的商品，已销售金额 82684.80 元，待销售金额 14836 元，数额较大，其行为已构成销售假冒注册商标的商品罪，应依法予以惩处。被告人张某某到案后能如实供述罪行，依法可从轻处罚。公诉机关的指控成立，予以确认。辩护人提出张某某售假牟利不是为了个人挥霍，主观恶性不大，悔罪态度较好，希望酌情从轻等辩护意见，予以采纳。

定案结论： 上海市闵行区人民法院认定被告人张某某犯销售假冒注册商标的商品罪，判处有期徒刑 6 个月，并处罚金人民币 50000元。查获的假冒注册商标的电池、充电器等物予以没收。违法所得予以追缴。①

[学理简析] 本案中，对于张某某犯销售假冒注册商标的商品罪，没有异议，但是对于网络服务商及网络交易市场平台方的行为该如何定性，有两种不同的意见。一种意见认为，浙江淘宝网络有限公司应当构成销售假冒注册商标的商品罪的共犯，因为淘宝网作为网络交易的管理者具有监督管理义务，如果淘宝网明知张某某销售假冒注册商标的商品而加以纵容，就应认定为销售假冒注册商标的商品罪的共犯。另一种意见认为，淘宝网不具有审查网络商户销售商品的义务，对于商户销售假冒注册商标的商品行为不承担责任。

一、网络销售假冒注册商标的商品行为的定性

本案中，对于张某某犯销售假冒注册商标的商品罪尽管争议不大，但涉及该案销售数额的认定问题，应当予以重视。对于该罪，最高人民法院、最高人民检察院《关于办理侵犯知识产权刑事案件具体应用法律若干问题的解释》（以下简称《解释》）作出明确解释，其中第 2 条对于本案关键因素的"数额较大"和"数额巨大"做出规定：销售明知是假冒注册商标的商品，销售金额在 50000 元以上的，属于刑法第 214 条规定的"数额较大"，应当以销售假冒注册商标的商品罪判处 3 年以下有期徒刑或者拘役，并处或者单处罚金。销售金额在 25 万元以上的，属于刑法第 214 条规定的"数额巨大"，应当以销售假冒注册商标的商品罪判处 3 年以上 7 年以下有期徒刑，并处罚金。

本案作为简单地利用网络销售假冒注册商标的商品犯罪行为，在定罪和量刑上相对简单，考虑到类似案件中网络因素介入体现出的虚拟性，今后司法实践中应当严格把握《解释》关于"销售金额"和"明知"的界定。《解释》第 9 条的规定是：刑法第 214 条规定"销

---

① 案例内容参见：上海市闵行区（上海县）人民法院刑事判决书（2011）闵刑初字第 1322 号。

售金额"，是指销售假冒注册商标的商品后所得和应得的全部违法收入。"明知"则包括以下情形：（一）知道自己销售的商品上的注册商标被涂改、调换或者覆盖的；（二）因销售假冒注册商标的商品受到过行政处罚或者承担过民事责任、又销售同一种假冒注册商标的商品的；（三）伪造、涂改商标注册人授权文件或者知道该文件被伪造、涂改的；（四）其他知道或者应当知道是假冒注册商标的商品的情形。

本案体现了司法机关严厉打击网络销售假冒注册商标的商品罪的力度和决心，今后伴随电子商务、网络营销的发展以及网络因素对传统制售假冒注册商标的商品犯罪的渗透，侵权产品在交易完成之前，往往都是与犯罪人分离的，这就加大了对此类行为惩处搜集证据的难度。但是，在制售假冒注册商标的商品犯罪行为伴随网络应用普及而水涨船高之时，刑事司法作为商标权保护和市场秩序维护的最后手段，也应当紧跟新型违法行为的变化而不断更新观念。因此，刑事司法更应承担起惩治网络空间中危害极大的销售假冒注册商标的商品行为的责任，将涉案数额符合立法规定要求的网络销售假冒注册商标的商品行为及时纳入到刑法的调整范围之内。

二、未及销售的假冒注册商标的商品的数额计算

在大量的此类案件之中，存在着一个必须回答的问题：犯罪嫌疑人可能被查获的假冒注册商标的商品数量较大，但是，大部分没有来得及销售出去，此时，犯罪的数额如何计算？这个问题司法解释虽然有所回答，但是，答案未必合理、可能轻纵犯罪人。

假冒注册商标的商品，在定价上实际已经掺入了犯罪嫌疑人对于涉案数额的评价因素，因此，只要证明犯罪嫌疑人对于此数额体现于客观的主观评价，即行为人对于价额的确定。如果存在这一评价，就有了客观标准。在某些数额犯中仅存在预期性数额与犯罪所得型数额的结合，如合同诈骗罪中，一般而言合同签订金额既是犯罪人的主观预期性数额，又是犯罪所得型数额，此时以犯罪的实际所得数额来判定罪与非罪的成立。但是在某些情况下可能仅有预期性数额却没有犯

罪所得型数额，此时就会形成一个脱离犯罪嫌疑人主观评价的客观推算标准。以生产销售伪劣商品罪为例，该罪以"销售金额"作为定罪处罚的依据，但是犯罪人仅仅生产伪劣商品而未来得及出售时即被查获的，根本无法认定销售金额，因此只能采取数额折算的办法作补充适用。

例如，2001 年 4 月 9 日最高人民法院、最高人民检察院《关于办理生产、销售伪劣商品刑事案件具体应用法律若干问题的解释》第 2 条规定，刑法第 140 条、第 149 条规定的"销售金额"，是指生产者、销售者出售伪劣产品后所得和应得的全部违法收入。伪劣产品尚未销售，货值金额达到刑法第 140 条规定的销售金额 3 倍以上的，以生产、销售伪劣产品罪（未遂）定罪处罚。货值金额以违法生产、销售的伪劣产品的标价计算；没有标价的，按照同类合格产品的市场中间价格计算。货值金额难以确定的，按照国家计划委员会、最高人民法院、最高人民检察院、公安部 1997 年 4 月 22 日联合发布的《扣押、追缴、没收物品估价管理办法》的规定，委托指定的估价机构确定。

应当指出的是，这一解释的实际价值，在于肯定了预期性数额中的未遂。

客观地讲，确立了三个层次的标准：其一，已经加入行为人主观评价标准的，即行为人以一定的价格销售伪劣产品的，尊重主观认识和评价，此时的销售金额为实际"所得"和预期"应得"；其二，如果根本没有销售金额，尚未销售的，则以确立货值的"3 倍"规则来推算行为人的预期销售金额。之所以被迫制定客观上的推算规则，在于销售金额和市场的正品（相对于伪劣产品而言）之间的价格差异。以假烟为例，售假者和买假者的交易价格即销售金额肯定低于市场上正品的市场价格，因此，以正品的市场价格的金额来作为销售金额肯定是不对的，因此，司法解释规定了"3 倍以上"的规则。但是推算数额仅仅是对销售金额的补充和替代，可以查明销售金额即不得适用推算金额。

笔者的此种认识，存在上述司法解释的证明："货值金额以违法生产、销售的伪劣产品的标价计算"，此种规定，就是对于犯罪嫌疑人主观评价的认可。在此之外，"没有标价的，按照同类合格产品的市场中间价格计算。货值金额难以确定的，按照国家计划委员会、最高人民法院、最高人民检察院、公安部 1997 年 4 月 22 日联合发布的《扣押、追缴、没收物品估价管理办法》的规定，委托指定的估价机构确定"，这一补充规定，说明了客观估算标准只能是一种不得已而为之的规则，不能成为常态规则。

但是，应当强调甚至说应当禁止的情况是：在已经存在预期性数额的情况下，不允许使用推算数额。一个现实的案例是：胡某与廖某共谋在网络上销售假"中华牌"香烟，2007 年 1 月上旬，通过廖某联系，张某从广东省潮州市某镇以 52000 元的价格购买 16 件假"中华牌"香烟运抵重庆，由胡某运回其家藏匿。此后在网络上多次寻找买方，却一直未能销售出去。县烟草专卖局和公安机关获得线索后，立即派员假装成烟贩与胡某等人接洽，最后双方以 74000 元价格达成买卖协议，约定先交胡某等人定金 10000 元，余款待香烟在指定地点交付时付清。2 月 11 日晚，胡某将该批假烟草运往指定地点，途中被县公安局、烟草专卖局当场抓获。经重庆市烟草专卖局鉴定，该批"中华"烟系假冒注册商标的伪劣卷烟，价值 294890 元（按同型号数量相同的真"中华"香烟计价）。

案件办理过程中，对于本案的数额问题，出现了不同意见。有一种意见认为，胡某二人的犯罪数额，应当以该种"中华牌"香烟的市场标价计算，即应当为 294890 元，理由是，实践中，生产、销售伪劣产品的犯罪分子最终将伪劣产品销售给消费者时通常都是以该种产品的市场标价计算，而非以该种伪劣产品的实际价值计算。换言之，犯罪分子的获利额以及消费者遭受物质损失的数额都是以该种产品的市场标价为基础的，而非以其实际价值为基础。①

---

① 谢望原教授、陈永生教授的意见，参见谢望原等：《在警察诱惑下销售假冒注册香烟如何定性》，载《人民检察》2008 年第 3 期。

笔者认为，抛去本案中"诱惑侦查"这一干扰因素不讲，单纯从案件涉及的数额上来分析，可以发现问题在于：销售金额似乎是卖出去时的市场交易价格的代称。也就是说，销售，就是要卖出去，如果卖出去了，就是销售完成，数额达到 5 万元的，就是成立犯罪；依此推论，如果销售尚未完成，但是，能够查明其所库存的伪劣产品是为了销售而购入的（尤其是在已经部分销售的情况更能够直接地得出此种推论），即预备用于销售的，那么，犯罪人所拥有的伪劣产品的库存量，实际上应当视为一种犯罪正在实施过程中的预期销售，如果其预期数额达到 5 万元以上的，就是犯罪未遂。

这里的问题是，销售金额和市场的正品（相对于伪劣产品而言）价格之间的差异。以假烟为例，售假者和买假者的交易价格即销售金额肯定低于市场上正品的市场价格，因此，以正品的市场价格的金额来作为销售金额肯定是不对的。司法解释规定了"3 倍以上"的规则，笔者认为，应当对其真正含义有一个理解：即"3 倍以上"这一规定指的是一次性销售中尚未出现销售金额的情况，也就是说，由于销售的单价尚未确定，由此导致整体的总销售价额也无法确定，在此种情况下规定了一个"3 倍以上"的推算型预期销售数额，即伪劣产品的单价是正品市场价额的三分之一，因此，伪劣产品的货值数额达到构成犯罪的数额的 3 倍以上的，视为预期销售金额 5 万元以上。笔者认为，这是一个正确的理解，因此，此案中的交易价格为 7 万 4 千元，尽管交易尚未完成，这 7 万 4 千元仍然属于销售金额，只是性质是未遂。绝对不允许以正品的市场价格即 29 万余元来认定为销售金额。以正品的市场价格来认定货值的情况，只能是一种例外，即犯罪嫌疑人尚未来得及进行销售即被查获，且是一次性而非重复性的销售，根本无法确定预期销售数额，此时，采用"3 倍以上"的推算式方法来确定销售金额，是可以的，但是这也只是一种司法迎合立法的不得已而为之的方法，不能在销售数额已经存在和确定化的情况下，还要使用这一数额来认定是否构成犯罪和是否属于犯罪未遂。将销售金额理解为实际销售出去的商品的金额的观点，① 其根本错误是没有认识到销售金额在本罪的定性上起到罪与非罪区分的作用，销售金额只是区分违法与犯罪的标尺，它和犯罪具体形态没有关系。仅把实际销售的商品的金额作为"销售金额"实际上是让销售金额担负罪与非罪、既遂与未遂的双重功能，根据前面的论述，这一观念无疑是错误的。

这里我们需要再次明确推算金额的真实作用，推算金额是作为实际销售金额的补充，在销售金额无法查明的情况下担负销售金额的原有功能，在具体案件中它起的是定性作用，即达到这一标准的就构成犯罪，在构成犯罪的前提下因商品未销售出去而构成犯罪未遂。从司法解释的规定看，乍一看似乎"推算金额"决定了犯罪未遂，15 万元是犯罪未遂的标准，实际上司法解释隐含了一个重要前提：商品未销售出去，才是犯罪未遂的真正标准。也就是说，判断犯罪未遂的真正标准依然是"犯罪未得逞"即销售行为没有能够完成，而 15 万元的推算数额只是这一标准的前提性标准，即定罪标准。

三、网络交易服务商是否构成销售假冒注册商标的商品罪的共犯

随着网络空间中商标权益的扩张和网络市场营销的发展，网络冒用商标行为的社会危害性日益凸显，并已成为严重威胁商标塑造和品牌发展的重要障碍。网络在日常生活和市场交易中的普遍应用，促进了电子商务及网络营销的形成，并得到了巨大发展，诸如"淘宝网"、"网上团购"为消费者提供了快速方便的网络操作平台，使得社会公众的生活习惯及消费方式发生了极为显著的变化。正如有学者所指出："网上店铺的林立、网上购物的便捷成为众多消费者与销售者所青睐的对象，成为很多人生活中的一部分。但是，伴随着网上购物的

---

① 参见谢望原：《论生产、销售伪劣产品罪中的销售金额》，载《中国刑事法杂志》1999 年第 3 期。

发展，网络空间中冒用商标进行虚假电子商务的违法犯罪行为也在悄然滋生。"例如，淘宝网以其庞大的网络交易平台占据了网络交易市场的重要份额，但是，新近日益增多的关于淘宝网销售假冒、仿冒产品的报道，却使得淘宝网成为商标权纷争的众矢之的。对此，淘宝网声称：本网站不能控制交易所涉及的物品的质量、安全或合法性，商贸信息的真实性或准确性，淘宝并不作为买家或是卖家的身份参与买卖行为的本身。① 事实上，目前相关的法律法规也并没有规定网络服务提供商对用户利用系统条件发布的信息内容做实质审查的义务。因此，尽管淘宝网作为一种网络交易平台，当遍布全国乃至全球的某一网络商户触犯销售假冒注册商标的商品罪时，现有立法对于淘宝网这一电子商务平台是否应以共犯论处尚无明确规定。综上所述，本案中，浙江淘宝网络有限公司不构成销售假冒注册商标的商品罪的共犯，对于张某某犯销售假冒注册商标的商品罪的定性也是正确的。

但是，电子商务平台和现实中的自由市场一样，淘宝网的管理方，和自由市场的管理方一样，如果明知他人在销售假冒注册商标的商品，而不管不问，放纵进行的，最起码也要根据相关的行政管理法规进行制裁，直到关停。如果有证据证明有各类帮助行为的，可能涉及共同犯罪的问题。应当说，作为商务平台，它的管理责任和可能承担的刑事责任，和独立的网站、QQ 群等没有差异，因此，在最高司法机关已经加强了对于网络管理方责任的大背景之下，将相关的成功经验移植到电子商务平台的管理方责任问题之中，有很大的借鉴意义。关这个问题的探讨，请参见后面"淫秽物品"一章的研讨之中。

从本质上讲，网络空间中销售假冒注册商标的商品行为有着较大的社会危害性。一方面，销售假冒注册商标的商品罪行为，在某种程度上人为的割裂了商标与其所标识商品之间的对应关系，将商标与商品相割裂，进而使得商标权人通过打造商标品牌经营自己产品的努力

---

① 参见广东省广州市中级人民法院民事判决书（2006）穗中法民三初字第 179 号：鲁道夫·达斯勒体育用品波马股份公司诉浙江淘宝网络有限公司等销售假冒注册商标的商品纠纷案。

被他人所非法利用和剥夺，必然给商标权人带来巨大的经济损失。对此曾有学者指出："网络冒用商标行为将导致最初存在于商品与商标之间的唯一联想变得越来越模糊，从而会削弱驰名商标的显著性特征和广告宣传价值，就如同蜜蜂蜇人，一次虽不会致人死命，但长此以往，最后将危机人的生存。"① 而网络却成为此类犯罪行为的最佳平台和犯罪工具，更使得销售假冒注册商标的商品罪的社会危害性被放大。因此，严厉打击通过网络实施的销售假冒注册商标的商品的行为，严格规范各类电子商务平台的辅助行为，甚至加大电子商务平台的管理责任，是极有必要的。

　　因此，随着网络空间中销售假冒注册商标的商品行为的日益增多，其社会危害性已经远远大于现实社会中的同类违法行为。对此曾有学者指出：一个企业创名牌，短则数年，长则需数十年之功，而一旦被假冒、仿冒，则极可能在短期内就被搞垮，导致数十年之功毁于一旦。此外，网络销售假冒注册商标的商品罪行为也严重损害了消费者的合法权益，网络空间商标冒用产品易出现质量问题造成人身伤害和财产损失，而消费者却索赔无门，合法权益得不到有效保护。此外还有学者认为：销售假冒注册商标的商品罪行为人的最终目的是利用商标注册人的商业信誉来误导公众并谋取经济利益，最终欺骗了消费者，弱化了商标的功能，严重侵犯了国家正常的商标管理制度，扰乱了公平竞争的市场经济秩序。可以说，正是网络销售假冒注册商标的商品行为的巨大社会危害性，成为刑法今后惩治此类犯罪行为的现实基础和依据。

---

① 黄晖：《驰名商标与著名商标的法律保护》，法律出版社 2001 年版，第 146 页。

第十七章 利用网络侵犯著作权（一）："以营利为目的"的判定

[典型判例]陈某某侵犯著作权案

案由：侵犯著作权

基本案情：2005 年年底至 2007 年 1 月，被告人陈某某从腾讯科技（深圳）有限公司（下简称腾讯公司）的网站下载了不同版本的腾讯 QQ 系列软件后，未经腾讯公司许可，在腾讯 QQ 软件中加入珊瑚虫插件，并重新制作成安装包，命名为"珊瑚虫 QQ"后放到珊瑚虫工作室网站上（www. coralqq. com、www. soff. net）供用户下载。为牟取非法利益，被告人陈某某在提供下载的"珊瑚虫 QQ"软件中加入了安装北京智通无限科技有限公司（下简称智通公司）、265 网络技术（北京）有限公司（下简称 265 北京公司）、Google（中国）信息技术有限公司（下简称 Google 中国公司）的商业插件，为此，智通公司于 2005 年 11 月至 2007 年 1 月期间，向被告人陈某某支付广告费共计人民币 105 万元（每月 7 万元，共计 15 个月），265 北京公司于 2006 年 4 月将三台服务器免费提供给被告人陈某某使用，并于 2007 年 2 月 2 日向被告人陈某某支付广告费人民币 122822 元。被告人陈某某从上述两公司合计收取广告费人民币 1172822 元。

2007 年 8 月 16 日，深圳市公安局南山分局侦查人员在北京市朝阳区融域家园 4 号楼 2 单元 1202 房将被告人陈某某抓获，并当场扣押

了内有被告人陈某某制作的珊瑚虫 QQ 系列软件的笔记本电脑一台
（型号：IBM，SN：L3M05020605）以及招商银行金葵花卡和招商银
行一卡通各一张。同日，深圳市公安局南山分局从 265 北京公司调取
了被告人陈某某使用的三台服务器的硬盘。

　　广东安证计算机司法鉴定所接受深圳市公安局南山分局的委托，
于 2007 年 4 月 23 日至 2007 年 5 月 14 日从珊瑚虫工作室的网站
（www. coralqq. com、www. soff. net）下载了名为 IPQQ06454. exe，IPQ
Q2007. exe，IPTM2006. exe 的三个珊瑚虫 QQ 安装文件，并从腾讯公司
官方网站下载了名为 qq2006standard. exe，qq2007beta1. exe，tm2006
spring. exe 三个腾讯 QQ 安装文件，并出具了粤安计司鉴 2007 第 014
号《鉴定检验报告书》；于 2007 年 9 月 11 日对公安机关送检的 265
北京公司提供给被告人陈某某使用的三台服务器的硬盘以及被告人陈
某某的 IBM 笔记本电脑中与珊瑚虫 QQ 软件相关的文件进行了提取，
从网站 http：www. qqwangguo. com 下载了两个不同版本的腾讯 QQ 安
装程序，分别为 qq2007beta2kb1. exe 和 qq2 007beta4. exe，并出具了
粤安计司鉴 2007 第 055 号《鉴定检验报告书》。

　　2006 年 12 月 20 日，北京市海淀区人民法院就腾讯公司诉被告人
陈某某著作权侵权一案作出判决，判令被告人陈某某停止在珊瑚虫工
作室网站上使用腾讯公司的腾讯 QQ 软件，在珊瑚虫工作室网站上刊
登声明向腾讯公司公开致歉，并赔偿腾讯公司经济损失人民币 10 万
元。

　　判案理由：被告人陈某某以营利为目的，未经腾讯公司许可，制
作的珊瑚虫 QQ 软件包含有腾讯 QQ 软件 95% 以上的文件，且与腾讯
QQ 软件的实质功能相同；同时，被告人陈某某将珊瑚虫 QQ 软件放
置于互联网上供他人下载，其行为已构成对腾讯 QQ 软件的复制发行，
并据此获利人民币 1172822 元，违法所得数额巨大，其行为已构成侵
犯著作权罪。

　　定案结论：综合考虑本案的事实、情节及被告人陈某某当庭的认
罪态度，依照《刑法》第 217 条、第 64 条，最高人民法院、最高人

民检察院《关于办理侵犯知识产权刑事案件具体应用法律若干问题的解释》第5条第2款、第11条第1款、第3款，最高人民法院、最高人民检察院《关于办理侵犯知识产权刑事案件具体应用法律若干问题的解释（二）》第4条之规定，原审法院作出如下判决：一、被告人陈某某犯侵犯著作权罪，判处有期徒刑3年，并处罚金人民币1200000元。二、对被告人陈某某违法所得总计人民币1172822元予以追缴。①

[**学理简析**] 虚拟空间中的犯罪由于其载体不同于现实空间而更容易引起人们关注。互联网是个新兴事物，因此无论是发生在网络中的犯罪还是借助网络实施的犯罪，其审理和判决都具有非常强的示范意义和标本作用。深圳市南山区人民法院的珊瑚虫一案无论是否回避第三方软件的地位问题，都将决定目前国内众多的第三方软件的发展趋向。珊瑚虫QQ在案发时拥有数量巨大的用户，很多网民成为珊瑚虫的铁杆支持者，围绕着本案，网络上展开了激烈的争论。无论腾讯公司的做法是否厚道，作为一家商业公司，根据不同的商业策略采取相应的法律手段也是无可厚非的。对于本案，由于牵涉众多技术问题，在一些基本的事实问题上，控辩双方也存在认识分歧。而其中，真正影响到侵犯著作权罪是否成立的问题核心，则是关于珊瑚虫QQ是否涉及"以营利为目的"的问题。腾讯公司在最初进行民事诉讼的时候并没有提及珊瑚虫QQ非法营利的问题，而在现在的刑事诉讼中，珊瑚虫非法营利的认定直接关涉侵犯著作权罪的有无，因此不可避免地成为双方争议的焦点。

一、侵犯著作权犯罪构成要件中的"以营利为目的"

公诉人称，"珊瑚虫QQ安装北京智通无限科技有限公司、265网络技术（北京）有限公司、Google（中国）信息技术有限公司的商业Jk插件，以此为上述三家公司的软件或网站做广告，后将修改好的软

---

① 案例内容参见：广东省深圳市中级人民法院裁定书（2008）深中法刑二终字第415号。

件以'珊瑚虫QQ'的名义放在自己注册的'珊瑚虫工作室'网站供用户下载牟取非法利益。共获利117万元。"辩护人称，"复制发行腾讯QQ软件并不能带来任何直接的收入。公诉机关指控的被告人所获得的1172822元的收入并不是基于复制发行腾讯QQ软件而得到的收入，而是来源于提供珊瑚虫插件（腾讯QQ珊瑚虫增强包）的下载而获得的间接收入（广告收入）。"根据我国《刑法》的第217条规定："以营利为目的，有下列侵犯著作权情形之一，违法所得数额较大或者有其他严重情节的，处三年以下有期徒刑或者拘役，并处或者单处罚金；违法所得数额巨大或者有其他特别严重情节的，处三年以上七年以下有期徒刑，并处罚金：（一）未经著作权人许可，复制发行其文字作品、音乐、电影、电视、录像作品、计算机软件及其他作品的；（二）出版他人享有专有出版权的图书的；（三）未经录音录像制作者许可，复制发行其制作的录音录像的；（四）制作、出售假冒他人署名的美术作品的。"综观本案案情，双方争议的焦点问题其实就是侵犯著作权罪中主观要件"以营利为目的"的认定。传统著作权犯罪中"以营利为目的"的认定并不困难，但发生在互联网中的侵犯著作权罪，不但由于其媒介的特殊性（虚拟空间），还由于侵犯对象也就是计算机软件的表现方式、存储载体等都有别于传统的著作权客体，使得其很难套用司法中的现有规则和既定模式。如何认定网络中侵犯著作权罪的"以营利为目的"，显然迫在眉睫。

　　详言之，认定本案中的被告人陈某某是否构成侵犯著作权罪，主要的争议点在于两点：一、是否具有复制发行行为；二、是否具有营利目的。复制发行是一个前提条件，而且网络中的复制发行为具有一定的迷惑性，因此我们必须加以简单地介绍：一般认为，复制是指用一定的方法再现作品，并且将所再现的作品以一定的载体予以固定的活动或过程。根据复制前后其载体的空间表现形式的变化，复制可分为从平面到平面的复制、从平面到立体的复制、从立体到平面的复制、从立体到立体的复制、从甲类载体到乙类载体的复制等。[1] 网络空间中的复制，主要体现在从网络服务器下载文件到用户计算机硬盘的行为（当然也有人把从网络服务器下载文件到用户计算机内存称为暂时复制，笔者认为这只是单纯的读取行为，因为并不会产生复制品份数的增加），复制的实质是作品的再现。对于发行，我国1991年公布施行的《著作权法实施条例》第5条第5款规定："发行，指为满足公众的合理需求，通过出售、出租等方式向公众提供一定数量的作品复制件。"修改后的著作权法因单独规定了出租权，故对发行的方式作了限定，即发行只包括出售和赠与两种方式。另外，通过网络提供作品与传统作品发行方式的最大不同，在于其不会导致作品复制件的转移。[2] 由于网络空间中下载行为的特殊性，有观点曾经指出，"作品在网络传输的过程中发行与复制同时存在，传输是发行，发行是被传输的复制"。[3] 换句话说，下载是发行与复制的统一。但是，关于侵犯著作权罪中的"以营利为目的"，在网络空间中更具有迷惑性，因而是我们研讨的重点。

1．"营利"的学理性解释

与营利相近的概念还有盈利、赢利、牟利。盈，有充满、溢出、丰满、增长之意，其近义词是满、丰、余、多，其反义词是缺、亏、少、蚀。与盈余、盈亏、盈缺等词汇的构词方式不同，"盈利"采用动宾结构方式构词。盈利，基本上强调的是企业经营获得利润的结果。赢，有获得、取得、收益、胜利、战胜之意，其近义词是胜，其反义词是输、败、负。赢利与盈利，二者很相似，描述的基本上是同一种现象，表达的大体上是同一种含义，但是略有差异。在所强调的侧重点上稍有不同。"盈利"有些充满、溢出之感，"赢利"有胜利、获得之感，情感之差在于微妙之中。营，有谋求、力图、寻求、思虑、谋虑之意。"营利"的构词方式也是动宾结构，其意义就是"谋

---

① 参见段维：《网络时代的版权法律保护》，湖北教育出版社2006年版，第30页。

② 参见王迁：《论网络环境中发行权的适用》，载《知识产权》2001年第4期。

③ 参见薛虹：《网络时代的知识产权法》，法律出版社2000年版，第14页。

求利润"，并且只能作为动词来作用，指的是谋求利润的全过程，侧重点在于谋求利润的目的性。因此，"营利"与"牟利"在含义方面彼此接近，甚至在某些条件下可以相互替代。①

我国《刑法》第217条侵犯著作权罪、第218条以及第303条，明确规定犯罪构成的主观要件是"以营利为目的"，而《刑法》第152条、第175条、第187条、第228条和第265条、第326条、第363条则规定"以牟利为目的"。两词仅仅是在价值判断上有褒贬之分，营利一般被人为是中性词，而牟利则具有贬义，在刑法中，都表现为通过犯罪行为谋求利润，因此可以认为，二者意义完全相同，是可以通用的。②

2. 网络背景下"以营利为目的"在同类案件中的表现形式及其认定

在犯罪构成中，通常需要通过行为人的客观行为方式来认定主观罪过形式和罪过内容。行为人犯罪的主观心理态度，不是停留在其大脑中的纯主观思绪活动，它必然要支配行为人客观的犯罪活动，这样就必定会通过行为人犯罪及与犯罪有关的犯罪行为前、犯罪行为时以及犯罪实施后的一系列外在的客观活动表现出来。③因此"以营利为目的"的认定，要考察行为人的客观行为表现。从整体上讲，在网络空间中所实施的侵犯著作权行为，其"营利目的"的判断，应当分为以下几种情况加以思索：

（1）直接在网上复制、发行侵犯著作权的作品进行牟利。此类侵犯著作权的行为中，复制、发行包括两种方式：其一，仅仅将互联网作为信息发布和交易的媒介，如行为人在论坛、门户网站、bbs留言板上发布有关产品和交易信息、利用B2C电子商务、在淘宝网等电子商务网站上"开店"，建立类似现实中的商家店铺等，而实际的交易是在网下完成的。这类侵权方式本质上仍是传统的侵犯著作权行为，

---

① 参见黎鸥：《盈利、赢利、营利，三词辨析》，载《体育文史》2000年第3期。

② 参见张明楷：《论刑法中的"以营利为目的"》，载《中国刑事法杂志》1995年第4期。

③ 参见高铭暄、马克昌：《刑法学》，北京大学出版社2000年版，第108页。

毫无疑问构成侵犯著作权罪；其二，把受著作权保护的他人的文学作品、录音录像制品等放在自己的网站里，让网民有偿下载，从而谋取暴利。具体表现为将图书做成电子书文件，将公开发行的电视剧 vcd碟片转化为 dvd 格式后复制到电脑中，将录音、录像制品做成音频、视频文件，破译他人计算机软件的保护程序（如微软公司的操作系统）或者直接将计算机软件等侵权产品放在网站上有偿下载。这种侵犯方式的行为对象通常表现为只能以二进制代码形式存储于计算机硬盘中的程序、电子文件等，这里的有偿下载和传统的复制、发行行为本质上是相同的。将直接在网上复制、发行侵犯著作权产品牟利的行为定为侵犯著作权罪是毋庸置疑的。比如，在"热血传奇"一案中，2004 年初，犯罪嫌疑人张某、施某、许某建立"奇缘在线"网站，从网上购买了该公司的热门网络游戏"热血传奇"，在未经上海盛大网络发展有限公司授权及许可的情况下，将"热血传奇"复制到"奇缘在线"网站供网民游戏，同时还出售虚拟游戏装备来牟利。在近两年的时间里，"奇缘在线"网站共收取网民汇款人民币 177.8 万余元。张某分得 63 万余元，施某约分得 59 万元。法院认定"奇缘在线"软件与热血传奇有复制关系，该网站三名涉案人员被控侵犯著作权罪。①

（2）在有偿提供下载合法著作权作品服务时，附赠侵权复制品。在激烈的市场竞争中，商家为了吸引客户、扩大影响，经常会以在出售产品之外附加赠品的方式进行促销，这些赠品一般价格低廉，小巧实用，且形式上免费，许多消费者就是出于获得赠品的目的而购买了商家的商品，民法上称为附赠式有奖销售。那么在网络侵犯著作权案件中，侵权行为人在提供合法有偿的下载服务外，另外附加了侵权复制品供用户免费下载，而此类提供往往以使用有偿下载服务为前提条件。笔者认为，这种情况仍然构成"以营利为目的"，原因如下：一方面，赠品实际上是买卖合同的一部分，赠品是商品。应当说，赠品

① 参见于志刚：《侵犯著作权罪中"以营利为目的"的网络异化》，载《昆明理工大学学报·社科（法学）版》2008 年第 7 期。

是买卖合同的一部分，理由是：商业赠与不同于民事赠与的显著区别
在于其行为本身的非盈利性和行为目的的盈利性，商家一般都将赠品
的成本分摊进主商品的成本中，所谓"天下没有免费的午餐"，对此
消费者其实是心知肚明的，消费者对赠品的获得是须付出代价的，实
质上是有偿取得。经营者和购买者一般都认为购买主商品与获得赠品
是"捆绑式"的一个行为，而不是可以割裂、分离的两个行为。因
此，从合同的本质看，附赠式有奖销售是单一的买卖合同，附赠行为
是单一买卖合同之一部分——对此，双方主体的意思表示是完全一致
的。① 因此，赠品本身所追求的内在牟利性是难以否认的。具体地讲，
对于刑法所规定的"以营利为目的"，应当作广义的理解，当事人的
营利目的，是宏观上的、整体上的营利目的，并不能以某一个别"行
为段"不存在非营利性而认定整体行为不存在营利目的，只要其整体
行为在宏观上属于以营利为目的，均应当视为"以营利为目的"。因
此，笔者认为，从本质上看，或许某些复制方、发行方在附赠侵权复
制品时，并没有直接收取与附赠物品相对等的成本及利润等费用，似
乎在形式上不存在"营利的目的"。但是，附赠侵权复制品或者其他
类似物品的根本原因，在于以此作为诱饵来吸引受赠人购买复制方、
发行方的其他物品，或者参与其某种活动，其后续的本质性、终极性
目的，仍然在于提高复制方、发行方在其他业务领域内的利润收入，
是在为终极性的营利目的服务。从形式上看，附赠的做法缺乏直接
的、即时的对等金钱回报，但是其背后的目的——要么是通过诱使受
赠人购买其他物品而获得收益或者利润，要么是通过吸引受赠人参与
其某种活动而接受其消费观念，从而潜在性地、长期地购买其他物
品，也就是说，附赠行为在本质上并不是完全义务的和免费的，它也
有自己的"营利目的"，只是这种营利的目的不是直接的和公之于众
的，而是间接的，但是均是以最终获得金钱利益回报为目的的。另一
方面，从周延法网防止侵权行为人"明修栈道，暗度陈仓"来打侵权

---

① 参见方益权：《购物赠品的若干法律责任》，载《政治与法律》2005 年第 5 期。

"擦边球"的角度，如果对于这种附赠式销售不认定为"以营利为目的"，无疑可能会怂恿更多侵犯行为人采取无偿下载捆绑有偿下载的模式。客观地讲，司法实践中已经出现的情况是，侵权行为人的真实目的是以无偿下载的侵权产品牟利，但是却要对没有价值的、或者很小价值的合法著作权产品有偿下载，进而在用户和侵权人的默契中，利用附赠销售的幌子逃避处罚，这很显然是不合理的。

（3）为提高网站或其他类似站点的知名度、吸引更多网民、提高点击率等目的而许可他人免费使用自己侵犯别人著作权而得到的作品。此类行为是很多网站经常采用的手段。在这种情况下，如何认定"以营利为目的"便成了一个问题，因为网民在使用这些作品时是免费的，各网站也未直接向网民收取任何费用，作为回报网站得到的是高点击率，而不是直接的金钱回报，网站只是通过较高的点击率来提高其知名度，从而吸引更多的风险投资和广告业务，即网站免费为网民提供侵权作品也是有间接的金钱利益回报的，这种间接的利益回报是否应认定为"以营利为目的"以及怎样认定其营利的大小便成为一个亟须解决的问题。

笔者认为，这种行为应该认定为"以营利为目的"的范畴，尽管行为人不是赤裸裸的金钱获益，但也是一个为获得金钱利益而设置得很美丽的伪装，行为人的最终目的是获利的。举一个不是很恰当的例子说，这就如同一个饭店免费放电影（当然是未经许可的）用来招揽顾客的行为，你肯定不能认同把该饭店未向就餐顾客收取电影费就不是以获利为目的的，作为该饭店的合理辩解理由，因为这种放电影的行为已和饭店招揽更多顾客从而赚取更多利益的行为联系在一起了，饭店的目的仍是为获取利益。同样，在网站上为争取更多点击率而实施的侵犯他人著作权的行为，从本质上讲，也应当认定为是以营利为目的，而且，本质上此类行为也属于前述的现实生活中附赠侵权复制品的行为。

（4）以开玩笑或恶作剧等方式实施的侵犯他人著作权的行为。这种行为往往是网民或一些"黑客"所实施的，他们实施此类行为没有"营利的目的"，但有时却给著作权人带来巨大的损失，例如出于政治、泄愤等目的，或者仅是想显示一下自己的网络才华而窃取、下载或通过其他手段把著作权人的作品向全世界各网站发放，或者通过设置病毒程序来强迫著作权人或接到其发放作品的用户把自己的或接收到的作品再往外发放，如果说这还只是少数有才华的"黑客"所为的话，那么随着互联网个人用户的增多，许多普通的用户也可能把自己合法得到的著作权人的作品向自己比较熟悉的朋友、网友、网站等免费发放，这种侵犯著作权的范围可能较小（如只是给几个朋友发放），也可能非常大（如向许多网站发放），对这些行为，行为人皆无"以营利为目的"，但有时造成的危害是很大的，而且有一个不可忽视的因素是，这种免费发行几乎是毫无成本可言的，或者就是其成本非常小以至于可以忽略不计，这与传统的那种发行方式相比显然有很大不同，这也大大提高了在网上实施此类行为的可能性。但是，对于此种侵犯著作权的行为，应当指出的是，虽然它绝对是一种民事的侵犯著作权行为，却基于不具备"以营利目的"的法定条件，因而根据我国刑法第 217 条的规定，它不可能构成侵犯著作权罪。

　　具体到本案中，根据我国《刑法》第 217 条规定："以营利为目的，有下列侵犯著作权情形之一，违法所得数额大或者有其他严重情节的，处三年以下有期徒刑或者拘役，并处或者单处罚金；违法所得数额巨大或者有其他特别严重情节的，处三年以上七年以下有期徒刑，并处罚金：（一）未经著作权人许可，复制发行其文字作品、音乐、电影、电视、录像作品、计算机软件及其他作品的；（二）出版他人享有专有出版权的图书的；（三）未经录音录像制作者许可，复制发行其制作的录音录像的；（四）制作、出售假冒他人署名的美术作品的。"综观本案案情，双方争议的焦点问题其实就是侵犯著作权罪中主观要件"以营利为目的"的认定。传统著作权犯罪中"以营利为目的"的认定并不困难，但发生在互联网中的侵犯著作权罪，不但由于其媒介的特殊性（虚拟空间），还由于侵犯对象也就是计算机软件的表现方式、存储载体等都有别于传统的著作权客体，使得其很难套用司法中的现有规则和既定模式。如何认定网络中侵犯著作权罪的

"以营利为目的"，显然成为本案定性的关键。

二、"在增强包软件中添加广告插件并收取广告商费用"是否属于"以营利为目的"

本案中，围绕着被告人陈某某复制发行腾讯 QQ 软件是否具有"营利目的"，控辩双方展开了激烈争论。公诉人称，"珊瑚虫 QQ 安装北京智通无限科技有限公司、265 网络技术（北京）有限公司、Google（中国）信息技术有限公司的商业 Jk 插件，以此为上述三家公司的软件或网站做广告，后将修改好的软件以"珊瑚虫 QQ"的名义放在自己注册的"珊瑚虫工作室"网站供用户下载牟取非法利益。共获利 117 万元。"① 辩护人称，"复制发行腾讯 QQ 软件并不能带来任何直接的收入。公诉机关指控的被告人所获得的 1172822 元的收入并不是基于复制发行腾讯 QQ 软件而得到的收入，而是来源于提供珊瑚虫插件（腾讯 QQ 珊瑚虫增强包）的下载而获得的间接收入（广告收入）。"

1. 珊瑚虫软件分为珊瑚虫 QQ 与珊瑚虫程序增强包两种

应当了解的知识性前提是，珊瑚虫 QQ 是否更改了腾讯 QQ 软件？对此，北京市海淀区法院 2006 年做出的民事判决中，认定当时的珊瑚虫 QQ2006 版构成了对腾讯 QQ 系列软件的侵权，因为珊瑚虫 QQ 是由腾讯 QQ 软件加上陈某某自己制作的珊瑚虫增强包集成而来，该判决没有涉及珊瑚虫 QQ 是否更改腾讯 QQ 软件的问题。但是，深圳南山区检察院在起诉书中认定，"自 2005 年底至 2007 年 1 月间，被告人陈某某从腾讯公司的网站上下载腾讯 QQ 软件后，未经腾讯公司许可擅自对腾讯 QQ 软件进行修改，将腾讯 QQ 软件的广告、搜索功能进行删除，加上显示好友 IP 地址功能"。陈某某的辩护人向法庭提交的辩护词反驳指出，2003 年之前，被告人确有修改腾讯公司享有著作权的腾讯 QQ 软件并制作成珊瑚虫 QQ 软件提供网络下载的行为，

---

① 参见广东省深圳市南山区人民检察院起诉书深南检刑诉 [2007] 1233 号。

2004 年之后插件开发技术成熟，被告人通过插件开发的方式，在没有修改腾讯 QQ 软件的任何源代码的情况下，开发出了"腾讯 QQ 珊瑚虫增强包"的软件，该增强包软件可以单独放在网页上提供下载，也可以将该"增强包"和腾讯 QQ 软件简单打包在一起，命名为"腾讯 QQ 珊瑚虫版"。

参与互联网讨论的许多网民并不太了解珊瑚虫软件的组成，而这却是认定"以营利为目的"的关键环节。如前所述，早期的珊瑚虫软件是在直接修改腾讯 QQ 软件的基础上编写而来，而后期随着插件开发技术的成熟，陈某某已经放弃了这种方式。陈某某独立开发出了珊瑚虫程序增强包，应当认定陈某某对该增强包享有完全的著作权，它并没有更改腾讯 QQ 软件的任何程序代码，但是必须借助腾讯 QQ 才能实现自身的功能，用户安装完毕腾讯 QQ 软件后，再在同一目录下安装增强包软件即可。用户启动腾讯 QQ 软件后，增强包自动运行，实现某些优化功能，如去除腾讯 QQ 的弹出广告功能，增加自身的显示 IP 地址功能等。珊瑚虫 QQ 软件就是由珊瑚虫程序增强包和腾讯 QQ 软件打包所得。用户下载珊瑚虫 QQ 软件后一次安装就可实现所有功能。陈某某在自己网站上分别提供了珊瑚虫程序增强包和珊瑚虫 QQ 的下载。检察院的起诉书并没有详细区分珊瑚虫程序增强包和珊瑚虫 QQ 的区别，而是统称为珊瑚虫软件，或者以珊瑚虫 QQ 统称珊瑚虫软件，笔者认为这是不恰当的。

2. 陈某某的营利来源是增强包中的第三方插件，而非基于腾讯 QQ 下载所得

珊瑚虫增强包没有侵犯腾讯公司的著作权，而且陈某某应当享有该增强包的著作权。陈某某在增强包中增加了北京智通无限科技有限公司、265 网络技术（北京）有限公司、Google（中国）信息技术有限公司提供的广告插件和程序插件，由上述公司支付陈某某广告费用，用户安装增强包程序时会提示是否安装以上插件。也就是说，陈某某的营利来源是基于珊瑚虫增强包的下载而获得的间接收入（广告收入）。单纯提供腾讯 QQ 软件的下载本身是不能获得任何直接收入

的，因为包括腾讯公司官方网站在内的许多网站都能免费获得腾讯QQ系列软件的下载。也正是因为珊瑚虫增强包的优异表现，用户纷纷选择珊瑚虫软件，广告商也找陈某某联系广告。因此，本案被告人带来广告收入的产品不是腾讯 QQ 系列版本，而是腾讯 QQ 珊瑚虫增强包。可以认为，陈某某的收益与腾讯 QQ 无必然联系。

3. 本案与网络空间中侵犯著作权犯罪同类案件的不同

在此我们有必要与第二种方式，也就是附赠销售方式作一区分。捆绑插件牟利与附赠侵权作品的方式在行为表现上比较相似，但是两者却有本质不同：

其一，在附赠侵权复制品的行为中，行为人的主行为是有偿下载行为（当然，如果行为人有偿下载的是侵犯著作权的作品，则属于"以营利为目的"的第一种方式）。在捆绑插件的行为中，行为人的主行为是免费下载行为。这个免费下载的对象可能是合法软件（珊瑚虫增强包），也可能是侵权软件（腾讯 QQ），本案中既可以理解为插件捆绑增强包，也可以理解为捆绑珊瑚虫 QQ 或腾讯 QQ，因为增强包本来就是依附腾讯 QQ 而存在，但这不影响对案件的理解和定性。其二，在附赠侵权复制品的行为中，只存在用户和侵权行为人、被侵犯人三方面法律关系，在捆绑插件行为中存在四方面法律关系，这就是侵犯行为人、被侵犯行为人、用户和插件提供商。前者侵权行为人的营利来源是用户，后者侵权行为人的营利来源是插件提供商。如果不存在这个插件提供商，则要么属于附赠侵权方式，要么就是合法的销售行为，例如陈某直接向用户提供有偿下载插件牟利。其三，这两种行为的本质区别在于，附赠侵权行为中的被侵权作品需要进行价值分摊，即在收费的合法作品中分担其一部分价值，这样被侵犯作品就由形式上的赠与变成实质上的出卖。而捆绑插件行为中，被侵犯作品是不需要进行价值分摊的，如本案中的腾讯 QQ 由于可以在网上许多网站自由免费下载，所以不可能由插件所得赢利分担其价值。

4. 被告人陈某某侵犯著作权行为是否存在"营利为目的"

在分析完以上理由之后，极容易形成的困惑就是，珊瑚虫软件在

民事上侵犯著作权是毫无疑问的，但是，似乎与附赠不同，其不具备
"以营利为目的"，因而不构成侵犯著作权罪。这也是互联网中多数网
友的意见，更是关心第三方软件前途和命运的所有人的意见。

　　但是，我们可以尝试换一个角度来看问题：如果某个著名的作
家，采用了与腾讯 QQ 软件免费下载方式相同的全新市场运作模式来
推广自己的新著，本来创作、出版和发行成本较高的作品，以免费的
形式向公众发放，公众可以在几乎所有的超市免费取得。而该作家为
什么这么做呢，是因为其固有的知名度，让广告公司和某些产品的厂
商愿意与其合作，为其提供了大量的广告费用作为创作、出版和免费
发行的资金，条件是在作品中加入数页的广告（无论是封底还是内
文）。但是，侵权人却将大量的免费作品中的广告页换成另外一类或
者几类广告（自己收费，并且可能使该作品的封面设计更为美观即
"功能更强"），另行免费向公众发放的，虽然并没有修改作品的内容，
但是，此种情况是否属于"以营利为目的"就有了思考的余地。而实
践中此类情况是较为常见的，例如，中国电信的"黄页"即电话号码
簿，虽然制作成本很高，但是，依据世界通例是免费向公众发放的，
而其成本的回收主要依靠"黄页"内的大量广告。实践中相当多的不
法广告商，则将"黄页"的号码内容保留，而将广告内容调换为自己
另行收费并承诺加以推广的广告，自行印制并免费向公众发放。此类
行为本质上与珊瑚虫一案中被告人陈某某的做法基本相同。因此，如
果侵权人只是单纯地提供增强包，甚至提供有偿增强包的下载服务，
都不涉及侵犯著作权的问题，因为陈某某享有增强包的著作权。但
是，陈某某将腾讯 QQ 软件和自己设计的增强包打包供下载，并以另
行收费的广告等各类插件来替换腾讯公司原软件内的各类插件，其本
身就已经具有"以营利为目的"，因此涉嫌侵犯著作权罪。

　　为了证实我们的观点，我们再来进一步分析陈某某的行为。陈某
某单独提供珊瑚虫增强包下载牟利，无论是向下载者收费还是向第三
方即广告商收费，都是正当、合法的行为，不能因为珊瑚虫增强包依
附于腾讯 QQ 存在而否认陈某某对珊瑚虫拥有著作权。引起争议的是

陈某某将珊瑚虫增强包和腾讯QQ打包下载的行为，打包下载是只在行为方式上略微不同于增强包单独下载行为呢，还是因其他因素的存在（腾讯QQ）而导致其法律性质发生根本变异？笔者认为后者的可能性更大一些。尽管打包下载不同于附赠销售，但也不能将其理解为是民事侵权行为（免费下载腾讯QQ）和正当行为（下载珊瑚虫增强包牟利）的简单叠加，二者的组合已经消解了各自的行为性质并突破了各自的行为边界。正如共同犯罪不是若干单独犯罪的简单相加一样，腾讯QQ和珊瑚虫增强包只是打包下载行为中的某一要素，它们已经不再具有独立的法律意义。陈某某的辩护律师在一审辩护词中提出陈某某牟利和腾讯QQ公司没有直接因果关系，显然没有认识到这一点。珊瑚虫增强包与腾讯QQ本来就一度"两情相悦"，打包下载就更让他们水乳交融、难分彼此。陈某某在二审上诉状中提出，"如果没有珊瑚虫插件所体现出来的独特功能及其所隐含的商业价值，用户没有理由到非腾讯公司的官方网站下载腾讯公司的QQ软件，广告商也没有理由与上诉人进行广告方面的合作。"我们不否认该逻辑的合理性，但这恐怕只是问题的一个方面。如果单独的珊瑚虫增强包都能牟利，那么陈某某为什么还要推出"腾讯QQ珊瑚虫版"，提供打包下载呢？这种甘冒风险、游走于法律边缘地带的行为似乎不能简单理解为方便用户的"毫不利己、专门利人"之举吧？如前所述，珊瑚虫增强包虽然具有一些优化功能，但它必须要在安装腾讯QQ软件后才能安装使用，且使用起来还可能带来其他不便，某些挑剔或者不愿为此周折的用户可能就放弃使用珊瑚虫而选择腾讯公司提供的正规软件了。如果在同一页面上分别提供腾讯QQ珊瑚虫版和珊瑚虫增强包的下载，恐怕绝大多数用户都会选择前者。某些用户为了方便使用，甚至宁愿卸载原版软件并安装腾讯QQ珊瑚虫版，也不愿在原软件基础上加载安装珊瑚虫增强包。这说明，不仅腾讯QQ利用珊瑚虫增强包获得了额外的商业利益，珊瑚虫增强包也利用腾讯QQ推广了自身应用，扩大了市场占有率，而市场占有率就是陈某某获得广告商青睐，并与其讨价还价的本钱。可见，陈某某的营利行为与腾讯QQ有着千丝万缕的联系，陈某某也并非众多网友想象的那么无辜。认定打包下载具有"以营利为目的"是没有问题的。

综上，深圳南山区人民法院一审判决陈某某构成侵犯著作权罪是正确的。对于这一判决，曾有无数网友遗憾地说，这个判决对于互联网上的插件开发和技术创新来说，是一个漫长严冬的开始。但应当指出的是，对于某一事物及相伴随行为的道德和法律评价，尤其是对于其负面效应的认定，往往在事物出现的初期具有一定的争议性和模糊性。但是，应当认识到，新技术的出现、发展，和新技术被扭曲使用完全是两个问题。社会固然欢迎新技术的发展，也希望为新技术的提高而创造有利环境。然而，新技术和新技术的扭曲使用是完全不同的，不能为了促进技术发展而容忍扭曲使用新技术的行为。①

鉴于以上分析和共识，在本案发生几年之后，2011年1月10日，最高人民法院、最高人民检察院、公安部、司法部联合发布《关于办理侵犯知识产权刑事案件适用法律若干问题的意见》（以下称《意见》）第10条，直接对于"以营利为目的"进一步地予以了具体化，这一司法解释直接规定：除销售外，具有下列情形之一的，可以认定为"以营利为目的"："（1）以在他人作品中刊登收费广告、捆绑第三方作品等方式直接或者间接收取费用的；（2）通过信息网络传播他人作品，或者利用他人上传的侵权作品，在网站或者网页上提供刊登收费广告服务，直接或者间接收取费用的；（3）以会员制方式通过信息网络传播他人作品，收取会员注册费或者其他费用的；（4）其他利用他人作品牟利的情形。"

根据上述司法解释，本案中陈某的行为，毫无疑问属于可以被认定为"以营利为目的"的第一种情况，因此，陈某被判处侵犯著作权罪是没有问题的。

---

① 参见于志刚：《侵犯著作权罪中"以营利为目的"的网络异化》，载《昆明理工大学学报·社科（法学）版》2008年第7期。

第十八章　利用网络侵犯著作权（二）："复制、发行"的判定

[典型判例] 王某侵犯著作权案

案由：侵犯著作权

基本案情：上海××信息科技有限公司（以下称××公司）系依法取得《互联网出版许可证》、《网络文化经营许可证》、《出版物经营许可证》的有限责任公司，主要经营原创文学门户"××中文网"。××公司与《×–龙时代》、《暗黑破坏神之毁灭》、《北洋》等小说的作者签订《文学作品转让协议》，签约作者将其作品在全球范围内的独家信息网络传播权永久转让给该公司，该公司将上述作品在其经营的"××中文网"（www.＊＊.com）上予以登载。

为提高网站的知名度和点击量，自 2009 年起，被告人王某在未取得××公司许可的情况下，运用自动下载软件，擅自大量复制"××中文网"上的《×–龙时代》、《暗黑破坏神之毁灭》等小说，并将上述小说转载至"××"文学网，供该网站用户阅读。

2010 年 9 月被告人王某加入百度广告联盟，由百度广告联盟在其"××"文学网上发布各类广告，被告人王某据此获取广告收益。结算至 2011 年 2 月，被告人王某从百度广告联盟共获取广告费人民币226135.06 元。2011 年 2 月 22 日，被告人王某将"××"文学网以100 万元的价格出售。2011 年 2 月 26 日，被告人王某在湖北省武汉

市武钢宾馆被公安机关抓获。3 月 11 日公安机关扣押被告人在浙江省绍兴市托管的五台服务器中的硬盘 12 块。

经上海市公安局委托，上海东方计算机司法鉴定所对"××"文学网所涉 8 张 DVD 刻录光盘（内有 500 多部电子小说）与××公司"××中文网"上书名相同的电子小说进行文字内容的相似性比对。该所于 2011 年 3 月 23 日出具鉴定报告。鉴定结论为："××"文学网与"××中文网"上同名的 502 部小说中，有 500 部存在实质性相似。

判案理由：上海市浦东新区人民法院经审理认为，××公司经涉案作品的作者转让，取得了涉案作品的信息网络传播权，其合法权益受法律保护，任何人均不得侵犯。被告人王某为牟取非法利益，未经××公司许可，复制、发行该公司享有信息网络传播权的文字作品 500 部，通过信息网络向公众传播，情节严重，其行为已构成侵犯著作权罪，公诉机关指控被告人王某犯侵犯著作权罪，罪名成立，应予支持。

关于被告人王某称其检举揭发了其他网站存在侵权行为的问题，因根据被告人的供述，该网站与被告人的网站是联盟网站，与被告人共同轮流从××中文网下载作品，因此被告人供述该网站的域名属于如实供述犯罪事实，不构成检举揭发，被告人王某及其辩护人的意见上海市浦东新区人民法院不予采信。被告人王某到案后如实供述自己的罪行，依法可从轻处罚。被告人王某自愿认罪，认罪态度较好，可以酌情从轻处罚。被告人王某的辩护人提出对被告人王某从轻处罚的意见，上海市浦东新区人民法院予以采纳。根据被告人王某的犯罪情节、社会危害性等，被告人王某的辩护人提出对被告人适用缓刑的意见，上海市浦东新区人民法院不予采纳。

定案结论：上海市浦东新区人民法院认定被告人王某犯侵犯著作权罪，判处有期徒刑 10 个月，并处罚金人民币 10 万元；（刑期从判决执行之日起计算。判决执行以前先行羁押的，羁押 1 日折抵刑期 1 日，即自 2011 年 2 月 26 日起至 2011 年 12 月 25 日止。罚金于本判决生效后 1 个月内缴纳。）同时，扣押的硬盘 12 块予以没收；违法所得予以没收。①

[学理简析] 本案中，被告人王某为提高网站的知名度和点击量，自 2009 年起，在未取得××公司许可的情况下，运用自动下载软件，擅自大量复制"××中文网"上的《×-龙时代》、《暗黑破坏神之毁灭》等小说，并将上述小说转载至"××"文学网的行为，典型地体现出网络空间中复制、发行行为的异化，上海市浦东新区人民法院对于王某行为的定性是正确的，其中对于网络空间中侵犯著作权罪中"复制、发行"的认定，对于今后的司法实践有着一定借鉴意义。可以说，司法实践中接连涌现的一系列相关案件表明，以上载、下载、作品数字化、网络盗贴为异化形式的新型复制、发行行为对网络空间中著作权的刑法保护带来了冲击和挑战，也凸显了数字时代背景下著作权刑法保护的未来走向。

一、网络侵犯著作权犯罪构成要件中"复制、发行"行为的理论解读

客观地讲，对于网络空间中频发的侵犯著作权违法案件的司法定性，需要明确上传、下载、链接等行为是否属于"复制、发行"行为。"复制、发行"的准确定性是认定侵犯著作权犯罪是否成立的首要前提条件，也是司法实践中认定相关案件首先需要解决的问题。

（一）网络背景下"复制发行"的异化形式解读

应当指出的是，近年来，不断涌现出网络非法复制发行他人作品的违法行为或者刑事案件，这已经引发了广泛的社会关注。审视此类违法犯罪案件，可以发现网络空间的"复制发行"行为突破了现实社会的限制，颠覆了传统"复制发行"的认定模式，尤其是上载、下载与网络传播行为界分的复杂关系，更导致了网络复制发行行为日益凸显出的形式复杂化、法律规制真空化的趋势。

---

① 案例来源：上海市浦东新区人民法院刑事判决书（2011）浦刑初字第 2491 号，载上海法院法律文书检索中心。

1. 网络空间中"复制发行"的表现形式及其认定

受网络开放性、多样性及便捷性的影响，发生在网络空间中的非法复制发行正逐渐呈爆发态势。客观地讲，网络空间中的作品复制发行行为与传统意义上的复制发行行为并无本质差异，但在形式上却具备了一系列的异化特征，具体表现为将图书做成电子书文件，将电影、电视剧做成 BT 种子上传供他人下载，将公开发行的电视剧碟片转化为电脑可读格式后复制到电脑中，将音乐制品做成音频、视频文件放在网站上提供有偿或无偿下载。① 整体上讲，网络空间中的"复制发行"行为主要存在以下几种方式：

（1）BT 下载：以香港 BT 刑事案为例

BT 下载技术的产生使得传统"复制发行"行为发生了根本性变革，使其从本质上转变为一个信息"交换"的过程，也引发了一系列的新型著作权违法犯罪行为。2005 年 10 月 24 日，香港屯门地区法院根据香港《版权条例》第 118 条第 1 款 f 项②的规定，宣判香港公民陈乃明（网名为"古惑天皇"）因利用 BT 软件将《夜魔侠》（"DareDevil"）、《宇宙深慌》（"Red Planet"）及《选美俏卧底》（"Miss Congeniality"）三部影片的非法复制品以 BT 种子的形式上传至互联网供他人下载，对电影版权人造成严重侵害，判处 3 个月监禁。③ 陈乃明是全球因 BT 下载行为被判有罪的第一人，此案一经公布，即得到了广泛关注。

（2）作品的数字化转换：王蒙等六作家诉"北京在线"著作权侵权案

一般认为，作品的数字化是指通过多媒体技术将特定作品在网络

---

① 参见于志刚：《侵犯著作权罪中"以营利为目的"的网络异化——以珊瑚虫 QQ 案为视角》，载《昆明理工大学学报·社科（法学）版》2008 年第 7 期。

② 香港《版权条例》第 528 章第 118 条第（1）（f）项规定：如果"并非为任何贸易或业务的目的，亦并非在任何贸易或业务的过程中，亦并非在与任何贸易或业务有关联的情况下而传播该复制品，达到损害版权的拥有人的权利的程度，亦属犯罪"。

③ 陈宜飚：《香港：全球首例 BT 用户侵权量刑调查》，载《21 世纪经济报道》2005 年 11 月 1 日。

载体上进行上传使用的行为，随之产生的问题在于，将作品数字化的行为是否构成复制？例如，在王蒙等六作家诉"北京在线"著作权侵权案中，"北京在线"未经著作权人许可，将《坚硬的稀粥》、《预约死亡》等原告作品搭载于其开办的网站——北京在线（网址为：ht-tp：//www.bol.com.cn）上传播。法院审理认为"一部作品经数字化转换，以数字化方式使用，只是作品载体形式和使用手段的变化，并没有产生新的作品，作品的著作权人对其创作的作品仍享有著作权，故而构成侵权。"①

笔者认为，将作品数字化的行为从行为方式上看，与传统刑法上的复制行为并没有本质性差异，只是复制的载体发生了变化。详言之，传统意义上的复制行为，往往通过有形载体进行，例如，我们狭义上理解的纸质作品的复印与盗版行为即属于此类行为。与之同理，作品的数字化行为，在完全保留作品原有内容的基础上，仅仅对作品载体进行了转换，尽管这种复制跨越了不同的载体，但其本质上仍属于刑法层面上的复制行为。

（3）网络盗贴：云霄阁案

与以上相对较典型的复制发行行为不同，"云霄阁网络盗贴案"作为我国第一起对网络小说盗贴行为以侵犯著作权罪定罪处刑的案件，在客观形式上具备了新的特征。2008 年 10 月 30 日，福建省莆田市涵江区人民法院判决全国首例网络文学侵权案，判定云霄阁网站两负责人在未经著作权人许可的情况下，擅自复制传播起点中文网拥有版权的 1339 部网络文学原创作品，构成侵犯著作权罪，一审判处两被告有期徒刑 1 年 6 个月，各处罚金 10 万元。法院审理查明，被告人在互联网开办云霄阁网站后，采用软件从起点中文网等网站下载电子书籍，粘贴到云霄阁网站上供互联网用户在线浏览，并通过网站链

---

① 杜芳：《论网络信息著作权的刑法保护》，载《中国人民公安大学学报（自然科学版）》2010 年第 1 期。

接广告获利达 8 万元。[①]

（4）非法链接：百度公司"版权门"事件

2005 年 9 月 16 日，北京市海淀区法院对上海步升音乐文化传播有限公司诉北京百度网讯科技有限公司录音制作者权侵权纠纷一案中，判决被告百度公司停止在其网站上提供原告享有录音制作者权的涉案歌曲的 MP3 文件下载服务；同时，在判决生效之日起 10 日内，被告赔偿原告经济损失 6.8 万元（按每首歌 2000 元计算）。[②] 透过百度 mp3 案可以发现，通过对音乐网站中存储的音乐设置链接，为网民提供免费的 mp3 下载的行为某种程度上也体现了侵犯著作权罪中"发行"行为的应有内涵。

2. 网络环境下"复制发行"的异化特征

透过上述案例可以发现，在网络数字化时代背景下，所有的作品几乎都可以在网络中实现数字化，并通过上传、下载程序被大量地复制和传播。从某种程度上讲，这种网络复制与传播的便捷性加速了知识的普及和交流，但同时也给著作权的保护带来严峻挑战。在网络空间中，复制、下载著作权人的作品可以在瞬间之内完成，这种复制摆脱了现实的地域限制，真正实现了作品复制发行的瞬间全球化。主要表现在以下几个方面：（1）主观目的的多样性。随着信息传播的网络化、商务的电子化，网络空间中作品的复制发行行为已经不再单纯地"以营利为目的"而是混乱地表现为提高网站点击率、赚取积分、提高网络账户等级等等。可以说，网络空间中日益泛滥的上载、下载行为所体现的犯罪目的已趋于无限的多样化。（2）客观行为的便捷性。网络的便捷性使得著作权的复制发行更为便捷，也极大地降低了著作权犯罪行为的犯罪门槛，可以说，正是网络的开放性和便捷性催生了日益增加的网络复制发行著作权的犯罪行为。同时，这些新型行为的

---

① 孟昭丽：《全国首例网络文学侵权案宣判 云霄阁网站侵权成立》，载 http://news.xinhuanet.com/zgjx/2003-11/01/content_10289725.htm，2011 年 11 月 8 日访问。

② 佚名：《步升案败诉 百度 MP3 侵权官司缠身不可收拾》，载 http://tech.sina.com.cn/i/2005-09-16/16.0722582.shtml，2011 年 11 月 8 日访问。

出现，也使得著作权侵权与犯罪之间的分界线正变得日益模糊。（3）社会危害后果的不特定性。从社会危害性上看，网络信息存储量的巨大和传播速度的倍增，使得作品的复制发行得以无限放大，这也就导致侵犯著作权的违法犯罪行为所具备的社会危害性日益严重，对著作权的冲击也远远超过了传统的犯罪行为。诚如有学者指出："数字技术的发展使得版权产品的生产复制方式发生了根本的改变，一些数字产品的复制几乎不会有额外的花费，可以接近零成本的方式进行网络上的生产等，而生产方式的变化无疑要求改变与之相应的法律制度，使之适应实际的生产发展要求。"①

（二）网络侵犯著作权犯罪"复制发行"的刑法解读

客观地讲，对于网络空间中频发的侵犯著作权违法案件的司法定性，需要明确上传、下载、链接等行为是否属于"复制发行"行为，以及是否具有"营利目的"。其中，"复制发行"的准确定性是认定侵犯著作权犯罪是否成立的首要前提条件，也成为司法实践中认定相关案件首先需要解决的问题。

1. 网络空间中"复制、发行"行为的学理性阐释

从广义上讲，复制是指通过一定的方法使得特定作品得以再现，并将其所再现的作品固定为特定载体的行为过程。"复制"在著作权层面上有着丰富的概念，在"印刷版权"时代，复制主要是指平面到平面的复制，② 而到了"数字版权"时代，复制行为转变为将特定数字化作品文件从网络服务器下载到计算机硬盘的形式。受网络因素的影响，发生在网络空间中的文件下载和文件复制行为在形式上产生了诸多异化，但需要明确的是，无论是传统意义上的复制行为，还是网络空间中的复制行为，其本质特征均在于特定作品的重复再现，这也是它与创作行为的根本差异所在。发行是指基于特定的需求，将一定

---

① 刘祥国、李正生：《数字化时代中国版权制度的现状及挑战》，载《社会科学家》2010 年第 10 期。

② 本文所要研究的复制仅限于平面到平面的复制，此外在表现形式上还包括从立体到平面、从平面到立体、从立体到立体等方面的复制。

数量的作品复制件提供一定的方式向社会公众提供的行为，其本质特征在于作品复制件载体的转移。对于发行的概念，我国 1991 年公布施行的《著作权法实施条例》第 5 条第 5 款规定："发行，指为满足公众的合理需求，通过出售、出租等方式向公众提供一定数量的作品复制件。"著作权法对于发行权的规定则为：以出售或者赠与方式向公众提供作品的原件或者复制件的权利。由此可见，著作权法明确了发行的方式，将其明确限定为出售和赠与，取消了出租这一方式。

在网络时代背景下，发行获得了诸多新的途径，复制与发行往往同步进行。以 BT 下载为例，根据 BT 下载的工作原理，行为人可以将著作、电影等作品做成存储单位较小的 BT 种子（例如两 G 的电影文件即可以被转化为数十 kb 的 BT 种子），并将其通过网络服务器供他人下载，上传 BT 种子文件的电脑即被称为"种子电脑"；同时，基于 BT 技术的双向性，下载 BT 种子文件的电脑在下载的过程中，也会成为新的"种子电脑"为其他人提供下载。可以说，网络技术的介入为发行行为的认定带来了更多的困惑，尤其理论研究与司法实践中"网络发行"一词的广泛使用更使得"发行"行为的法律认定愈加模糊。

一般认为，我国《刑法》第 217 条中所规定的"复制发行"来源于 1990 年《著作权法》第 46 条中"复制、发行其作品的……"的规定。由于 1990 年《著作权法》也没用对复制、发行作出具体的规定，因此自 1997 年刑法实施以来，围绕"复制、发行"究竟属于"复制＋发行"的复合行为，还是属于"复制或者发行"的并列行为，学界与司法实践中存在着不同争议。1998 年最高人民法院《关于审理非法出版物刑事案件具体应用法律若干问题的解释》第 3 条规定："《刑法》第 217 条第（一）项中规定的'复制、发行'，是指行为人以营利为目的，未经著作权人许可而实施的复制、发行或者既复制又发行其文字作品、音乐、电影、电视、录像作品、计算机软件及其他作品的行为。"

但是，网络发行的行为则具备了诸多新特征，最为突出的在于通过网络提供作品根本不会导致作品复制件的占有转移，① 而只是通过上传、下载的方式将特定作品再现到行为人计算机硬盘之中。可以说，受网络开放性、多样性及便捷性的影响，发生在网络空间中的非法复制、发行正逐渐呈爆发态势。客观地讲，网络空间中的作品复制、发行行为与传统意义上的复制、发行行为并无本质差异，但在形式上却具备了一系列的异化特征，具体表现为将图书做成电子书文件，将电影、电视剧做成 BT 种子上传供他人下载，将公开发行的电视剧碟片转化为电脑可读格式后复制到电脑中，将音乐制品做成音频、视频文件放在网站上提供有偿或无偿下载。②

2. 网络"发行"行为与网络传播行为的界分

伴随着网络空间中不断新增的复制发行行为形式，司法实践中也出现了网络传播与网络复制发行认定的混乱。根据《信息网络传播权保护条例》的规定，所谓信息网络传播是指以有线或者无线方式向公众提供作品、表演或者录音录像制品，使公众可以在其个人选定的时间和地点获得作品、表演或者录音录像制品的行为。

因此，需要明确的是，网络传播行为从技术层面上可以划分为作品数字化、上传、下载以及浏览等一系列操作程序，是作品数字化（永久复制）＋上传（永久复制＋传输）＋浏览（临时复制③＋传输）＋下载（临时复制＋永久复制＋传输）等一系列行为的复合。④ 因此，网络传播行为从本质上同时包括了作品的复制和发行，是复制行为和发行行为的统一。

而对于"发行"与"网络传播"之间的关系，欧盟 2001 年通过

---

① 参见王迁：《论网络环境中发行权的适用》，载《知识产权》2001 年第 4 期。

② 参见于志刚：《侵犯著作权罪中"以营利为目的"的网络异化——以珊瑚虫 QQ 案为视角》，载《昆明理工大学学报·社科（法学）版》2008 年第 7 期。

③ 临时复制简单来讲就是行为人将作品文件从网络服务器下载到计算机内存的行为，这种行为并没有产生复制品数量的增加，因而不属于刑法意义上的复制行为，而仅仅属于一种简单的计算机读取行为。

④ 陈志刚：《论信息网络传播权的刑法保护》，载《湖南公安高等专科学校学报》2008 年第 3 期。

的《版权与相关权指令》曾进行了明确界分，并分别规定为"发行权"和"向公众提供权"（即"网络传播权"），并明确指出：网络传播权不适用于以有形载体为形式进行的发行行为。有学者对此认为，这种规定划定了发行与网络传播行为的界限，如果概括地将"网络传播"均认定为"发行"行为，则会导致"网络传播权"被司法架空，从而违背立法的初衷。①

当然，从结果上看，发行与网络传播均能够使他人获得作品，但是客观结果上的一致性并不能简单地将"通过信息网络向公众传播他人文字作品、音乐、电影、电视、录像作品、计算机软件及其他作品的行为"视为"发行"，二者仍存在质的差异。

二、网络侵犯著作权犯罪"复制发行"行为评价的司法现状

网络技术的迅猛发展给传统的著作权犯罪提供了平台和技术支持，也给刑事立法与司法实践带来诸多挑战与困惑，网络传播行为的出现与"复制发行"行为的网络异化，更加大了认定著作权犯罪客观行为的难度和困惑。

（一）困境之一：现有刑法框架下对网络"复制发行"的有限评价

诚如有学者指出：当前的网络空间，属于"技术的现代社会"和"法律的原始社会"，法律的滞后性极为明显。② 我国《刑法》的第217条规定："以营利为目的，有下列侵犯著作权情形之一，违法所得数额较大或者有其他严重情节的，处三年以下有期徒刑或者拘役，并处或者单处罚金：（一）未经著作权人许可，复制发行其文字作品、音乐、电影、电视、录像作品、计算机软件及其他作品的……"不难

---

① 王迁：《论著作权法中"发行"行为的界定——兼评"全球首宗 BT 刑事犯罪案"》，载《华东政法学院学报》2006 年第 3 期。

② 于志刚：《信息社会与刑事法律的时代转型》，载《检察日报》2011 年 3 月 31 日，第 3 版。

发现，现行刑法关于侵犯著作权犯罪的构成要件设置了以营利为目的，并且将数额较大或者情节严重作为犯罪成立的构成要件之一，这就给网络空间中的复制发行行为是否具备营利目的以及数额、情节的认定带来了难题，导致部分已具备严重危害性的复制发行行为无法得到刑法的有效评价。

1. "复制发行"目的要件的立法束缚

"以营利为目的"作为侵犯著作权犯罪的主观要件，是认定复制发行行为是否构成犯罪的重要因素之一。对于在网络空间中实施的侵犯著作权行为，"以营利为目的"的认定，需要结合具体行为的表现形式予以扩张性理解。例如，本文前面所列举的百度 mp3 下载案、网络盗贴案中，侵权行为人为了提高本网站的知名度和点击率，以提供免费下载他人作品文件的方式吸引网民。在此类情况下，如何认定复制发行行为是以营利为目的便成为一个问题，笔者认为，尽管上述复制发行行为并没有通过复制发行侵权作品复制件进行直接牟利，但以此提高网站知名度来吸引广告业务，仍然属于以营利为目的。鉴于此，2011 年 1 月 10 日，最高人民法院、最高人民检察院、公安部、司法部联合发布的《关于办理侵犯知识产权刑事案件适用法律若干问题的意见》（以下称《意见》）第 10 条对于"以营利为目的"进一步地予以了具体化，具体规定是：除销售外，具有下列情形之一的，可以认定为"以营利为目的"：（1）以在他人作品中刊登收费广告、捆绑第三方作品等方式直接或者间接收取费用的；（2）通过信息网络传播他人作品，或者利用他人上传的侵权作品，在网站或者网页上提供刊登收费广告服务，直接或者间接收取费用的；（3）以会员制方式通过信息网络传播他人作品，收取会员注册费或者其他费用的；（4）其他利用他人作品牟利的情形。

可以发现，《意见》对于"以营利为目的"进行了扩张解释，将广告费、会员制收费等方式纳入刑法规制体系之内，顺应了网络时代背景下的刑事司法的需求。但值得注意的是，许多网民在某些情况下往往出于恶作剧的目的将他人作品进行恶意篡改后上传至网站供他人下载，此外还有部分行为人将合法取得的作品上传至网络供网友免费下载，这种免费发行几乎毫无成本可言，行为人也不以营利为目的，但网络的开放性却使得此类行为的危害性被放大。但是，基于不具备"以营利目的"的法定条件，此类行为却无法进入刑法的打击半径之内。

2. "复制发行"危害后果的评价困境

根据现行刑法规定，违法所得数额较大或者有其他严重情节的才能构成侵犯著作权罪。但是，已如前述，网络空间中的发行行为无需转移作品复制件的有形载体就可以为他人所获得，这一异化的发行与传统侵犯著作权罪中的发行的最大不同在于，其不会导致作品有形载体在物理上的转移。① 这就给犯罪涉案数额的认定带来司法难题。有鉴于此，最高人民法院、最高人民检察院、公安部、司法部 2011 年发布的《关于办理侵犯知识产权刑事案件适用法律若干问题的意见》第 13 条对网络著作权犯罪中的"其他严重情节"进行了具体细化，将"非法经营额"、"作品数量"、"被点击数"、"注册会员数"等因素给予了考量。客观地讲，这一司法解释丰富了网络复制发行行为的内涵，解决了从复制发行角度解读一系列新型著作权犯罪行为的司法难题。

（二）困境之二："复制发行"帮助行为的刑法评价真空

对于直接在网络空间中进行上传、下载他人作品文件的行为，可以通过扩张解释的方式进行变通处理，而对于其他的非法复制发行行为，尤其是网络复制发行、传播的帮助行为，目前刑法仍然难以评价。

刑法理论认为，共同犯罪要求主观上具有共同的犯意，客观上具有共同的犯罪行为。但是对于网络复制发行的帮助行为而言，它与侵害著作权的实行行为之间的联系往往并不紧密，而且自身有着较大的

---

① 崔立红、秦野：《网络时代知识产权犯罪问题研究及其对策》，载《犯罪研究》2001 年第 1 期。

独立性，大部分情况下难以认定网络空间中复制发行行为及其帮助行为之间具有共同的犯罪故意，例如，行为人通过网络服务器上载盗版软件、侵权作品复制文件，网络运营商或者网站管理者将其挂载在网络页面，其目的在于吸引网民流量、增强网站的点击率，从而提升网站的广告收入，对于上传、下载作品文件的行为根本无从知晓，而且无意知晓，此类情况下很难根据刑法理论将网站经营者视为侵犯著作权罪的共犯处理。

实际上，司法实践能否迈出关键的一步，严厉打击实质上的"复制发行"行为的帮助者，需要的是决心，而不是法律依据。网站、网络服务商的管理责任尤其是刑事责任问题，目前的司法解释已经有了非常大的突破，已经可以在侵权行为人和管理方不构成共同犯罪的基础上，严厉追究管理方的刑事责任。这一点的答案，参见后面的"淫秽物品"一章。

（三）困境之三："复制发行"与网络传播的普遍混淆

在网络因素广泛介入传统侵犯著作权犯罪的同时，理论研究以及司法实践中普遍存在着对网络传播行为与复制发行行为关系的混淆，这一认识偏差典型地体现在有关网络侵犯著作权罪的司法解释之中。

2004年12月8日，最高人民法院、最高人民检察院公布了《关于办理侵犯知识产权刑事案件具体应用法律若干问题的解释》，其中第11条明确规定，通过信息网络向公众传播他人文字作品、音乐、电影、电视、录像作品、计算机软件及其他作品的行为，应当视为刑法第217条规定的"复制发行"。这一规定将以营利为目的进行的网络传播行为纳入刑法的打击半径之内，但已如前文所述，网络传播行为与发行行为有着本质的差异，将"网络传播"视为发行行为难免给人以类推之嫌。但值得肯定的是，考虑到刑事立法的滞后性，在短期内通过司法解释的方式将已经具备严重社会危害性的网络传播行为纳入刑法规制体系之内，仍具有极为重要的意义，为司法实践中关于网络传播行为的定性量刑提供了规范性标准和依据。

三、对于"复制、发行"行为的理解与认定

与本案相似，近年来所不断涌现出的网络非法复制、发行他人作品的违法或刑事案件，已经引发了广泛的社会关注。审视此类违法犯罪案件，可以发现网络空间的"复制、发行"行为突破了现实社会的限制，颠覆了传统"复制、发行"的认定模式，尤其是上载、下载与网络传播行为界分的复杂关系更导致网络复制、发行行为日益凸显出冒用形式复杂化、法律规制真空化的趋势。因此，认定网络空间中侵犯著作权犯罪的关键在于"复制、发行"要件的把握。

"王某侵犯著作权案"中，被告人王某自 2009 年起，在未取得××公司许可的情况下，运用自动下载软件，擅自大量复制"××中文网"上的《×-龙时代》、《暗黑破坏神之毁灭》等小说，并将上述小说转载至王某运营的"××"文学网，其通过多媒体技术将特定作品进行上传使用的行为，已经构成了侵犯著作权罪犯罪构成中的"复制"行为。与此案相似的云霄阁网络盗贴案，作为我国第一起对网络小说盗贴行为以侵犯著作权罪定罪处刑的案件，在客观形式上具备了新的特征。2008 年 10 月 30 日，福建省莆田市涵江区人民法院判决全国首例网络文学侵权案，判定云霄阁网站两负责人在未经著作权人许可的情况下，擅自复制传播起点中文网拥有版权的 1339 部网络文学原创作品，构成侵犯著作权罪，一审判处两被告有期徒刑一年半，各处罚金 10 万元。法院审理查明，被告人在互联网开办云霄阁网站后，采用软件从起点中文网等网站下载电子书籍，粘贴到云霄阁网站上供互联网用户在线浏览，并通过网站链接广告从中获利达 8 万元。[①] 除此之外，王蒙等六作家诉"北京在线"著作权侵权案中，将作品数字化的行为尽管只是以数字化方式使用，尽管只是作品载体形式和使用手段的变化，并没有产生新的作品，作品的著作权人对其创作的作品

---

① 孟昭丽：《全区首例网络文学侵权案宣判 云霄阁网站侵权成立》，载 http：//news.xinhuanet. com/zgjx/2008-11/01/content_ 10289725. htm，2011 年 11 月 8 日访问。

仍享有著作权，因此"北京在线"数字化他人作品的行为依然属于侵犯著作权犯罪构成中的"复制"行为。

透过上述案例可以发现，在网络数字化时代背景下，所有的作品几乎都可以在网络中实现数字化，并通过上传、下载程序被大量地复制和传播。从某种程度上讲，这种网络复制与传播的便捷性某种程度上加速了知识的普及和交流，但同时也给著作权的保护带来了严峻挑战。在网络空间中，复制、下载著作权人的作品可以在瞬间之内完成，这种复制摆脱了现实的地域限制，真正实现了作品复制、发行的瞬间全球化。本案中，被告人王某将他人作品复制、上传的行为从方式上看，与传统刑法上的复制行为并没有本质性差异，只是复制的载体发生了变化。详言之，传统意义上的复制行为，往往通过有形载体进行，例如我们狭义上理解的纸质作品的复印与盗版行为即属于此类。与之同理，作品的数字化行为，在完全保留作品原有内容的基础上，仅仅对作品载体进行了转换，尽管这种复制跨越了不同的载体，但其本质上仍属于刑法层面上的复制、发行行为。

第十九章 利用网络侵犯著作权（三）：网络游戏中的"私服"

[典型判例] 闫某某、王某、陈某、陈某某、王某某侵犯著作权案

案由： 侵犯著作权

基本案情： 2006 年 5 月，被告人闫某某向他人购得《精灵复兴》网络游戏程序复制版，遂起意"私服"运营牟利。同年 7 月，闫某某与被告人王某在武汉市就"私服"运营《精灵复兴》网络游戏签订合作协议，约定利润对半分成。王某提供两台服务器并负责托管维护，兼负责聘用人员的食宿；闫某某负责网络游戏营运和招聘工作人员。随后，王某租借武汉市东亭小区一私房，与闫某某筹备"私服"运营。王某将两台服务器分别托管于武汉市和茂名市的某网络公司，并通过茂名市某网络公司在梧州市的分公司租借"私服"运营所需虚拟下载空间。闫某某聘用被告人陈某、陈某某参与《精灵复兴》网络游戏"私服"运营，陈某负责建立该网络游戏"私服"运营所需网站，陈某某负责"私服"运营客户服务。其间，闫某某将《精灵复兴》网络游戏更名为《精灵世界》。2007 年初，上述《精灵世界》网络游戏"私服"运营地点转移至闫某某租借的重庆市渝北区一私房内，闫某某、王某将原托管于武汉市某公司的一台服务器转托至重庆某公司。2007 年 3 月下旬，被告人王某某经聘用参与该"私服"团

伙，与陈某某一起负责客户服务。在"私服"运营期间，陈某、陈某某、王某某曾分别从闫某某处领取报酬。截至 2007 年 5 月，闫某某、王某、陈某、陈某某违法所得数额合计人民币 14 万余元，其中包括王某某所共同参与的违法所得数额合计人民币 7 万余元。

判案理由：被告人闫某某、王某、陈某、陈某某、王某某的上述行为均已构成侵犯著作权罪，且违法所得数额较大，依法应当承担刑事责任。闫某某、王某系主犯。陈某、陈某某、王某某系从犯，予以从轻处罚。王某系自首，予以从轻处罚。陈某某犯罪时不满 18 周岁，亦予以从轻处罚。五名被告人在审理中都能认罪、悔罪，均酌情从轻处罚。

定案结论：以犯侵犯著作权罪，对闫某某判处有期徒刑 2 年，并处罚金人民币 2 万元；对王某判处有期徒刑 1 年 6 个月，缓刑 1 年 6 个月，并处罚金人民币 1 万 5 千元；对陈某判处有期徒刑 1 年，并处罚金人民币 1 万元；对陈某某判处有期徒刑 7 个月，并处罚金人民币 5 千元；对被告人判处有期徒刑 8 个月，并处罚金人民币 8 千元；犯罪工具予以没收，违法所得予以追缴。闫某某上诉，二审法院驳回闫某某的上诉，维持原判。①

[学理简析] 2006 年 5 月，被告人闫某某向他人购得《精灵复兴》网络游戏程序复制版，遂起意"私服"运营牟利。随后，王某租借武汉市东亭小区一私房，与闫某某筹备"私服"运营。王某将两台服务器分别托管于武汉市和茂名市的某网络公司，并通过茂名市某网络公司在梧州市的分公司租借"私服"运营所需虚拟下载空间。截至 2007 年 5 月，闫某某、王某、陈某、陈某某违法所得数额合计人民币 14 万余元，其中包括王某某所共同参与的违法所得数额合计人民币 7 万余元。上海市长宁区人民法院判处其侵犯著作权罪。本案争议的焦点在于对私自架设服务器进行盗版网络游戏营运行为的法律认定。笔者认为，长宁区人民法院对此案的定性是正确的，本章主要探析对闫

---

① 案例内容参见：上海市第一中级人民法院裁定书（2007）沪一中少刑终字第 40 号。

某某等人定性"侵犯著作权罪"的理论根据，以期为此后司法人员审理同类的"私服"案件提供参考。

一、"私服"运营行为的学理解读

本案定性的关键在于，闫某某等人运营"私服"行为是属于非法经营行为，还是侵犯他人著作权的行为，对此，我们将对闫某某等人私自架设服务器进行盗版网络游戏营运行为进行解读和阐释。

（一）"私服"的理论性阐释

早在 2003 年 12 月 23 日新闻出版总署、信息产业部、国家工商行政管理总局、全国扫黄打非小组办公室在《关于开展对"私服"、"外挂"专项治理的通知》中指出："私服"、"外挂"违法行为是指未经许可或授权，破坏合法出版、他人享有著作权的互联网游戏作品的技术保护措施、修改作品数据、私自架设服务器、制作游戏充值卡（点卡），运营或挂接运营合法出版、他人享有著作权的互联网游戏作品，从而谋取利益、侵害他人利益。"私服"、"外挂"违法行为属于非法互联网出版活动，应依法予以严厉打击。

这是我国目前对外挂与私服的最高规格的解释。但是，或许是为方便打击的缘故，这一定义将外挂、私服一起进行界定，使得两者在法律上的界限显得模糊难辨。有观点因此认为这一定义存在至少三方面的问题：第一，将具有不同技术特征和法律后果的两种行为即"私服"和"外挂"混在一起加以定义，既不可能区分这两种行为，也无法对其中任何一种行为作出清晰的定义。第二，没有遵循技术中立的原则。在定义中应当客观描述其技术特征，而不应加入合法性与否的措词，如"破坏"、"侵害"等。第三，将私自制作游戏充值卡的行为，混入关于私服和外挂的定义中。私自制作游戏充值卡是一种违法行为，但是它与外挂和私服的关系不大。① 笔者认为，尽管这一定义

---

① 参见李晶：《从外挂、私服谈网络游戏的知识产权保护》，载《商情（教育经济研究）》2008 年第 1 期。

存在着将外挂和私服混合规定、没有给出独立定义的弊端，甚至也将"制作游戏充值卡（点卡）"这种后续的具体营利手段归纳其中，但它却指出了私服的几个关键性特征：未经许可或授权、破坏网游的技术保护措施、私自架设服务器、运营合法出版、他人享有著作权的互联网游戏作品。应该说这一判断标准在目前仍然具有极高的参考价值。

笔者认为，要明确何为"私服"，首先要了解一下网络游戏的基本原理。与传统的单机游戏不同，一套网络游戏软件由两部分程序组成：一是服务器端程序，一是客户端程序。这两部分程序均是可执行的经过源代码编译后的目标程序。服务器端程序由游戏运营商掌握，由游戏运营商准备服务器、操作系统、网络带宽等运行条件，然后在网络环境下予以运行。客户端程序由运营商通过网络或传统的发行渠道向用户推广、发行。用户得到客户端程序并将其安装到个人电脑上。只要个人电脑具备联网条件并运行客户端程序，用户就能与服务器端程序建立数据传输，在运营商通过唯一的"服务器端程序"统一提供的虚拟社会环境中进行游戏。整个网络游戏就是按照这一原理建立并运行的。游戏运营商也因其对服务器端程序的独占控制而获得对使用游戏客户端程度的玩家收费的权利。其他人如果想要从中获利，只能试图获得（非法）服务器端程序，并以此为基础建立与之类似的服务器，从而提供客户端下载吸引客户谋取利益。

从这个意义上来讲，只要能够表述出非法获取服务器端程序和架设服务器两个步骤，即是道出了私服的本义。我国有学者做了与之相类似的表述，认为"私服"指在网络游戏中，未经网络游戏软件著作权人的授权或许可，"私服"程序提供者擅自复制、修改、翻译正版游戏软件源程序，并将经复制、修改及翻译的程序提供给"私服"运营商，"私服"运营商则利用此非法获取的游戏程序架设服务器，经营"私服"游戏以获取巨额利润。[①] 这一定义细化了网络游戏的服务

---

① 参见苏敏华：《私设网络游戏服务器刑事责任探析》，载《信息网络安全》2007 年第 5 期。

器端程序或其源程序的非法获得，但有失繁琐，而且将直接窃取、破坏他人设置的技术保护措施获取软件程序等非法方式排除在外，存在一定的片面性。因此，结合与"私服"相对的"官服"的定义（由网络游戏软件著作权人授权的网络游戏软件运营商架设网络游戏服务器的行为），本文认为，所谓私服，是指未经网络游戏软件著作权人或其授权的网络游戏软件运营商的授权，通过非法途径获得网络游戏的服务器端程序或其源程序，并私自架设网络游戏服务器谋取利益的行为。

　　应当指出的是，本文对私服的定义并没有将各种非法取得服务器端程序或其源程序的方式作概括说明，这是考虑到技术的进步和不可预测性而特意做得保留。还应当注意的是，本文的表述并没有像官方定义一样强调"修改作品数据"。这是因为：（1）从非官方的定义看，多数观点只是强调了非法获取服务器端程序和私自架设服务器两个步骤，并没有把"修改作品数据"纳入其中。（2）尽管从目前来看，私服的经营者往往通过修改服务器端程序数据使得游戏更容易升级和掉落宝物来吸引游戏用户，而且这种修改行为也多数发生在私服架设前，但是这仅仅是一种经营的策略而不是"私服"，现实中也有私服在假设后不断"升级"或做修改的，因此不能以是否"修改作品数据"来作为私服的判定条件之一。换言之，修改作品数据而后架设服务器的，是私服；不修改作品数据（只做一些名称、包装性改变的）而直接架设服务器的，也未必不是私服。我国也有学者对此持赞同观点，认为"私服"就是通过非法途径获取网络游戏软件的源程序或安装程序，经过少许修改甚至不加修改，通过私自搭建的网络游戏服务器予以发布并从中谋利。[①]

　　（二）"私服"的危害性及其法律实质

　　笔者认为，私服流行的原因主要包括三个方面：（1）经济利益的

　·① 参见寿步、陈跃华主编：《网络游戏法律政策研究》，上海交通大学出版社 2005 年版，第 80 页。

原因。从经济利益的角度来看，一方面，就玩家而言，自然会选择基本免费或者收费比较低廉而游戏内容与官服相差无几甚至更好的私服，另一方面，就私服的经营者而言，经营私服能给其带来高额利润——虽然私服大都免费或价格低廉，但经营者能够通过卖装备、卖会员、卖级别赚钱，甚至可以通过出售私服服务器"客户端光盘"和收取服务费等来获利。[①]（2）游戏的愉悦性原因。从游戏的愉悦性角度来看，私服往往变更原有的游戏设计，多数都将游戏练级的速度调成官设服务器升级速度的百倍以上，同时，虚拟装备的掉落率相对高很多，使得"升级"和"打宝"变得极其便捷，因此吸引更多的玩家参与。玩家往往都是追求在更稳定、更公平、更自由的环境下游戏，但现在的官服为追求利润，延长了玩家游戏时间，屏蔽了游戏的某些功能，从而变相减少或剥夺了玩家的乐趣与参与的兴趣。甚至有玩家指出，某种意义上说，"私服"和"外挂"问题的出现，是被合法运营商的官方服务器"逼"出来的。例如，《传奇3》是玩家反映问题最多的网络游戏，但是作为游戏运营商的广州光通公司却没有作出及时反馈。而光通公司上海网游事业部负责人曾经表示，光通公司只是运营商，也没有版权，不能直接修改源代码，如果有问题，只能反馈到韩国 WEMADE 公司，由他们决定是否听从玩家的意见。而且，"修改游戏要考虑所有玩家的利益，而提出修改某些游戏规则的只是少部分人。而"私服"和"外挂"服务的提供者虽然只有部分源代码，但还是可以根据玩家的要求对游戏的一些部分进行修改，正因为如此，才可能吸引玩家。（3）我国当前有关法律制度的不完善也是私服行为愈演愈烈的重要原因之一。私服行为主要是一种侵犯知识产权的行为，但我国知识产权刑法保护的现状可以说是：一方面假冒盗版屡禁不止甚至日益猖獗，严重破坏了社会经济秩序；另一方面，能够进入审判程序的刑事案件少之又少，确实存在打击不力甚至可以说几无

---

① 参见寿步、陈跃华主编：《网络游戏法律政策研究》，上海交通大学出版社 2005 年，第 80 页。

打击的情况，知识产权刑事司法保护的职能和作用远未得以体现和发挥。① 法律制度的软弱可以说也在一定程度上导致了私服现象的高发性。

1. "私服"的危害性

从目前看来，私服的现实危害性主要体现在对于网游运营商、网游玩家和整个网游产业等三个方面，下面主要谈谈对网游运营商和网游玩家的损害。

（1）对合法游戏运营商的损害

私服在很大程度上打破了网络游戏世界的平衡，缩短了游戏正常的盈利时间，极严重地损害了厂商的利益。一款网络游戏的盈利时间是有限的，一般在 18 个月到 3 年之间。如果玩家过早地在私服中进入了游戏中更高级别的环境（包括角色、装备等），那么他很快就会因为兴趣的丧失而把目光转向另外的游戏。因此，毫无疑问，私服的泛滥对合法游戏运营商的损害应该是最为直接的，这种损害主要就体现在私服通过吸引用户，直接分流了游戏运营商的利润，造成运营商的巨大损失。

以上海盛大所运营的《传奇》游戏为例。上海盛大网络发展有限公司是目前我国最成功的网络游戏出版机构之一，也是受"外挂"侵害最重的企业之一，其由于《传奇》服务器端程序被非法盗版，而受到严重侵害，直接经济损失逾数千万元。有数据显示，从 2002 年《传奇》游戏出现"私服"以来，盛大网络就开始了打击"私服"的艰难历程。到 2005 年底，累计打掉私服 20 个，协助警方缴获服务器 143 台，直接打击私服营利 169 万元，遏制私服人数增长 28900 人。2006 年以来，盛大网络和地方公安部门开展专项行动，扩大打击范围，将打击私服的行动提高到刑事打击的程度。这一阶段共计端掉私服 1384 台，协助警方抓捕嫌疑人上百人，办理了十几起私服刑事案件，遏制"私服"用户增长约 125700 人，有效遏制私服非法盈利数

---

① 参见最高人民法院民三庭：《知识产权刑法保护有关问题的调研报告》。

千万元。① 当然，这只是暴露出来的冰山一角，没有被打击和统计到的私服，其数量和非法盈利额还不知道有多少。

（2）对游戏玩家的损害

私服对于游戏玩家的损害也可以归纳为以下两点：其一，私服的使用破坏了游戏的公平性和平衡性，直接影响到其他正常玩家的合法利益。其二，不得不提的是，私服的非法和不稳定性导致私服玩家本身的投入（时间、金钱）得不到保护。不止一位"私服"玩家曾经抱怨过"私服"突然消失，自己一段时间以来的努力都白费了。事实上几乎每一个"私服"游戏的玩家都会遭遇这样的问题。有观点指出，那些为了享受免费服务选择"私服"的玩家的利益并不能得到保障。网游中的一个 ID（账号），对于不相干的人来说也许只是一个毫无意义的电子记录，可对其主人而言，却倾注着心血与精力。每一个等级的背后，也许都有着奋斗；每一件装备的背后，也许都有着故事。而在"私服"中，玩家的努力根本没有任何保证，因为不知道什么时候就会删档；也难以奢求一个真正公平的游戏环境，因为那是"私服"，GM（游戏管理员）的敬业素质与受监督程度根本不能与官服相比，同时作为玩家而言，没有为之付出什么，也无法理直气壮地要求什么。② 另外，由于私服的假设并不是专业的工程师所为，因此其数据的安全性和稳定性根本得不到保护，较为容易遭受黑客攻击，造成服务器瘫坏和用户数据丢失。

2. "私服"的法律实质

私服的意义在于，通过非法获取服务器端程序并架设服务器，向游戏玩家提供同样内容却更有吸引力（相对官服而言）的服务，从而获取利益。然而，这种服务，却是对他人合法行为的"盗版"，造成了他人合法权益的受损。具体而言，对于网络游戏来说，其关键在于

---

① 参见孙立彬：《免费游戏遇蛀虫盛大 800 万巨资难退私服》，载《IT 时代周刊》2006 年第 19 期。

② 参见毛毛虫：《网络游戏"私服"之痛》，载《中国电子与网络出版》2003 年第 8期。

网络服务，如果不能提供网络服务的话，那么也就失去作为网络游戏的意义，不会吸引任何消费者。网络游戏的运营商，通过支付一定的对价从网络游戏著作权人处获得了独占的许可使用权（至少在一个地区的垄断经营权），从而在某一地区内成为唯一能提供合法网络服务的权利人。而通过私服的支持，私服的经营者在未获得网络游戏著作权人许可的情况下，可以提供与运营商相类似的甚至更有吸引力的服务，无形中就"克隆"、"盗版"了运营商的合法行为，分流了用户和利益。正如有观点所指出的，私服从根本性质来看，也就是游戏盗版行为。它与以前我们常见的单机游戏盗版的不同在于，以前的单机游戏盗版主要体现在制作盗版游戏软件以及出卖盗版游戏软件上，因为属于单机游戏，所以无须任何网络服务，而网络游戏盗版不同。因为对于网络游戏来说，虽然单纯制作网络游戏的盗版软件以及出卖盗版软件亦是一种侵权行为，但是网络游戏的关键在于网络服务，如果不能提供网络服务的话，它也就失去作为网络游戏的意义，不会吸引任何消费者，所以对于网络游戏来说其盗版的对象应当是网络服务，即那些本应被垄断经营的网络服务（这种网络游戏的垄断经营权自然就来源于对网络游戏的著作权）。

从另一角度来讲，私服的通俗含义就是私设服务器，将原游戏程序完整拷贝过来，私自使用，就是未经版权拥有者授权，以不正当手段获得游戏服务器安装程序之后设立的网络服务器。更具体地说，私服就是非法获取游戏源代码，私自架设的盗版网络游戏服务器，此服务器中运行与合法出版的网络游戏相同的底层程序，又借合法出版的网络游戏宣传优势，非法运营，不择手段谋取私利。

因此，私服属于网络盗版的一种，是侵犯知识产权（侵犯著作权）的行为。它侵犯了网络游戏著作权中的复制权、修改权，直接侵害了游戏开发商和运营商的利益，扰乱了网络游戏产业的正常经营秩序。国家在联合打击行动中明确了私服行为是一种违法行为，是一种非法的互联网出版活动，应该依法严厉打击。在私服侵权的行为表现上，只要程序客观上对客户端程序进行接入并可对其数据加以处理，即是侵权。

本案中，闫某某等人在私自架设服务器进行盗版网络游戏营运行为过程中，先后复制他人游戏软件，并将知识产权专属于他人的《精灵复兴》网络游戏更名为《精灵世界》，这正是本案认定的关键。与其他软件著作权不同，网络游戏著作权的实现不仅可以通过发行、出租等提供复制品的方式，还可以通过利用互联网向他人提供软件的方式。而本案中闫某某聘用被告人陈某、陈某某参与《精灵复兴》网络游戏"私服"运营，陈某负责建立该网络游戏"私服"运营所需网站，陈某某负责"私服"运营客户服务。这一行为严重侵害了《精灵复兴》网络游戏权利者对于该游戏功能性和商业性运行的要求，实际上是取代了《精灵复兴》合法经营者的角色，而且运营《精灵复兴》"私服"过程中也对盗版该游戏软件进行复制、发行，以最终实现其牟利目的。

二、"私服"运营行为及其是否构成侵犯著作权罪

本案中，在"私服"运营期间，陈某、陈某某、王某某曾分别从闫某某处领取报酬，截至 2007 年 5 月，闫某某、王某、陈某、陈某某违法所得数额合计人民币 14 万余元，其中包括王某某所共同参与的违法所得数额合计人民币 7 万余元。不难发现，闫某某等人的行为明显触犯了刑法，但其在网上私自架设服务器进行盗版网络游戏的营运行为，应当认定为非法经营罪还是侵犯著作权罪？

侵犯著作权罪，是指自然人或者单位，以营利为目的，侵犯他人著作权，违法所得数额较大或者有其他严重情节的行为。我国《刑法》第217条规定："以营利为目的，有下列侵犯著作权情形之一，违法所得数额较大或者有其他严重情节的，处三年以下有期徒刑或者拘役，并处或者单处罚金；违法所得数额巨大或者有其他特别严重情节的，处三年以上七年以下有期徒刑，并处罚金：（一）未经著作权人许可，复制发行其文字作品、音乐、电影、电视、录像作品、计算机软件及其他作品的；（二）……；（三）……；（四）……（后三项

并无涉及计算机软件的词汇，故在此省略）。"换言之，相比于其他形式的知识产权的多种权利获得刑法保护，刑法只保护计算机软件著作权中的复制发行权。如果行为人的行为没有侵犯计算机软件（网游）著作权中的复制发行权，而仅仅侵犯了其他权利（如修改权、技术措施受保护权等）的话，则不能定性为侵犯著作权罪。因此如果能够认定行为人有修改他人网游作品的行为，但不存在复制发行行为的，虽然其也可能构成民法上的侵权，但却不能构成刑法上的侵犯著作权罪。

那么，本案中，闫某某等人将知识产权专属于他人的《精灵复兴》网络游戏更名为《精灵世界》，运营"私服"行为和复制发行计算机软件之间是什么样的关系呢？由于《刑法》第 217 条侵犯著作权罪中的"复制发行"，实际包括复制、发行或者既复制又发行的行为，因此笔者认为，这一问题的关键在于对"复制"和"发行"两个词语的理解和解释。

（一）闫某某等人架设"私服"是否属于"复制"的刑法分析

理论上一般认为，复制是指用一定的方法再现作品，并且将所再现的作品以一定的载体予以固定的活动或过程。根据复制前后其载体的空间表现形式的变化，复制可分为从平面到平面的复制、从平面到立体的复制、从立体到平面的复制、从立体到立体的复制、从甲类载体到乙类载体的复制等。[1] 网络空间中的复制，主要体现在从网络服务器下载文件到用户计算机硬盘的行为（当然也有人把从网络服务器下载文件到用户计算机内存称为暂时复制，笔者认为这只是单纯的读取行为，因为并不会产生复制品份数的增加）。复制的实质是作品的再现，这一特征应当牢牢把握。

从立法表述来看，我国《著作权法》第 10 条的规定："复制是指以印刷、复印、拓印、录音、录像、翻录、翻拍等方式将作品制作一份或者多份的行为。"这种界定显然属于狭义的理解。狭义复制，除印刷、复印等上述形式之外，还应当包括手抄、机械拍照等所有原样

---

① 参见段维：《网络时代的版权法律保护》，湖北教育出版社 2006 年版，第 30 页。

复制的行为（在此需要指出的是，修订前的《著作权法》第52条第2款曾规定："按照工程设计、产品设计图纸及其说明进行施工、生产工业品，不属于著作权法所称的复制。"但是，在1990年《著作权法》实施仅仅一年零几个月后的1992年10月我国就加入了《伯尔尼公约》和《世界版权公约》，按照《伯尔尼公约》的精神，从平面到立体或从立体到平面的再现原作，也构成复制。因此，按照我国对国际公约承担的义务，应以公约的规定为准。2001年修订后的《著作权法》按照《伯尔尼公约》的要求取消了第52条的规定）。而《计算机软件保护条例》第8条规定："复制权，是指将软件制作一份或者多份的权利。"综合上述理论和立法表述，考虑到计算机软件程序的特殊性，笔者认为，计算机软件的复制，可以适当地扩大理解为以任何物质形式制作一部作品或者该作品之一部分的一份或更多份复制件。从这一基础来看，如果私服的服务器端程序或源程序是通过技术攻击、破坏他人技术保护措施等非法方式直接获得——所谓获得当然要求将服务器端程序或源程序从著作权人或合法运营商的载体中转移到行为人自己的载体中来，那么其当然是"制作了一部作品或该作品之一部分的一份或多份复制件"，应当被定性为复制。

但是，司法实践中往往存在更为复杂的情况，使得架设私服是否属于刑法意义上的"复制"存在一定的争议：

1. 关于闫某某的辩护人提出"二次开发"辩解的思考

本案中，闫某某的辩护人提出闫某某没有复制或发行他人游戏软件，其对从他人处购得的《精灵复兴》游戏程序进行过汉化处理，存在"二次开发"的因素，故其行为不符合侵犯著作权罪的客观要件，那么"二次开发"应如何理解呢？笔者认为，行为人获得服务器端程序或源程序后，或许是为吸引玩家方便经营，或许是为显示其与官服的区别掩盖事实真相，往往对服务器端程序作一定程度的数据修改。这些修改在现实中往往成为行为人希冀逃避刑事制裁的理由。例如在"湖南网游侵权第一案"中，犯罪嫌疑人一方的辩护律师即认为，行为人懂电脑技术，对游戏进行过多次修改和升级，不断地扩大游戏规模，这种修改游戏的行为是属于对软件简单复制发行还是第二次开发，在法律上没有明确的界定的情况下，不应当做出不利于行为人的理解。理论界也有观点认为架设私服的行为人对网络游戏软件进行了修改，融入了自己的智慧，就不是简单的复制发行，而是属于"再创作"，应该不构成侵权，自然也不构成侵犯著作权罪。

笔者认为，上述观点并不能成立。理由是：（1）二次开发作为一种后期的加工改进行为，其形成的产品应当属于民法上的"演绎作品"（又称派生作品或二次作品），即依据既有作品而二度创作形成的作品。民法上多数理论认为，演绎权属于完全著作权中的权能，非演绎权人为取得该项权利去演绎既有作品从而获得二次作品的独立著作权，必须自既有作品权利人处获得授权。换言之，即便是二次开发（演绎），也应当获得原著作权人的允许和授权。（2）从目前的私服情况来看，基本不涉及对服务器端程序或源程序的核心数据的修改，因而很难认定为新创作。（3）虽然法律并没有对什么是二次开发作出明确规定，但这显然是技术细节问题，应由电子数据方面的专家判断私服程序与官服程序的相似性以及其是否属于二次开发，法学家和法官对此不可越俎代庖。

因此，在具体的案情分析中，对于私服是否侵犯了著作权，需要由专家或专门机关对私服的源代码与网游的源代码进行电子鉴定，确定其是否在实质上有所重合，进而认定私服行为中是否存在着侵犯他人网游程序复制权之处。

我国也有学者持此种观点：网游"私服"行为，是否构成侵犯著作权罪，关键看是否有证据支持其"研发"网络游戏时，是否复制了游戏程序源代码中能够自成体系的部分。如果复制了游戏程序源代码中能够自成体系的部分，则构成侵犯著作权罪。如果仅仅抄袭了源代码中的部分内容，但该部分内容不能构成相对完成的作品，这种抄袭虽然属于侵犯软件作品著作权的行为，但不属于侵犯著作权罪中的实行行为"复制"他人作品的行为，不应构成侵犯著作权罪。这种关键性的证据，既不能偏听辩护人的一面之词，也不能依赖于检察官、法官的主观判断，而是应当由正式的知识产权的司法鉴定机关来提供。①
实践中处理此类情形也较多的采用了专业鉴定的方式来为案件定性提
供支撑性证据。"湖南网游侵权第一案"中，上海东方计算机司法鉴
定所对犯罪嫌疑人的《清风传奇世界》、盛趣公司名下计算机软件
《传奇世界》做了科学鉴定，认为两者有实质性相似。在我国 2006 年
网游私服第一案中，犯罪嫌疑人的《天子传奇》游戏软件也是经有关
机关鉴定后被认为与《传奇 3》游戏软件有实质性相似。笔者认为，
这种方式值得肯定，但需要合适的知识产权的司法鉴定制度来支持。

2. 闫某某等人间接获得服务器端程序或源程序所引发的思考

本案中，闫某某等人并没有直接以技术手段从著作权人处或合法
运营商处取得服务器端程序或源程序，而是通过各种渠道从他人处间
接获得服务器端程序或源程序。具体来讲，2006 年 5 月，被告人闫某
某向他人购得《精灵复兴》网络游戏程序复制版，遂起意"私服"
运营牟利。闫某某聘用被告人陈某、陈某某参与《精灵复兴》网络游
戏"私服"运营，陈某负责建立该网络游戏"私服"运营所需网站，
陈某某负责"私服"运营客户服务。其间，闫某某将《精灵复兴》
网络游戏更名为《精灵世界》。司法实践中，还有类似案例与之相似，
诸如"湖南网游侵权第一案"中，犯罪嫌疑人是利用 QQ 从他人处购
买了《传奇世界》的游戏程序，然后更名为《清风传奇世界》；2006
年网游私服第一案中，犯罪嫌疑人也是从他人处非法取得 7 套《传奇
3》的网络游戏版本，然后改名为《天子传奇》。对于诸如本案中从他
人购买游戏程序软件之后进行更名等类似的情况，能否认为其属于刑
法意义上的"复制"呢？

我们对此持否定意见。前文在界定复制的概念时已经很清楚地论
述，复制应当是"制作"一部作品或该作品之一部分的一份或多份复
制件。如果仅仅是被动的取得，显然不能被定性为复制；否则，所有

① 参见张书琴：《网游"私服"侵权的刑事规制》，载《法治论丛》（上海政法学院
学报）2007 年第 5 期。

盗版软件的直接与间接使用者都将成为潜在的犯罪嫌疑人。同样的道理，如果间接获得服务器端程序或源程序之后做了一定的修改，再以之架设服务器的，虽然《计算机软件保护条例》规定"修改权是指对软件进行增补、删节，或者改变指令、语句顺序的权利"受法律保护，但由于修改权并不在刑法第217条的保护范围之内，因此就"复制"行为而言也不构成侵犯著作权罪。当然，这并不是说上述两类情形不构成侵犯著作权罪，具体还有赖于对"发行"一词的考察和分析。

3. 行为人间接获得服务器端程序或源程序后，架设服务器，同时将其以各种形式复制出售的情形所引发的思考

此时，仅转售服务器端程序或源程序的行为，可能存在下列情形需要注意：其一，行为人并不复制服务器端程序或源程序，而是购买后转售牟利，买进的总量和可卖出的总量——相符，此时行为人应当构成《刑法》第218条销售侵权复制品罪而不是侵犯著作权罪；其二，行为人获得的服务器端程序或源程序只有一份或少数，而需求量甚大，行为人主要通过将服务器端程序或源程序复制后销售的，毫无疑问应当构成侵犯著作权罪（实施刑法第217条规定的侵犯著作权行为，又销售该侵权复制品，违法所得数额巨大的，只定侵犯著作权罪，不实行数罪并罚）。当然，这并不是行为人架设私服的行为，不能混为一谈；换言之，仍然类似于第二种情形，其在间接获得服务器端程序或源程序后架设服务器并不构成"复制"。

（二）架设"私服"是否属于"发行"的刑法分析

本案中，闫某某等人多次将《精灵世界》网络游戏"私服"运营地点转移，将"私服"服务器托管于重庆某公司。2007年3月下旬，被告人王某某经聘用参与该"私服"团伙，与陈某某一起负责客户服务。对于发行，我国1991年公布施行的《著作权法实施条例》第5条第5款规定："发行，指为满足公众的合理需求，通过出售、出租等方式向公众提供一定数量的作品复制件。"修改后的著作权法因单独规定了出租权，故对发行的方式作了限定，即发行只包括出售和赠与

两种方式。

但是，在网络空间中通过网络提供、发行作品与在现实社会发行传统作品存在一定的区别：即其不会导致作品复制件的转移。① 具体而言，在传统著作权法中，"发行"被普遍界定为向公众提供作品有形复制件或原件的行为。也就是说传统"发行"行为的概念以作品有形载体的转移为核心要件，② 例如书籍、录音、录像等。而在网络环境中，众所周知，除个人的终端计算机信息系统与网络运营商的服务器之外，并不存在什么有形载体；如果"发行"的概念仍以作品有形载体的转移为核心要件，那必然造成发行一部作品就要转移计算机信息系统或者服务器的笑话。因此有必要根据网络的特性对"发行"作出合理的解释。

毫无疑问，网络的一个重要特征是将信息数字化。借助数字的形式，发行者首先可以让作品转换成数字的形式，在光缆间传播，然后再在其他通过光缆连接的计算机信息系统上还原成作品；由于同时通过光缆连接的计算机信息系统可能有多台，某个作品最后可能同时在多个载体上被复制出来。这个特征使得"有形载体"乃至"载体"这个概念在发行的过程中显得并不是那么重要——摆脱了载体的束缚反过来也使作品内容的传播变得容易，同时也使得大批量同时传播某个作品成为可能。正如有观点所指出的，信息的数字化为在瞬间内大量复制享有著作权及其他受保护的作品提供了条件，并使这些复制品有可能被同时发送给上百万人。③ 因此，对于发行，我们除了要注意作品的有形转移这一要件以外，在网络环境下更需认识到以电子、数字形式转移他人享有著作权的作品的行为，也应当属于"发行"行为，因为"网上传播的结果并非作品有形载体物理空间的变更，而是

---

① 参见王迁：《论网络环境中发行权的适用》，载《知识产权》2001 年第 4 期。

② 参见王迁：《论著作权法中"发行"行为的界定——兼评"全球首宗 BT 刑事犯罪案"》，载《华东政法学院学报》2006 年第 3 期。

③ 参见刘守芬、孙晓芳：《论网络犯罪》，载《北京大学学报（哲学社会科学版）》2001 年第 3 期。

在新的有形载体上产生了作品复制件，导致复制件数量的绝对增加"。在理解"发行"内涵的基础上，笔者认为可以较为清晰地分析私服中两个与发行有关的问题：

1. 网游客户端的传播是否属于"发行"？

从前述的网络游戏的原理可知，架设私服必然要传播网游的客户端或者提供客户端的下载，两者是紧密联系的一体，否则游戏不能运行，私服的架设也毫无意义甚至得不偿失。目前传播网游客户端的主要方式是网络免费下载（在各大 BT 主力站点例如 BT 之家、5Q 地带等很容易发现相关的下载链接）。这种提供客户端下载的行为是否属于发行呢？我们持肯定态度，并认为其属于赠与的方式。概因此种行为主观上有转移原作品的意图（主动在网上发布），客观上通过他人的点击下载达到了使新载体上原作品复制件数量绝对增加（从无到有）的目的，与通过传统的方式例如赠与载有原作品的光盘鼓励他人安装等行为并无实质区别，甚至更为直接。我国有学者鉴于网络空间中下载行为的特殊性曾经指出，"作品在网络传输的过程中发行与复制同时存在，传输是发行，发行是被传输的复制"。① 换言之，下载是发行与复制的统一，是意欲传播者的发行过程与意欲得到者的复制过程的统一。这也从侧面印证了本文的论断。

但是，此处存在一个疑点：对网络游戏客户端的发行是否等于网络游戏的发行？这个疑问并非毫无道理。因为网络游戏客户端程序毕竟只是整个网络游戏程序的一部分，从网络游戏的原理来看，其不可能独立运作。以一个不能独立运作的属于整体组成部分的程序的发行，来等值于整个网络游戏的发行，是否过于武断？笔者认为，这需要从客户端的性质及整个游戏的运营方式来加以说明：（1）客户端程序虽然不能像单机游戏软件一样即安装即使用（不具备独立的游戏功能），但是玩家下载后仍然需要像安装其他程序一样安装该程序，在安装过程中该程序会自动写入计算机信息系统的注册表，并在硬盘空

---

① 参见薛虹：《网络时代的知识产权法》，法律出版社 2000 年，第 14 页。

间上生成可供操作的文件，这就说明，客户端程序本身也是一个相对完整的计算机软件——如同家庭本身也是一个相对稳定的小社会一样，属于《著作权法》第3条规定的作品之列。（2）从网络游戏的工作原理来看，并不需要将服务器端程序与客户端程序一并打包发行（这反倒是不合适的）。服务器端程序集中了游戏的主要核心数据，是游戏玩家通过连线就能共用的资源，而客户端程序则包含了玩家所需要的一些基本数据和功能，通过网络的连接，这些客户端程序中的数据和功能会被反映在共用的运营商的服务器上，多人的多次反映就形成了玩家的互动，达到了网络游戏的目的，实现了网络游戏的价值。因此可以肯定地说，只发行客户端并不影响网络游戏的正常运行，相反，这正是网络游戏正常运作的唯一最佳方式——在实现游戏目的的同时，客观上又避免了网络游戏像单机游戏一样惨遭盗版的命运，因为仅仅盗版客户端程序是没有意义的。（3）即便是合法运营的"官服"，其在推广、发行网络游戏时也只提供客户端程序的下载发行而不涉及其他——服务器端程序是无需发行也不能轻易发行的，我们不能说由于客户端程序只是网络游戏程序的组成部分就否认其在发行网络游戏。综上，笔者认为，网络游戏的特殊性质决定了客户端的"钥匙"作用，事实上玩家也正是通过客户端程序才参与到网络游戏中的，因此在服务器存在的前提下，发行网络游戏客户端的行为基本等值于发行网络游戏的行为（或者说网络游戏的发行借助网络游戏客户端的发行得以实现），应当纳入到刑法第217条规定的行为方式中。

2. 私服架设后对各客户端提供"游戏服务"进行数据交流是否属于"发行"？

在通常情况下很容易对此作出否定判断，因为传统理论中发行的对象作品在发行过程中是与载体捆绑在一起的，例如小说与书籍，不存在发行没有有形载体的作品的可能。但是在网络环境下，作品在发行过程中往往以电子数据的形式存在，而服务器对客户端提供的游戏服务大多是一些数据的交换和发送，这就使得服务器通过电子数据的中间形式发行作品的可能性不能被彻底忽略。笔者认为，判断这一问

题的关键在于电子数据形成的作品的最终性质和形式：如果最终形成
的是除客户端外的新的游戏程序或软件，那么毫无疑问，这种通过电
子数据形式传播作品的行为应当被认为是发行；如果最终形成的只是
游戏中的内容或者并没有在计算机信息系统的硬盘上生成新的作品，
那这种电子数据的交换与发送就不是发行，而只是提供游戏服务或者
游戏内容而已。显然的，服务器与客户端之间的类似数据交换应当属
于游戏服务或游戏内容的提供，而不是发行。

综上，笔者认为，架设私服的行为包含了刑法意义上的复制与发
行，因此构成侵犯著作权罪应当说是没有问题的。

三、"私服"运营行为及其是否构成非法经营罪

2006 年 5 月，被告人闫某某向他人购得《精灵复兴》网络游戏
程序复制版，遂起意"私服"运营牟利。同年 7 月，闫某某与被告人
王某在武汉市就"私服"运营《精灵复兴》网络游戏签订合作协议，
约定利润对半分成。本案中，闫某某等人运营"私服"行为在司法实
践中还存在着能否定性为非法经营罪的争论，其根据是新闻出版总
署、信息产业部、国家工商行政管理总局、国家版权局、全国"扫黄
打非"工作小组办公室 2003 年 12 月 23 日发布的《关于开展对"私
服"、"外挂"专项治理的通知》（以下简称《通知》）规定："私
服"、"外挂"的违法行为属于非法互联网出版活动，应予以严厉打
击。

（一）闫某某等人"私服"能否定性为非法经营罪

笔者认为，虽然私服被定性为互联网非法出版活动，但是这种非
法出版活动，更大程度上是网络复制和发行，应当属于《非法出版物
解释》第 2 条所规定的侵犯著作权的行为。至于《非法出版物解释》
第 11 条，该条司法解释的原意是要打击除前十条列举的行为之外的
非法出版行为，因此其所规定的"非法出版物"必须是除了前十条所
规定的内容反动、淫秽、侵犯著作权、侵权复制品等之外的出版物，
也即第 11 条规定的内容并不涵盖第 1 条至第 10 条的规定，两者不存

在重合或者交叉关系；如果是内容反动、淫秽、侵犯著作权等前 10 条规定的出版物，应当分别认定为危害国家安全犯罪、淫秽物品相关犯罪，或侵犯著作权罪等。从这个角度来看，并不能依据《非法出版物解释》第 11 条的规定，将架设、运营私服认定为非法经营罪。

但是，这并不意味着闫某某等人架设、运营私服的行为不构成非法经营罪。《刑法》第 225 条第（4）项规定，"其他严重扰乱市场秩序的"行为，属于非法经营行为。虽然相关条文和司法解释并没有明确把架设、运营私服认定为"其他严重扰乱市场秩序的"行为，但是，从现实情况来看是毫无疑问的，官方文件"非法互联网出版活动"的定性也说明了其对市场正常秩序的严重扰乱。故而根据这一概括性的条文，也可以认定架设、运营私服的行为构成非法经营罪。

（二）本案中对侵犯著作权罪与非法经营罪的取舍

由前述分析可知，闫某某等人架设、运营私服的行为，既可能构成侵犯著作权罪，也可能构成非法经营罪。这并不是一个荒谬的结论：（1）从社会现象上来看，架设、运营私服的行为未经著作权人许可或授权，侵犯了著作权人受国家法律保护的权益，同时也未经文化产业、工商税务等相关部门的审核批准而经营游戏产业，自然是一种"违反国家规定，从事非法经营"的活动。（2）从刑法体系上看，非法经营罪本身就是一个"万能胶"型的兜底式罪名，囊括了所有破坏市场秩序的行为。具体而言，如果仔细观察非法经营罪在破坏社会主义市场经济秩序罪和刑法典中的地位，就会发现，刑法典第 3 章破坏社会主义市场经济秩序罪，前 7 节的每一节，都是因同类客体比较清楚、一致而形成犯罪群，而第 8 节"扰乱市场秩序罪"，实际上是不属于前 7 节的所有"破坏社会主义市场经济秩序"的其他罪名的集合。因此，第 7 节"扰乱市场秩序罪"本身是第 3 章破坏社会主义市场经济秩序罪的一个兜底"筐"。而非法经营罪，作为"筐"中之"筐"，它实际上是所有破坏市场秩序的兜底型罪名，因而导致诸多的犯罪行为在触犯其他特定罪名的同时，都触犯了非法经营罪这样一个"万能胶"型的兜底式罪名。

那么本案中，对闫某某等人架设、运营私服的行为在侵犯著作权罪与非法经营罪中如何取舍呢？笔者认为，有一个司法逻辑应当寻求和参照：当架设、运营私服的行为同时触犯侵犯著作权罪（具体的特定罪名）和非法经营罪（一般的兜底式罪名）之时，原则上应当直接选用侵犯著作权罪（特定罪名）来处理；但是在侵犯著作权罪（特定罪名）的法定刑过低而犯罪行为又情节特别严重之时，为避免轻纵犯罪人，就应当选用非法经营罪这一兜底型罪名——换言之，这一兜底型作用也是在不得已时才选用。这一原则同样也适用其他特定罪名和非法经营罪的竞合。

具体而言，侵犯著作权罪的最高刑只是 7 年有期徒刑。因此，即便行为人的侵犯著作权的行为严重扰乱市场秩序（私服玩家多达百万人）、情节特别严重（非法获利达千万元），如果他没有再犯其他罪的话，就只能在 7 年有期徒刑的范围内对其量刑处罚，这就有可能造成罪刑不相适应，轻纵犯罪人。而事实上行为人的行为已经属于非法经营罪的第二量刑幅度以上（情节特别严重），可以考虑适用非法经营罪以保持罪刑的均衡适应，这是刑法公正原则的要求，因为非法经营罪的第二量刑幅度是 5 年以上（15 年以下）有期徒刑，与侵犯著作权罪的最高刑基本能够相衔接，有可取之处。

故而笔者认为，对于架设、运营私服的行为，一般情况下可以按照侵犯著作权罪加以定罪量刑；但是在该行为影响恶劣（严重扰乱市场秩序——如由于私服玩家多达百万人而冲击、影响合法运营商的生存等，情节特别严重）的情况下，应当按照非法经营罪的规定进行处罚。

四、"私服"运营行为及其是否构成侵犯商业秘密罪

虽然前文已对私服问题的定罪处罚做出一个结论，但值得深思的一个问题是，闫某某等人架设、运营私服的行为是否也构成侵犯商业秘密罪？或者说，如果从侵犯商业秘密罪的角度来定罪量刑是否更为合适？

（一）闫某某等人架设、运营"私服"能否构成侵犯商业秘密罪的争议

有不少观点对此持肯定态度，认为游戏的官方服务器端程序和源代码属于不为公众知悉的商业秘密，私服侵犯的是游戏发行商和代理商的商业秘密专有权。具体而言，有观点认为"服务器端程序毫无疑问是整个网络游戏的核心，是运营商提供服务的关键所在，所有的运营商都会竭尽全力采取各种措施来保护其不被外泄。依据《反不正当竞争法》第10条和《关于禁止侵犯商业秘密行为的若干规定》第2条的规定，服务器端程序及其源代码应该属于商业秘密的范畴。"有观点更进一步的从具体实际出发，通过分析上海盛大公司代理运营"传奇"游戏的全过程和私服架设、运营的全步骤，认为架设、运营私服的行为至少是"明知或应知前款所列行为，获取、使用或者披露他人的商业秘密"的行为，符合《刑法》第219条的规定，应当认定为侵犯商业秘密罪。①

当然，也有反对者认为不构成侵犯商业秘密罪，其理由主要是服务器端程序和源代码不属于商业秘密。其认为，商业秘密一般是指不为公众所知悉，并能为权利人带来经济利益，具有实用性并经权利人采取保密措施的技术信息和经营信息。但是获得游戏的官方服务器端程序和源代码并不需要多么精深的专业技术，也无需花费很多成本，只要具备一定的专业知识，通过一些简单的程序即可在专门网站上下载到。

笔者认为，上述关于"私服"究竟侵犯的是游戏的商业秘密专有权还是游戏的著作权的争论，焦点在于网络游戏的服务器端程序和源代码是否属于商业秘密，因此应当结合相关法律对商业秘密的规定来展开分析。

---

① 参见史楠:《谈谈"传奇"私服及其侵犯商业秘密的性质》，载 http://www.110. com/ziliao/article-14941.html，2012年5月17日访问。

（二）网络游戏的服务器端程序和源代码是否属于商业秘密的剖析

我国《反不正当竞争法》第 10 条和《关于禁止侵犯商业秘密行为的若干规定》第 2 条规定，商业秘密是指不为公众所知悉、能为权利人带来经济利益、具有实用性并经权利人采取保密措施的技术信息和经营信息。刑法第 219 条基本照搬了商业秘密的这个定义。同时，《关于禁止侵犯商业秘密行为的若干规定》还详细列举了技术信息和经营信息的具体形式，包括设计资料、程序、产品配方、制作工艺、制作方法、管理诀窍、客户名单、货源情报、产销策略、招投标中的标底及标书内容等信息。从中可看出，技术信息和经营信息是商业秘密的范围，也是商业秘密的形式要件，也就是说商业秘密必须是技术或经营信息的一种。

刑法学理论界一般认为，商业秘密的一般具有以下特征：（1）信息性。即这种秘密本身是一种信息，能对某方面的经济活动产生积极影响。（2）经济性。指这种秘密的内容是技术信息和经营信息，这些信息有利于使用者的经营活动，能给其带来经济上的利益。"技术信息"，通常指技术配方、技术诀窍、工艺流程、非专利技术成果等。"经营信息"一般指采取什么方式进行经营等有关经营的重大决策以及与自己有业务往来的客户名单、进货渠道、销售网络等情况。（3）实用性。指这种信息是直接与生产、经营相关、应用性比较强的信息，而不是脱离实际的抽象概念。（4）保密性。指这些信息不为公众所知悉，只限于少数人知道，并且权利人已对这些信息采取了保密防范措施，防止他人轻易获取。如果某些信息已为大家所知悉，或者权利人没有采取保密措施而使他人通过正常渠道了解到该信息，就不属于商业秘密范围。①

根据这些定义和特征，笔者认为网络游戏的服务器端程序和源代

---

① 参见高铭暄、马克昌主编：《刑法学》，北京大学出版社、高等教育出版社 2000 年版，第 454－455 页。

码可能既是一种作品，其创作者拥有相应的著作权，又是一种被其拥有者采取防护措施的商业秘密（《关于禁止侵犯商业秘密行为的若干规定》也明确了程序可以是一种技术信息或经营信息）。司法实践中也存在将计算机软件的源代码认定为商业秘密的判例（项军、孙晓斌侵犯商业秘密案）。而上述反对观点的理由之所以不成立，在于其错误理解了"不为公众所知悉，经权利人采取保密措施"的特性。其论证逻辑是：因为通过一些简单的程序即可在专门网站上下载到服务器端程序和源代码，所以可以推知权利人并没有对其采取保密防范措施，公众也可以轻易获取和知悉，因而服务器端程序和源代码并不属于商业秘密。但是，常识表明，通过简单的程序是不可能在官方服务器或官方网站上下载到服务器端程序和源代码的（否则前述案例中懂得计算机技术的架设私服者也无必要从他人手中购买服务器端程序和源代码），除非是破解了权利人所设置的技术性防护措施然后获取，但这已经属于侵犯商业秘密的危害行为（以盗窃、利诱、胁迫或者其他不正当手段获取权利人的商业秘密）；如果这种"专门网站"是专门提供服务器端程序和源代码下载的网站，那的确可以通过一些简单的程序下载得到，但问题是，这个网站所提供的服务器端程序和源代码来自何处？如果不是权利人和所有人提供的（一般不大可能），那只能是非法获取，而自该处下载的行为，也自然构成"明知或应知前款所列行为，获取、使用或者披露他人的商业秘密"的行为，符合侵犯商业秘密罪客观方面的形式要件。

但是，应当注意到，我们所使用的限定词是"可能"。网络游戏服务器端程序作为一种作品，受到著作权的保护是无可置疑的，因此"可能"限定的主要对象就是"商业秘密"。前述观点的反对理由不成立并不意味着其结论也是错误的。我们同样认为，与"商业秘密"相比较，将服务器端程序和源代码称之为游戏发行商的"作品"通过著作权来保护更为合适。理由有三：

其一，作为一种经营手段，不能排除权利人和所有人自行在一定范围内散布服务器端程序和源代码的可能，因而其是否能够成为绝对意义上的"商业秘密"存在疑问。这并不是一个荒谬的结论。众所周知，网络游戏存在一定的生命期和盈利期，经过这一段时期后，某个具体的网络游戏就会被后来者淘汰出市场。但是由于各国游戏产业发展的不平衡，在一国已被淘汰的网络游戏可能在其他国家还不曾被推广，如果能够进入这些国家的游戏市场，那么无疑就可以"变废为宝"，继续为权利人和所有人营利。如何才能进入其他国家的游戏市场并且吸引玩家的眼球培育较大的消费需求？如何才能吸引其他国家的游戏运营商争相前来代理该游戏从而在利润分成合同的洽谈中取得主动地位（商业常识表明，主动上门洽谈合同和等待他人主动上门洽谈合同的结果是不一样的）？最直接也是最有效的方法就是自行向其他国家泄露服务器端程序和源代码（但不提供升级、改进等后续服务），通过私服来培育一定的游戏市场——这不需要消耗权利人和所有人的任何成本，等这一游戏的市场占有率达到一定程度、玩家欲罢不能而私服又不能提供相应服务之时，自然会有游戏运营商上门洽谈代理业务。类似的经营手段，我们通过观察对比微软最初在中国推广Windows 操作系统时面对盗版的态度和现在面对盗版的态度也可以有所领会。

其二，我国刑法学主流观点认为，虽然侵犯商业秘密罪的主体是一般主体，但是通常是合同约定负有保密义务的当事人和权利人公司、企业知悉或掌握商业秘密的人。前述的项军、孙晓斌侵犯商业秘密案也印证了这一理论。而架设、运营私服的行为人未必属于此范畴。

其三，从犯罪构成的要件来看，侵犯商业秘密罪要求给权利人造成重大损失，但是刑法和相关司法解释却并没有对"重大损失"的数额标准作出明确界定。即便参照《反不正当竞争法》的规定，在权利人的实际损失难以计算的情况下，依照侵害人在侵权期间所获得的利益来计算"重大损失"，但是在某些情况下权利人的损失和侵权人的所获得实际利润都难以计算，况且这种换算也未必合理——玩家登陆私服是由于私服提供了官服所不能提供的乐趣和利益，但并不能从中推出如果没有私服玩家就一定会登录该官服的结论。总而言之，对某一行为侵犯商业秘密是否造成重大损失，立法和理论上没有统一的数额判断标准，各地的司法实践由于经济发展水平的不一致更加不可能达到一致，从而不利于网络游戏的服务器端程序和源代码的保护。而侵犯著作权罪则没有这个问题，虽然其也要求"数额较大或情节严重"，但司法解释对具体标准如何把握规定的十分明细。因而从实际操作的角度，即违法行为入罪的可能性或曰刑法保护的必然性来看，以侵犯著作权罪来保护网络游戏的服务器端程序和源代码在目前来看显得更为合适。

第二十章　利用网络损害他人商业信誉、商品声誉

[典型判例] **李某某损害商业信誉案**

案由: 损害商业信誉

基本案情: 被告人李某某因对曾供职的安徽同志地产顾问有限公司（以下简称同志公司）不满，于 2006 年 7 月至 8 月期间，多次在山东聊城、淮北相山区的网吧内，用"欲哭无泪"、"jjgg"两个网名在"地产维权 QQ 群"、"合肥房地产交易网"以及新浪网上以自己开设的"李某某的 BLOG"上多次发表和转帖了其自己虚构的针对同志公司的名为"我视同志公司张勇忽悠的真实故事"、"同志公司采用卑鄙手段恐吓威胁员工"、"同志地产大崩盘，人员出走三分之二"、"同志地产反击无能为力，虚画馅饼为自己充饥"以及"关于网站帖子的声明"等多篇文章，故意诋毁同志公司商业信誉。

上述文章经被告人李某某在网上发表后，网民点击率共 4434 次，致使与同志公司有业务往来的池州青华房地产开发有限公司于 2006 年 8 月 10 日发函终止了与同志公司代理销售江苏省灌云县水清木华商住项目，造成同志公司直接经济损失达 602 万元。淮北市亿园房地产开发有限责任公司发函要求降低同志公司为其代理销售的洪山路高层住宅项目代理费，使代理费由 2.5% 降到 1.5%，造成同志公司直接经济损失达 834092 元。

判案理由： 安徽省合肥市蜀山区人民法院根据上述事实和证据认为：对于被告人李某某辩称"同志公司大崩盘，人员出走三分之二"一文并非其本人所写。经查：被告人李某某对其以"jjgg"注册网名并以该网名发表该篇文章于网络的事实，在公安机关曾供认不讳，与公安机关从网上查获的该文章发表时间、网名、内容等，及证人张某、刘某华、刘某洲、孔某的相关证言，合肥同步营销策划有限公司关于"jjgg"会员注册的信息能够相互印证。而李某某对其该点辩解未能提供相应证据予以佐证。故对被告人李某某的此点辩护意见不予采信。

关于李某某辩称，他在网上写的情况不是捏造的，都是事实。经查，除"我被同志地产顾问机构张勇忽悠的真实故事"一文不能确认是否真实外，其余涉案文章，均与事实不符或未见事实依据，故李某某的此点辩解不予采信。被告人李某某因对同志公司不满，多次编写文章，捏造事实，声称同志公司恐吓、威胁员工，或声称同志公司画饼充饥，或声称同志公司员工大量出走、崩盘等，并将文章发表于房地产网站或自己在新浪网上开设的博客上，以此宣扬从事房地产代理销售业务的同志公司不守诚信，难以维计等，诋毁同志公司在房地产销售行业中的声誉和形象，造成同志公司相关业务单位取消代理委托，降低代理费用等，影响恶劣，给同志公司造成一定的直接经济损失，其行为已构成损害商业信誉罪，公诉机关指控成立，依法应予惩处。被告人李某某在事实和证据面前，拒不认罪，可酌情从重处罚。

定案结论： 安徽省合肥市蜀山区人民法院认定被告人李某某犯损害商业信誉罪，判处有期徒刑1年，并处罚金人民币1万元。

[**学理简析**] 李某某作为本案的被告人因对同志公司不满，多次编写文章，捏造事实，并将文章发表于房地产网站或自己在新浪网上开设的博客上，以此诋毁同志公司在房地产销售行业中的声誉和形象，造成同志公司相关业务单位取消代理委托，降低代理费用等，影响恶劣，给同志公司造成一定的直接经济损失。安徽省合肥市蜀山区人民法院一审认定被告人李某某构成损害商业信誉罪，判处有期徒刑

1 年，并处罚金人民币 1 万元。笔者认为，被告人李某某实施的通过网络捏造事实诋毁他人商业信誉的行为符合损害商业信誉罪的构成要件。本章主要探析对被告人李某某选择适用"损害商业信誉罪"定性的理论根据，以期此后司法人员在审理同类的利用网络"损害商业信誉罪"案件时能够有所参考、有所借鉴。

值得注意的是，本案在定性中曾存在是否构成破坏生产经营罪的意见，我们认为不妥。尽管两者之间在某种程度上存在着相似之处，损害商业信誉、商品声誉的犯罪行为某种程度上也必然会影响企业的生产经营活动，甚至造成巨大的经济损失。但应当看到的是，二者在犯罪客体、客观行为方式等方面均存在较大差异。一方面，损害商业信誉、商品声誉罪侵犯的是企业的商誉以及市场经济秩序，而破坏生产经营罪仅仅损害的是企业的财产权。另一方面，前者主要以语言攻击进行破坏，而后者多须采取一定的破坏性行为。因此，破坏生产经营罪对于被告人网络发帖的恶意诋毁同志公司商业信誉行为存在着评价不足的困境。匹此，本案不以破坏生产经营罪定罪。以下简要阐释本案定性为损害商业信誉罪的理论和法律基础。

一、利用网络损害商业信誉罪的主观罪过分析

李某某辩称涉案网络文章内容不属捏造，都是事实，并且"同志地产大崩盘，人员出走三分之二"一文不是其本人所写，并称本人没有实施损害同志公司商业信誉的主观动机。笔者认为，考察行为人是否具有损害商业信誉的主观目的不应从商业竞争动机出发，尤其当前"网络打手"的出现已使得传统损害商业信誉犯罪的主观目的出现了多元化趋势。根据《刑法》第 221 条规定："捏造并散布虚伪事实，损害他人的商业信誉、商品声誉，给他人造成重大损失或者有其他严重情节的，处二年以下有期徒刑或者拘役，并处或者单处罚金。"所谓商业信誉，是指企业从事商业活动，参与市场竞争，在社会上所获得的好的评价和誉誉；商品声誉，是指商品因其价格、质量、性能、效用等的可信赖程度，在社会上尤其是在消费者中获得的好的评价和

赞誉。① 一般认为，此罪的客体为双重客体，既侵犯了他人的商业信誉，又侵犯了社会主义市场竞争秩序；客观上表现为捏造并散布虚伪事实，损害他人的商业信誉、商品声誉，给他人造成重大损失或者有其他严重情节的行为；主观上既可以是间接故意也可以是直接故意。但需要明确的是，与传统损害商业信誉犯罪不同，网络损害商业信誉行为在主观上体现出多样化的犯罪动机，已经从传统单纯的诋毁竞争对手转变为恶意报复甚至是恶作剧，今后司法实践中对于此类案件主观方面的认定应予以全面考察。

因此，被告人李某某因对其曾经供职的同志公司不满，出于个人心理泄愤以及报复的动机，通过互联网捏造并传播同志公司不守诚信、难以维计等虚假事实，而且被告人对于上述虚假事实在主观上均是明知的。因此，种种事实表明，李某某明知自己在互联网及微博上撰写的文章属于虚假事实，而仍然在网络上予以传播，显然主观上对于自己捏造散布虚假事实对同志公司商业信誉将造成的损害明知。尽管李某某本人与同志公司没有商业上的竞争关系，但其仍具备主观上诋毁同志商业信誉的故意。

二、利用网络损害商业信誉的客观行为分析

损害商业信誉罪的客观要件集中体现为捏造并散布虚伪事实，损害他人的商业信誉。本案中，被告人通过互联网发帖诋毁同志公司的商业信誉，而其无法证明其所散布网络博文的真实性。被告人李某某在"同志地产反击无能为力，虚画馅饼为自己充饥"一文中，无法证明"同志公司对其威胁、恐吓、利诱，淮北市场业务停顿，已离职12人，同志公司负责人谎话连篇"的真实性，而且该内容与法庭掌握证据明显相悖。同时，李某某在"同志公司大崩盘，人员出走三分之二"一文中表示"同志公司员工大量出走，危机重重，接连失去六安、铜陵、芜湖、巢湖、淮南等市场，降低代理费用等"，但却无法

---

① 参见谢治东：《损害商业信誉与商品声誉罪探讨》，载《学术论坛》2001年第2期。

提供相应的证据证明该文章所涉同志公司员工大量出走等内容的真实性，且同志公司至庭审时仍在市场上继续经营，未见公司人员出走过多及公司"崩盘"现象。因此，本案中，被告人李某某在博客网站和房地产网站上编写的文章内容确属虚构，而互联网具有传播速度的迅速性和传播范围的广泛性，正是基于此，被告人在网络上散布诋毁同志公司的文章才具有了更大的危害性，因而本案被告人的行为符合了损害商业信誉罪的客观行为要件。

三、"给他人造成重大损失或者有其他严重情节的"应如何认定

根据《刑法》第 221 条，损害商业信誉罪的成立除了捏造并散布虚伪事实，损害他人的商业信誉、商品声誉之外，还需要在结果上"给他人造成重大损失或者有其他严重情节"，因此，认定本案的关键还在于被告人通过网络诋毁同志公司商业信誉的行为是否给同志公司造成重大损失。

本案中，被告人通过博客网站和房地产网站散布虚假事实的行为，造成了同志公司相关业务单位取消代理委托，降低代理费用等，影响恶劣，给同志公司造成一定的直接经济损失。因此，网络空间中捏造虚假事实诋毁他人商业信誉的行为，已经具备了给被害人造成重大损失的要件。

第二十一章 网络诽谤行为的司法定性

[典型判例] 韩某某诽谤案

案由：通过网络捏造事实诽谤他人

基本案情：2008 年 5 月 23 日，被告人韩某某捏造事实，撰写了一篇题为《国殇期间，拷问史上最牛的省人大代表》的文章，并安排员工在西安的一家网吧传至互联网。文中虚构"……5 月 16 日在陕西汉中，陕西省人大代表、汉中万邦公司董事长杨海明纠集黑恶势力，将讨要拖欠工程款、急着返乡救灾的施工人员打成重伤……"并将其公司项目负责人李某欣的照片附上，对其面部进行处理冒充来自四川灾区的被打伤的施工人员。同时，该帖还"详细"捏造了所谓的杨海明发家史与没落史。此后，被告人韩某某又安排员工撰写编辑虚构事实的《汉中投诉无门，奔走西安讨公道，痛斥省人大代表恶行》、《老板，别再闹了，我们穷的连块遮羞布都没有了》的帖子上传至互联网。截至 2008 年 6 月 8 日，这些帖子约有 3.8 万人次浏览，1200 篇跟帖，给杨海明及万邦公司造成了严重的负面影响及经济损失。2009 年 5 月 6 日，汉中市汉台公安分局以涉嫌诽谤向韩某某发出了《取保候审决定书》，决定对韩采取取保候审措施。

被告人辩称案中涉及人物李某欣是施工人员，被致伤是事实，故打伤施工人员的基本事实存在，其不存在捏造事实的行为。起诉书关于韩某某于 2008 年 5 月 23 日提造题为《国殇期间，拷问史上最牛的省人大代表》文章的指控，该文章不属于被告人起草，无法判定内容的真伪，无法确定是否属于捏造事实。本案系自诉案件，公安机关受理案件，没有法律依据，严重违反法定程序。本案行为的发生地和犯罪嫌疑人居住地均在西安，汉中市公安局汉台分局无权对该案管辖。本案中办案单位对证人马某卫、夏某、樊某、刘某等人采取了异地监视居住、取保候审等强制措施，其所取证言不具有合法性，不能作为证据使用。

判案理由：汉中市汉台区人民法院公开审理认为，被告人韩某某同时多次采取利用互联网发帖的方式捏造事实对被害人杨海明进行诽谤，严重侵害了被害人杨海明的人格权、名誉权，情节严重。被告人在抗震救灾的特殊时期，实施诽谤他人行为，严重危害了汉中市当时的社会秩序，影响恶劣，社会危害性严重。被告人韩某某的辩护人要求对韩某某宣告无罪的辩护意见不能成立，法院不予以支持。被告人韩某某的行为已触犯了《刑法》第246条的规定，构成诽谤罪，公诉机关指控罪名成立。庭审中，被告人韩某某对检察机关起诉的犯罪事实供认不讳，自愿认罪，并当庭向被害人致歉，庭审后又书面认罪，并向被害人写出书面道歉信，认罪态度较好，可酌定从轻处罚。

定案结论：汉中市汉台区人民法院认定，被告人韩某某犯诽谤罪，判处有期徒刑1年。①

[学理简析]作为陕西省首例"网络诽谤案"的犯罪人韩某某，系西安鑫龙润饰灏饰工程（团体）无限公司总经理，其诽谤行为恰发生在汶川大地震期间，社会影响极大，吸引了百余名人大代表、政协委员赴法院旁听案件。此案中，网络因素的介入使得此案的案件管辖问题存在很多争议，例如韩某某在西安发帖，却在汉中市审判是否合法？诽谤案件的自诉性与网络诽谤取证的高难性，使得司法机关就其是否应主动介入去办案过程中产生了诸多疑惑，尽管事后汉中市检察院主动提起公诉，但这一行为是否合法也存在争议。本章主要探析汉

---

① 案例信息参见台建林：《陕西首例网络诽谤案韩兴昌获刑一年》，载《法制日报》2009年11月26日；蒋德：《立法模糊让网络诽谤界定难》，载《法制日报》2009年12月9日。

中市汉台区人民法院对韩某某"网络诽谤案"获得管辖权的理论与法律根据，以及解答检察机关对于网络诽谤案件是否有权主动提起公诉的司法困惑，以期此后司法人员在审理同类的"网络诽谤"案件能够有所借鉴。

一、网络诽谤行为的法律实质解读

被告人韩某某基于民事纠纷，通过发帖捏造受害人杨海明纠结黑恶势力、拖欠农民工工程款事实，本案的争议点即在于在网络空间中通过发帖、撰写博客等方式，捏造事实诋毁他人是否属于诽谤行为。进一步讲，被告人韩某某在网络空间中的发帖行为是否符合诽谤罪的客观行为要件？笔者认为，网络诽谤的法律性质在于，通过非法捏造事实并采取密集发帖、撰写博客等方式，在网络空间中发布、传播诽谤信息，实现诋毁他人名誉和人格的目的。但是，这种发生在网络空间中的虚拟行为，实质上却是对他人在现实社会中名誉的诋毁，并在实际上严重损害了他人合法权益。

具体言之，网络诽谤行为的刑法评价核心在于诽谤，网络只是诽谤者实施诽谤行为的工具和场所，尽管网络诽谤行为发生在网络空间中，但其法律性质、行为表现形式乃至犯罪构成上都与现实社会中的诽谤行为毫无差异。可以说，网络诽谤与现实社会诽谤行为的显著区别，即在于发布、传播诽谤信息的载体和空间由现实社会转移到了网络空间中，但此类行为的性质并没有发生改变，同样也不会影响法律责任的承担。因此应当强调指出的是，发生在现实社会中的诽谤行为，其发布和传播的媒介往往表现为书籍、杂志、报纸、检举信件等平面的纸质媒介，尽管在网络空间中诽谤行为的信息载体发生了变化，但行为的性质和违法犯罪目的并没有发生变化，甚至是有过之而无不及。[①] 有鉴于此，全国人民代表大会常务委员会 2000 年 12 月颁布实施的《关于维护互联网安全的决定》第 4 条指出："为了保护个

---

① 参见于志刚：《"网络推手"还是"网络打手"》，载《法制日报》2011 年 5 月 20 日。

人、法人和其他组织的人身、财产等合法权利，对有下列行为之一，构成犯罪的，依照刑法有关规定追究刑事责任：（一）利用互联网侮辱他人或者捏造事实诽谤他人……"

因此，汉中市汉台区人民法院对本案的定性是正确的。被告人韩某某在网络空间中发帖捏造事实诋毁他人的行为在实质上仍然属于诽谤的一种，不能又仅因为其发生在网络空间中就对其予以放纵或者苛严，只是网络的特殊性使其比现实社会中的诽谤违法犯罪行为具有更为广阔的传播空间，以至于对被害人杨海明及万邦公司造成了严重的负面影响及经济损失。因此，鉴于诸如韩某某网络诽谤案等一系列网络诽谤行为的一般性与特殊性，今后的司法实践应考虑到现实社会中诽谤行为的特点，又要兼顾到网络诽谤的特殊属性，对利用网络实施的诽谤等犯罪惩治与预防问题形成清醒的认识。

二、网络诽谤行为评价的司法现状

面对网络诽谤日益高发的态势，我国司法实践中对此类行为评价时存在着诸多的困惑，并在某种程度上阻碍了司法实务部门对网络诽谤行为的惩治。可以说，此类争议的存在已然成为当前刑事司法应对网络诽谤行为的主要障碍。

（一）司法机关可否主动介入网络诽谤的两难困境

与日益频发的网络诽谤案件相对应，我国司法机关对于"网络水军"主导的诽谤行为也进行了有力的回应。诸如"深圳判决首例'网络推手'案件"、"伊利商誉案'网络推手'获刑"等，展示了我国司法机关应对网络诽谤所做出的努力，但其中也不乏争议，即刑事司法机关是否可以主动介入"未严重危害社会秩序和国家利益"的诽谤行为，以及如何避免国家公权力对公民言论自由的过度侵犯。

客观地讲，'网络水军'介入的诽谤案中只有很少一部分被给予刑事制裁，目前进入刑法打击半径最多的还是个人诽谤行为，但通过对此类行为的透视，也不难对刑事司法应对网络诽谤行为时所面临的司法困惑管窥一斑。韩某某诽谤案属于自诉案件，社会公众以及部分刑法学者对于公安机关主动介入这起网络诽谤案件侦查提出了质疑，认为其违反了诽谤案件告诉才处理的法律规定，属于滥用职权。[①] 因此，本案所体现出的司法困惑在于，汉中市汉台区司法机关是否可以主动介入韩某某网络诽谤案之中。与本案不同，在另一起网络诽谤案"艾滋女闫德利"案件中，社会态度却发生了完全相反的转变，纷纷指责公安机关"不作为"，后在舆论压力下，警方才以"传播淫秽物品罪"为名立案主动介入案件调查并最终破获此案。通过前后两个案例的对比发现，司法实务部门面对网络诽谤案件时往往处于极为尴尬的司法境地，无论是主动介入还是"静观其变"，都会在某种程度上受到社会公众乃至刑法学者的诟病。

但必须指出的一个问题是，愈演愈烈的诽谤行为对于被害人的名誉和人格具有极大的破坏性，网络的虚拟性和加害人的隐蔽性使得受害人在锁定加害者、调查取证等方面存在较大的难度，往往无法顺利提起自诉。而在网络诽谤案件中，面对受害人在网络面前的弱小和加害人的日益猖獗，司法机关是否应该主动介入尚缺乏法律明确的规定，从而导致目前公安机关"作为"与"不作为"的两难困境。

（二）严重危害社会秩序和国家利益应如何认定

韩某某案中，解决汉台区司法机关直接对本案立案侦查问题的关键在于，本案是否属于'严重危害社会秩序和国家利益'。根据《刑法》第 246 条第 2 款的规定，诽谤罪告诉的才处理，但是严重危害社会秩序和国家利益的除外。这一规定某种程度上为司法机关介入网络诽谤案件提供了依据，但由于这一规定内容的模糊性和概括性，并没有明确司法机关的具体职责范围。这某种程度上也就导致了前文所阐释的司法困惑。司法机关介入诽谤案件具体标准的缺乏，一方面容易

[①] 同样受到质疑的还有河南"王帅跨省追捕案"、内蒙古"吴保全案"以及新近发生的甘肃"王鹏案"……他们大都因为在网上发帖举报，被冠以诽谤罪名逮捕，后均被无罪释放。此类错抓错捕案件的频发使得"跨省追捕"成为网络流行的新鲜名词，也给司法机关介入网络诽谤行为的合理性、合法性与保障公民言论自由之间的平衡带来了诸多值得反思的地方。

导致司法机关滥用职权,过度侵犯公民的言论自由,甚至严重损害公众对国家机关监督权的行使和网络民意的正常表达;而另一方面,缺乏明确标准的指引也会导致司法机关缺乏对诽谤案件的执法依据,从而使其难以发挥在惩治网络诽谤中所应起的作用,最终使得网络诽谤加害人无法被及时追究法律责任,这间接助长了网络诽谤的嚣张气焰。①

考虑到网络诽谤行为的危害性,最高人民检察院、公安部2010年5月7日公布的《关于公安机关管辖的刑事案件立案追诉标准的规定(二)》曾明确规定:"利用互联网或者其他媒体公开损害他人商业信誉、商品声誉的,应当立案追诉。"尽管这只是针对网络侵犯商业信誉犯罪的规定,但也为刑事司法介入网络诽谤行为提供了依据。但是,对于何种情形的网络诽谤案件应当立案追诉,现有刑法并无明确界定,只是公安部2009年3月19日下发的《关于严格依法办理侮辱诽谤案件的通知》对于"严重危害社会秩序和国家利益"进行了规定:"对于具有下列情形之一的诽谤行为,应当认定为'严重危害社会秩序和国家利益',以诽谤罪立案侦查,作为公诉案件办理:(1)因诽谤行为导致群体性事件,严重影响社会秩序的;(2)因诽谤外交使节、来访的外国国家元首、政府首脑等人员,造成恶劣国际影响的;(3)因诽谤行为给国家利益造成严重危害的其他情形。"这一解释性文件的出台,某种程度上为公安机关办理诽谤案件提供了依据,但是由于这一解释是由公安部作出,对于法院、检察院等司法机关并不具有约束力,因此其现实适用存在局限性。② 在缺乏明确法律依据的情况下,一些地方对于网络诽谤案件定性出现了严重错误,诸如河南"王帅诽谤案"、内蒙古"吴保全诽谤案"、甘肃宁夏"王鹏诽谤案"都是因为网上举报地方政府违法违规行为被以诽谤罪追诉,甚至出现了所谓的"跨省追捕"。对此,《公安部关于严格依法办理侮辱诽

---

① 参见于冲:《网络诽谤刑法处置模式的体系化思考》,载《中国刑事法杂志》2012年第3期。
② 彭清燕:《网络诽谤立案管辖研究》,载《东方法学》2011年第1期。

谤案件的通知》中严厉指出：少数地方公安机关在办理侮辱、诽谤案件过程中，不能严格、准确依法办案，引起了新闻媒体和社会各界的广泛关注，产生了不良的社会影响，损害了公安机关形象和执法公信力。

（三）网络诽谤责任主体认定方面存在混乱性

从行为主体上看，网络诽谤案件一般包括网络服务商、诽谤言论制造者以及诽谤言论传播者三方，"网络水军"的兴起无疑使得网络诽谤的行为主体更加复杂化。客观地讲，以"网络水军"为主导实施的诽谤行为，除了具备网络诽谤主体认定的司法争议之外，还由于网络公关公司、网络水军等多个利益主体的涉入，导致司法实践对于此类案件的责任承担者在认定上存在诸多司法困惑。

具体言之，在现实社会的诽谤案件中，行为主体往往限于特定的个人，但在网络空间中，由于网络水军、网络服务商乃至无数网民的涉足，使得网络诽谤案件在危害性扩大的同时，也给责任主体的认定带来了新的挑战。这其中，对于诽谤言论捏造者的责任认定一般没有疑问，问题在于网络服务商和传播诽谤言论的网络用户是否应承担刑事责任。实际上，在网络空间中，诽谤言论每当被点击传送一次，就相当于对其进行了一次重新发布，但考虑到诽谤言论传播者大多属于普通网民，缺乏承担刑事责任的主观恶性，因此对其一般不宜追究刑事责任。即使对于被雇佣的"网络水军"，由于其人数过于庞大，且仅仅实施了简单的发帖行为，也不宜给予刑事处罚。剩下的问题就在于，网络公关公司及相关网络服务商是否需要承担责任。对此，我国信息产业部 2000 年 10 月 8 日通过实施的《互联网电子公告服务管理规定》第 9 条、第 13 条明确规定："任何人不得在电子公告服务系统中发布含有侮辱或者诽谤他人、侵犯他人合法权益的信息；电子公告服务提供者发现其电子公告服务系统中出现明显属于上述信息内容的，应当立即删除，保存有关记录，并向国家有关机关报告。"从某种程度上讲，这一规定明确了网络服务商对于诽谤言论的删除及存储义务，为认定其连带侵权责任提供了法律依据。但是，在现有的法律法规中，关于网络诽谤主体刑事责任的分配并没有明确规定，客观上导致网络公关公司、网络水军雇佣者的刑事责任难以得到有效追究。

三、网络诽谤行为的司法应对思路

在目前网络水军及网络诽谤问题日益凸显的情势下，应充分借鉴和吸收目前国内外反击网络诽谤的成功经验，结合网络诽谤违法犯罪的特征和发展趋势，构建以正确的刑事理念为指导、以明确的立法规定为依托、以科学的诉讼程序为保障的网络诽谤犯罪防控体系，切实处理好保障名誉权与言论自由之间的平衡。

（一）网络诽谤域外司法处置模式的考察与借鉴

在计算机犯罪爆炸式增加和传统犯罪网络异化的大背景下，① 网络诽谤不仅是中国的一个严重的社会问题，同时也是国际社会所共同关注的一个社会问题。例如，目前日本也面临着严重的网络诽谤犯罪问题，据统计，日本警方在 2008 年共接到网络诽谤、网络中伤的报案 11516 件，创下了历史新高，比 2007 年的 8871 件增加了近 30%，比 2005 年（5782 件）翻了近一番。② 针对网络空间中日益严峻的诽谤违法犯罪行为，世界上大部分国家的立法或者司法机关，都在积极地探索网络诽谤违法犯罪的惩治与预防对策，很多国家已经确定了体系化的治理规则，或者在司法上有所实践和尝试，其中有些措施对我们不乏启发、借鉴之用。

1. 严厉的刑法防控模式：以德日韩为代表的大陆法系

在立法传统上，以德国为代表的大陆法系国家对于诽谤罪设置了较为严密的规制体系。德国刑法典以举证责任的归属为依据将诽谤罪划分为不能证明为真实和明知为不真实的诽谤罪，前者对应于《德国刑法典》第 186 条，被告对其陈述的真实性负举证责任；后者对应于《德国刑法典》第 187 条，由原告就诽谤内容的虚伪性承担举证责任。除此之外，在法国、德国甚至将诽谤总统作为加重处罚或者特殊犯罪

---

① 具体内容见于志刚：《网络空间中培训黑客技术行为的入罪化》，载《云南大学学报》2010 年第 1 期。

② 张超：《日本加大网络监管力度遏制犯罪》，载《法制日报》2009 年 3 月 15 日

类型予以规定。受此影响，在德国、韩国等大陆法系国家，对于网络诽谤行为也采取了较为严厉的处置模式。

以韩国为例，韩国总体上对于诽谤行为规定了较为严厉的刑事制裁，尤其一系列网络诽谤引发的被害人自杀案件更是激发了韩国打击网络诽谤的力度。例如，2008 年 10 月 2 日，韩国女星崔真实因不堪忍受网络谣言而自杀，这一事件在韩国引起极大轰动，事后韩国首尔警方宣布逮捕了涉嫌散布崔真实"放高利贷谣言"的犯罪嫌疑人。① 继而在 2011 年 3 月 29 日，一糕饼店老板因通过网络散布不利竞争对手的谣言，被韩国首尔中心法院以诽谤罪判处 18 个月监禁。② 一系列较有力度的应对手段，体现了韩国面对网络诽谤所采取的严厉惩治的态度，整体上讲，韩国目前惩治和预防网络诽谤的措施主要包括以下几个方面：

（1）网络聊天诽谤的入罪化

对于网络聊天室内捏造虚假信息诋毁他人名誉的"私聊"行为，韩国大法院明确将其认定为诽谤罪。尽管网上聊天行为大部分属于一对一的"私聊"，但韩国法院依然认定其构成诽谤罪。例如，2008 年 3 月，韩国地方检察院以许某通过网络散布虚假消息、诋毁柳某名誉的罪名对其起诉，在一审、二审法庭均以"一对一私聊不具有向非特定或多数人传播的'公然性'"为由，判许某无罪后，韩国大法院认为网络聊天即使仅限于两个人之间，另外一人也有可能向非特定或多数人散布，因此具有充分的公然性，故将案件退回重审。③ 可见，即使一对一"私聊"行为在韩国也可能被认定为公然性的诽谤。

（2）将网络游戏诽谤纳入刑法打击半径

韩国国内法院普遍认为针对网络游戏角色实施的诽谤行为构成诽

---

① 马丹：《诽谤崔真实 4 涉嫌网民落网》，载《华西都市报》2008 年 10 月 8 日。

② 《韩国：网上诽谤 男子获刑》，载新华网 http://new. xinhuanet. com/world/2011 - 03/31/c_ 121250994. htm，2011 年 10 月 23 日访问。

③ 《韩国大法院：网上私聊也有可能构成诽谤罪》，载《法律与生活》2008 年 3 月（上）。

谤罪，其理由在于网络游戏里的角色名称大部分情况下是代替实名使用的，行为人实施诽谤游戏角色名称的行为，实际上侵害的对象仍是该游戏角色的所有者，因此，诽谤网络游戏名称所有者亦构成诽谤罪。例如，2008 年 10 月 9 日，韩国光州地方法院因金某在某网络游戏论坛针对他人网络游戏角色名称捏造事实，对其判处 200 万韩元（折合人民币约为 1.1 万元）的罚款。[①] 在我国也曾出现关于捏造事实诽谤他人网名、qq 名称是否构成诽谤罪的争论，但司法机关至今尚无统一、明确的做法。

（3）出台专门的网络诽谤立法

对于网络诽谤信息，韩国政府将其视为"资讯传染病"，面对虚假诽谤言论传播对韩国社会稳定和公民权利的侵犯，韩国司法部于 2008 年 8 月开始起草"网络诽谤法"，采取一系列措施来处理虚假诽谤的网络信息，其中比较有效的手段即推行网络实名制打击诽谤。据有关报道，在实行网络实名后，韩国的主要门户网站在受害人指控诽谤信息违法时，网站有责任公布诽谤者的个人信息。[②] 从韩国目前的努力来看，通过专门立法来遏制网络诽谤在韩国国内引发了一定的争议，但网络实名制目前在韩国民众之间已逐渐取得共识，并在事实上减少了网络恶意诽谤和"网络暴力"事件的发生。

2. 整体趋轻的刑法防控模式：以美国为代表的英美法系

一般认为，美国对于言论自由给予了较高程度的保障，因此对于网络诽谤犯罪的认定采取了极为审慎的态度，甚至在长时间内罕有因诽谤而被判决有罪的案例。在美国，非刑罚化和严厉的民事制裁措施是应对网络诽谤的主要司法路径，尤其是美国法律学会（American Law Institute）在 1962 年编著的《模范刑法典》（Model Penal Code）把诽谤犯罪剥离于刑事处罚体系之外，成为诽谤罪除罪化的理论开

---

① 《韩国法院：辱骂他人游戏角色将构成诽谤罪》，载 http：//news. dayoo. com/game/69283/200907/21/68550_ 10034435. htm，2011 年 10 月 29 日访问。

② 《综述：韩国全面推行网络实名制》，载 http：//news. xinhuanet. com/newscenter/2008 - 04/24/content_ 804421. htm，2011 年 10 月 29 日访问。

端，在此之后，司法实践中诽谤罪的除罪化也开始展开。例如，在
1964 年的《纽约时报》诉沙利文案（New York Times Co. V. Sulli-
van）中，美国联邦最高法院首次确立了诽谤案认定的"实际恶意"
（actual malice）原则，即明确：媒体在"对错误陈述信以为真"的前
提下发布不实之词，应豁免于诽谤诉讼。① 在纽约时报案之后，路易
斯安那州诉葛里森诽谤案（Garrison v. Louisiana）又将"实际恶意"
规则延伸至刑事诽谤诉讼案件中。② 上述一系列的司法案例使美国自
20 世纪 70 年代以来刑事诽谤案的判决已经基本消失，在为数不多的
诽谤诉讼案件中，几乎全是民事侵权诉讼。③ 与之相似，随着言论自
由等民主政治权利的深入民心，刑事诽谤罪的存在在英国也受到了挑
战，导致司法实践中对于毁损名誉、中伤政府等传统的刑事诽谤案
件，除非情节极为严重，否则几乎也没有相关的有罪判决。④

实际上，美国早在 10 多年前已经开始面临网络诽谤问题，例如
1995 年史崔顿欧克蒙经纪公司诉神童服务公司（Stratton Oakmont,
Inc. v. Prodigy Services Co.）一案中，被告人通过在网络留言板上发
布其捏造的虚假事实，导致原告的经营业绩在短时间内急速下跌，原
告据此以诽谤侵权赔偿提起诉讼。⑤ 这一案不仅开创了美国网络诽谤
侵权之诉的先例，而且为之后网络诽谤案件中确定网络服务供应商的
法律责任提供了依据。1999 年 2 月，美国艾默利大学医学院一名医生
山姆－小格拉汉姆（Dr. Sam D. Graham Jr.）因个人原因辞职后在雅
虎网站上发现一篇匿名文章，声称他因为收受贿赂而被迫辞职。山姆
－小格拉汉姆遂将上述文章作者起诉至法院，赢得了这起关于侵犯

---

① 参见付雁南：《〈纽约时报〉诉沙利文案对当今中国仍有强烈的时代意义》，载《中
国青年报》2011 年 8 月 17 日。

② Garrison v. Louisiana, 379 U. S. 64, 67, 74, 76, 77（1964）.

③ 参见罗斌、宋素红：《中美新闻诽谤诉讼理念比较》，载《上海师范大学学报》
2007 年第 1 期。

④ 参见陈珊珊：《论诽谤罪的价值抉择与检验逻辑》，载《中国刑事法杂志》2008 年
第 1 期。

⑤ Stratton Oakmont, Inc. V. Prodigy Svcs. Co., Supreme Court of New York. 1995 WL
805178（N. Y. Sup.）.

"名誉权"的诉讼案。①在2010年的 W. J. A. V. D. A. 一案中，原告因被告在某网站声称其童年时期受到原告的性侵犯，将其起诉至法院要求侵权赔偿，一审法院以原告无法证明名誉受到"实际损害"（actual injury）为由驳回了原告诉讼请求。② 从法院对这一案件的态度来看，美国对于网络诽谤的侵权认定也在日益严格，尤其原告承担的"实际损害"证明责任更使得法院对网络诽谤的处置趋于轻缓。

但值得注意的是，尽管美国对于诽谤罪实际上采取了除罪化的模式，但对于某些特殊诽谤犯罪类型依然采取刑事制裁的方式予以惩治，具有代表性的主要包括网络欺凌以及群体性诽谤等可能破坏治安的特定情形。详言之，尽管英美等国对于网络诽谤案件采取了近乎"放任"的态度，但是随着 Facebook、Bebo、MySpace 以及 YouTube 等社交网站的盛行，网络空间中针对未成年人实施的侮辱诽谤行为呈现出愈演愈烈之势，"网络暴力"、"网络欺凌"（Cyber – bully）已成为美国乃至世界各国不得不面对的新型网络难题。对于网络欺凌行为，美国一反对于网络言论的宽容态度，自密苏里州2008年6月通过《反网络欺凌法》以来，阿肯色州、新泽西州、俄勒冈州等13个州均相继颁布了遏制网络欺凌的相关法律，加利福尼亚州也于2009年推出了反网络欺凌法案。③ 可以说，到目前为止，尽管美国已经不再将诽谤视为犯罪，但是对于针对未成年人实施的网络侮辱诽谤行为依然设置了严厉的刑罚，某种程度上形成了对网络诽谤言论的强有力遏制。

（二）司法介入网络诽谤行为的理论建议

网络诽谤的刑法制裁不仅关涉名誉权与公民言论自由的平衡，还涉及公权力与私权利的界限问题。因此，今后对于网络诽谤的治理在

---

① 参见王羽中：《美国审结一起互联网'诽谤'案》，载《新浪科技》2000年12月11日。

② W. J. A. V. D. A. 416 N. J. Super. 380, 4 A. 3d 601（2010）.

③ 参见顾晗：《少女网站张贴死亡恐吓 英判首例网络欺凌犯罪》，载《法制日报》2009年8月25日。

发挥司法能动性的基础上，针对集团化、团体化等危害严重的诽谤行为从严打击，针对网民举报、批评当地政府及其公职人员的"诽谤"案件则应避免过多介入。

1. 合理平衡名誉权与网络言论自由

同现实社会中的诽谤一样，网络诽谤的刑法规制也面临着言论自由与名誉权保护的合理平衡问题：一方面需要采取合理步骤确保公众名誉权益受到保护，而另一方面又需要确保网络言论的顺畅表达。可以说，网络言论某种程度上反映了民众的现实愿望，是彰显网络民意的重要渠道，不合理地压制网络民意极易侵犯网民的言论自由。但是，在保障言论自由的同时，也应尊重个人名誉权。

从国外司法实践来看，诽谤罪目前几乎很少适用，在国内也出现了限制诽谤罪适用，甚至废除诽谤罪名的呼声，例如，有学者明确指出：为了杜绝因涉嫌诽谤罪刑拘公民、网友的事件，应从立法层面上将侮辱诽谤罪名从刑法中剔除，对该类案件应以民事纠纷论处，适用《侵权责任法》而非《刑法》。① 客观地讲，我国现阶段立刻将侮辱诽谤罪予以非犯罪化有些难度，但较为可行的是，严格限制诽谤罪的适用范围，避免司法过多地干预公民言论权利，避免新近频繁发生的网民"因言获罪"的司法尴尬。因此，在目前利益多元化的网络背景下，立法者和司法者的职责就是通过法律的利益分配和协调，将各种利益冲突控制在合理的范围之内，最终实现最大多数人的利益。诚如有学者所言："刑法保护社会秩序不在于将个人置于立法者或司法者所预期的位置，或者要求个人达到国家或社会为其设立的特定目标，而在于确保个人自由行动时不违背有利于社会秩序生成的条件。"② 具体到网络诽谤案的处置模式中，就是应当将平衡网络言论自由与名誉权摆在首要位置，类似于河南"王帅案"、内蒙古"吴保全案"、甘肃与宁夏"王鹏案"等举报政府违法行为的案件，在举报事实没有重

---

① 参见李凤梅：《诽谤罪：解读与抉择》，载《中国检察官》2010 年第 12 期。
② 参见曲新久：《刑法的精神与范畴》，中国政法大学出版社 2000 年版，第 125 页。

大纰漏且不存在诽谤恶意的情况下，完全没有必要将其纳入刑法打击的半径之内。为了保障公民的言论自由，有必要限制公权力对诽谤案件的介入，在网络诽谤案的司法实践中应当严格坚守法律底线。因此，被告人韩某某辩称自己发帖并不是捏造事实，只是公布对方拖欠农民工资的真相，尽管汉中市汉台区人民法院最终没有采信，但今后司法实践中需要明确的是在介入网络诽谤案件中应如何避免国家公权力对公民言论自由的过度侵犯。

2. 准确适用网络诽谤案件的诉讼程序

笔者认为，面对愈演愈烈的诽谤行为对于被害人的名誉和人格所造成的极大破坏，加之由于网络的虚拟性和加害人的隐蔽性，受害人在锁定加害者、调查取证等方面存在较大的难度，往往无法顺利的提起自诉。故而在本案中，面对受害人在网络面前的弱小和加害人的日益猖獗，汉中市汉台区司法机关主动介入此案调查有着合理性依据，那么下一步应如何寻求其合法性根据？

韩某某网络诽谤案判决以来，受诉病最多的就是汉中市汉台区司法机关直接对本案立案侦查的行为。具体言之，我国刑法第 246 条规定诽谤属于自诉案件，只有在"严重危害社会秩序和国家利益的"情况下才可以由公安机关立案。但是，由于网络诽谤犯罪的隐蔽性和取证难度，大部分此类案件需要借助公安机关的力量才能及时查明真相，这就导致了诽谤案件本身的自诉性质和网络诽谤取证需要国家公权机关介入的矛盾。值得注意的是，这种矛盾不仅存在于司法实践中，也延伸到了理论界关于诽谤罪完全自诉化与反自诉化的争论中。对于有学者建议诽谤罪须自诉化①的观点，笔者认为，如果单从现实社会中的诽谤犯罪来讲，完全可以实现自诉化，但对于本案而言，则不能一概而论。这是因为，本案作为发生在网络空间中的诽谤案件，网络诽谤的匿名性使得单凭受害人杨海明个人举证很难达到刑事案件

---

① 参见鲁生：《遏止公权滥用，诽谤罪须自诉化》，载《法制日报》2010 年 12 月 3 日。

的自诉标准，这种情况下就迫切需要公权力提供司法援助。

从法律层面上来讲，汉中市汉台区司法机关主动介入韩某某网络诽谤案中是有合法性根据的。我国刑法第 246 条规定，诽谤罪一般情况下是自诉案件，要追究行为人的刑事责任，受害人应当向人民法院直接提起自诉，但"严重危害社会秩序和国家利益的除外"。而且对于诽谤罪自诉转公诉的程序也有规定，公安部 1998 年 5 月 14 日颁布实施的《公安机关办理刑事案件程序规定》第 14 条规定："对人民法院直接受理的被害人有证据证明的刑事案件，因证据不足驳回自诉，可以由公安机关受理并移交的，公安机关应当受理。"进而言之，从操作层面上讲，首先就要明确国家公权机关在网络诽谤案件中所应承担的职责，对于涉嫌严重危害社会秩序和国家利益的案件以及受害人举证困难的案件，通过自诉转公诉的合理机制将案件及时转移到刑事司法机关，推进相关案件顺利进入刑事侦查、刑事追诉以及刑事审判程序。详言之，网络诽谤案件在一般意义上必须坚守案件的自诉程序，没有受害人起诉，公权力不得介入案件，只有在受害人起诉之后，法院对于受害人起诉事由进行审查后，才可以经受害人申请或者自行决定搜集证据，亦可以委托公安机关介入案件侦查。这种程序安排既能避免国家公权力的滥用，又能保护网络诽谤受害人的合法权益。

3. 发挥司法能动性：网络诽谤治理应有所为、有所不为

如前所述，网络诽谤的刑法制裁不仅关涉名誉权与公民言论自由的平衡，还涉及公权力与私权利的界限问题。因此，今后对于网络诽谤的治理在发挥司法能动性的基础上，针对集团化、团体化等危害严重的诽谤行为从严打击，针对网民举报、批评当地政府及其公职人员的"诽谤"案件则应避免过多介入。

（1）有所为：从严制裁集团化的诽谤行为

从行为主体上讲，网络诽谤既有个人实施的，也有共同合谋实施的，其中集团化的网络诽谤行为应纳入诽谤罪的打击半径之内从重处罚。网络空间中日益形成并开始出现异化的网络公关公司，其凭借自

身强大的经济实力、组织实力和完备的操作流程，通过雇人发帖、炒作热点事件等形式实施有组织化的诽谤行为，所产生的危害后果远超过个人所实施的诽谤行为，应成为今后诽谤罪惩治的重点。概括而言，在网络诽谤的主要犯罪主体中（主要包括发帖者和跟帖者），危害性最为突出的当属"网络公关公司"通过雇佣网络水军共同实施的团体化诽谤行为。作为网络空间中所特有的诽谤形式，网络水军、网络打手共同实施的诽谤行为明显具有更大的社会危害性。这是因为，网络空间中团体性的诽谤行为往往经过了充分的事件发酵和策划准备，在实施网络诽谤之前，他们首先根据网民仇富、同情弱者的心态编造帖子在网站论坛或者微博等网络载体发布，继而有步骤地安排转帖推动发帖内容成为"网络事件"，这就使其所具备的欺骗性和煽动性更为强烈，甚至诱使不明真相的网民与其"同仇敌忾"地抨击受害人，频频出现的"人肉搜索"使得不知情的网民也盲目跟帖，以致被害人的生活受到严重损害和干扰。因此，鉴于网络水军、网络打手等集团性网络诽谤行为的严重社会危害性，今后应当加大对网络水军实施诽谤行为的打击力度，遏制网络诽谤愈演愈烈的高发态势，为真实网络民意表达营造健康的网络空间，防治网络民意被网络水军所架空。

（2）有所不为：对针对政府机关及其公职人员的"诽谤"案避免过多干涉

对国家公职人员的监督和批评，不能盲目地定性为网络诽谤，即使网民对于国家公职人员的批评过于苛刻甚至与实际情况相背离，只要其主观上不具有造谣诽谤的故意，就应当最大限度地不作为犯罪处理。这样才能充分保障公民的批评监督权和举报权，实际上，正是网民通过网络监督挖掘出了"表哥"杨达才、"天价烟"周久耕、"离婚承诺书"单增德以及新近较火的郑州"房妹"事件。网络反腐是当前反腐工作的重要线索渠道；另一方面，鉴于以往司法机关对于"官员诽谤案"积极介入导致的"冤假错案"和民众对于政府打压网络舆论的反感，今后司法过程中对于涉及国家公职人员的网络诽谤案，首先应当对行为人言论自由进行充分的尊重，避免"因言获罪"的不良影响再次产生。

因此，为了保障公民的言论自由，有必要限制公权力对诽谤案件的介入，而应根据诽谤对象的不同确定司法介入的程度和模式。具体到网络诽谤案的处置模式中，就是应当将平衡网络言论自由与名誉权摆在首要位置。进而言之，尽管网络造谣诽谤严重诋毁他人，甚至粗暴地干预了网络民意，也不能因此对网民的言论自由进行过多限制，否则就有因噎废食之嫌。

第二十二章　网络窃取他人 QQ 号行为的司法定性

[典型判例] 曾某某、杨某某盗卖 QQ 号码侵犯通信自由案

案由： 网络窃取他人 QQ 号

基本案情： 被告人曾某某于 2004 年 5 月 31 日受聘入职腾讯公司，后被安排到公司安全中心负责系统监控工作。2005 年 3 月初，被告人曾某某通过购买 QQ 号在淘宝网上与被告人杨某某相识，二被告人遂合谋通过窃取他人 QQ 号出售获利。2005 年 3 月至 7 月间，由被告人杨某某将随机选定的他人的 QQ 号（主要为 5 或 6 位数的号码）通过互联网发给被告人曾某某。被告人曾某某本人并无查询 QQ 用户密码保护资料的权限，便私下破解了腾讯公司离职员工柳某使用过但尚未注销的 "ioioliu" 账号的密码（该账号拥有查看 QQ 用户原始注册信息，包括证件号码、邮箱等信息的权限）。被告人曾某某利用该账号进入本公司的计算机后台系统，根据被告人杨某某提供的 QQ 号查询该号码的密码保护资料，即证件号码和邮箱，然后将查询到的资料发回给被告人杨某某，由被告人杨某某将 QQ 号密码保护问题答案破解，并将 QQ 号的原密码更改后将 QQ 号出售给他人，造成被盗 QQ 用户无法使用原注册的 QQ 号。经查，二被告人共计修改密码并卖出 QQ 号约 130 个，获利 61650 元，其中，被告人曾某某分得 39100 元，被告人杨某某分得 22550 元。

判案理由： 深圳市南山区人民法院经审理认为：罪刑法定原则是我国刑法的一项基本原则。依照法律规定，盗窃罪的犯罪对象是"公私财物"，但在我国《刑法》第 91 条、第 92 条及最高人民法院《关于审理盗窃案件具体应用法律若干问题的解释》① 对公私财产的含义及其种类所作界定中，均未将 QQ 号码、Q 币等纳入刑法保护的财产之列。因此，QQ 号码和 Q 币不属于刑法意义上的财产保护对象。公诉机关对被告人金某等人提出盗窃罪的指控，但指控罪名所涉犯罪对象与法律规定不符。同时，公诉机关所提供的粤安计司鉴第（2006）022 号鉴定报告和深圳市公安局网络监察支队出具的情况说明，仅证实 2005 年 11 月 1 日至 2006 年 5 月 31 日在鞍山地区登陆的 QQ 号码在长春地区的消费共计 13281.55 个 Q 币，使用地点是被告人金某等人的工作室及于某斌所经营的网吧，但该证据既不能证实被告人金某等人所窃 QQ 号码中 Q 币的具体数量，亦不能证实这批 Q 币全部系被告人金某等人窃取并由被告人于某斌收购后出售，公诉机关以此来计算本案各失主因 Q 币丢失所导致的经济损失缺乏依据。故公诉机关以被告人金某、朱某莲、王某、常某宇、石某琳、韩某、侯某伦、高某、梁某旭等窃取他人 QQ 号码和 Q 币的事实指控其犯盗窃罪，以被告人于某斌、王某国收购上述被窃 QQ 号码，搜集其中的 Q 币出售的事实指控该二被告人犯销售赃物罪，法律依据及相关损失计算依据均不充分。被告人金某的辩护人辩称 Q 币不具备财产特征，不属于公私财物的辩护理由成立，本院对此予以采纳。

腾讯 QQ 是由深圳市腾讯计算机系统有限公司开发的一款基于 Internet 的即时通信（IM）软件，网民可以使用 QQ 与他人进行信息即时发送和接收，在技术上可以更加快捷、直接地实现通信功能。Q 币是计算机用户用于使用腾讯网站各种增值服务的种类、数量或时间等的一种统计代码。Q 币必须依附于腾讯网站中各用户的 QQ 号码使用，

---

① 编者按：本解释已被 2013 年 4 月 2 日最高人民法院、最高人民检察院颁布的《关于办理盗窃刑事案件适用法律若干问题的解释》取代而废止。

不能用于腾讯网站增值服务以外的任何商品或服务。随着互联网的日益普及，QQ 因其在通信功能上所具备的方便快捷的技术特征，被越来越多的用户所接受，已成为目前国内流行的网络通信方式。全国人民代表大会常务委员会于 2000 年 12 月 28 日通过的《关于维护互联网安全的决定》第 4 条第（2）项规定："非法截获、篡改、删除他人电子邮件或者其他数据资料，侵犯公民通信自由和通信秘密的，依照刑法有关规定追究刑事责任。"因此，通过 QQ 进行通信是受到法律保护的。被告人金某、朱某莲、王某、常某宇、石某琳、韩某、侯某伦、高某、梁某旭等采用非法技术手段，在明知 QQ 号码权属性质的情况下，仍然实施了窃取他人 QQ 号码的行为，使原注册的 QQ 用户无法使用本人的 QQ 号码与他人联系；被告人于某斌明知衣某强所出售的 QQ 号码是被告人金某等采取非法手段从互联网中窃取而仍出资收购，被告人王某国受被告人于某斌的指使，采取技术手段将这些 QQ 号码中的 Q 币进行收集，上述被告人的行为共同造成侵犯公民通信自由和通信秘密的后果，情节严重，其行为均已构成侵犯通信自由罪，且系共同犯罪。公诉机关指控的犯罪事实清楚，证据确实充分，但指控罪名不当，应予以纠正。被告人金某、朱某莲的辩护人认为二被告人涉嫌罪名应认定为侵犯通信自由罪，理由成立，本院对此予以采纳。

定案结论：一、深圳市南山区人民法院认定被告人曾某某犯侵犯通信自由罪，判处拘役 6 个月。二、被告人杨某某犯侵犯通信自由罪，判处拘役 6 个月。三、追缴被告人曾某某的违法所得 39100 元、被告人杨某某的违法所得 22550 元，予以没收，上缴国库。①

[**学理简析**] 在网络由信息媒介向生活平台转变的背景下，网络虚拟财产的出现具有必然性。当前典型的虚拟财产种类包括游戏装备、电子币、QQ 号码等。虚拟财产虽然具有"虚拟"的形式，但从本质上讲仍然是一种财产，具有与一般物理财产相同的财产属性：经

① 案例内容参见：广东省深圳市南山区人民法院刑事判决书（2006）深南法刑初字第 56 号。

济价值性、稀缺性、能够被人力所控制等。然而，虚拟财产毕竟是以数字化的虚拟方式存在的，其物理意义恐怕仅在于是一段数字符号或者信息代码，可以被人力所控制，但是却不能脱离网络而存在。可见，网络因素"置换"了财产的存在形态，这是虚拟财产和现实财产的最大区分。由此导致的问题是：虚拟财产能否作为《刑法》第92条中"其他财产"的一种类型，从而获得刑法的保护？针对侵害虚拟财产的案件，刑法理论和司法实务的认识并不一致。深圳市南山区法院关于盗窃 QQ 号案件的刑事判决，回避了对虚拟财产的法律定性，从而使得这一判决的法律示范效应大为降低。伴随着盗窃、诈骗 QQ 号案件的大量出现①，对于类似的虚拟财产进行理论研究和司法乃至立法认可，意义重大。

一、网络盗卖 QQ 号定性为侵犯通信自由罪的分析和评判

曾某某、杨某某盗卖 QQ 号案作为全国第一起盗窃 QQ 号案，曾引发了全社会的高度关注。2006 年 1 月 13 日，犯罪嫌疑人利用在深圳腾讯公司工作的便利，盗窃该公司的 QQ "靓号"转卖，牟利 7 万余元。审判过程中控辩双方争论激烈：控方认为 QQ 号码是信息产品，是腾讯公司投入人力、物力研发而来，符合财物的特征，犯罪嫌疑人构成盗窃罪；辩方认为 QQ 号码是一种代码服务，其性质认定没有明确法律依据，犯罪嫌疑人应当无罪。

本案的焦点正是 QQ 号码的法律性质，然而审理此案的法院"巧

---

① 同样对盗窃 QQ 号行为以侵犯通信自由罪定性的案件还有郑州市二七区人民法院于2011 年 4 月审理的吕某盗取 QQ 号码侵犯通信自由案，法院判决认为我国相关法律尚未将QQ 号码等虚拟财产纳入刑法保护的财产之列，QQ 号码不属于刑法意义上的财产保护对象，因此吕某将其 QQ 号出售后又盗回的行为不构成盗窃罪。《全国人大常委会关于维护互联网安全的决定》第四条第（二）项的规定："非法截获、篡改、删除他人电子邮件或者其他数据资料，侵犯公民通信自由和通信秘密的，依照刑法有关规定追究刑事责任。"被告人吕某在明知 QQ 号码已转让给他人的情况下，又通过向网站申诉手段将该 QQ 号索回，使拥有该 QQ 的用户无法使用。其行为侵犯了公民通信自由和通信秘密，情节严重，应以侵犯通信自由罪追究其刑事责任。参见单纯刚、南南：《盗取 QQ 号码构成侵犯通信自由罪》，载《经济参考报》2011 年 4 月 12 日，第 8 版。

妙"避开 QQ 号码作为虚拟财产的论证以及 QQ 号码经济价值的客观属性，最终将 QQ 号码视为通信代码，以侵犯通信自由罪定案，最大限度地保证了判决的"稳妥性"，但这种回避对虚拟财产进行价值判断的做法，显然无助于今后类似案件的解决。该案究竟是以盗窃罪还是妨害通信自由罪起诉，在初期诉讼中就存在着较大的争议。公诉机关经过慎重考虑，最终以盗窃罪提起公诉。但是，案件最终却以侵犯通讯自由罪定性，可见认识差异的程度。

在起诉过程中，有一种意见认为，本案犯罪嫌疑人明知自己的行为将造成破坏他人的通信自由和侵犯他人通信秘密的后果，而利用经不正当手段获取的公司管理账号非法破译他人 QQ 号的密码保护信息，并将码解的 QQ 号码倒卖牟利，具有犯罪的主观故意，且无论犯罪嫌疑人是否针对这些 QQ 账号下的电子信件、通话记录，均不影响本罪的成立。尽管行为人只盗窃 QQ 账号本身，但是，QQ 账号的被盗，势必影响到权利人对电子邮件的接收，并使其感受到电子邮件被未知人员知悉的危险，因此，被告人盗取的另并倒卖出售的行为构成侵犯通信自由罪。原始信件经过密封，达到不为人知悉的状态，从而排他，成为法律保护的对象，电子信件通过密码而排他，只要权利人发送给特定的人，收发电子信件的权利人通过一种排他的手段保护自己的权利不为他人侵犯，而他人通过破解密码等方式破坏了权利人的这种权利就构成侵犯通信自由罪。① 在判决宣告后，也有支持以侵犯通信自由罪定性的观点存在，例如：南山区法院没有接受公诉机关关于被告人行为构成盗窃罪的公诉意见，而以 QQ 号码不属于刑法意义上的财产保护对象为由，认定以 QQ 号码作为代码所提供的网络通信服务才是其核心内容，QQ 号码应被认为主要是一种通信工具的代码，最终以侵犯通信自由罪定性，以盗卖 QQ 号码销赃获利作为量刑情节，

---

① 参见李燕：《利用非法手段获取他人 QQ 账号倒卖牟利行为如何定性》，载 http：//www. lawtime. cn/zhishi/ec aw/ecwlfz/ecwlfzyj/2006112945714. html，2004 年 1 月 14 日访问。

作出判决。① 我们不赞成以侵犯通信自由罪对此类案定性的观点，理由如下：

1. 盗窃现实中的邮箱，并不代表着盗窃其中的信件

以侵犯通信自由罪定性的意见认为，无论犯罪嫌疑人是否针对这些 QQ 账号下的电子信件、通话记录，均不影响本罪的成立。尽管行为人只盗窃 QQ 账号本身，但是，QQ 账号的被盗，势必影响到权利人对电子邮件的接收，并使其感受到电子邮件被未知人员知悉的危险。

笔者认为，盗窃他人 QQ 号的行为，还原到现实生活中来，类似于盗窃一种能够发送和存储信件的自动设备，例如，传真机和邮箱。只不过 QQ 号是虚拟的设备，而其他的设备是现实存在并可以触摸的。但是，盗窃现实中的邮箱或者传真机也好，盗窃虚拟的 QQ 号也罢，均是对于某种实体或者虚拟的信件传送和存储设备的盗窃，而不能推定为对其中存储、发送乃至于存储的某种收信人的联系方式的盗窃。而且，可能某些 QQ 号中，根本没有类似的信件和联系方式，QQ 号仅仅被用于聊天等。

2. 信件可以作扩张解释，但是，不能加以类推解释

深圳市南山区人民法院的判决书中指出：《刑法》第 252 条规定："隐匿、毁弃或者非法开拆他人信件，侵犯公民通信自由权利，情节严重的，处一年以下有期徒刑或者拘役。"随着科技的进步和互联网的普及，书信在通信方式上的统治地位逐渐削弱，而以互联网为媒介的电子邮件和其他文字、语音、视频日益成为重要的通信联络方式。为此，全国人民代表大会常务委员会于 2000 年 12 月 28 日通过的《关于维护互联网安全的决定》第 4 条第（2）项规定："非法截获、篡改、删除他人电子邮件或者其他数据资料，侵犯公民通信自由和通信秘密的，依照刑法有关规定追究刑事责任。"从判决书的理由来看，QQ 号等同于传统的书信，属于一种通信联络方式。然而，应当说，

---

① 参见李克杰：《盗卖 QQ 号被判刑具有标本意义》，载 http://news.xinhuanet.com/com en ts/2006－01/17/content－4058311.htm，2006 年 1 月 17 日访问。

这是一种典型的两层用语并合的"偷换概念":其一,书信通信方式统治地位的逐渐削弱,是一种客观现实;其二,以互联网为媒介的电子邮件和其他文字、语音、视频日益成为重要的通信联络方式,也是一种客观现实。

但是,必须指出的,与上述描述相关,然而不能形成结论的事实是:其一,QQ 号是作为一种通信的工具而存在的,其本身并不是某种类型的"书信";其二,电子邮件和其他文字、语音、视频都可以认定为通信或者说联络方式,QQ 号只是其载体或者说方式,并不是通信。而联络方式,也是一种更为模糊的替代概念。例如,手机也是一种联系方式,但是,并不是一种书信型的"通信"。因此,根据现行《刑法》第 252 条的规定,侵犯通信自由罪的犯罪对象是他人的"信件"。对于信件,伴随着技术的发展和社会的一般认可,将其扩大解释为包括"电子邮件"等在内,都是允许的。但是,不能加以类似解释,将其解释为其本身词义不可能包括的东西,以及公众根本不可能认可的东西。从属性上看,QQ 号尽管具有通讯或者通信的功能,但是,本质上它是一种通讯或者通信的"工具",它本身显然不是信件,因此,盗取他人 QQ 号的行为所侵犯的对象与侵犯通信自由罪的犯罪对象不同。

3. 侵犯通讯自由罪的犯罪行为方式是绝对法定化的,只限于所列举的三种

深圳市南山区人民法院的判决书中指出:"本案中,二被告人作为熟悉互联网和计算机操作的 QQ 用户,篡改了 130 余个 QQ 号码密码,使原注册的 QQ 用户无法使用本人的 QQ 号与他人联系,造成侵犯他人通信自由的后果,"因此,构成了侵犯通信自由罪。据此,南山区人民法院认为,被告人曾某某、杨某某采用篡改他人电子数据资料的方法,侵犯公民通信自由,情节严重,其行为构成侵犯通信自由罪,且系共同犯罪。

罪刑法定原则是我国刑法的基本原则,主客观相一致是我国刑法理论中判定是否构成犯罪的基本指导原则。由此,涉及侵犯通信自由罪的判断，应当形成两个方面的结论：其一，从法条的规定来看，侵犯通讯自由罪的犯罪行为方式是绝对法定化的，只限于所列举的三种，即"隐匿"、"毁弃"和"非法开拆"，除此以外采用其他任何方式实施的行为，都不可能构成该罪。其二，某些行为，即使存在侵犯通信自由的实质结果，也不能构成侵犯通讯自由罪，例如，采用透视的方法经常窥视他人信件的情形。正如有的观点所指出，盗取 QQ 号的行为表现为通过秘密手段获取他人 QQ 号注册资料，破解密码，从而获得他人的 QQ 号，在客观行为方式上与侵犯通信自由罪有显著差别。根据罪刑法定原则，法院判决侵犯通信自由罪的罪名实属不当。

基于此，深圳市南山区法院的结论，是不能成立的：其一，"被告人曾某、杨某采用篡改他人电子数据资料的方法"，并不是法条所明确列举并限定的三种方法之一；其二，被告人虽然采取了上述方法，客观上"侵犯公民通信自由"，但是，侵犯了通信自由，并不等于构成了刑法所规定的侵犯通信自由罪。从本质上讲，此处的"妨害通信自由"，仅仅是犯罪结果所导致的附加损害，并不是嫌疑人所要追求的犯罪目的。

二、网络盗卖 QQ 号以盗窃罪定性的意见之分析和评判

在起诉过程中，还有一种意见认为，本案应定盗窃罪。理由是：犯罪嫌疑人曾某某、杨某某主观以非法占有为目的，客观上实施了盗卖 QQ 号码的行为，符合盗窃罪的构成要件，但对所盗财物及数额的认定有以下意见：本案犯罪嫌疑人曾某某、杨某某采用秘密窃取他人 QQ 资料，进而篡改密码的方式，取得他人的 QQ，而后转手倒卖，从手段上符合盗窃罪的行为特征，而是否构成盗窃罪的关键在于 QQ 号码及项下的资源是否属于刑法盗窃罪的客体范畴，是否属于刑法所保护的对象。根据《刑法》的规定，盗窃罪所侵害的对象是财物，而对于财物的认识是有一个发展过程的，财物的内涵和外延都在发生变化，财物从最早的有体物，发展到无体物，从有形财产发展到无形财产，从现实财产发展到虚拟财产，这一发展过程实质上体现了社会发展进程中财物呈现多元化、多样化的过程。随着财物呈现多元化、多

样化的特征，刑法所需要保护的对象范畴也不断扩大，目前刑法理论乃至司法解释都已肯定了无体物（如电等）可以成为盗窃罪的犯罪对象。而司法实践和理论界对虚拟财产属于财物，也逐渐形成较为一致的认识，相关的判例对游戏点卡、游戏账号下玩家拥有的武器设备等虚拟财产做了肯定解释。因此，以盗窃罪定性没有问题。①

笔者认为，这种意见是合理的。至于"虚拟财产"是否属于一种财产，应当说从理论上来讲，已经不存在争议。"虚拟财产"这一词语中，"虚拟"只是一个形容词，是对"财产"的一种修饰和客观存在形式的描述，这一词语的落脚点是"财产"。因此，在使用这个词语的同时，应当说，所有的使用者已经潜在地承认，这是一种财产，只是其存在的形式与传统的实物财产有所差异。这一点，我们将在后面加以论证。

虚拟财产作为一种新的财产存在形式，无论是在民法上还是刑法上，都是一个新事物。而对此作出的任何首创性判决，在某种程度上，都有示范性的判例效应。正如有的学者所指出，从一定意义上讲，无论南山区法院作出何种判决，都具有重要的标本意义。但是，深圳市南山区法院做出的一审判决，巧妙地回避了长期以来争议激烈的"虚拟财产"的定性和量刑问题。

有的观点对于南山区法院采用回避方法避免对于虚拟财产加以评价和定性的方法给予了肯定：盗卖 QQ 号码被判刑是司法机关灵活适用法律，增强法律普适性的一个开创性案例。此前，无论是 IT 业还是法律界，往往将 QQ 号码与网络游戏玩家通过辛苦"练功"挣来的甚至花钱买来的"金庸币"、"宝物"、"武器"、"级别"等混为一谈，统称为网络虚拟财产。囿于现行法律对网络虚拟财产保护的空白，对于网络虚拟财产是否有价值、盗窃虚拟财产是否构成犯罪、如何确定定罪量刑标准，颇有争议，致使此类案件很少被立案，更不会以刑事案件立案。南山法院将 QQ 号码认定为公民通信工具代码，科学而巧

---

① 参见李燕：《利用非法手段获取他人 QQ 账号倒卖牟利行为如何定性》，载 http://www.lawtime.cn/zhishi/eclaw/ecwlfz/ecwlfzyj/2006112945714.html，2004 年 1 月 14 日访问。

妙地回避了关于虚拟财产的诸多争议，抓住了 QQ 作为"即时通讯工具"的实质，灵活适用了法律，同时也增强了现有法律的普适性，有效填补了司法实践空白。[①]

应当说，对于以上观点，可以从以下几个方面加以评判：其一，回避是否有价值。虚拟财产，本质是一种"虚拟"的"财产"，虚拟的存在形式不能否定其客观上的财产本质。无论是否回避，它都是客观存在的。同时也是得到理论认可的，司法上也已经存在有先行的判例。因此，所谓"灵活适用了法律，增强了现有法律的普适性，有效填补了司法实践空白"，可以理解为"违法地类推解释了法律，无视现行法律的有效性，忽视了已经存在的司法实践经验"。其二，面对越来越多的类似案件，回避能够解决问题吗？盗窃 QQ 号的案件已经大量存在，可能会越来越多。既然是第一起案件，无论如何判决，都会起到一定的示范作用，那么回避性的做法，等于一种司法退让，一种责任规避。

三、关于 QQ 号属于虚拟财产的理论阐释

关于 QQ 号是否属于虚拟财产的争议，充分反应在本案诉讼过程中控辩双方的激烈争辩中。这种激辩，几乎囊括了国内刑法理论界和司法实践部门所关心与存在认识差异的所有问题。同样的争论也出现在全国首例黑客盗卖中国移动"靓号"的案件中。辩方认为，"移动电话号码是移动通信公司为客户提供通信业务的识别码，是一串虚拟的电子号码，本身不具有法律意义上的'物'的价值，不属刑法范畴的'财物'，不能成为盗窃罪的侵害对象。所谓吉祥号码虽然有其不同于其他一般号码的身份价值，但在本质上仍是电子代码，不具有财物价值。"[②] 然而这种观点显然无法回答为何移动"靓号"能够以不菲的价格进行市场买卖的问题。

---

① 参见佚名：《盗卖 QQ 号被判刑具有标本意义》，载 http：//www. linuxidc. com/Linux/2009 - 05/20083p2. htm，2006 年 1 月 17 日访问。

② 参见李广军：《黑客盗卖移动"靓号"获利 20 余万》，载《长沙晚报》2008 年 5 月 7 日，第 A7 版。

（一）QQ 号是信息产品，还是代码服务

本案中，深圳市南山区法院认为，从现有法律规定来看，财物通常具有经济价值，并且其经济价值能够以客观的价值尺度进行衡量。QQ 号码是一种即时通信服务代码，其本质是一种网络服务，并且这种服务自申请 QQ 号码时起通常是免费的。这一观点是否可以接受呢？对此，我们应当加以深入的研究。

在这起案件庭审过程中，控辩双方围绕 QQ 号是否系财物而展开了激烈争辩。检方指控称，QQ 号是信息产品，是由腾讯公司投入巨大人力、物力研发而出，符合财物的特征，两名犯罪嫌疑人正是认识到了其中的使用价值和交换价值，才通过秘密窃取的形式占有他人的 QQ 号，从中谋取 "生财之道"，根据《刑法》第 264 条，属于以非法占有为目的的秘密窃取公司的财物，已构成盗窃罪。嫌疑人的辩护人否认该指控，指出 QQ 号码是运营商虚拟出来的，是一种代码服务，存在于虚拟的世界，现行的法律对 QQ 是否系财物并没有规定，而且犯罪嫌疑人盗窃 QC 并没有给社会带来危害，被盗者丢失 QQ 无非是不能进行网上聊天，不能及时与人进行沟通，并没有给他们带来实质性的损失。QQ 失窃带来的损失如何去估算也是个问题。曾某的辩护律师认为，曾某违反的是工作制度，并未触犯刑律，其得款属不当得利，而非赃款。而且 QQ 号不是财物，不受刑法保护，当前法律没有对盗窃 QQ 号的行为进行规范，法无禁止，不为犯罪。辩护律师要求法庭宣判两被告人无罪，予以释放。

深圳市南山区法院最终认为：QQ 号码是一种即时通信服务代码，其表现形式是多个阿拉伯数字的组合，是由用户向腾讯公司申请，并在接受有关协议后，由腾讯公司派发给用户。注册用户通过 QQ 号码及设定的密码确定用户在互联网上的身份，并通过腾讯公司提供的 QQ 软件在互联网中实现与他人文字、语音、视频交流和网络游戏等功能，其本质上是一种网络服务，并且这种服务自申请 QQ 号码时起通常就是免费的。公诉机关未提供证据证实本案的 QQ 用户在申请 QQ 号码和实现 QQ 软件功能过程中向腾讯公司支付费用及其支付费用的金额，也没有证实 QQ 号码具有法律意义上的经济价值并属于刑法意义上的财物。现实生活中，互联网正日益成为许多人重要的通信联络工具。从腾讯 QQ 软件的功能来看，主要是对外联络和交流。因此，以 QQ 号码作为代码所提供的网络通信服务才是其核心内容。本案中，无论从腾讯 QQ 软件的主要功能还是本案被害人所感受到的被损害的内容来看，QQ 号码均应被认为主要是一种通信工具的代码。

将案件还原到现实之中，本案盗窃 QQ 号的行为，有些类似于通过盗窃等方式非法占有他人的电话号码的行为，使他人丧失长期使用的手机或者固定电话的号码。从这个角度来思索，似乎可以更为清晰地绕开网络的"虚拟性"，来探讨 QQ 号是一种产品，还是一种网络服务。应当说，与电话号码相类似，QQ 号自从被申请而归属于特定的个人之后，就与网络服务商无关了，就像电话号码被申请而归属个人之后，就与电信服务商无关一样。QQ 号和电话号码也一样，如果长期处于闲置不用的非活跃状态，或者违反规则不缴纳费用，可能被废除、收回或者重新发售，但是，这些特征都不能说明号码本身是一种服务。享有号码权利与是否利用号码享受服务商所提供的、可以基于号码使用的服务，是两个问题。因此，QQ 号和电话号码本质上并不是一种网络服务或者电信服务。

（二）QQ 号价值无法计算的问题是否影响其财产性质

在本案庭审过程中，犯罪嫌疑人的辩护人指出，QQ 号码的被盗，并没有给拥有者带来实质性的损失，而且 QQ 失窃带来的损失如何去估算也是个问题，与此相关，由于 QQ 号的价值无法客观估定，故公诉机关以杨某某供述的 QQ 号销售金额控诉某构成盗窃罪没有法律依据。对于此，我们持否定观点，理由如下：

1. 拥有者的损失问题

侵犯财产罪的损失问题，是一个传统而有争议的问题。这里可以提及的两个问题是：其一，犯罪是否成立，只以行为人的行为是否符合犯罪构成为判断标准，而与受害人是否有损失，是两个问题，不能以受害人无损失，作为犯罪人不构成犯罪的理由；其二，犯罪人盗窃受害人所有的财物。并加以转卖，其违法所得，可能与财物的实际价值不甚相符，但是，起码说明了违法所得本可能由被害人自行转让而收取，这是被害人本质上的损失所在。

2. 财产数额的计算问题

关于 QQ 号码的价值无法计算因而不能成为盗窃罪侵犯的对象的问题，颇有学者对比加以批驳。例如有学者认为，目前对虚拟财产价值问题有两种观点：一是以违法所得额计算，二是依据网络中一般交易价格，同时考虑其他因素，由价格部门予以确认。而且，价值属于主观见之于客观的范畴，具有主观性，如使用过的邮票，由于稀缺和满足人们某种心理需求，产生了价值，又由于经过长期的交易形成了较为稳定的评估方法，但无论怎样不能以价值难以计算或目前没有稳定的评估方法为由来否定该物存在价值，进而否认其可以成为财物。因此，根据两高规定的关于销赃数额高于赃物本身价值的，以销赃数额论的精神，承认了以违法所得额计算财物价值的合理性，因而本案可以销赃数额来认定。① 我们赞成以上观点，即"无论怎样不能以价值难以计算或目前没有稳定的评估方法来否定该物存在价值，进而否认其可以成为财物"的观点。实际上，即使对于盗窃违禁品的行为，虽然根本无法评估违禁品的价值，但是，依然构成盗窃罪，不能因为它是违禁品，就否认其客观上属于财物的属性。对此早已有司法解释。例如，对于盗窃毒品、淫秽物品等违禁品，1997 年最高人民法院《关于审理盗窃案件具体应用法律若干问题的解释》第 5 条明确规定："盗窃违禁品，按盗窃罪处理的，不计算数额，根据情节轻重量刑。"另外，关于销赃数额低于赃物价值和高于赃物价值时的数额计算标准，上述司法解释早有定论。因此，QQ 号价值无法计算，不影响其作为财物的客观属性。

3. 余论：私下买卖属于非法交易的定性，能否影响到被交易对象

---

① 参见李燕：《利用非法手段获取他人 QQ 账号倒卖牟利行为如何定性》，载 http://www.law time.cn/zhishi/eclaw/ecwlfz/ecwlfzyj/2006112945714.html，2004 年 1 月 14 日访问。

的法律性质

庭审中，被告人曾某某的辩护人曾提出以下辩护意见：根据互联网相关管理法规及腾讯公司 QQ 号使用须知的规定，私下买卖 QQ 号属非法交易，不受法律保护，因此，QQ 号不属于《刑法》第 264 条规定的"财物"。

笔者认为，虽然腾讯公司的规定等明确指出，私下买卖 QQ 号属于非法交易，不受法律保护。但是，这一声明或者说规定，并不影响QQ 本身的财产性质。

（三）财产的存在形式是否必须由法律加以列举

关于虚拟财产是否属于一种财产类型，庭审过程中的重大争议之一就是某种财产的客观存在形式，是否应当由法律法规作出明确的列举式规定。被告人杨某某的辩护人提出辩护意见认为：依照我国现有法律规定，QQ 号不是财产，杨某的行为没有侵犯刑法规定的盗窃罪的客体。法院对此意见加以支持，体现在两个方面：

1. 财产的存在形式，是否必须为法律明确列举

深圳市南山区法院认为，我国现行的法律法规和司法解释对"财物"的内涵和外延均有明确的界定，但尚未明文将 QQ 号码等网络账号纳入刑法保护的财产之列。据此，公诉机关指控中的 QQ 号码不属于刑法意义上的财产保护对象。判决书明确指出：根据《刑法》规定，盗窃罪的犯罪对象是公私财物。我国《刑法》第 91 条、第 92 条及最高人民法院《关于审理盗窃案件具体应用法律若干问题的解释》① 对公私财产的含义及其种类有明确的规定。因此，对刑法意义上财物的认定只能建立在现有法律规定的基础上。从现有法律规定来看，财物通常具有经济价值，并且其经济价值能够以客观的价值尺度进行衡量。

我们反对这一结论，认为财产的形式不需要也不可能完全由法律

---

① 编者按：本解释已被 2013 年 4 月 2 日最高人民法院、最高人民检察院颁布的《关于办理盗窃刑事案件适用法律若干问题的解释》取代而废止。

法规作出详细而明确的列举式规定。理由是：其一，法律多数情况下是滞后于社会现实的，即使预测性的立法，也可能出现预测结果与现实发展不相符而提前滞后的情况。因此，要求所有的问题存在事先的法律解释或者规定，是不现实的。法律和司法解释制定的指导规则，带有一定的概括性和原则性，从而能够涵盖尽可能多的内容，以维持自己的生命力，适应瞬息万变的现实社会。其二，虽然虚拟财产并未像有形财产那样被正式列明为受保护的对象，它的非实物形态又使得其具体价值在认定上有争议。但是，任何新的财产形式的出现，都带有类似的特征。同一财产形式，由于地域和文化的差异，也会出现完全不同的价值评定结果。例如，翡翠在中国价格昂贵，而在西方某些国家，就是一种有颜色的石头。

2. 虚拟财产是否可以解释为概括式用语中的"其他财产"，或者被"等"字所涵盖

如果说虚拟财产属于我国法律所保护的财产类型，只是没有被我国法律所明确地加以列举式规定，那么，它显然属于我国刑法和相关司法解释中关于"公私财物"的概括式规定的范畴之内的财物。而对于这个问题，在相关案件的诉讼过程中，也是存在剧烈争议的。这涉及到两个方面的概括式规定：（1）《刑法》第 92 条中的"其他财产"的内涵。我国《刑法》第 92 条规定，本法所称公民私人所有的财产，是指下列财产：（1）公民的合法收入、储蓄、房屋和其他生活资料；（2）依法归个人、家庭所有的生产资料；（3）个体户和私营企业的合法财产；（4）依法归个人所有的股份、股票、债券和其他财产。

那么，QQ 号等虚拟财产，是否属于该条规定第（4）项所说的"其他财产"呢？这一点在庭审过程中存在激烈的争议：在本案的诉讼中，公诉机关指控盗窃罪的主要法律依据是《刑法》第 92 条第（4）项规定的"依法归个人所有的股份、股票、债券和其他财产"。公诉机关认为，"其他财产"是指《刑法》第 92 条所列财产以外的所有其他财产。基于此而将 QQ 号码归为"其他财产"。但是，辩护人则认为，"其他财产"仅指与"股份"等并列而未罗列的其他财产

权利凭证，QQ 号码不属于"其他财产"。

深圳市南山区人民法院认为，罪刑法定原则是刑法的基本原则。《刑法》第 92 条规定中的"其他财产"应当包含哪些内容，只能由立法机关通过立法来确定。我国现行的法律法规和司法解释对"财物"的内涵和外延均有明确的界定，但尚未明文将 QQ 号码等网络账号纳入刑法保护的财产之列。据此，公诉机关指控中的 QQ 号码不属于刑法意义上的财产保护对象。

关于这一点，笔者认为，我国刑法典的立法模式，多数情况下采用的是列举式和概括式相结合的方式。而概括式之概括，是对于法条所有未列举的内容的概括，而非对于法条内部某一项的概括。因此，第 92 条的规定中"其他财产"，应当理解为所有未列举的财产形式。

3. 概括式用语"等"的内涵

1998 年最高人民法院《关于审理盗窃案件具体应用法律若干问题的解释》① 第 1 条第（3）项明确规定："盗窃的公私财物，包括电力、煤气、天然气等。"那么，关于这个"等"字的理解也值得研讨，即：虚拟财产能否被概括在这一个"等"字之内。2006 年初，广州天河区法院一审审判的案件中，20 岁的小凡就因窃取、出售了他人的网络游戏装备被判处犯盗窃罪，单处罚金 5000 元。法庭上，小凡否认公诉机关所指控的盗窃罪名。其辩护人称，网络游戏装备不具现实财产属性，不是法律所确认和保护的财产。但是，天河法院在判决书中用数页阐述了其判决的理由：司法解释称《刑法》中的"盗窃罪"所指的"公私财物"既指有形财物，也包括电力、煤气、天然气、重要技术成果等无形财物。这里以"等"字表示未列举出的和以后出现的无形财物，因此，将虚拟财产归入《刑法》调整范围并未扩大《刑法》适用范围。② 我们赞成上述理解。应当说，对于这一规定的理解，

---

① 编者按：本解释已被 2013 年 4 月 2 日最高人民法院、最高人民检察院颁布的《关于办理盗窃刑事案件适用法律若干问题的解释》取代而废止。

② 参见佚名：《盗窃犯法：一男子盗窃网游账号判刑一年》，载 http：//imto. china. alibaba. com/detail/1027970875. html，2006 年 3 月 17 日访问。

结合司法解释的上下文，可以包括两个方面的理解：其一，关于"盗窃的公私财物，包括电力、煤气、天然气等"的规定，强调的是与传统的实物财产在客观存在形式上不尽相同的其他财产，也应当属于公私财物的范畴，是对不能全部加以明确列举的，尤其是存在形式上有特殊性的所有财产的概括式规定。在这一点上，可以将虚拟财产理解入这一用语之后的"等"字之中。其二，以上结论，是结合上下文所形成的必然结论，如果单独就这一整句本身加以理解和解释，容易形成与前述观点完全相同的理解歧义。以此为出发点，这个"等"字，指的并非与"等"字之前所列举的"电力、煤气、天然气"等性质相同的公私财产，而是所有未列举的任何在客观存在形式上有特殊性的公私财物。不以此为出发点，就会将"盗窃的公私财物，包括电力、煤气、天然气等"这一规定，进行范围过小的缩小解释和理解，错误理解为与"电力、煤气、天然气"相类似的无形财产，而将虚拟财产排除在外。

上述关于虚拟财产理解上的差异，是与虚拟财产存在形式上的新颖性相关的，也是与略显滞后的刑事立法和司法解释相关的。这一问题的解决，应当通过明确的司法解释或者立法解释的变动。在这一点上，观诸各国刑事立法的最新动态，将虚拟财产列入盗窃罪犯罪对象俨然已是网络时代刑法的发展趋势。邻近的韩国及我国台湾地区的刑事法律近年来就已通过修订，对网络虚拟财物犯罪给出了明确的解释。随着网络在中国的飞速发展，在立法上对虚拟财产以明确的刑法保护已倍显紧迫。[①]

（四）所有者不清的财产，是否不能成为侵犯财产罪的犯罪对象

在庭审中，被告人曾某的辩护人提交了从互联网上下载的若干腾讯公司和用户之间的协议性文件。其中，用户与腾讯公司之间的《关于腾讯 QQ 产品的法律协议》明确规定：其一，腾讯公司明示了产品

---

① 参见王琳：《分析：盗窃虚拟财物的分歧亟需立法化解》，载 http://www.ycwb. com/96/comtent/2005－12/05/content_ 1032159. htm，2005 年 12 月 6 日访问。

风险由用户自担，腾讯公司不承担责任；其二，腾讯公司有权随时收回 QQ 号；QQ 号属于第一次申请用户，用户必须自我保密。据此，辩护人指出，根据上述协议，QQ 号的所有权不清，因此，曾某的行为不符合盗窃罪的构成要件，应按违反公司规定处理。对此，我们持反对意见。理由是：

1. 所有权的归属，与所有权是否应当受到法律保护等问题，毫不相干。对此应当从三个方面加以研讨：其一，抛开 QQ 号的所有权归属不讲，从整体上看，QQ 号等财产的所有权人是谁，与该财产是否应当受到法律的保护是两个层面的不同问题，两者毫不相关。这一点容易理解。其二，再退一步讲，某种财产被某个人所拥有而形成的所有权是否应当受到保护，与该所有权受到其他人侵犯时法律是否应当介入保护，更是两个层面的问题。例如赃物问题，通过犯罪所得的赃物形成之所有权，并不受到法律的保护。但是，这并不意味着所有的人都可以任意侵犯该所有权。基于赃物形成的所有权可能是非法的，但是，这并不当然导致所有人都可以任意侵犯这一非法的所有权。一方面赃物并不是无主财物，可以任人处置，它本来就是属于国家、集体和个人的合法所有财物。另一方面，肯定这类物品可以成为侵犯财产罪的犯罪对象，对其以刑法保护并不意味着肯定其占有者占有的合法性，而是为了保护所有社会财富都免受非法侵犯，保护社会关系和社会秩序的稳定。对于获取财物等非法所得的前行犯罪性的取财行为是否构成犯罪及是否要追诉是一个问题，而对于盗窃赃物的犯罪行为进行追诉则又是另外一个问题。其三，所有权不清，只是权能归属上的不清，而不等于无主物。财物还必须具有合法的所有者才能成为侵犯财产罪的对象。我国《刑法》把侵犯财产罪的对象一般表述为公私财物，"公私"一词实质上已说明了财产的有主性。因此，如果是无主物，或者是已被原所有人自动放弃所有权的财物（如扔在垃圾堆的物品），无论事实上是否还具有价值和使用价值，都已不属于侵犯财产罪的对象。当然，这些物品一旦被人拥有而形成新的所有权关系，则可成为侵犯财产罪的对象。辩护人的意见认为，"所有权"不清，但是，这也潜在肯定了 QQ 号是有所有权的，只是所有权的归属不清。既然存在所有权，当然就不属于无主物，因而可以成为盗窃罪的犯罪对象。

2. QQ 号的所有权，当然属于 QQ 号的拥有和使用者，并非所有权不清

应当说，在 QQ 号的所有权上，多数观点还是认为，其所有权属于 QQ 号的拥有和使用者。正如有的观点所指出，关于 QQ 号码的所有权，虽然腾讯公司与客户签订的协议表明，QQ 号码所有权归计算机公司，客户享有使用权。但是，这只是腾讯公司基于保护自己的角度在协议中做出的规定，实际情况是，腾讯公司将号码发放给用户后，根据协议，公司不能随意回收，用户实际支配和拥有这个号码，这与电信公司将手机号码卖给用户的性质是一样的，当该用户不再交费时，电信公司有权回收该号码，并不影响使用者对该手机号码的合法占有、使用，刑法理论对盗窃罪客体的理解也不仅仅狭隘地解释为单一侵犯所有权，同时包括与本权相对抗的合法占有。① 我们同意上述观点。另外，在前述提及的 2006 年广州天河区法院审判的网络游戏装备盗窃案之中，辩护人同样声称，网络游戏装备的所有权归属无法确定，不是法律所确认和保护的财产。但是，天河区法院认为，玩家对虚拟装备除有使用权外，还有占有、使用、收益、处分这四项所有权的基本内容，故虚拟装备应属玩家所有的私人财产，与有形财产在本质上并无不同，应受法律保护。② 这种意见是充分且合理的。

（五）QQ 号属于虚拟财产的论证

从一般的法律意义来讲，衡量一种物品是否属于财物，从而衡量其是否能够成为盗窃罪等侵犯财产罪的犯罪对象，应当从以下几个方面研讨：

---

① 参见李燕：《利用非法手段获取他人 QQ 账号倒卖牟利行为如何定性》，载 http：//www. law time. cn/zhishi/eclaw/ecwlfz/ecwlfzyj/2006112945714. html，2004 年 1 月 14 日访问。

② 参见《盗号犯法！一男子盗窃网游账号判刑一年》，载 http：//www. ycwb. com/96/comtent/2005 - 12/05/content_ 1032159. htm，2006 年 03 月 17 日访问。

1. 是否有经济价值性

QQ 号是否具有经济价值性？没有经济价值的物品，难以称为"财物"，充其量只能称为物品，更不可能成为刑法所规定的盗窃罪的犯罪对象，因为盗窃罪的犯罪对象是公私财物。同时，我国刑法所规定的盗窃罪等侵犯财产犯罪，基本上是以被盗窃财物的经济价值大小来衡量罪与非罪、重罪与轻罪的界限。所以，没有经济价值的物品，难以成为盗窃罪的对象。

对于某种物品的经济价值性有无和大小的判断，应当注意坚持客观标准。通常认为经济价值是指能够用客观的价值尺度衡量的经济效用。某件物品是否具有经济价值，主要通过市场供求关系等因素来体现。但是经济价值不等于市场价格，市场价格只是价值的货币表现形式。例如，某些禁止流通物，如珍贵文物等，不能因为它们不能进入流通领域，没有价格，就否定其经济价值，否定其成为盗窃罪对象的可能；QQ 系统是深圳腾讯公司推出的一种即时通讯工具，现已拥有 4 亿多注册用户。QQ 号码可以免费申请，但现在的号码多为 9 位数。早期的号码显得稀缺，一个 5 位数的号码在网上可以拍卖到几百元甚至上千、上万元。某些特殊的 QQ 号，市场交易价格更高。例如，2005 年初，腾讯公司总裁马某为南亚地震灾区募捐，拍卖了一个号码为 "88888" 的 QQ 号，得款 26 万元。这些，都说明了 QQ 号的现实经济价值。

2. 具备稀缺性，能够被人力所控制

如果某一物品是不能为人力所控制、支配的，即使其具有经济价值和使用价值，也不能成为公私财产，不能成为盗窃罪的对象。比如阳光、风力等自然能源，因为人类现在还不能有效地控制和支配它们，所以它们虽有很高的使用价值和经济价值，但不具备交换价值，也不能成为盗窃的对象。同时，稀缺性表明某种物品的数量有限，不是任何人在任何时候想要求多少就有多少。有些物品，它有使用价值，但是它没有稀缺性，比如说空气。腾讯公司提供的即时通信服务是以 QQ 号码为其所有业务的载体，目前注册号码达 4 亿多个，稳定

号码 1 亿多个，是国内认可度最高，影响最大的即时通讯工具。由于号码资源的有限性，使得本来不具有区别的 QQ 号码产生了交换价值，同时该公司提供的收费服务项目又使得位数较好的号码不断增值。众多的使用者对早期公司发送的 5 位、6 位号码及数字排列较好的号码有偏好，更推动了其市场价格，因而产生了许多通过网络市场进行号码交易的现象。本案中的两名犯罪嫌疑人正是看到了号码的存在价值，而实施了窃取号码进行转卖的行为，客观上侵害了原号码使用人的财产。①

有一种观点认为，QQ 号等虚拟物品，本质上是记录在服务器上的一组数据，因此，可以通过服务器无限地复制。仍然是想要多少有多少，因而不符合稀缺性的条件。对此应当指出：无限复制仍然具有合法的复制和非法的复制。还原到现实中来，以货币、邮票等为例，非法复制的，构成伪造货币、伪造有价票证等犯罪；合法复制的，从道理上来讲货币的发行机构可以无限地发行，但是过量发行，会导致通货膨胀或者收藏价值下降，最终成为废纸。QQ 号之类的虚拟物品，和现实中的货币邮票等物品一样，原理上可以无限复制，实际上并非如此。

综上，本案被告人曾某某、杨某某盗卖 QQ 号码属于刑法保护的财产的一部分，盗窃虚拟财产的行为应定性为盗窃罪，深圳市南山区人民法院将盗卖 QQ 号码的行为定性为侵犯通信自由罪有待商榷，期冀本章以 QQ 号为引线对于网络虚拟财产的价值属性的论证对于今后司法实践认定同类案件具有一定的借鉴、参考价值。

（六）余论：微信、微博等问题的思索

伴随着网络支持的快速发展，QQ 号之后出现的即时通讯工具、网络自媒体平台等快速增加，微信、米聊、微博等等，实际上都被纳入了相关的考虑范畴。此类通讯工具的共性特点是，都属于注册该工

---

① 参见李燕：《利用非法手段获取他人 QQ 账号倒卖牟利行为如何定性》，载 http：//www. lawtime. cn/zhishi/eclaw/ecwlfz/ecwlfzyj/2006112945714. html，2004 年 1 月 14 日访问。

具的个人所有，都依靠密码等手段实现对该通讯工具的控制和私人管理。但是，后期出现的微信等即时通讯工具功能更为强大，具有语音通讯、视频通讯等功能，但是，由于其在注册上可以依托于个人的手机号，在号码或者名称上可以注册人的名字或者"昵称"予以表现，因此，盗窃此类即时通讯号码的案件立即下降。然而盗窃 QQ 号的案件一直在出现，原因在于，QQ 号和手机号一样，小号、靓号有时就像著名的奢侈品一样，拥有它不仅仅是在意它的使用功能，更多是其可彰显身份价值。因此，即使在 QQ 号之后已经出现了大量的即时通讯工具，尤其是微信等工具已经大有代替 QQ 号之势，但是，今天探讨 QQ 号等即时通讯工具是否能够成为虚拟财产，仍然是有现实的司法意义的。

第二十三章　非法出售公民个人手机定位信息行为

[典型判例]　射某某出售公民个人信息案

案由： 非法获取公民个人信息

基本案情： 被告人谢某某系北京京驰无限通信技术有限公司运维部经理。2009 年 3 月至 12 月案发期间，谢某某利用中国移动通信集团北京有限公司授予其所在公司进行手机定位业务的权限，先后多次为被告人刘某亮、程某郊、张某英及他人提供的 90 余个手机号码进行定位，非法获利人民币 9 万元。被告人谢某某作案后于 2009 年 12 月 11 日被公安机关查获归案。被告人刘某亮于 2009 年 3 月至 12 月案发期间，从被告人谢某某处非法获取公民手机定位 40 余个，其中部分转卖给被告人程某郊。刘某亮还从程某郊处非法获取通话清单等公民个人信息近 10 条。被告人程某郊于 2009 年 3 月至 12 月案发期间，通过被告人刘某亮从被告人谢某某处做手机定位 30 余个，后转卖给被告人刘某波等人或用于公司调查。程某郊还从刘某波处非法获取座机名址、移动手机名址等公民个人信息近 10 条，后转卖给被告人刘某亮。被告人张某英于 2009 年 3 月至 12 月案发期间，从被告人谢某某处非法获取公民手机定位 10 余个。

判案理由： 被告人谢某某作为电信单位工作人员，违反国家规定，将本单位在履行职责或者提供服务的过程中获得的公民个人信息出售给他人，情节严重，其行为已构成出售公民个人信息罪；被告人刘某亮、程某郊、张某英以买卖等方法非法获取公民个人信息，情节严重，其行为已构成非法获取公民个人信息罪。刘某亮与程某郊的部分行为构成共同犯罪。鉴于各被告人归案后能如实供述自己的罪行，故对各被告人从轻处罚。鉴于张某英的犯罪情节较轻，且有悔罪表现，没有再犯罪的危险，可对其宣告缓刑。

定案结论：北京市第二中级人民法院认定，被告人谢某某犯出售公民个人信息罪，判处有期徒刑 2 年 2 个月，并处罚金人民币 26000 元。被告人刘某亮犯非法获取公民个人信息罪，判处有期徒刑 1 年 9 个月，并处罚金人民币 21000 元。被告人程某郊犯非法获取公民个人信息罪，判处有期徒刑 1 年 9 个月，并处罚金人民币 21000 元。被告人张某英犯非法获取公民个人信息罪，判处有期徒刑 1 年 5 个月，缓刑 1 年 5 个月，并处罚金人民币 17000 元。①

[学理简析] 北京市第二中级人民法院认为：被告人谢某某作为电信单位工作人员，违反国家规定，将本单位在履行职责或者提供服务过程中获得的公民个人信息，出售给他人，情节严重，其行为已构成出售公民个人信息罪。一审宣判后，谢某某认为原判量刑过重，提出上诉。北京市高级人民法院维持原判。笔者认为，法院将被告人谢某某非法向他人提供的公民个人手机号码定位认定为个人信息，并将案件定性为出售公民个人信息罪是正确的。本章主要探析对谢某某适用"出售公民个人信息罪"定性的理论根据，以期此后司法人员在审理同类的非法提供公民个人信息案件时能够有所借鉴。

一、对于"公民个人信息"的合理界定

在信息社会中，获取公民个人信息相对简便、成本低廉，导致盗窃公民个人信息的违法犯罪行为不断增多；另一方面，个人信息承载了越来越多的社会内容和利益，任何一个普通公众的个人信息都可能

---

① 案例内容参见：北京市高级人民法院裁定书（2011）高刑终字第 7 号。

作为谋取便捷、舒适生活的手段，甚至可以作为实施犯罪的"通行证"，因此侵犯公民个人信息犯罪开始爆发式增长。

（一）"公民个人信息"认定的争议与困惑

根据《刑法》第 253 条之一第 1 款的规定，国家机关或者金融、电信、交通、教育、医疗等单位的工作人员，违反国家规定，将本单位在履行职责或者提供服务过程中获得的公民个人信息，出售或者非法提供给他人，情节严重的，处 3 年以下有期徒刑或者拘役，并处或者单处罚金。因此，所谓出售公民个人信息罪，是指国家机关或者金融、电信、交通、教育、医疗等单位的工作人员，违反国家规定，将本单位在履行职责或者提供服务过程中获得的公民个人信息，出售给他人，情节严重的行为。基于此可以发现，《刑法修正案（七）》增设的出售、非法提供公民个人信息罪和非法获取公民个人信息罪中，对于本罪的犯罪对象（公民个人信息）设置了"国家机关或者金融、电信、交通、教育、医疗等单位的工作人员，在履行职责或者提供服务过程中所获得的"来源限定，这种列举式的条文表述看似为本条保护的对象进行了界定，但司法实践中对于公民个人信息的界定仍然存在不少困惑，即"国家机关或者金融、电信、交通、教育、医疗等单位"中的"等"，是否可以解释为所有的能够获取公民个人信息的单位。

1. 公民个人信息界定的理论争议

公民个人作为社会中的一员，每时每刻都在与社会发生着各种交往关系，与之相伴随的是，相关个人也无时无刻不在向外界提供着本人的个人信息，例如，网络购物需要提供消费者本人住址、电话号码等信息，购买保险需要提供本人相关信息，购买汽车也需要提供车主信息，等等。对于此类包含公民姓名、住址、联系电话等与公民个人存在紧密关联的个人信息，一旦对外泄露必然给当事人的正常生活带来影响，此类信息是否应纳入本罪名保护的范围之内，目前尚无明确的官方正式解释。有的观点认为，从侵犯公民个人信息犯罪法益的角度出发，不宜将侵害上述信息的行为纳入本罪的打击半径之内，理由在于本罪保护的法益"并非公民个人的信息自由和安全,而是公权及公权(益)关联主体对公民个人信息的保有,也就是说国家机关以及金融、电信、交通、教育、医疗等单位以外的,与公权或公益无任何事实关联的普通单位,其对公民个人信息的保有,并不是刑法的保护对象。"[①] 还有相似观点认为"考虑到本条主要是对在履行职责或提供公共服务过程中利用某种程度的'公权力'采集到的公民个人信息的国家机关或者单位,违反法律规定的保密义务的应负的刑事责任……不宜将公民个人信息的刑事保护范围扩大到没有利用'公权力'采取的一切单位和个人。"[②] 此外,对于出售、非法提供公民个人信息罪的主体,有的学者认为:《刑法》第253条规定的出售、非法提供公民个人信息罪中所谓"国家机关或者金融、电信、交通、教育、医疗等单位"中的"等","表示未尽列举之意……只要其单位性质决定其能够较为系统地接触和获取到公民信息的,都属于本罪的单位之列,如酒店、从事商业经营的公司、网站等"。[③]

梳理上述观点,笔者倾向于支持后者,即只要其单位性质决定其能够较为系统地接触和获取到公民信息的,都属于本罪的单位之列。《刑法》第253条对于刑法保护的公民个人信息就信息的来源条件的界定,列举了"国家机关或者金融、电信、交通、教育、医疗等单位",法律条文中"等"字的表述,实际上是给予了司法机关一定自由裁量空间。根据刑法条文的目的解释和整体性解释方法,从本罪所在的章节来看,它是被置于侵犯公民人身权利、民主权利罪一章,保护的法益是公民个人的信息安全。在公民现实生活中,除了金融、电信、交通、教育、医疗等单位之外,诸如网络购物、物流快递、房产、保险等服务性行业单位,与社会公众也具有紧密的联系,这些单位掌握着大量的公民个人信息。而且由于此类单位对于公民个人信息

① 参见赵军:《侵犯公民个人信息犯罪法益研究——兼析〈刑法修正案(七)〉的相关争议问题》,载《江西财经大学学报》2011年第2期。

② 参见黄太云:《刑法修正案(七)解读》,载《人民检察》2009年第6期。

③ 赵秉志:《刑法修正案最新理解适用》,中国法制出版社2009年版,第316页。

关系的漏洞，某种程度上也成为违法犯罪分子重点觊觎的对象。如果仅仅将刑法对公民个人信息的保护限定在金融、电信、交通等刑法所明确列举的单位，势必不利于对公民人身权利的保护，也违背了刑法当初设定本罪名打击非法获取公民个人信息、侵害公民人身权利行为的立法目的。与此同时，在国外立法例中，对于侵害公民个人信息犯罪的刑法规定也没有设定过多的限制，例如，《法国刑法典》第226条规定，"采用欺诈、不正当手段或非法手段，收集数据，或者不顾某人基于合法原因提出的反对，对有关该人的记名信息资料进行处理的，处5年监禁并科300000欧元罚金"。① 由此可见，法国刑法典中对于侵害公民个人信息犯罪的行为，并没有对犯罪主体设定限制。

2. 公民个人信息认定的司法困惑

同样的问题和争论也普遍存在于司法实践中，因为在司法实践中侵犯公民个人信息犯罪的信息源头更多的属于交通运输、网购网站、物流快递等单位。例如，在北京破获的一起侵犯公民个人信息案中，存储有数百GB的公民个人信息数据，涉及湖南、北京、福建等全国几乎所有省份，信息内容门类众多，从姓名、电话、住址、房产、车辆到手机通话详单、乘坐航班记录，详细程度令人咋舌。据警方掌握的大量证据显示，泄露个人信息的源头大都是相关单位或部门的工作人员，其中有公务员，也有企业职工，有正式员工，也有临时聘用人员，涉及金融、电信、教育、医院、国土、工商、民航等各个行业。② 又如，在上海市公安局网安总队2012年11月破获的1号店（家乐福公司经营的网上购物超市）员工泄漏用户信息案中，大量公民个人信息被泄露，公民的个人信息权利遭到了严重侵犯，如果不将此类单位工作人员实施的出售、非法提供公民个人信息的行为纳入刑法的打击半径之内，势必将严重损害公民的合法权益。在本案中，有人通过QQ来兜售1号店的数据，90万用户的资料卖500元。有媒体对信息

---

① 罗结珍译：《法国新刑法典》，中国法制出版社2003年版，第94页。

② 范传贵：《盗卖身份信息冒充他人身份以"新"身份牟利》，载《法制日报》2011年9月23日。

的真伪作了验证，结果表明大部分用户数据属真实信息。警方根据前期排摸调查，查明是 1 号店网上商城员工与离职、外部人员内外勾结，造成部分客户信息泄露。但是，由于本案的犯罪主体属于购物网站的工作人员，对于犯罪的认定存在诸多的争论，导致案件相关调查起诉工作面临困惑。

2. 本案中手机定位信息的法律性质

本案中，被告人谢某某利用中国移动通信集团北京有限公司授予其所在公司进行手机定位业务的权限，先后多次出售他人手机号码进行定位，对于公民个人手机号码定位是否属于公民个人信息，目前法律法规尚没有明确界定。公民个人信息的具体范围，从传统意义上讲，主要指公民个人的姓名、年龄、职业、家庭住址、婚姻状况等具有表彰公民个人身份的信息内容。这些信息尽管分属于不同类型，但是共同点在于，它们均被固定于信息载体之上。与之相比较，被告人谢某某所提供的公民个人手机定位，则是通过卫星定位技术确定手机终端用户位置的地标信息。从个人隐私角度讲，手机定位技术及其所确定的公民个人地理位置信息严重侵犯了公民个人的隐私，尤其在公民个人从事不愿为他人所知悉或者相对秘密的工作时，如果手机定位信息被他人获得，将严重损害其自身利益，甚至危害国家安全。具体到手机定位信息来讲，该业务是电信部门开展的一项特殊服务，例如，中国移动北京分公司推出的"单位通"手机定位业务，严格要求办理人持单位营业执照、介绍信方可以办理，任何个人不得办理。"单位通"手机定位业务就是允许单位以公务事由对于员工所处的具体位置实现手机定位，从而获悉手机终端持有人的大致位置。因此从这个角度讲，被告人谢某某出售的公民手机定位信息属于个人信息，属于刑法保护的对象。剩下的问题在于，行为人非法提供公民手机定位信息达到多少条时方构成犯罪，对于同一部手机连续多次定位计算为一条信息还是按照定位的次数计算信息数量？笔者认为，对于非法出售手机定位信息数量应根据手机号码和信息的数量计算，不应当以实际上涉及的具体机主人数来计算，具体到本案中，被告人谢某某非法出售手机定位信息是对同一手机号码以打包方式每月提供 50 次定位信息，故其出售旳公民个人信息应为 50 条，但考虑到对于每条信息进行了连续多次定位，故而在量刑时应酌情予以考虑。

二、出售公民个人手机定位信息的行为定性

严厉打击侵犯公民个人信息犯罪成为刑事司法机关当前面临的重要课题，而如何界定公民个人信息的合理内涵则成为相关案件定性的关键。

（一）对"公民个人信息"的合理化解释

由于我国没有羊独的《信息法》，对于"公民个人信息"应如何界定尚存争议。有观点主张从广义上界定，认为"是指以任何形式存在的、与公民个人存在关联并可以识别特定个人的信息。其外延十分广泛，几乎有关个人的一切信息、数据或者情况都可以被认定为个人信息"。[①] 也有学者将公民个人信息限定为姓名、职业、职务、年龄、婚姻状况、学历等"能够识别公民个人身份的信息"。[②] 一般认为，从法律保护的必要生和经济性上来讲，受法律保护的个人信息应具备基本的权利属性，关乎当事人的正常生活秩序。具体应包括两个层面的内容，首先，个人信息是当事人不希望为他人所知晓的信息，其次，这些个人信息应当具备法律保护的价值和可行性，对于当事人身高、体重、年龄、学历等单纯的与当事人相关的数据，则不应纳入法律尤其是刑法的保护范围之内。

具体到《刑法》第 253 条所保护的公民个人信息范围的确定，则应从目的解释和体系忙解释的角度出发。换言之，除《刑法》明确列举的"国家机关或者金融、电信、交通、教育、医疗"等单位之外，本条款中的"等单位"还应当包括物流快递、保险、网购网站以及房地产销售或中介等其他单位。随着信息化社会的到来，公民在享受各

---

① 参见赵秉志、王东阳：《信息时代更应强化人权保障》，载《法制日报》2009 年 3 月 4 日。

② 参见黄太云：《刑法修正案（七）解读》，载《人民检察》2009 年第 6 期。

种信息技术发展带来的便捷的同时，向对方单位如实提供个人信息成为享受或者购买各种服务所必须履行的"义务"。从近年来公民个人信息泄露的来源看，很大一部分泄露信息源于网购网站、保险公司、各类中介机构、招聘网站等单位的工作人员非法出售其所掌握的公民个人信息。如果将这些单位实施的非法提供公民个人信息的行为排除在刑法打击半径之外，无疑不利于对公民个人信息的保护，也不符合公民个人信息违法犯罪的客观现实。因为随着电子商务的普及，作为为公众提供基本的商品交易、物流运输等服务功能的单位，他们有更多时间和机会去掌握大量的公民个人信息，而且这些单位大部分是营利性企业，对于公民个人信息的保护力度也很欠缺，这也在某种程度上增加了这些单位保有的公民个人信息受违法犯罪侵害的可能性。

因此，笔者认为，对于非法提供公民个人信息的犯罪主体应做扩张性解释，将能够在履行职责或者提供服务过程中获得公民个人信息的单位均作为本罪的犯罪主体。详言之，对于非法提供公民个人信息罪的犯罪主体不能狭隘地解释为国家公权力控制的领域，只要是合法成立、具有市场运营资格的单位均应成为本罪的犯罪主体。例如，已经为我们所熟知的网络购物网站、市场调查公司、房地产公司、各类中介机构以及招聘网站等单位的工作人员所实施的非法提供公民个人信息的行为均应被涵括在本罪的规制范围之内。需要强调的是，对于非法成立的单位或者合法成立的单位的工作人员非法获取公民个人信息的，当然可以认定为非法获取公民个人信息罪，无需再以本罪论处。[①]

同样的问题还在于对窃取、非法获取公民个人信息的认定上，《刑法》253条之一将本罪名表述为"窃取或者以其他方法非法获取上述信息"，疑问在于其中的"上述信息"，是仅包括国家机关等单位在履行职责或提供服务过程中所获得的公民个人信息，还是亦包括处

---

① 参见王昭武、肖凯：《侵犯公民个人信息犯罪认定中的若干问题》，载《法学》2009年第2期。

于其他状态的公民个人信息？①如前所述，非法获取公民个人信息罪中的行为对象（"上述信息"）也应指公民在接受服务或者履行职责个人信息，而非仅包括"国家机关或者金融、电信、交通、教育、医疗等单位……在履行职责或者提供服务过程中获得的公民个人信息"。从目的性解释出发，为了最大限度地保护公民个人信息安全，通过法条解释的技巧促成法条尽量贴近正义，将《刑法》第253条中第2款的"上述信息"扩张解释为不限于特定单位在职务或业务活动中所获取的、所有的公民个人信息。②

（二）本案的定性

本案中，被告人谢某某是北京京驰无限通信技术有限公司（以下简称京驰公司）运维部经理，该公司与某通信运营商有合作关系，双方签有协议，由京驰公司负责手机定位业务，谢某某是这项业务的负责人，因此谢某某符合出售公民个人信息罪的主体要件。

从客观方面讲，被告人谢某某出售公民个人信息的行为违反了国务院2000年颁布的《中华人民共和国电信条例》，该条例第6条规定："电信网络和信息的安全受法律保护，任何组织或者个人不得利用电信网络从事危害国家安全、社会公共利益或者他人合法权益的活动。"第58条规定："任何组织或者个人不得利用电信网从事窃取或者破坏他人信息、损害他人合法权益的活动。"据此可知，被告人谢某某利用工作便利，利用电信网络从事窃取他人信息实施损害他人合法权益的行为，违法了国家电信条例的有关规定。另一方面，尽管目前尚没有司法解释明确出售公民信息罪中情节严重的具体标准，但根据本案的实际情况，被告人谢某某向多人多次出售多人的手机定位信息，非法获利数额较大，严重影响了公民个人的基本生活。具体而言，谢某某先后为被告人刘某亮、程某郊、张某英等多人进行手机定位90余个，非法获利人民币9万元，属于多次向多人出售多个公民

---

① 参见赵秉志：《刑法修正案最新理解适用》，中国法制出版社2009年版，第123页。

② 参见赵军：《侵犯公民个人信息犯罪法益研究——兼析〈刑法修正案（七）〉的相关争议问题》，载《江西财经大学学报》2011年第2期。

个人信息，且非法获利数额巨大，应当认定为情节严重。综上，北京市第二中级人民法院将谢某某非法出售公民个人定位信息的行为定性为出售公民个人信息罪是正确的。

三、公民信息被用于犯罪时信息提供方、中间交易方的刑事责任

个人信息作为公民个人在社会上角色定位及其社会属性的具体表征，承载了诸多的身份利益和财产利益，尤其在数字化的现代信息社会，个人信息背后所承载的价值利益与日俱增。随着我国社会信息化步伐加快，公民个人信息的使用几乎已经融入到生活的方方面面，每天接触的各行各业似乎都在搜集整理客户个人信息，飞机票、火车票需要身份证，办理银行卡、手机卡需要身份证，而且随着网络信息技术、电子商务的发展，邮箱、QQ、微博也需要提供个人信息，猛然间发现，我们似乎每天都在向外界提供着个人信息。正是个人信息的频繁"曝光"，给信息安全带来了巨大隐患，尤其在我国信息化程度迅速提高的背景下，个人信息被非法传播的速度和广度无限放大，使得非法买卖个人信息更加肆虐，俨然在网络空间形成了一张巨大的信息犯罪网络。

个人信息泄露滋生的电信诈骗、金融诈骗、敲诈勒索、入户盗窃、绑架等严重刑事犯罪更加成为危害公民人身财产和社会秩序的巨大阴霾。随着倒卖个人信息的愈演愈烈，侵犯个人信息犯罪已初步形成了严密的犯罪产业链，并成为诈骗、敲诈勒索、绑架等下游犯罪的诱因和源头，一些非法提供个人信息者甚至沦为敲诈勒索、绑架等恶性犯罪的帮凶。可以说，近年来电信诈骗、网络诈骗犯罪的屡禁不绝很大程度上正是源于侵犯公民个人信息犯罪的猖獗。"打蛇打七寸"，打击侵犯公民个人信息犯罪的"源头"性行动是关键。此次公安部统一部署指挥的打击侵犯公民个人信息犯罪的专项行动是重点针对侵犯公民个人信息犯罪的"源头"进行了"定点清除"，着力打击信息提供者，这不仅有利于切断侵犯公民个人信息犯罪的产业链，更有利于

对各个犯罪环节的逐个击破，避免个人信息大范围地从"源头"失守。是此，"谁动了公民的个人信息"是个关键问题，即公民个人信息犯罪的提供方是谁。目前，我国刑事立法、司法中侵犯公民个人信息犯罪的重点防范对象，被毫无疑问地预设为利用职务便利实施侵犯个人信息犯罪的行为，因此，《刑法修正案（七）》规定，"在刑法第二百五十三条后增加一条，作为第二百五十三条之一：国家机关或者金融、电信、交通、教育、医疗等单位的工作人员，违反国家规定，将本单位在履行职责或者提供服务过程中获得的公民个人信息，出售或者非法提供给他人，情节严重的，处三年以下有期徒刑或者拘役，并处或者单处罚金。窃取或者以其他方法非法获取上述信息，情节严重的，依照前款的规定处罚。"也就是说，目前刑法制裁的重点主要指向国家机关或者金融、电信、交通、教育等单位的工作人员。但是，随着信息社会的深入，能够方便获取公民个人信息的主体早已不再局限于上述单位的工作人员，公民日常所接触的房地产公司、物业公司、中介机构、高级会所等服务机构，正成为大肆侵犯公民个人信息的罪魁祸首和"生力军"。因此，刑事司法的观念应当适时转型和调整，从严厉制裁国家工作人员利用职务便利侵犯公民个人信息犯罪，逐渐转向兼而制裁中介、物业等服务类机构工作人员倒卖公民个人信息，甚至最终转向以严厉制裁上述服务类机构侵犯公民个人信息为主。重点打击侵犯公民个人信息犯罪的信息提供方，绝不是要放松对中间交易方和信息利用者的打击；打击信息提供方、中间交易方的初衷和目的之一，就是防止信息被恶意利用者用来实施后续性、伴生性的违法犯罪。谁在购买和利用公民的个人信息？公民的个人信息与个人的财产利益、人身权益紧密相连，除了商业推销行为等中性行为之外，相当一部分个人信息被用于诈骗等财产犯罪，甚至被利用于敲诈勒索、绑架等侵犯人身的犯罪。

因此，在刑事政策的掌握上，在具体案件的处理上，应当格外注意两个方面：（1）在信息提供者、中间交易者不知情的情况下，如果信息利用者利用非法获取的信息实施了严重的后续性违法甚至是犯罪行为，应当成为信息提供方、中间交易方是否构成犯罪的重要判断依据和对其"从重处罚"的重要根据，例如，信息利用者根据提供方提供的个人信息，锁定跟踪被害人并将其杀害，当然应当属于出售公民个人信息犯罪的从重处罚情节。（2）如果信息提供者、中间交易者意识到他人是为了实施犯罪行为而仍然提供信息，应当坚决地认定为共犯，特别是在绑架犯罪等恶性犯罪之中，对于明知、应知信息可能被用于恶性犯罪而仍然提供信息的，应当坚决地按照绑架罪等信息利用者所实施的犯罪的共犯甚至教唆犯处理。

第二十四章　网络游戏中"外挂"行为的司法定性

[典型判例] 谈某某、刘某某、沈某某非法经营案

案由：非法经营

基本案情：《恶魔的幻影》（又名传奇3）是经新闻出版总署审查批准引进，由中国大百科全书出版社出版、中国广州光通通信发展有限公司运营的网络游戏出版物。2004年6月起，被告人谈某某未经授权或许可，组织他人在破译《恶魔的幻影》游戏服务器端与客户端之间经过加密的用于通讯和交换数据的特定通讯协议的基础上，研发出"007传奇3外挂"计算机软件。后谈某某等人设立"007智能外挂网"网站和"闪电外挂门户"网站，上载007外挂软件和《恶魔的幻影》动画形象，向游戏消费者进行宣传并提供下载服务，并向游戏消费者零售和向零售商批发销售007外挂软件点卡。销售收入汇入名为"王亿梅"的账户。被告人刘某某负责外挂软件销售，被告人沈某某负责网站日常维护。2005年1月，北京市版权局强行关闭上述网站并将网络服务器查扣之后，谈某某、刘某某、沈某某另行租用网络服务器，在恢复开通"闪电外挂门户"网站的基础上，先后设立"超人外挂"等网站，继续宣传其陆续研发的"008传奇3外挂"等计算机软件，提供上述软件的下载服务，并使用恢复开通的"闪电外挂门户"网站销售上述两种外挂软件的点卡，销售收入仍汇入名为"王亿梅"

的账户。至 2005 年 9 月，谈某某、刘某某、沈某某通过信息网络等方式经营上述外挂软件的金额达人民币 2817187.5 元。

判案理由：北京市海淀区人民法院经审理认为，被告人谈某某、刘某某、沈某某以营利为目的，未经批准，开展经营性互联网信息服务，违反国家出版管理规定，利用互联网站开展非法互联网出版活动，出版发行非法互联网出版物，侵害著作权人、出版机构以及游戏消费者的合法权益，扰乱互联网游戏出版经营的正常秩序，情节特别严重，其行为均已构成非法经营罪，依法应予惩处。鉴于谈某某、刘某某、沈某某在庭审过程中认罪态度较好，对三人均酌予从轻处罚。

定案结论：北京市海淀区人民法院认定被告人谈某某犯非法经营罪，判处有期徒刑 2 年 6 个月，罚金人民币 50000 元。被告人刘某某犯非法经营罪，判处有期徒刑 2 年，缓刑 3 年，罚金人民币 30000 元。被告人沈某某犯非法经营罪，判处有期徒刑 1 年 6 个月，罚金人民币 30000 元。

一审宣判后，三名被告人均表示服判，北京市海淀区人民检察院提起抗诉，抗诉理由是：（1）谈某某等三人复制发行了《恶魔的幻影》软件的行为构成侵犯著作权罪，原审判决认定事实不当，定性错误。（2）如果认定为非法经营罪，应当同时认定涉案外挂软件既程序违法也内容违法，应适用最高人民法院《关于审理非法出版物刑事案件具体应用法律若干问题的解释》第 11 条，而不是第 15 条，原审判决适用法律不当，量刑畸轻。北京市第一中级人民法院经审理认为，谈某某、刘某某、沈某某违反国家规定，利用互联网站出版发行非法出版物，严重危害社会秩序和扰乱市场秩序，其行为均已构成非法经营罪，且犯罪情节特别严重，依法应予惩处。一审法院根据谈某某、刘某某、沈某某犯罪的事实、性质所作判决定罪准确，但适用法律有误、量刑不当，予以纠正。北京市海淀区人民检察院及北京市人民检察院第一分院关于原判适用法律不当的抗诉意见予以采纳。判决原审被告人刘某某犯非法经营罪，判处有期徒刑 3 年，缓刑 4 年，罚金人民币 10 万元。原审被告人沈某某犯非法经营罪，判处有期徒刑 2 年，缓刑 3 年，罚金人民币 10 万元。①

[**学理简析**] 谈某某等人非法经营案作为刑事司法中的外挂程序第一案，对于案件定性曾在司法审判过程中产生了诸多争议，北京市海淀区人民法院认为谈某某、刘某某、沈某某以营利为目的，未经批准，开展经营性互联网信息服务，违反国家出版管理规定，利用互联网站开展非法互联网出版活动，出版发行非法互联网出版物，侵害著作权人、出版机构以及游戏消费者的合法权益，扰乱互联网游戏出版经营的正常秩序，情节特别严重，其行为构成非法经营罪；北京市海淀区人民检察院指控谈某某等人犯侵犯著作权罪不当。北京市海淀区人民检察院以定性错误、适用法律不当、量刑畸轻为由提起抗诉。北京市人民检察院第一分院的出庭意见是，原判定性准确，但适用法律错误，量刑不当。北京市第一中级人民法院经审理认为，原判定性准确，但量刑过轻。由此发现，一审法院和二审检察院、法院的意见均认为是非法经营罪，而一审检察院则认为构成侵权著作权罪。

伴随着我国网络游戏市场的快速发展，外挂行为的社会危害性正日益显现，外挂行为的刑法评价不仅仅是一个司法实践问题，也已经引发了巨大的理论争议。行政主管部门对于外挂行为的定性并未能实际影响到司法实务中对于外挂行为的定罪，基于追求"定性准确"而采取的"保险式"定性，几乎千篇一律地退而求其次，避开侵犯著作权罪而将制售外挂的行为定性为非法经营罪，这一做法忽视了外挂行为的本质属性，更是对于刑事立法中非法经营罪和侵犯著作权罪法条关系的一种严重误读。深入思索外挂行为的本质特征，剖析刑事立法和司法解释中的宏观定罪规则和法条结构，对于外挂行为的罪名选择，具有根本的指导意义。本章主要探析应对谈某某、刘某某、沈某某制作游戏外挂行为选择适用"侵犯著作权罪"定性，而不是"非法经营罪"的理论根据，以期此后司法人员在审理同类的"外挂"行为能够有所参考。

---

① 案例内容参见：北京市第一中级人民法院裁定书（2007）一中刑终字第 1277 号。

一、网络游戏中"外挂"行为的学理阐释

外挂行为,顾名思义就是有关外挂的行为,主要包括外挂的制作、提供(有偿或者无偿)、使用等行为。对于外挂的使用行为,虽然国外已经存在有对于玩家使用外挂进行刑事处罚的判例,[①] 但在目前中国的现实立法和司法条件中,追究玩家使用外挂之刑事责任的条件尚未成熟,刑法中也无相关规定可以适用,因此本文所涉及的外挂行为并不包括外挂的使用行为。

根据是否以营利为目的,可以将外挂分为营利性的外挂和非营利性的外挂。虽然不能以是否以营利为目的来判断外挂的违法性,但这一分类方法却为我们合理界定刑法打击的外挂行为范围提供了重要的参考依据。尽管制作、提供非营利性的外挂也有可能构成侵犯他人著作权的行为,但我国目前现行刑法涉及外挂行为的有关规定中,往往直接或者间接规定了"以营利为目的"的主观构成要件要素,不具备此要素的,尽管可能构成民事违法行为和行政违法行为,却不能构成犯罪。因此,本文所探讨的外挂行为主要是以营利为目的的制作和贩卖行为。

(一)刑法视野中的外挂行为及其范围

目前关于外挂的定义有很多,基于不同的立场,网游公司、玩家、学者以及有关主管部门均给出了自己的定义,种类之多、表述之异已经到了令人眼花缭乱的地步。要对外挂给出一个准确的定义是件很困难的事情,从某种程度上说,揭示事物的本质特征远比给出一个定义有着更为重要的意义。笔者认为,随着计算机技术的发展,外挂的种类将日趋多样,外挂的制作技术也将越来越复杂,因此对于外挂的定义应当具有一定的超前意义和宽广内涵,但是,过于抽象的定义难以使人明确知晓外挂的本质特征。如何寻找合适的中点是个难题。

---

① 参见于志刚、陈强:《关于网络游戏中"外挂"行为的刑法思考》,载《山东警察学院学报》2009 年第 1 期。

在我们看来，无论将来的外挂技术如何发展，从其性质上看，需要打击的外挂程序都应具有违反游戏规则、破坏游戏公平性和平衡性的本质特征。因此，从技术属性上看，我们大体可以将所有可能违反游戏规则、具备影响游戏公平性、非官方提供的程序均视为外挂。但从法律属性上出发，为兼顾处罚的正当性和合理性，则需要界定外挂的处罚范围。

由于不同种类的外挂是否违反游戏规则以及对于游戏规则和公平性的影响程度不同，因此对不同的外挂采取同样的打击措施，无论是在情理还是法理上均行不通。从是否根本违反了游戏规则、破坏游戏公平性这个角度出发，需要法律介入打击的是那些根本违反游戏规则、破坏游戏公平性和平衡性的恶性外挂。恶性外挂是与良性外挂相对而言的，良性外挂（如游戏辅助型外挂）对于游戏的影响程度要远远低于恶性外挂。可以说良性外挂的基本功能是通过模拟键盘操作来减少用户的操作强度与难度，并未根本改变游戏规则，而大多数恶性外挂程序则除此以外，还可以实现诸如自动寻怪、自动攻击、躲避GM、自动回城、自动修理、自动寻路、伪造虚拟物品等恶意功能。这些功能可以让使用者获取超出游戏规则允许的非法利益，完全失去了游戏的意义并且严重破坏了游戏的公平性。因此，对于此类恶性外挂无疑需要给予法律上的否定性评价，情节恶劣且严重扰乱游戏市场、严重侵犯游戏运营商和开发商著作权的行为，应当运用国家公权力进行打击。

从目前的技术原理上看，恶意外挂主要是通过如下几种手段达到直接或间接影响网络游戏运行的目的的：修改用户个人电脑硬盘中安装的客户端程序的源代码；修改用户个人电脑内存中正在运行的客户端程序的源代码；在服务器与用户个人电脑之间数据传送过程中，截取用户从客户端发给服务器端的指令、或截取服务器端对客户端指令作出的响应，并直接修改这些数据；伪造客户端数据，发送给服务器，而上述手段的顺利实施，基本上都要以破坏网络游戏的相关技术保护措施为前提。

因此，在本文的讨论范围内，我们将需要运用法律进行打击的外挂理解为行为人故意编制的，通过破坏网络游戏的技术保护措施，复制利用他人源代码，修改、伪造游戏数据等手段，用以提供网络游戏本身并不具有的功能或者扩展游戏客户端功能，从而违反游戏规则、影响游戏的公平性和平衡性的程序，其本质属性是破坏游戏规则，影响游戏的公平性和平衡性，行为手段通常表现为破坏网游程序的技术保护措施、复制利用他人网游程序、修改和伪造数据封包等等。

（二）外挂行为可能触及的罪名范围

随着计算机技术的普及和网络技术的发展，信息社会中不同于以往传统社会的违法犯罪行为对刑法的冲击表现得越来越明显，这就需要我们对传统刑法进行重新审视。但是，也并不意味着信息社会中的全新的犯罪行为都不能被囊括于传统刑法之中，或者说对这些行为只能通过制定新的法律才能予以惩罚。通过对现有的刑事立法和传统的刑法理论进行适度的扩张解释，充分发挥传统刑法的包容性，可以应对许多在信息社会里出现的全新犯罪类型，对于外挂行为也是如此。

基于目前制售外挂程序现象的高发性和强危害性，虽然现行刑法条文中并没有直接可以适用的相关规定，然而通过对有关刑法条文的仔细思索，我们还是可以发现可用以评价外挂行为的罪名：（1）侵犯著作权罪。侵犯著作权罪，是指自然人或者单位，以营利为目的，侵犯他人著作权，违法所得数额较大或者有其他严重情节的行为。部分外挂在制作过程中，会破译、复制利用网游程序的数据加密算法、数据处理逻辑乃至直接拷贝游戏数据，这很明显是侵犯他人著作权的行为，按照刑法的规定，行为人以营利为目的，复制发行他人的网游程序，违法数额较大或者情节严重的，可以构成《刑法》第 217 条侵犯著作权罪。（2）销售侵权复制品罪。外挂制作者以外的其他人，明知是他人以侵犯著作权方法制作的外挂程序，而以营利为目的大肆销售，违法所得数额较大的，可以构成刑法第 218 条销售侵权复制品罪。（3）非法经营罪。对于外挂行为，2003 年新闻出版署等五部委《关于开展对"私服"、"外挂"专项治理的通知》明确指出，"外挂"

违法行为是非法互联网出版活动，应依法予以严厉打击。这是依照有关法律法规对"外挂"违法行为做出的定性解释。依照此解释以及刑法和司法解释的有关规定，外挂行为作为一种"非法互联网出版活动"，违反了有关互联网出版的法律法规，扰乱了互联网出版市场秩序，情节严重的，可以构成《刑法》第225条规定的非法经营罪。

那么，在以上罪名中，通常所指的外挂程序，究竟应当以何种罪名来定性呢？这一点，无论是在刑法理论上还是司法实践中，都有着不小的争议。

（三）谈某某、刘某某、沈某某案的争议焦点分析

本案争议的焦点之一，就是擅自制作网游外挂是否侵犯了网游权利人著作权的复制发行权？对此，一审法院和二审检察院、法院均认为是非法经营罪，而一审检察院则认为构成侵犯著作权罪。二审法院的理由是：擅自制作网游外挂出售牟利，侵犯的是网游权利人著作权的修改权而不是复制发行权，不构成侵犯著作权罪；根据刑法第217条关于侵犯著作权罪的规定，对于计算机软件的著作权，刑法只保护其中的复制发行权。如果仅仅侵犯著作权中的修改权，则不能以侵犯著作权罪论处。根据《计算机软件保护条例》，"修改权是指对软件进行增补、删节，或者改变指令、语句顺序的权利"。网游外挂主要是通过以下两个途径实现对网络游戏的影响：一是通过对硬盘、内存之中的网络游戏客户端程序、数据进行修改或者对服务器端与客户端间的网络数据包拦截、修改来完成；二是直接挂接到网络游戏环境中运行。前者修改了网络游戏程序的代码、数据，属于对网络游戏的修改；后者由于增补了网络游戏软件的功能，同样属于对网络游戏的修改。谈某某等人在制作外挂程序过程中，突破了传奇3游戏软件的技术措施，调用了传奇3的部分数据及图像，在运营外挂程序时挂接在传奇3游戏上运营。但这些行为都是为了实现对传奇3游戏软件的原有功能的增加，不是将所调用的数据或图像进行简单的复制；谈某某等人将外挂程序在互联网上出售牟利也不是将传奇3游戏软件整体或部分复制后出售牟利。因此，擅自制作传奇3外挂出售牟利侵犯的是

传奇 3 游戏软件的修改权而不是复制发行权，故涉案行为不构成侵犯著作权罪。①

但是，上述判决理由应当说是极为荒唐的："谈某某等人在制作外挂程序过程中，突破了传奇 3 游戏软件的技术措施，调用了传奇 3 的部分数据及图像，在运营外挂程序时挂接在传奇 3 游戏上运营。但这些行为都是为了实现对传奇 3 游戏软件的原有功能的增加，不是将所调用的数据或图像进行简单的复制；谈某某等人将外挂程序在互联网上出售牟利也不是将传奇 3 游戏软件整体或部分复制后出售牟利。因此，擅自制作传奇 3 外挂出售牟利侵犯的是传奇 3 游戏软件的修改权而不是复制发行权，故涉案行为不构成侵犯著作权罪。"此类荒唐的判决将会引发严重后果：软件略加修改后复制发行就不会构成侵犯著作权犯罪。判决书中认为，"将修改后的程序在互联网上出售牟利"的行为，"不是将软件整体或部分复制后出售牟利"，因为"擅自制作软件出售牟利侵犯的是软件的修改权而不是复制发行权"，这一结论是极为可笑和荒谬的，是对法条的严重曲解。同时，根据新闻出版总署法规的规定，私服是一种非法的网络出版行为，而已经是"出版"的复制和发行行为，判决书却认为只是侵犯修改权。应当说，在涉及外挂的刑事案件审判过程中，承审法院对于法律、规章的蔑视和类似上述的荒唐的判决结论在当前已经出现了数次，究其原因，在于以非法经营罪定罪较为"保险"：在无法确定"将修改后的程序在互联网上出售牟利"行为究竟是"侵犯著作权"行为还是"非法经营"行为的情况下，由于此类行为肯定是"程序"违法，且新闻出版总署在关于此案的批复中，明确将涉案网游外挂认定为非法互联网出版物，因此以非法经营定案，在定性上较为"保险"，而且不仅仅可以避开对此类行为是否侵犯著作权的认定，更可以避开民事上的侵犯著作权行为和侵犯著作权罪的区别。但是，笔者认为，此类"保险"、可靠

---

① 参见罗鹏飞：《擅自制作网游外挂出售牟利如何定性——北京一中院判决谈文明等非法经营案》，载《人民法院报》2008 年 2 月 15 日。

的定性方式未必恰当，虽然在司法实践中更具有可操作性，但是并不属于准确定性，长此以往，不仅仅会形成客观上的司法懒惰，也可能会带来理论上的一系列问题。

二、网络游戏"外挂行为"是否构成非法经营罪

在目前对于外挂行为构成侵犯著作权犯罪还存在争议的情况下，似乎有越来越多的理论和实务界人士主张对于外挂行为以非法经营罪论处，其中本案中对于谈某某、刘某某、沈某某制作外挂行为的定性典型地表现了目前司法实务部门对于此类案件的司法态度。

（一）外挂行为与非法经营罪

非法经营罪，是指自然人或者单位，违反国家规定，故意从事非法经营活动，扰乱市场秩序，情节严重的行为。刑法第225条规定的非法经营罪的行为方式主要有如下几种情形：（1）未经许可经营法律、行政法规规定的专营、专卖物品或者其他限制买卖的物品的；（2）买卖进出口许可证、进出口原产地证明以及其他法律、行政法规规定的经营许可证或者批准文件的；（3）未经国家有关主管部门批准，非法经营证券、期货或者保险业务的；（4）其他严重扰乱市场秩序的非法经营行为。

我国相关司法解释已经将非法出版行为纳入非法经营犯罪行为的范畴之内，《非法出版物案件解释》第11条规定："违反国家规定，出版、印刷、复制、发行本解释第1条至第10条规定以外的其他严重危害社会秩序和扰乱市场秩序的非法出版物，情节严重的，依照刑法第225条第（3）项（现在是修正后的第（4）项——作者注）的规定，以非法经营罪定罪处罚。"第15条又规定："非法从事出版物的出版、印刷、复制、发行业务，严重扰乱市场秩序，情节特别严重，构成犯罪的，可以依照刑法第225条第（3）项的规定，以非法经营罪定罪处罚。"该司法解释第11条实际上是指因出版物内容违法而构成非法经营罪，而第15条指的则是因出版物程序违法而构成非法经营罪。2003年新闻出版署等五部委《关于开展对"私服"、"外

挂"专项治理的通知》明确指出，"外挂"违法行为是非法互联网出版活动，应依法予以严厉打击。依据我国现行有关法律、法规规定，从事经营性互联网信息服务需要经过行政许可，从事互联网出版业务必须经过省级新闻出版行政部门审核同意后，报新闻出版总署审批。行为人擅自运营的外挂软件一般都没经过国家有关部门的审批，涉及程序违法；同时，外挂软件的运行会侵犯到网游著作权人、运营商、出版机构以及玩家的合法权益，严重危害社会秩序和扰乱市场秩序，这涉及内容违法，二者扰乱市场秩序情节严重时都构成非法经营罪，但是此时存在法条的选择适用问题，笔者认为，适用该解释第 11 条能更准确地评价外挂行为的刑事违法性。这一方面是因为外挂确实属于内容违法的非法出版物，这从新闻出版总署在对本案的批复中能够得到印证。另外与第 15 条相比较，该解释第 11 条的定罪量刑标准要更低，适用此条对于外挂的打击也更为有力。

（二）非法经营罪与侵犯著作权犯罪的竞合及其适用规则

在外挂行为既构成侵犯著作权犯罪也构成非法经营罪的情况下，罪名如何选择适用是个需要仔细研究的问题。据我们目前掌握的资料来看，司法实践中对于非法制售外挂行为，即使检察机关以侵犯著作权罪起诉的，最后往往也以非法经营罪加以定罪判决。本案中，无论是一审法院，还是二审法院均将谈某某等人制作游戏外挂的行为定性为非法经营罪。

但是，不能否认的是，谈某某等人触犯非法经营罪罪名的同时也构成了侵犯知识产权罪，而二者属于普通条款和特别条款的关系，但上述有关非法出版物司法解释的规定导致刑法规定的特别条款很难适用，这就使得海淀区人民法院对于该案的定性最终选择了非法经营罪，但这种做法某种程度上是有悖于立法本意的。笔者认为，要解决今后司法实践中对于此类行为错误定性问题，需要明确以下几点：

1. 非法经营罪在破坏社会主义市场经济秩序罪中的地位问题

刑法典第 3 章破坏社会主义市场经济秩序罪共有 8 节，前 7 节中每一节的形成，都是因同类客体比较清楚、一致而形成犯罪群，而第

8 节"扰乱市场秩序罪",实际上是不属于前 7 节的其他所有的"破坏社会主义市场经济秩序"的其他罪名的集合。因此,第 7 节"扰乱市场秩序罪"本身是第 3 章破坏社会主义市场经济秩序罪的一个"筐"。而非法经营罪,作为"筐"中之"筐",实际上是所有破坏市场秩序的兜底型罪名,因而导致诸多的犯罪行为在触犯其他特定罪名的同时,都触犯了非法经营罪这样一个"筐"型罪名。也就是说,非法经营罪作为"筐"中之"筐",起到的应当是不得已时才被选用的兜底型作用。

2. 司法解释的逻辑

实际上,关于同时触犯非法经营罪和其他特定的经济犯罪的罪名选择适用问题,笔者认为,还是有一个司法逻辑可以寻求和参照的。具体而言,在某一犯罪行为同时触犯具体的特定罪名和非法经营罪之时,原则上应当直接选用特定罪名;只有在特定罪名无法涵括犯罪行为之时,或者在特定罪名的法定刑过低而犯罪行为又情节特别严重之时,为避免轻纵犯罪人,才能够选以非法经营罪这一兜底型罪名。这一点,如果以非法经营罪和侵犯著作权犯罪的关系为例加以说明的话,可以分析如下:

其一,1998 年最高人民法院《关于审理非法出版物刑事案件具体应用法律若干问题的解释》第 11 条规定,违反国家规定,出版、印刷、复制、发行本解释第 1 条至第 10 条规定以外的其他严重危害社会秩序和扰乱市场秩序的非法出版物,情节严重的,依照刑法第 225 条第(3)项的规定,以非法经营罪定罪处罚。这一规定的真实意思是,涉及非法出版物的犯罪行为,只有在其他罪名不能解决的情况下,才以非法经营罪论处。

其二,2007 年最高人民法院、最高人民检察院《关于办理侵犯知识产权刑事案件具体应用法律若干问题的解释(二)》第 2 条第 3 款规定,非法出版、复制、发行他人作品,侵犯著作权构成犯罪的,按照侵犯著作权罪定罪处罚。对于这一补充性司法解释的应有理解是,由于非法经营罪和侵犯著作权罪的竞合,竞合的罪名选择规则是从一重处罚，而非法经营罪的法定刑又重于侵犯著作权罪，因此，一旦出现侵犯著作权的犯罪行为，基本上都会选择非法经营罪，导致侵犯著作权罪实际上被架空了。因此，2007 年这一补充性的规定应当说解决了这一问题，即原则上应当以特定的罪名来定罪量刑，不宜直接套用非法经营罪。

其三，1998 年最高人民法院《关于审理非法出版物刑事案件具体应用法律若干问题的解释》第 15 条规定，非法从事出版物的出版、印刷、复制、发行业务，严重扰乱市场秩序，情节特别严重，构成犯罪的，可以依照刑法第 225 条第（3）项的规定，以非法经营罪定罪处罚。这一司法解释所确立的规则，应当说有着重要的司法价值和意义：由于特定罪名的法定刑可能过低，从而轻纵犯罪人。以侵犯著作权罪为例，其最高刑只是 7 年有期徒刑。因此，如果行为人严重扰乱市场秩序（而不仅仅是侵犯个别人的著作权问题时），情节特别严重，已经属于非法经营罪的第二量刑幅度以上的，则可以转而适用非法经营罪。此时，如果仍然适用侵犯著作权罪等特定罪名，则可能罪刑不相适应；而适用非法经营罪，则非法经营罪的第二量刑幅度与侵犯著作权罪的最高刑基本能够相衔接，有可取之处。这也就是说，涉及非法经营的特别严重的情况，可以再转而适用非法经营罪。

因此，由于外挂行为被新闻出版总署定性为一种"侵犯著作权的非法网络出版行为"，可能同时涉及侵犯著作权罪和非法经营罪，在竞合的情况下如何选择罪名，应当根据上述规则来加以考量。即原则上应当定性为侵犯著作权罪，只有外挂行为已经严重扰乱市场秩序且情节特别严重时，才可以考虑定性为非法经营罪。因此，结合本案而讲，本案中 007、008 外挂软件的运行，只是改变了《恶魔的幻影》网络游戏软件设定的游戏规则，使用外挂软件的消费者较之未使用外挂软件的消费者在游戏能力上取得了明显的优势地位，通过外挂软件设置的功能可以更容易和更快地升级或过关，从而造成游戏消费者之间游戏能力明显不平等的局面，在危害结果上并未达到严重扰乱社会市场秩序的结果，因而本案不应认定为非法经营罪。

三、网络游戏中"外挂行为"是否构成侵犯著作权罪

本案中，被告人谈某某未经授权许可，组织他人在破译《恶魔的幻影》游戏服务器端与客户端之间经过加密的用于通讯和交换数据的特定通讯协议的基础上，研发出"007传奇3外挂"计算机软件，并提供有偿下载。被告人谈某某通过非法手段获取游戏服务器端数据，并将其作为数据库在外挂中加载使用，已经属于侵犯著作权罪的复制行为；而且谈某某等人制作"007传奇3外挂"等外挂软件后，先后设立"闪电外挂门户"、"超人外挂"等网站，继续宣传其陆续研发的"008传奇3外挂"等计算机软件，提供上述软件的下载服务，这种将外挂软件上载至网络空间中供玩家有偿下载的行为已经构成发行行为。我国刑法中的侵犯著作权犯罪包括刑法第217条规定的侵犯著作权罪和第218条规定的销售侵权复制品罪。外挂在制售以及运行的过程中，一般来说都会构成民事上的侵犯著作权行为，但是否构成刑法中的侵犯著作权罪和销售侵权复制品罪，则要进行深入的思索。

（一）侵犯著作权行为与侵犯著作权罪的差异化

著作权，也称版权，作为一项重要的民事权利，有广义和狭义之分。狭义上的著作权是指创作文学、艺术和科学作品的作者，在法律规定的范围内，对其作品享有的专有权利，这种权利包括著作人身权和著作财产权。广义上的著作权，除狭义上的著作权外，还包括作品传播者依法享有的著作邻接权。侵犯著作权行为既包括侵犯他人著作人身权和财产权的行为，也包括侵犯著作邻接权的行为。

1."外挂"行为与民事法中的侵犯著作权行为

目前，外挂行为侵犯的主要是网游程序著作权人对于网游所享有的部分人身权和财产权。需要注意的是，对我国《计算机软件保护条例》第3条定义的计算机程序的范围不应作狭义的理解，即认为计算机程序仅限于代码化指令序列、符号化指令序列或符号化语句序列，而应作广义的理解。就网游程序而言，程序附带的各种数据（包括以静态方式存贮于硬盘上的数据和根据指令在内存中动态存贮的数据和

动态生成的网络数据包）也应视为计算机程序的组成部分。① 从民事侵权角度来看，外挂行为主要可能侵犯如下几种网游著作权益：（1）修改权。根据《计算机软件保护条例》第 8 条第（3）项的规定，修改权是指对软件进行增补、删节，或者改变指令、语句顺序的权利。目前，外挂在制作运行过程中侵犯他人修改权的情形主要发生在外挂依附并修改网游的客户端（包括伪造、修改游戏数据封包），而且此种对于网游程序及其运行过程的修改，并不属于《计算机软件保护条例》第 16 条第（3）项规定的"为了把该软件用于实际的计算机应用环境或者改进其功能、性能而进行必要的修改。"（2）复制权和发行权。这一方面体现在制作外挂的过程中侵犯了网游程序的复制权，另一方面也通常表现于在宣传贩卖外挂的过程中，侵犯合法著作权人对于网游动画作品和图画作品依法享有的权利。（3）网游程序的技术保护措施。技术保护措施是指权利人为保护著作权，主动以技术手段采取措施，保护和管理自己的权利，防止他人的侵权行为。从各国立法实践来看，技术措施可以分为两类：一类是控制访问的技术措施；另一类是控制作品使用的技术措施。侵犯版权人的技术措施也主要有两类：一类是规避访问控制技术措施；一类是规避作品使用控制技术措施。这些规避行为通常表现为"未经版权人许可，对加密的作品进行解密，或对技术措施进行躲避、绕过、移动、关闭或妨碍。"如果某一种外挂软件的开发者为获取网游程序的源代码用于制作外挂，而实施了故意避开或者破坏著作权人为保护其软件著作权而采取的技术措施的行为，根据《著作权法》第 47 条第（6）项和《计算机软件保护条例》第 24 条第（3）项的规定，无疑构成了民事上的侵权行为。

2. 侵犯著作权罪的客观行为类型

我国现行刑法第 217 条规定的侵犯著作权罪的客观行为共有如下四种表现形式：（1）未经著作权人许可，复制发行其文字作品、音乐

---

① 参见寿步、陈跃华：《网络游戏法律政策研究》，上海交通大学出版社 2005 年版，第 6 页。

作品、电影、电视、录像作品、计算机软件及其他作品；（2）出版他人享有专有出版权的图书的；（3）未经录音录像制作者许可，复制发行其制作的录音录像的；（4）制作、出售假冒他人署名的美术作品的。而2001年修订的《著作权法》第47条规定了八种"构成犯罪的，依法追究刑事责任"的行为：（1）未经著作权人许可，复制、发行、表演、放映、广播、汇编、通过信息网络向公众传播其作品的，本法另有规定的除外；（2）出版他人享有专有出版权的图书的；（3）未经表演者许可，复制、发行录有其表演的录音录像制品，或者通过信息网络向公众传播其表演的，本法另有规定的除外；（4）未经录音录像制作者许可，复制、发行、通过信息网络向公众传播其制作的录音录像制品的，本法另有规定的除外；（5）未经许可，播放或者复制广播、电视的，本法另有规定的除外；（6）未经著作权人或者与著作权有关的权利人许可，故意避开或者破坏权利人为其作品、录音录像制品等采取的保护著作权或者与著作权有关的权利的技术措施的，法律、行政法规另有规定的除外；（7）未经著作权人或者与著作权有关的权利人许可，故意删除或者改变作品、录音录像制品等的权利管理电子信息的，法律、行政法规另有规定的除外；（8）制作、出售假冒他人署名的作品的。

从中我们可以看出，刑法规定的侵犯著作权罪的危害行为方式与著作权法第47条规定的关于依法需要追究刑事责任的行为方式存在着范围上的重要区别。这种基于立法上的先后而产生的法律规定的不一致，需要通过修订法律的方式加以解决。但在问题解决之前，我们仍然需要严格依照罪刑法定原则，只能对符合上述规定的侵犯著作权行为追究刑事责任，除此之外的侵犯他人著作权的行为，不管行为性质有多严重，均不得作为犯罪处理。

具体到外挂行为中，虽然上面已经提到开发外挂和贩卖外挂的行为通常会侵犯网游程序著作权人的修改权、复制发行权、技术保护措施受保护权，构成民事上的侵犯著作权行为。但是，由于刑法和著作权法在保护范围上的衔接问题，在具备其他条件的情况下，我们只有认定外挂的开发者和贩卖者的行为确实侵犯了他人网游程序著作权中的复制权和发行权，才能以侵犯著作权罪论处。如果没有侵犯网游著作权中的复制、发行权，仅仅侵犯了其他著作权利（如修改权、技术措施受保护权）的话，则不能定性为侵犯著作权罪。因此，外挂行为中有关"复制"行为与"发行"行为的认定问题，就成为认定外挂是否构成侵犯著作权罪的关键所在。

（二）制售"外挂"行为中复制、发行行为的认定

被告人谈某某对起诉书指控的事实和罪名不持异议，其辩护意见是：007、008 外挂软件只是调用了传奇 3 游戏软件中的部分数据，但不属于复制；调用也不能认为是复制。其辩护人认为，经比对发现的相同名称是通用的，而不是被害单位专有的，而且这些名称也并不是外挂程序的核心部分；控方没有证据证明外挂程序与传奇 3 游戏程序之间达到相同或相似的程度，不能认为是复制。因此，正确对本案定性的关键问题在于如何认定谈某某等人制作外挂并提供下载的行为是否构成侵犯著作权罪中的复制、发行行为。

1. 本案外挂行为中的复制行为

复制，是指以印刷、复印、拓印、录音、录像、翻录、翻拍等方式将作品制作一份或者多份的权利。传统著作权法意义上的复制有三种情形：[①] 一是不改变原作载体，或虽改变原作载体但不改变其体现方式；二是从无载体到有载体；三是从平面到立体或者从立体到平面。虽然复制的实质在于以一定的方式固定作品使作品得以再现，但仅凭此点难以认定复制到底是否存在。计算机软件作品因其对象的特殊性，对其复制的理解要探寻特殊的内涵。毕竟多数计算机软件的侵权并非简单抄袭原有程序的代码，而是利用不同的程序语言复制旧有程序或者在某些关键之处对旧有程序加以利用。[②] 在知识产权法领域，判断是否侵犯计算机软件著作权的通用标准主要有三个："镜像复制"

---

① 参见郑成思：《知识产权法》，法律出版社 1997 年版，第 391 页。
② 参见夏扬：《仲裁在计算机软件著作权纠纷中的作用》，载姜秋菊等主编：《北京仲裁》（第 60 辑），中国法制出版社 2007 年版，第 158 页。

标准;"实质性相似加接触"标准;"结构、顺序与组织"标准（通常简称为 SSO 标准）。① 目前我国司法实践中运用较多的是"实质性相似加接触"标准。因此,在判断外挂是否构成侵犯他人著作权时也可以参考此标准。具体到本案中,被告人谈某某制作的涉案 007 外挂软件、008 外挂软件在运行时,利用上述条件,能绕过客户端程序经加密的静态文件,直接对《恶魔的幻影》客户端程序在内存中的动态表现形式进行修改。并调用《恶魔的幻影》所使用的大量函数,使007 外挂软件、008 外挂软件功能添加到《恶魔的幻影》运行过程之中。加载了 007 或 008 外挂软件的《恶魔的幻影》客户端,所发送的对原游戏功能作出修改的数据也可被《恶魔的幻影》服务器端接收和反馈。由此不难发现,被告人谈某某制作的外挂软件主要是通过非法手段获取游戏服务器端数据,并将其作为数据库在外挂中加载使用,这一行为已经构成了侵犯著作权罪中的复制行为。

2. 本案外挂行为中的发行行为

发行,是指以出售或者赠与方式向公众提供作品的原件或者复制件。在网络环境中,需要对"发行"行为作出与时俱进的解释。网络的一个重要特征是将信息数字化。信息的数字化为在瞬间内大量复制享有著作权及其他受保护的作品提供了条件,并使这些复制品有可能被同时发送给上百万人。② 也就是说,对于发行行为,我们除了要恪守作品的有形转移这一要件以外,还需注意的是,以电子形式转移他人享有著作权的行为也应当属于"发行"行为。因为"网上传播的结果并非作品有形载体物理空间的变更,而是在新的有形载体上产生了作品复制件,导致复制件数量的绝对增加"。③ 具体到本案中,被告人谈某某、刘某某、沈某某先后设立"闪电外挂门户"、"超人外挂"

---

① 肖群:《判断是否侵犯计算机软件著作权的通用标准》,载《电子知识产权》2003年第 12 期。

② 刘守芬、孙晓芳:《论网络犯罪》,载《北京大学学报（哲学社会科学版）》2001年第 3 期。

③ 王迁:《论著作权法中"发行"行为的界定——兼评"全球首宗 BT 刑事犯罪案"》,载《华东政法学院学报》2006 年第 3 期。

等网站，宣传其陆续研发的"008 传奇 3 外挂"等计算机软件，提供上述软件的下载服务，并使用"闪电外挂门户"等网站销售上述两种外挂软件的点卡。谈某某等人实施的上述行为属于将外挂软件上传至网站并提供有偿下载，主要表现为提供网络免费下载的模式、网上宣传，网下销售等传播方式，属于《刑法》第 217 条规定的"发行"。综上，被告人谈某某等人制作游戏外挂软件并上传至特定网站提供有偿下载的行为应定性为侵犯著作权罪。

（三）侵犯著作权罪与销售侵权复制品罪之关系

我国刑法中的侵犯著作权犯罪包括侵犯著作权罪和销售侵权复制品罪两个罪名。根据刑法第 218 条的规定，销售侵权复制品罪是指以营利为目的，销售明知是刑法第 217 条规定的侵权复制品，违法数额较大的行为。分析侵犯著作权罪中有关复制发行行为的行为性质，对于辨析侵犯著作权罪与销售侵权复制品罪的关系有着重要意义。

1. 复制发行行为是否是复合行为，或者说复制行为与发行行为是否需要同时具备

对于复制行为否是复合行为，刑法理论界有三种观点：其一，复合行为说。该说认为并不存在只有复制行为而没有发行行为的情况，因为仅有复制行为而没有发行行为显然不能实现营利的目的，也就不可能构成侵犯著作权罪。[①] 其二，复制、复制并发行择一说。该说认为以营利为目的，未经著作权人许可而复制其文字作品、音乐、电影、电视等作品的，也可以构成侵犯著作权罪，并非要求行为人将侵权复制品发行出去获利了才能构成犯罪，"以营利为目的"只是本罪成立的主观要件，不要求行为人实际获利。而发行行为单独不能构成本罪，发行单独成立本罪意味着行为人没有复制他人的作品，如违法所得数额较大的，应构成销售侵权复制品罪。[②] 应当说，司法实践中有相当一部分人倾向于上述第二种观点，也即侵犯著作权罪中的复制

① 参见赵秉志：《侵犯知识产权犯罪研究》，中国方正出版社 1999 年版，第 737 页；孙国祥、魏昌东：《经济刑法研究》，法律出版社 2005 年版，第 522 页。

② 参见王作富：《刑法分则实务研究》，中国方正出版社 2007 年版，第 750－751 页。

发行行为包括复制行为和复制并发行行为，不包括发行行为。理由是：发行行为单独不构成侵犯著作权罪，否则在没有复制行为的情况下，仅发行别人复制品的也构成侵犯著作权罪，这就使得刑法第218条规定的销售侵权复制品罪形同虚设，显然不妥当。其三，复制、发行、复制并发行择一说。最高人民法院1998年《关于审理非法出版物刑事案件具体应用法律若干问题的解释》第3条采纳了此观点，认为："刑法第二百一十七条第（一）项中规定的'复制发行'，是指行为人以营利为目的，未经著作权人许可而实施的复制、发行或者既复制又发行其文字作品、音乐、电影、电视、录像作品、计算机软件及其他作品的行为。"

2007年，最高人民法院、最高人民检察院《关于办理侵犯知识产权刑事案件具体应用法律若干问题的解释（二）》继续坚持了此观点，部分学者也赞同此观点。[①] 目前，第三种观点不仅仅作为生效司法解释所确立的规则而指导着司法实践，也为刑法理论界所普遍认可。

销售行为到底是否属于发行的范畴，对于这个问题的解释，其实质是如何看待刑法第217条和第218条关系的问题。根据上述司法解释，"发行"也可单独构成侵犯著作权的情况，即行为人没有复制他人的作品，只是从事了发行行为。而"发行"根据著作权法的规定，是指以出售、出租、散发等方式向公众提供相当数量的复制作品的行为，这里"发行"可以包括出售、出租、散发等方式。而刑法第218条规定的销售侵权复制品罪，其针对的对象只能是他人而非自己复制所得的复制品，而且这里的销售只有违法所得数额巨大的情况下才能构成犯罪。那么，从传统的复制和发行行为的关系来看，在销售他人所复制的侵权复制品时，到底是发行还是销售，就有了疑问。从法条关系来看，第218条中的"销售"和第217条中"销售式发行"，都可以表现为销售行为，但是，"销售"和"销售式发行"应当说还是

---

① 参见高铭暄、王俊平：《侵犯著作权罪认定若干问题研究》，载《中国刑事法杂志》2007年第3期。

不同的，如果将两者完全等同，就会彻底架空第 218 条，使该条文虚置而永无用武之地。因此，第 217 条中的"销售式发行"，可能在形式上表现为"销售"，但是，本质上是一种发行，应当说主要具有批发的性质，比如，某一书店到出版社的发行部去进书，按照 7 折的折扣进了 3 万块钱的书，对于出版社发行部而言，也是一种销售，但是，本质上是一种发行；再如，你到某图书市场去进书，一下买了 5 万块钱的书，对方形式上是销售，本质上恐怕也是一种发行。当然，无论是出版社的发行部，还是图书市场，可能均会带有向单个公民兼而售书的情况，而兼而具有批发即发行和零售的情况，本质上仍然是发行，这应当没有疑问。因此，第 217 条中的"销售"必须是具有批发等性质，即本质上属于"发行"，而第 218 条中的销售则没有此种要求，它是一种面向个体顾客的直接销售行为。这一点，应当说是所有的出版社同时设置有发行部和读者服务部的原因，前者是发行即批发业务，而后者是直接进行图书销售。两者的区别，在图书出版行业应当说是较为清楚的。"复制"和"发行"行为的上述区别，在传统的图书发行市场中，应当说是较为清晰的。但是，如果转入网络空间中的外挂等非法程序的发行，由于其客观行为模式体现为行为人的"上传"和最终用户的"下载"等方式，因而"销售"和"发行"的区别再次在观念上陷入困境。因为"复制"和"发行"在此时从销售对象的角度来看，已经基本上没有了任何差异，两者都是针对不特定多数的最终用户的销售行为，因而无法再以上述标准来加以区分。此时，只能根据实用原则来定性处理：2004 年最高人民法院、最高人民检察院《关于办理侵犯知识产权刑事案件具体应用法律若干问题的解释》第 14 条规定，实施刑法第 217 条规定的侵犯著作权犯罪，又销售该侵权复制品，构成犯罪的，应以侵犯著作权罪处罚。而实施第 217 条的侵犯著作权犯罪，又销售明知是他人的侵权复制品，构成犯罪的，数罪并罚。即自行复制并发行的，应当以侵犯著作权罪定性，虽然自己侵犯著作权，但是同时又销售他人的侵权复制品的，数罪并罚。依此推理，单独销售其他人的侵权复制品的，当然也应当只构成销售侵权复制品罪。

2. 外挂行为同时触犯侵犯著作权罪和销售侵权复制品罪时的罪名选择

基于以上分析，在外挂行为同时满足侵犯著作权罪和销售侵权复制品罪的情况下，两个罪名会发生一定程度上的竞合，分析不同情况下的罪名适用问题，对于外挂行为的准确认定会大有裨益。（1）行为人仅有复制外挂行为的。行为人以营利为目的，复制他人网游程序制作外挂的，违法所得数额较大或者有其他严重情节的，即使没有将外挂程序出售或者赠与给公众的"发行行为"，也构成侵犯著作权罪。（2）行为人仅有贩卖外挂行为的。行为人以营利为目的，销售他人以侵犯著作权的方式制作的外挂，违法所得数额较大的，此时因不存在复制行为，不构成侵犯著作权罪，仅构成销售侵权复制品罪。但贩卖者与制作者事先约定由制作者开发外挂提供给其进行贩卖的，则与制作者一起构成侵犯著作权罪的共犯。（3）行为人既有外挂的复制行为又有外挂的贩卖行为的。这要分两种情形进行讨论：如果行为人自行复制他人网游程序来制作外挂又销售的，只定侵犯著作权罪一罪；如果行为人既有复制他人网游程序来制作外挂的行为，又有销售其他人所制作的外挂程序的行为，在这两种行为都构成犯罪时，应当认定行为人构成侵犯著作权罪和销售侵权复制品罪，实行数罪并罚。

第二十五章　利用 *ATM* 取款机故障取款的盗窃行为

[典型判例] 许某盗窃案

案由： 盗窃金融机构

基本案情： 2006 年 4 月 21 日晚 21 时许，被告人许某到广州市天河区黄埔大道西平云路 163 号的广州市商业银行自动柜员机（ATM）取款，同行的郭安山（已判刑）在附近等候。许某持自己不具备透支功能、余额为 176.97 元的银行卡准备取款 100 元。当晚 21 时 56 分，许某在自动柜员机上无意中输入取款 1000 元的指令，柜员机随即出钞 1000 元。许某经查询，发现其银行卡中仍有 170 余元，意识到银行自动柜员机出现异常，能够超出账余额取款且不能如实扣账。许某于是在 21 时 57 分至 22 时 19 分、23 时 13 分至 19 分、次日零时 26 分至 1 时 06 分三个时间段内，持银行卡在该自动柜员机指令取款 170 次，共计取款 174000 元。许某告知郭安山该台自动柜员机出现异常后，郭安山亦采用同样手段取款 19000 元。同月 24 日下午，许某携款逃匿。

广州市商业银行发现被告人许某账户交易异常后，经多方联系许某及其亲属，要求退还款项未果，于 2006 年 4 月 30 日向公安机关报案。公安机关立案后，将许某列为犯罪嫌疑人上网追逃。2007 年 5 月 22 日，许某在陕西省宝鸡市被抓获归案。案发后，许某及其亲属曾多次与银行及公安机关联系，表示愿意退赔银行损失，但同时要求不追究许某的刑事责任。许某至今未退还赃款。

另查明，2006 年 4 月 21 日 17 时许，运营商广州某公司对涉案的自动柜员机进行系统升级。4 月 22 日、23 日是双休日。4 月 24 日（星期一）上午，广州市商业银行对全行离行式自动柜机进行例行检查时，发现该机出现异常，即通知运营商一起到现场开机查验。经核查，发现该自动柜员机在系统升级后出现异常，1000 元以下（不含 1000 元）取款交易正常；1000 元以上的取款交易，每取款 1000 元按 1 元形成交易报文向银行主机报送，即持卡人输入取款 1000 元的指令，自动柜员机出钞 1000 元，但持卡人账户实际扣款 1 元。

判案理由： 被告人许某以非法占有为目的，采用秘密手段窃取银行经营资金的行为，已构成盗窃罪。许某案发当晚 21 时 56 分第一次取款 1000 元，是在正常取款时，因自动柜员机出现异常，无意中提取的，不应视为盗窃，其余 170 次取款，其银行账户被扣账的 174 元，不应视为盗窃，许某盗窃金额共计 173826 元。公诉机关指控许某犯罪的事实清楚，证据确实、充分，指控的罪名成立。许某盗窃金融机构，数额特别巨大，依法本应适用"无期徒刑或者死刑，并处没收财产"的刑罚。鉴于许某是在发现银行自动柜员机出现异常后产生犯意，采用持卡窃取金融机构经营资金的手段，其行为与有预谋或者采取破坏手段盗窃金融机构的犯罪有所不同；从案发具有一定偶然性看，许某犯罪的主观恶性尚不是很大。

定案结论： 广东省广州市中级人民法院认定：一、被告人许某犯盗窃罪，判处有期徒刑 5 年，并处罚金 20000 元。（刑期从判决执行之日起计算。判决执行以前先行羁押的，羁押 1 日折抵刑期 1 日，即自 2007 年 5 月 22 日起至 2012 年 5 月 21 日止。罚金自本判决发生法律效力的第 2 日起 1 个月内向本院缴纳）。二、追缴被告人许某的犯罪所得 173826 元，发还受害单位。被告人许某上诉，广东省高级人民法院裁定撤销广州市中级人民法院（2007）穗中法刑二初字第 196 号刑事判决，发回广州市中级人民法院重新审判。广州市中级人民法院重新审判判决被告人许某犯盗窃罪，判处有期徒刑 5 年，并处罚金

20000 元，追缴被告人许某的犯罪所得 173826 元，发还受害单位。①

[**学理简析**] 根据法院认定的事实，许某在天河区黄埔大道某银行的 ATM 取款机取款时利用取款机故障连续取款 5.4 万元。后经警方查实，许某先后取款 171 笔，合计 17.5 万元。事后许某携赃款潜逃。潜逃一年的许某于 2007 年 5 月在陕西宝鸡火车站被警方抓获，17.5 万元赃款已经挥霍一空。广州市中级法院审理后认定许某构成盗窃罪，且行为属于盗窃金融机构，判处其无期徒刑。案件经媒体披露后，舆论哗然，在强大的舆论压力下，案件经广东省高级法院发回重审后，广州市中级法院再审改判为五年有期徒刑，此案遂暂告一段落。客观讲，本案其实就是一个普通的刑事案件，但却因其情节的传奇性、过程的戏剧性以及公众参与的广泛性，而演变为轰轰烈烈的社会事件，这恐怕是当事人、主审法官乃至许多法律学者始料不及的。这也迫使人们对许某案，尤其是许某案涉及的法律问题作一重新审视，可以说，关于许某案的定性，即使刑法学界内部意见也极不统一，大致有信用卡诈骗罪②、盗窃罪③、侵占罪、无罪④等几种观点，而盗窃罪中又存在普通盗窃罪和盗窃金融机构两种观点分歧。笔者认为，广州市中级人民法院将许某案认定为盗窃罪是正确的。

一、案件梳理：利用 ATM 取款机故障取款行为与盗窃罪的成立与否

盗窃罪，是指以非法占有为目的，秘密窃取公私财物，数额较大，或者多次盗窃公私财物的行为。对许某案性质的判定，主要从犯

---

① 案例内容参见：广东省广州市中级人民法院刑事判决书（2007）穗中法刑二初字第 196 号，广东省高级人民法院裁定书（2008）粤高法刑一终字第 5 号，广东省广州市中级人民法院刑事判决书（2008）穗中法刑二重字第 2 号。

② 参见刘明祥：《在 ATM 机上恶意取款的定性分析》，载《检察日报》2008 年 1 月 8 日，第 3 版。

③ 参见王作富：《许霆构成盗窃罪》，载《人民法院报》2008 年 4 月 2 日，第 6 版。

④ 参见侯国云、幺惠君：《许霆取款行为不应以犯罪论处》，载《法制日报》2008 年 1 月 20 日，第 14 版。

罪构成的四要件，特别是犯罪的主客观方面进行分析。而无论是盗窃罪的主观方面还是客观方面，都与许某的行为相符合。

1. 许某的行为符合盗窃罪客观方面"秘密窃取"的行为特征

盗窃罪的客观方面，一般表现为行为人以秘密窃取的方式，将公私财物转移到自己的控制之下，获得对财物的占有性支配，并排除他人的干扰。一般认为，只要行为人自认为采取的是不为他人察觉的方式窃取他人财物——他人包括财物所有者、财物占有者、财物保管者乃至无关的第三人——均不影响盗窃行为的秘密性。秘密窃取财物，是盗窃罪与其他侵财型犯罪相区别的主要标志。质疑许某是秘密窃取行为的观点认为，许某"是利用自己真实的信用卡，在公共场合，并采取合法的手段提取的。他使用了真实的信用卡，ATM 机就会记录下他的账号，银行就可以通过他的账号查到他的名字、身份证和住址。这等于他在提取现金时向银行公开了自己的身份。这就不是秘密提取，而是公开提取了。既是公开提取，当然不是盗窃。"① 笔者认为，"秘密"，既是行为人的主观心态，又是行为的客观特征，认定盗窃的秘密性离不开案件事实反映的行为的主客观方面，许某信用卡中的信息以及留在银行的交易记录作为许某的身份识别标志，从诉讼法的角度看，都是许某留在犯罪现场的证据线索，司法机关可以据此顺藤摸瓜查找到犯罪嫌疑人，换句话说，许某身份对于银行是公开的，但是身份公开不等于窃取行为就是公开的。无论是银行的交易记录还是许某的身份信息都不足以否认行为的秘密性。还有的观点认为，许某利用的是自动取款机的错误，错在自动取款机而非许某，并据此否认许某的行为是盗窃行为。笔者认为，盗窃罪的本质在于非法占有他人财物，随着社会的发展，新的犯罪样式不断出现，新的行为手段不断翻新，但只要符合秘密窃取的特征，都应纳入盗窃罪的范畴中。自动取款机的错误固然是许某行为的外部诱因，然而机器错误只是许某犯罪

---

① 侯国云、么惠君：《许霆取款行为不应以犯罪论处》，载《法制日报》2008 年 1 月 20 日，第 14 版。

的具体情境和必要条件，不是许某行为的正当化借口。许某在第一次取款得手后，完全可以放弃后续的取款行为。许某把握不了机器的错误，但可以把握自己的行为。尽管人性是脆弱的，不过许某此后的占有欲望已经超过了法律的容忍边界，而成为赤裸裸的犯罪行为。同时，此处的"秘密"的本质，也在于行为人以形式上每次取一元钱的手段，来掩盖其实际上每次取一千元的事实，因此，完全符合"秘密"的特征。

2. 许某的行为符合盗窃罪主观方面以"非法占有为目的"的特征

许某行为所表现出的"非法占有目的"是比较明显的。许某第一次取款时自动取款机吐出 1000 元而卡上只扣了 1 元钱，这之间的差额 999 元性质上仍当属于民法上的不当得利，而从第二次取款开始，行为性质上已经发生了改变，虽然其客观特征与第一次取款无异，但在主观非法占有心理的支配下，最终由无过错行为变成了以非法占有为目的的犯罪行为。退一步讲，如果以法律的宽容之心来揣度许某的心理的话，许某第二次取款或许抱着狐疑之心，不过是为了验证刚才的意外之喜是否是偶然，第三次或许仍然抱着尝试的态度，但是许某长达 170 次的取款操作表明其主观心态早已发生了跃变，其非法占有目的显露无遗。许某此后的潜逃行为也印证了主观上的非法占有目的。

3. 自动取款机是否属于金融机构的思考

许某属于一般盗窃还是盗窃金融机构，取决于自动取款机的刑法地位。虽然在现实中自动取款机可以看作是金融机构的组成部分，但在刑法上并没有明确自动取款机属于金融机构，只能委之于审判解释。广州中院第一审判决许某无期徒刑是基于将自动取款机作为金融机构的考虑，这一量刑也成为舆论发难的导火索。但是，笔者认为本案中自动取款机不宜解释为金融机构。从立法者的本意看，刑法典第 264 条规定的"盗窃金融机构"主要是指破坏性盗窃金融机构中的现金，包括破门而入、开墙破柜等，还有就是银行内部工作人员的监守自盗。这些盗窃情形的犯罪人往往事先早有预谋，并伴随有银行设施的永久性损坏，给金融机构带来巨大损失，社会危害性严重，因此起刑点即为无期徒刑直至死刑。而许某案中自动取款机有错在先，许某虽然盗窃了数额巨大的资金，但是犯罪性质与传统盗窃金融机构所要求的社会危害性程度仍有相当距离，如果将自动取款机解释为金融机构，显然使许某承担了过重的刑事责任，违反罪责刑相适应原则。

二、理论反思：利用网络程序缺陷实施传统犯罪行为的刑法评价

许某犯罪利用的是银行网络结算和交易系统的错误，银行交易系统的技术故障成为许某犯罪的诱因，而自动取款机是银行交易系统的终端设备，因此，许某案也可归入到网络犯罪的范畴中，即利用网络故障实施的犯罪。从法规范的角度看，得出许某构成盗窃罪的结论并不困难，许某非法占有的 17 万元属于司法解释规定的"数额特别巨大"，如果再考虑到自动取款机这一银行交易终端，以盗窃金融机构判处许某无期徒刑虽然量刑略重，未必会引起法律学者，尤其是刑法学者的过多疑问，但随着案件的曝光，公共舆论的介入，网络论坛的喧嚣、平面媒体的沸腾，以及大量非专业群体的加入，使许某案判决的不合理性因素急剧扩大，许某案件的几乎每一个细节都被放在显微镜下重新审视，原审法院被置于公众舆论的风口浪尖。考察社会民众的看法，不管是情绪的宣泄，还是理性的探讨，我们都可以明显感受到，许某案引起了国民情感和朴素正义观念的强烈不适，进一步激起了民众对司法的不信任感。舆论的普遍看法是，在自动取款机出错误的前提下，许某盗窃被判处无期徒刑属于量刑过重。换成专业术语表述就是，许某行为的罪责刑不相适应，而如果是某人进入因房主疏忽未关好门窗的房间内窃取巨额资金而被判处重刑的话，民众未必会有强烈的不满，换言之，网络因素和技术因素的介入改变了民众对犯罪社会危害性的看法，因此，我们更认为，许某案虽然是一个孤立的个案，但其折射出的是发生在网络空间中犯罪固有的社会危害性与公众认知之间的巨大差异和鸿沟。这种差异的缘起、差异的表现及对定罪

量刑的影响，甚至网络犯罪与现实环境的犯罪在社会危害性评价上是否有差别，诸多问题都是我们无法回避的。

1. 许某利用网络程序缺陷实施盗窃行为的理论评价

针对许某案，我们可以设计两个类似的场景：一是某人进入因地震露出地表的地下金库，轻而易举地拿走 17 万元现金，二是行人从因交通事故损毁的运钞车毫无困难地提走 17 万元现金，因为有外部诱因的存在，虽然上面两个行为不如开墙破柜进入银行金库盗窃的主观恶性大，但在老百姓的观念中也很难认为这种行为是不受谴责的，不是违法甚至犯罪的，朴素的观念告诉他们不是自己的东西不能拿。而当这个外部诱因是由技术错误造成的，典型如许某案中的自动柜员机故障，从学界到媒体，以及网络论坛，不乏认为许某罪轻甚至无罪的观念，其中一个重要理由是人性的脆弱，不能期待人在同样情况下能够抵挡住诱惑，用"人性"强调人的弱势地位，强化公众的悲情意识，来为许某开脱。笔者认为这种观点是很可笑的，人性的脆弱确实是客观存在的，法律、道德不能对人性有不切实际的要求和幻想，法律应当正视脆弱人性的存在。而所谓法律尊重人性的表现就是为人性设定一个底线，在此底线以下的行为是情有可原的，在底线以上的行为则是无法容忍的。法律尊重人性不等于迁就、纵容人性，人性之恶、人性之伪、人性之劣有时也是我们难以想象的。人贪婪和占有的欲望是没有边界的，任其繁衍、滋生下去最终会摧垮人类社会本身，道德、法律、舆论等社会规范力量本身对人性就有天然的约束力，使社会免遭人性泛滥的侵蚀，并将人性引导到人类发展的轨道上来。就许某案讲，法律有充分的理由要求许某抵制住诱惑，不觊觎非属自己的财物，先前的机器错误只是削弱了许某的主观恶性，是对许某酌定从轻处罚的一个说得过去的理由，但不是许某逃脱处罚的遁词。我们从小就受到"不贪便宜，对不属自己的东西不抱有非分之想"等此类教育的耳濡目染，现在却需要用"人性"这样抽象的符号为一个罪犯的罪恶辩解，不能不引起我们的深思。当然，对许某处以无期徒刑明显使其承担了过重的刑事责任，而五年有期徒刑则属矫枉过正，笔者认为对许某判处十年左右的有期徒刑比较合适。

2. 利用网络程序缺陷实施传统犯罪行为的司法评价

计算机程序较之人类在稳定性和准确性上具有无可比拟的优势，人们越来越习惯将更多领域的工作和任务交由计算机程序控制。但计算机程序并非是完美的，它同样存在这样或那样的程序缺陷。程序缺陷一旦被犯罪分子利用，就会给人们的人身、财产安全带来危害，甚至直接威胁社会的整体稳定。

犯罪人借助网络程序的缺陷来实施犯罪行为，实际上也是变相利用了网络程序的功能，网络程序介入使传统犯罪行为产生了变异，司法机关对于此类行为的定性争议，正是刑法理论和刑法规范对于此种变异准备不足的表现。本案最后以最高人民法院特殊核准予以减轻处罚的方式结案，在刑法规定和社会一般公众的朴素正义感中找到了平衡。

司法实践中也发生过类似案件，2001 年云南学生何某在 ATM 机上从余额只有 10 块钱的农行卡中取出了 42 万元，之后以盗窃罪被判无期，公众称之为"云南许某"。2009 年底，云南省高级人民法院将刑期骤减为 8 年半并上报最高人民法院复核。与此相似的案件在全国仍有很多，最高人民法院显然无法通过核准减轻处罚和减少刑期的方式来一一纠正，这对于其他的"许某"们显然是极为不公平的。因此，网络时代对于刑法规范提出了严峻挑战，刑法规范迫切需要进行一定调整来加以应对。立法机关在 1997 年《刑法》中，将盗窃金融机构数额特别巨大行为的最低起刑点定位为无期徒刑，就是考虑到金融机构的特殊性：金融机构的防范措施通常都极为严密，作为社会公众所认同的最为安全的机构，它的被盗本身就具有一般盗窃行为所不具备的极为恶劣的社会影响。但是，立法机关显然没有预料到 ATM 机、网络银行的普及会使盗窃金融机构达到数额巨大变得如此的常见和多发，此时仍使用传统的刑法规范对此类行为进行评价明显有违罪责刑相适应原则，就只能转而依靠通过最高人民法院加以个案调整的方式来达到对此类案件的合理评价，司法尴尬可见一斑。可以说，刑法理论的跟进和刑法规范的调整已然迫在眉睫。

三、进一步的思考：利用程序漏洞实施传统犯罪行为之司法困惑的法律实质

网络既是认知的平台，又是实践的领域，因而现实社会中的许多犯罪方式直接被移植到了网络空间，使得传统的犯罪行为同网络和计算机技术结合起来，看似是网络催生的新生事物，实际上只是传统犯罪行为在网络中的"翻版"，但是，对于这部分行为却并不能简单地参照现实社会中的传统犯罪行为进行评价，犯罪行为的特征和危害性同其实施的客观环境密切相关，而当犯罪行为的客观环境由现实社会转化为虚拟网络时，犯罪行为自身必然会产生一定的异化，从而影响了其相应的犯罪评价。[①]

（一）网络因素介入传统犯罪行为对刑事司法的影响

虽然许霆案中法院以诈骗罪定性，但是基于传统刑法理论通说所信奉的"机器不能成为诈骗罪对象"理论，[②] 机器不具有独立意志，不可能基于错误的认识而产生错误的判断，进而主动的实施某种行为。因此对于此类利用计算机程序缺陷而获得财产的行为，由于不存在被欺骗的独立意志，难以构成诈骗罪。许霆案中法院虽然提出了计算机程序中体现着网易公司程序设计之初的意志，试图通过意志的转嫁来解释计算机程序具有独立的意志，但是计算机程序是否能有效体现出或者说是等同于程序设计者的意志，仍然存在论证上的不足。然而，如果将利用程序缺陷非法占有财产或财产性利益的行为一律认定为盗窃罪，同样存在着不合理的因素。一方面，此类行为同传统的盗窃行为在行为特征上具有较大的差异性，相比较而言其行为特征上同诈骗罪更为相似。另一方面，同传统的机器相比，以计算机程序为软

---

① Michal Cross: Scence of the Cybercrime (2 Edition). Syngress Publishing Inc. 2008, P. 463.

② 参见黎宏：《机器不能成为诈骗罪对象》，载《诈骗罪专题整体》，中国人民公安大学出版社 2007 年版，第 296 – 298 页。

件的现代化计算机的功能更为强大，在一定程度上可以完全脱离人类的监督和操作进行工作。以 ATM 机为例，ATM 机可以自动地对其所具有的各项服务进行处理，完全不需要银行人员的参与，ATM 机拥有了对其所管理的货币的完全处置权。2008 年 4 月 18 日最高人民检察院在《关于拾得他人信用卡并在自动柜员机（ATM 机）上使用的行为如何定性问题的批复》中规定，拾得他人信用卡并在自动柜员机（ATM 机）上使用的行为，属于《刑法》第 196 条第 1 款第（3）项规定的"冒用他人信用卡"的情形，构成犯罪的，以信用卡诈骗罪追究刑事责任。据此，司法机关在一定程度上承认了 ATM 机可以作为诈骗犯罪的对象，然而这一解释只能说明司法机关对于 ATM 机能否被骗的态度。2003 年 4 月 2 日最高人民检察院在《关于非法制作、出售、使用 IC 电话卡行为如何适用法律问题的答复》中规定，明知是非法制作的 IC 电话卡而使用或者购买并使用，造成电信资费损失数额较大的，应当依照《刑法》第 264 条的规定，以盗窃罪追究刑事责任。根据这一解释，最高检不认同 IC 电话机可以被骗，可见对于机器能否成为诈骗犯罪的对象，司法机关仍然处于矛盾的状态。

（二）司法困惑源于网络空间的特有属性

网络空间的犯罪和现实空间的犯罪在规范意义上没有任何差别，都是对某一社会关系和客体的侵害，具有严重的社会危害性，但是两者最大的不同在于犯罪的"物理场景"差异，即网络犯罪之场域有别于传统犯罪，探究网络犯罪与传统犯罪评价上的差异，犯罪的基础平台，也就是网络空间的特性，是我们无法回避的。我们可以归纳出网络空间的许多特性，如人机交互性、实时性、跨地域性、平等性等，基于行文目的，笔者主要论述网络空间展现出的虚拟性和技术性特征。

网络空间社会维度的虚拟性主要体现在三个方面：（1）空间环境的虚拟性。传统空间是自然空间，由自然界派生出来，人类无论是直接以自然环境为空间，还是间接以自然环境为空间，它都是可以直接感知的物理空间。而虚拟空间在现实社会中是不存在的，虚拟空间是由计算机专家以软件方式制造的人工社会，尽管可以通过电子计算机的显示屏呈现出来，但在直接的意义上，它不依赖于自然，是虚拟的、非自然的环境。（2）主体的虚拟性。现实社会主体是感性的、生物的人，是实体存在的、血肉丰满的个体，主体间可以直接感知对方的存在，且彼此之间身份是唯一的，张三不可能同时是李四。而网络空间中的主体都是人为创造出来的，不具有身份的独立性。论坛交流用的网名、在线聊天用的昵称只是一个个 ID 符号，可以随着上网者的意愿随意更迭，这些符号和使用者的真实身份是脱离的，使用者不用担心真实名誉的贬损。当然，主体的虚拟性也是相对的，一方面网络监督人员可以通过技术手段查到使用者的真实身份，另一方面某些网络中的"红人"、"名人"也乐于暴露自己的真实信息，再加上近年流行一时的"人肉搜索"，几乎使上网者的隐私无可隐蔽。（3）社会关系的虚拟性。由于主体虚拟，主体的交往活动自然也是虚拟的。现实社会中的社会关系是确定的、真实存在的，通常不以人的意志为转移。而在"虚拟社会"中，由于环境和主体的虚拟性和不确定性，所形成的社会关系也同样是虚拟的、不确定的。这里的社会关系不同于传统的现实社会中的社会关系，它的存在完全依赖于主体个人的愿望或兴趣，是可以任意改变或终止的，这正是"虚拟社会"社会关系的"虚拟性"的突出表现。

2. 网络的技术特性

网络空间的技术特性是毋庸置疑的，网络的产生、发展都是现代科学技术进步的结晶，网络本身就是技术进步的产物。探讨网络空间的技术特性除了后文将要提到的对司法认知的影响外，还在于，网络空间中的犯罪行为具有技术依赖性。一方面，网络的存在为一些原本不可能出现或不易出现的犯罪提供了新的犯罪手段、犯罪工具和犯罪平台。原本需要付出巨大体力成本的盗窃金融机构，现在只需要借助一台电脑突破银行交易系统，然后随心所欲的转账，整个过程只是键盘的操作行为；原本要付出巨大风险的煽动分裂国家行为，现在只需要在境外建立一个非法网站就可以向庞大的人群传播反动信息，网络犯罪的门槛并不总是高高在上，一旦跨越技术障碍，则很难再进行有效制约和防范。网络空间的技术性反而为国家对网络的监督、对网络犯罪的侦破带来了无形的阻力，网络对某些犯罪分子来说，实在是进行非法犯罪活动的便捷手段。另一方面，网络犯罪者行为的广度和深度，以及行为的目的性都要受到技术因素的制约。如前所述，在虚拟空间中，犯罪能力和技术能力是对等的，没有技术能力的犯罪企图，只是犯意表现罢了。网络犯罪的技术依赖性在黑客犯罪中最为突出。现代互联网和通信技术的发展，用"日新月异"形容最为恰当，几年前还属于站在时代前沿的尖端技术，今天可能即将被淘汰，犯罪能力和技术进步是此消彼长的关系。技术影响对网络硬件系统和软件环境的制约是根本性的，技术的发展性暗示了技术并不是完美的，必然存在缺陷和漏洞，从理论上讲，只要有足够的时间，世界上没有任何一个计算机网络是无坚不摧的。防护严密如美国国防部网络，媒体还不断爆出被攻破的新闻，试图单纯用技术手段来抗制技术越轨，事实证明是一种代价高昂而效率低下的措施。网络空间的技术特性反而更加呼唤法律规则的全面介入，而刑法作为部门保障法和最后法，自然发挥着不可替代的作用和功能。

第二十六章 盗窃网络虚拟财产的行为

[典型判例] 黄某某等人盗窃案

案由：盗窃网络游戏装备和游戏币

基本案情：被告人黄某其于 2007 年 8 月从台湾入境来到龙岩，认识了做电脑维护的技术员李某某。2007 年 9 月初，被告人黄某某提议被告人李某某将其提供的"木马"投放到他人电脑上，一起盗取他人的游戏装备和游戏币。之后被告人李某某利用为他人维护电脑之机，将该"木马"秘密投放在失主张锋所负责管理的龙岩市新罗区黄总工作室的一台主管电脑上，被告人黄某某利用"木马"程序（总控端），从黄总工作室中被"木马"控制的电脑上窃取了网络游戏"RAN"的账号和密码。此后被告人黄某某与被告人郑某某合谋盗窃游戏币，被告人郑某某电脑工作室的技术员即被告人王某某作为被告人郑某某的代表与被告人黄某某进行协商，在协商过程中被告人黄某某将盗取的游戏账号和密码以"TXT"文件通过"QQ"聊天工具发送给被告人王某某。被告人王某某将此事告知被告人郑某某，被告人郑某某指示被告人王某某处理这些游戏账号内的游戏装备和游戏币。被告人王某某收到被告人黄某某传送的"TXT"文件后，利用其中的账号及密码转移走这些账号内的游戏装备和游戏币，并在互联网上卖出这些游戏币和游戏装备，从中非法获利人民币 6300 元，而后将该款存在案外人连新的工商银行账户中。被告人郑某某取走该款，事后与被告人黄某某平分，被告人黄某某从其分得赃款中分给被告人李某某 1500 元。经龙岩市价格认证中心鉴定，被盗走的游戏币和游戏装备价值人民币 7560 元。2007 年 11 月 15 日被告人黄某某被公安机关查获，之后被告人郑某某、王某某、李某某陆续到案。在诉讼中，被告人郑某某向本院退赃款人民币 4800 元，被告人李某某向本院退赃款人民币 1500 元，被告人王某某向本院退赃款人民币 1260 元。

判案理由：被告人黄某某、郑某某、王某某、李某某以非法占有为目的，通过网络采取秘密手段，窃取他人财物，价值人民币 7560 元，数额较大，其行为已构成盗窃罪。公诉机关指控的罪名成立，予以采纳。鉴于被告人郑某某、王某某、李某某归案后认罪态度好，且积极退缴赃款、缴交罚金，酌情予以从轻处罚并适用缓刑。

定案结论：龙岩市新罗区人民法院依照《刑法》第 264 条、第 25 条第 1 款、第 61 条、第 45 条、第 47 条、第 52 条、第 53 条、第 72 条、第 73 条第 2 款、第 3 款、第 64 条之规定，判决：一、黄某某犯盗窃罪，判处有期徒刑 1 年，并处罚金 1 万元。二、被告人郑某某犯盗窃罪，判处有期徒刑 8 个月，缓刑 1 年，并处罚金 1 万元。三、被告人王某某犯盗窃罪，判处有期徒刑 8 个月，缓刑 1 年，并处罚金 6000 元。四、被告人李某某犯盗窃罪，判处有期徒刑 8 个月，缓刑 1 年，并处罚金 6000 元。[①]

[**学理简析**] 目前国内关于盗窃网络虚拟财产的判例，有的以盗窃罪论处，有的以破坏计算机信息系统罪论处，有的以侵犯通信自由罪论处，更有甚者以无罪论处。类似案件的不同定性既凸显了法律适用的混乱，也体现了司法人员不同的处理思路。以盗窃罪处罚显然着眼于犯罪对象的客观属性和价值，以破坏计算机信息系统罪定性则更关注客观行为方式的独特性（盗窃虚拟财产的案件往往借助了黑客手段）。而《刑法修正案（七）》规定"采用其他技术手段，获取该计算机信息系统中存储、处理或者传输的数据"的行为构成新罪，又给

---

① 案例内容参见：福建省龙岩市新罗区人民法院刑事判决书（2008）龙新刑初字第 608 号。

网络虚拟财产的刑法保护增加了新的途径。值得思考的是，财产存在形式的变异如何能够影响人们对虚拟财产本质属性的认识？从过去的有体物和无体物的区分，到今天的实在物与虚拟物的对立，财产的多元表现形式本身就是一个发展趋势。[①] 笔者认为，随着网络虚拟财产数量和形式的增多，考虑到刑法相关罪刑条款规制内容的特定性，应当肯定网络虚拟财产是刑法中"财物"的一种形式，从而基于犯罪对象的立场，将虚拟财产纳入刑法的保护框架。这比诉诸立法单独对网络虚拟财产进行保护更具经济性。至于虚拟财产的价值评估，则纯属技术性问题，不会成为刑法适用的障碍。随着网络游戏的兴起与风靡，伴随而来的涉及游戏内存在的虚拟财产的案件愈来愈多，对于侵犯网络空间中虚拟财产的行为，例如盗窃、诈骗网络游戏内使用的虚拟"货币"、"宝物"、"武器"等虚拟财产，应当如何处理，曾经在司法实践中存在争议。随着网络虚拟财产类型的增多，逐渐成为一种能够被法律所认可的财产。本章文章以黄某某等人盗窃网络游戏装备和游戏币案为契机，探讨盗窃网络虚拟财产行为的司法定性问题。

一、网络游戏中虚拟财产的价值论证

网络空间中的虚拟财物究竟有没有真实价值呢？按照习惯性想法和传统的财产权观点，游戏参与者在网络游戏中获得的财物、身份等完全是虚拟的，只是在特定游戏中的内容信息，如同在比赛中取得的分数，其本身不具有价值。但是，应当认识到，网络游戏又并非传统意义的比赛那么简单，在网络游戏中参与者在游戏规则范围内通过特定的行为来提高级别、获取虚拟财物，这些虚拟身份和财物已不只是单纯的记录数据，而是具备了一定的价值意义。在网络已经渗透到社会生活各方面的今天，人们可以通过网络进行商务、消费、创作等各种活动，其中产生的数据普遍被认为是有价值的。那么网络游戏产生的虚拟财物这类数据也当然具有价值。笔者认为，虚拟财产存在着其

---

① 于志刚：《网络犯罪与中国刑法应对》，载《中国社会科学》2010 年第 3 期。

固有价值，而且应当受到现实社会的法律保护。具体理由如下：

1. 虚拟财产的获得，主要是通过个人的劳动，同时客观存在着伴随性财产投入

获得虚拟财产的最主要方式，是网络游戏的参与者在游戏中通过攻关和解决游戏难题的方式，不断升级虚拟角色的身份，同时根据自己的努力而获得虚拟财物，并以此作为参与游戏的主要目的。在这一过程中，游戏参与者获得的虚拟财产，往往是通过数百小时乃至数千小时的时间和精力投入，以及个人智力投入来获取的。技巧较差的，甚至花费了数百小时而一无所得。因此，虚拟财产获得时所投入的劳动量，丝毫不比现实社会中取得真实财产所投入的劳动量小。同时，在整个游戏过程中，游戏参与者所投入的真实金钱等财产也是不可忽视的，例如所消耗的数千小时的上网费用等。因此，网络游戏参与者通过劳动和金钱投入，苦心经营而得到的虚拟财产，其价值以及重要性，绝对不亚于实体世界里的真实财产。本案中的网络游戏装备和游戏币，是所有人通过网络游戏中的不断"修炼"而获得的，其中融入了虚拟财产所有人的劳动价值。

2. 虚拟财产可以通过实际购买点数的方式获得，游戏劳动不是唯一的方式。网络游戏中存在的虚拟财产，包括虚拟的游戏工具，并不是全部属于无价格的，并不全部是当事人通过自己的游戏过程而未付对等金钱价格得来的，同时，还不可否认地存在实际购买上述虚拟财产的情况，包括以支付金钱为前提购买游戏工具的情况。

网络游戏开发商提供在线的网络游戏的目的在于获取现实的经济收益。因此，除了销售游戏产品本身以外，销售虚拟财产是一项重要的收入。从目前网络游戏的现状来看，销售网络游戏产品本身已经在开发商的整体收益中居于次位，而销售游戏中虚拟财产的收益所占整体收益的比重已经越来越多。网络游戏开发商普遍的做法是，网络游戏参与者在下载游戏的客户端程序后，即可登录到运营商的服务器，用购买的点数卡换成游戏时间即可进行游戏，而运营商以出售点数卡的收入为利润来源。同时，游戏中使用的虚拟"宝物"、"武器"、

"工具"、"经验值"等，也可以直接加以购买。因此，对于这一部分通过直接购买方式获得的虚拟财产，其真实价值是不言而喻的。

从游戏规则上讲，虽然最初各个网络游戏公司都禁止交易游戏"工具"等虚拟财产，因为用现金买卖虚拟财物或账号，损害了网络游戏的公正，打破了虚拟世界的平衡型，并且打击了玩家对游戏的热情，对网络游戏的发展基础也是一种破坏。但是，随着虚拟财产离线交易的市场需求量的增加，交易的出现满足了另外一批游戏者的现实需求，客观上也增加了玩家的数量，大大推动了网络游戏向着市场化和商业化的方向发展。因此，包括网络游戏商自己也开始参与交易，并开始成为其一项重要的业务收益。

3. 现实存在着换算机制：虚拟财产与真实财产之间存在着市场交易。目前客观存在的现实情况是，虚拟财产和真实财产在网络上存在一整套固有的、自发的换算与交易机制。虚拟财产已经逐渐突破了网络游戏空间，转向真实的社会空间。本案中的游戏币，除了网络用户的网上劳动之外，还可以通过支付现实货币予以购买，这就使得币和游戏点卡与现实生活中的财产数额相对应，也可以使其数额通过现实社会中的交易价格来确定。

（1）现实存在的离线交易机制。 网络游戏参与者群体之间目前不可否认地流行着以现实金钱来交易"网络货币"、"宝物"、"武器"等虚拟财产的机制。由此导致玩家的虚拟财产不仅在网络游戏中具有使用价值，而且由于形成了现实需求，已经成为可以交易的一种现实化的商品。由于黑市交易日渐成形，不少游戏社群网站就开辟"讨论区"让玩家自由询价交易。例如，台湾游戏社群网站游戏基地的热门线上游戏讨论区中，就有"虚拟宝物参考价格"，玩家可依此买卖。在各大拍卖网站上经常会发现网络游戏中的虚拟道具、财物等被拍卖。例如，网络购物族聚集地"雅虎奇摩"入口网站，旗下的拍卖频道也为线上游戏虚拟宝物设立专区，为玩家交易开辟新天地。同时，运营商为开拓市场向玩家出售虚拟道具和财产，玩家之间的离线交易也迅速发展，形成了一定的规模。因此，尽管游戏中的虚拟财产在游戏终止运营后往往就失去了存在意义，但其一旦产生，就已经独立出来具备了一定的财产价值，① 而且这种财产价值是具有社会真实性的。

（2）虚拟财产的现实价格。据测算，在韩国，围绕网络游戏武器每年进行的现金交易达到 3000 亿韩元左右。在我国台湾地区，比较热门的网络游戏例如"天堂"、"金庸群侠传 Online"、"仙境传说"等游戏中的虚拟宝物在现实市场中都非常抢手，依照数量的稀少性与取得的难易度，价格不同，例如金庸的"易筋洗髓丹"的现实市场报价目前是新台币 1 万元，"仙境传说"游戏中的"天使发夹"报价也达到新台币 4 千元。从我国大陆地区来看，虚拟财产的交易也不容小视。例如，在 2003 年，最值钱的游戏道具一把刀可以卖到 1 万到 2 万人民币，一个全国最高 ID 号可以卖到 5 万到 6 万人民币（而且不含装备）。

（3）交易指导机制和专业电视栏目的存在。随着游戏所需的虚拟货币或者高性能武器的需求膨胀，以此为对象的盗窃（黑客入侵）和诈骗逐渐盛行，甚至还出现了动员黑社会的暴力事件。鉴于"黑市交易"存在风险，虚拟交易"无人管理"，玩家在交易过程中易发生受骗、宝物账号遭窃等事情，网络犯罪案件不断。客观地讲，虚拟财产交易市场已成为一种"另类"经济体系，虚拟财产的离线现实交易已不是个别现象，而是网络游戏发展的必然产物。正是基于此，在法学理论上和未来法律上承认网络游戏中虚拟财物的固有价值已经是势在必行。

4. 虚拟财产与真实货币的固定兑换方式已经存在。伴随着网络游戏多样性的发展，虚拟财产与真实货币之间的固定转换体系逐渐开始出现。某些网络游戏开始尝试确立一种新的机制：游戏程序与参与者之间形成财产由虚拟向真实性之间过渡的机制。例如，最近由瑞典游戏公司 MindArk 开发的《安特罗皮亚计划》（Project Entropia）就是如此，这一游戏无需玩家购买点数或缴纳月费换取游戏时间，下载客户

---

① 参见王苹：《网络游戏虚拟财产的价值分析》，载 http：//www. law－walker. net/detail. asp？id＝1938，2013 年 1 月 15 日访问。

端程序也是完全免费。游戏方式则是由玩家通过运营商将真实货币兑换成虚拟货币，再利用虚拟货币在游戏的虚拟社会中从事商业或其他活动，然后将得到的虚拟货币通过 MindArk 兑换成真实货币。在类似的网络游戏中，虚拟财产的现实价值特征根本无需论证。在中国内地此类网站也现实存在着，如上海威迪图像数据通信工程有限公司联合上海奕腾信息科技有限公司设立的"游戏之家"网站，就对游戏点数的价值规则明确规定："游戏之家点数：指通过上海电信游戏直通车接入服务而发生的相关费用中，用于返回用户金额在游戏之家网所转换形成的虚拟货币形式，同时也包括用户直接购买游戏之家网点数卡而向游戏之家网支付的相关费用在游戏之家网所转换形成的虚拟货币形式。游戏之家点数与实际人民币之间换算关系为 1 点对应 1 分人民币。"①

5. 虚拟财产所有者对虚拟财产的重视性与日俱增。目前网络游戏参与者对于虚拟财产的重视程度直线上升，例如，如果网络游戏开发商举办活动来赠送珍贵虚拟宝物，没有能够获取虚拟宝物的消费者往往情绪失控，从而引发群体性事件。许多玩家都视自己在游戏中所扮演的角色为另一个自我，这里有他的朋友，有他的城市，有他的生活，这个虚拟空间的消失意味着他另一生命的丧失，其痛苦可想而知。在虚拟世界中损失财物所产生的痛切心情，对于习惯处于"实体实境"的人们来说，可能根本难以理解。而对于游戏参与者而言，对于投入了数千小时的时间、精力以及巨额的上网费用，而且在网络游戏里逐渐过关斩将，费尽心力才扩展的版图和累积的"宝物"，自然带有一种特有的成就感和独占欲，一旦"宝物"等虚拟财产失窃，焦虑、急切和损害感俱生的心情应当是可以理解的。因此，当虚拟的感情和欲望被连接到现实世界中时，由此而衍生的现实纠纷，丝毫不逊真实人生。正是鉴于此，我国台湾地区"立法院"有人建议，政府应

---

① 参见于志刚：《论网络游戏中虚拟财产的法律性质及其刑法保护》，载《政法论坛》2003 年第 6 期。

当落实管理，解决社会规范出现脱节的问题。我国内地媒体赞同这种观点，认为玩家辛辛苦苦、夜以继日拼死奋战换来的宝物和武器，对于他们来说极为重要，应当在法律上予以保护。

综上所述，本案中黄某某等人盗取的网络游戏装备和游戏币是通过个人劳动，同时客观存在着伴随性财产投入而获得的，而且与真实财产之间存在着市场交易。另一方面，网络游戏装备和游戏币作为网络虚拟财产的一种类型，具有客观性、可感知性和真实性，能够为人力所控制，完全具备了我国法律法规规定的公私财物的特性，故其可以作为财产犯罪的犯罪对象。因此，网络游戏装备和游戏币等虚拟财产从性质上讲也应属于刑法所保护的财物范畴。

二、盗取网络游戏装备行为是否构成盗窃罪

司法实践中对于越来越多的侵犯虚拟财产行为已经开始从回避向予以打击转变，但对网络游戏中虚拟财产的法律性质的认定仍然是解决此类行为司法定性的关键。换言之，虚拟财物是否属于一种能够被法律所认可的财产，能否基于此而得到刑法的保护，是处理侵犯网络虚拟财产案件首先需要解决的问题。本案中，被告人人黄某某等人通过投放"木马"程序获得他人游戏账号及密码，进而窃取游戏账号内的游戏装备和游戏币，并最终在网络出售获利。可以说，诸如黄某某等人盗窃他人游戏装备、游戏币等盗窃网络虚拟财产的行为能否构成犯罪，应构成何罪，成为摆在司法实务部门面前急需解决的问题。

本案中，对于黄某某等人盗窃网络游戏装备和游戏币的定性存在三种观点：

（1）黄某某等人不构成犯罪。理由是网络游戏装备和游戏币是存在于网络空间中的虚拟财产，与现实社会中的财产完全不能等同，更不可能成为犯罪的对象。对于此种观点的理由，前文已经进行了详细阐释，诸如网络游戏装备和游戏币等虚拟财产完全具备了我国法律法规规定的公私财物的特性，从性质上讲也应属于刑法所保护的财物范畴。

（2）黄某某等人的行为以破坏计算机信息系统罪定罪，其理由是

黄某某等人盗窃网络游戏装备和游戏币的行为主要是通过将"木马"投放到他人电脑上，这种行为故意对计算机信息系统中存储、处理或者传输的数据和应用程序进行了删除、修改、增加的操作，且后果严重；符合破坏计算机信息系统罪的构成要件。

另一方面，这种观点的规范性根据主要是公安部十一局2002年9月16日以《关于对〈关于如何处罚盗用他人网上游戏账号等行为的请示〉的答复》中的规定："一、行为人直接或间接盗用他人网上游戏账号以及利用黑客或其他手段盗用游戏玩家在网络游戏中获得的'游戏工具'等，属未经允许，使用计算机信息网络资源的行为，违反了《计算机信息网络国际联网安全保护管理办法》（以下简称《办法》）第六条第（一）项之规定，可在查明事实的基础上，依照《办法》第二十条进行处罚。二、对于行为人以骗取他人财物为目的，向他人兜售不能正常使用的游戏辅助软件的行为，可依据《中华人民共和国治安管理处罚条例》第二十三条第一款进行处罚；构成犯罪的，依法追究其刑事责任。"

（3）黄某某等人的行为构成盗窃罪，其理由是网络游戏装备和游戏币等虚拟财产具备了我国法律法规规定的公私财物的特性，从性质上讲也应属于刑法所保护的财物范畴。

本案的定案结论采纳了第三种观点，即认为黄某某等人盗窃网络游戏装备和游戏币的行为构成盗窃罪。根据我国《刑法》第264条，盗窃罪是指以非法占有为目的，窃取他人财物数额较大或者多次窃取他人财物的行为。已如前述，网络游戏装备和游戏币作为网络虚拟财产的一种类型，具有客观性、可感知性和真实性，能够为人力所控制，完全具备了我国法律法规规定的公私财物的特性，故其逐渐成为财产犯罪的重要犯罪对象。对此，最高人民法院《关于审理盗窃案件具体应用法律若干问题的解释》① 将"电力、煤气，天然气等"也列

---

① 编者按：本解释已被2013年4月2日最高人民法院、最高人民检察院颁布的《关于办理盗窃刑事案件适用法律若干问题的解释》取代而废止。

举为盗窃公私财物的犯罪对象，此亦不难得出，网络虚拟财产也应成为盗窃罪的犯罪对象，因此本案将黄某某等人盗窃他人网络游戏装备和游戏币的行为定性为盗窃罪是正确的。

三、盗窃游戏装备和游戏币犯罪数额的确定

网络虚拟财产是否存在价值以及其与真实财产的价值换算问题，已经受到社会各界的关注。我国台湾地区有学者指出，应当重视对"网络虚拟财产"的认识，同时，虚拟财产主人的权益受损时，可以要求实质的金钱赔偿。因为，虚拟财产已经不仅仅在网络中存在，它已经突破了网络虚拟空间的限制，开始和现实中的货币产生了联系。

从网络游戏中虚拟财产的现有价格产生渊源来看，存在两种方式：（1）网络游戏开发商直接销售虚拟财产时的自定价格。网络游戏开发商所制定的虚拟财产的价格完全是从追求销售最大数量和获取利益最大值出发的，与其所投入的成本没有任何关系，其所确定价格的影响因素，可能只是取决于所经营的特定游戏的市场受欢迎程度，即游戏参与者对某种游戏的认可程度以及由此而产生的对用于游戏中的虚拟财产的需求程度。因此其虚拟财产本身的价值，在产生渊源上并不是非常具有可信性。由此导致，游戏开发商所确定的价格在多数情况下并不能作为虚拟财产的价格确定标准。（2）游戏参与者之间离线交易的市场价格。这种离线交易的虚拟财产范围，往往包括两类，一是某一游戏内的特定虚拟财产，如某一种"宝物"等，二是将整个游戏账号打包交易，包括游戏参与者所获得的身份级别以及附属的虚拟财产在内。但是，游戏参与者之间交易价格的确定可能具有多种影响因素。从卖方来讲，有的是以获取虚拟财产进而转变为现实财产以获取利益，甚至以此为业；有的则是玩腻了某一游戏后随意转让，收益多少无所谓；从买方来讲，则可能是因为游戏过程受到挫折，或者受到其他游戏参与者的耻笑与羞辱，愤而高价购买较高级别的虚拟工具或者账号进行报复。因此，交易价格可变性极大，具有相当的无序性。以《传奇》为例，其中虚拟道具的离线交易价格从几十元到几千

元不等。因此，游戏参与者之间的离线交易价格同样不能完全而准确地说明虚拟财产的价值，更无法作为确定其价值的标准。

基于以上因素，虚拟财产的价值确定有相当难度，因为虚拟与现实财产之间的联系是不断变化的，不同游戏中的虚拟财产的价值，跟游戏本身的性质、运营状况、运营商的运营成本密切相关，需要综合各项因素对虚拟财物的价值进行个案分析后确定。因此，对于现实发生的不同案件中涉及的虚拟财产的具体价格，应当具体情况具体分析，个案中所确定的虚拟财产的价格，不能作为统一的标准引申到其他案件中去。但是，对于此类有价格的虚拟财产问题，应当在法学理论上加以跟进性研究，建立全面的、独立的、与财产权事实发展相符合的法律评价与保护体系。本案中，为了认定黄某某等人盗取的网络游戏装备和游戏币的实际价值，由价格鉴定中心根据被盗当日网络游戏公开交易平台的同品种游戏币和网游装备的价格，证实被盗游戏币的价格为7560元，从而解决了本案定罪量刑的数额认定问题。在同类案件中，司法实务部门普遍对涉案网络虚拟财产的犯罪数额认定存在难题，这种认定模式不失为一种解决方法。当然，今后司法实践中对于现实发生的不同案件中涉及的虚拟财产的具体价格，应当具体情况具体分析，个案中所确定的虚拟财产的价格，不能作为统一的标准引申到其他案件中去。

第二十七章　利用网络攻击进行的敲诈勒索行为

[**典型判例**] **欧阳某某敲诈勒索案**

案由： 通过破坏计算机信息系统敲诈勒索

基本案情： 被告人欧阳某某于 2006 年 6 月间，利用其个人网站"新曦网"传播其编写的 redplus.exe 程序，该程序能将被感染的计算机存储的名称是中文、后缀是 xls.doc.mdb. ppt.wps 的资料隐藏，使计算机系统不能正常运行。经国家计算机病毒应急处理中心认定，redplus.exe 程序为计算机病毒。根据国家计算机病毒应急处理中心统计，从 2006 年 6 月 16 日至 2006 年 7 月 12 日，共接到来自全国各地的该病毒及其变种的感染报告 581 例。被告人欧阳某某在其上传到"新感网"的 redplus.exe 程序中设置了"硬盘资料丢失了，如要修复丢失资料，则需汇款人民币 49 元至 99 元不等的金额至被告人欧阳某某指定的银行账户，以获得正版软件序列号"的警示语，向被感染的计算机用户勒索赃款。获取非法所得共 2658 元、电话卡值 100 元。2006 年 6 月 23 日被告人从其个人网站上删除该程序。2006 年 7 月 3 日，被告人欧阳某某向公安机关投案。

判案理由： 广州市越秀区人民法院经审理认为，被告人欧阳某某违反国家规定，故意设计制作一种具有破坏性的特定的计算机指令，并将上述计算机病毒在其个人网站传播，致使他人计算机中存储的数据变更、删除、毁损，最终使计算机失灵或者崩溃。这种制作、传播计算机病毒的行为，后果严重，已构成破坏计算机信息系统罪。公诉机关指控被告人犯破坏计算机信息系统罪，事实清楚，证据充分，罪名成立。据被告人供述其设计 redplus. exe 程序病毒在个人网站上传播的动机是为了显示其在计算机程序设计的才能和牟取非法利益。被告人欧阳某某为了牟取非法利益，制作、传播计算机病毒的行为同时触犯破坏计算机信息系统罪、敲诈勒索罪两个犯罪客体，构成我国刑法理论的想象竞合犯，按对想象竞合犯"从一重罪处断"的处罚原则，本案应以破坏计算机信息系统罪论处。对公诉机关认为应数罪并罚的意见予以纠正。欧阳某某向公安机关投案并主动供认其涉嫌的犯罪事实，属自首，可以从轻或减轻处罚。

定案结论：广州市越秀区人民法院依照《刑法》第286条、第67条第1款、第64条及最高人民法院《关于处理自首和立功具体应用法律若干问题的解释》第一条的规定，判决：一、被告人欧阳某某犯破坏计算机信息系统罪，判处有期徒刑4年。二、扣押在案的作案工具手提电脑1台予以没收；并追缴被告人欧阳某某的违法所得2758元。①

[**学理简析**]广州市越秀区人民法院一审认定欧阳某某犯破坏计算机信息系统罪，判处有期徒刑4年，一审宣判后，被告人欧阳某某以量刑过重为由提出上诉。广东省广州市中级人民法院二审确认一审法院认定的事实和证据，判决上诉人欧阳某某犯破坏计算机信息系统罪，判处有期徒刑1年6个月。笔者认为，欧阳某某编写、传播计算机病毒敲诈勒索他人的行为主要涉及破坏计算机信息系统罪、敲诈勒索罪等罪名，法院最终采纳"破坏计算机信息系统罪"定性。本章主要探讨对欧阳某某案选择适用"破坏计算机信息系统罪"定性的根据，以期此后司法人员在审理同类的敲诈勒索案件时能够有所参考。

---

① 案例内容参见：广东省广州市中级人民法院裁定书（2007）穗中法刑一终字第310号。

一、通过网络攻击实施的敲诈勒索是否构成破坏计算机信息系统罪

本案一审、二审法院均认定欧阳某某上述行为构成破坏计算机信息系统罪，我们以下将着重从破坏计算机信息系统罪的主客观要件对此进行简要阐释。

1. 欧阳某某案是否符合破坏计算机信息系统罪的主观特征

破坏计算机信息系统罪是故意犯罪，即明知自己的行为会发生影响计算机信息系统正常运行等危害结果，而希望或者放任这种结果的发生。犯罪人的目的和动机可以是多种多样的，例如报复单位领导、泄愤等等。出于其他动机，例如，为了不正当竞争而破坏他人计算机信息系统的案件在司法实践中也时有发现，但是总体数量较少。不管动机如何，均不影响本罪的成立。当然，从理论上来讲，本罪的目的和动机是可以多种多样的，但值得注意地是，犯罪目的的不同可能影响到定罪，例如，以危害国家安全为目的而实施的此类犯罪行为就不能以本罪论处，而应当以所构成的危害国家安全罪的具体罪种来定罪量刑。从本案来看，欧阳某某编制、传播计算机病毒的犯罪目的主要是敲诈勒索他人。因此，破坏计算机信息系统则成为其实施敲诈勒索的手段行为，两行为之间形成了牵连犯的罪数关系，承审法院认为，本案中欧阳某某的行为属于"想象竞合犯"，颇为令人不解。

2. 欧阳某某案是否符合破坏计算机信息系统罪的客观特征

本罪的客观方面表现为违反国家规定，对计算机信息系统功能进行删除、修改、增加、干扰，造成计算机信息系统不能正常运行，后果严重的行为。本罪犯罪行为方式通常表现为以下几种：（1）删除。所谓删除就是指将原有的计算机信息系统功能除去，使之不能正常运转。例如，在 MS DOS 系统中，就有下列删除系统功能的操作指令：其一，使用文件删除命令 DELETE（简称 DEL）或者 ERASE 命令进行删除，此命令的作用是将选定的一个或者多个文件从存储介质中删除；其二，也可利用 RENAME 命令将指定的文件重命名，使系统找

不到该文件，从而达到类似删除功能的目的；其三，使用磁盘格式化命令 FORMAT，将指定的硬盘或者软盘进行格式化，从而将软磁盘或硬盘上的所有数据和信息删除；其四，使用硬盘分区命令 FDISK，对硬盘进行分区，从而删除硬盘中的数据和信息；其五，使用覆盖方法，例如利用 COPY、XCOPY、REPLACE 等命令，对指定目录或文件进行覆盖。如针对某一文件而言，为将其删除而特意建立一个同名的其他文件进行存盘，而将原文件覆盖掉或者借助特定程序调用其他文件将原文件覆盖掉，等等。在其它计算机操作系统，如 WINDOWS、UNIX 等操作系统平台上的删除方法基本类似，此处不一一列举。（2）修改。所谓修改是指将原有的计算机信息系统功能进行改动，使之不能正常运转。这里的修改只能是针对计算机信息系统内使用的功能软件而言的，因为对于计算机存储数据等进行修改，不构成本罪。对于他人计算机信息系统的一部分或者全部进行加密的行为，也应当视为一种修改行为。这主要指对于他人的计算机信息系统擅自设置操作秘密、口粮及其他用户工作条件，使他人无法正常工作或者工作受阻的行为。（3）增加。所谓增加就是指在计算机信息系统里面增加某种功能，以使得原有的功能受到影响或者破坏，无法正常运转。（4）干扰。所谓干扰是指利用计算机操作来进行干扰，使其他用户不能正常工作。常见的干扰他人计算机信息系统的方法，是利用电子邮件实施。具体例如利用电子邮件炸弹。所谓电子邮件炸弹，是指电子邮件的发起人利用某些特殊的电子邮件在短时间内不断重复将电子邮件塞满。

对于本罪的客观方面而言，应当注意本罪是结果犯，必须因行为人的非法删除、修改、增加、干扰行为造成了计算机信息系统不能正常运行，后果严重的才构成犯罪，因而仅有的非法删除、修改、增加、干扰行为，但未影响到计算机信息系统的正常运行，未造成严重后果的不构成犯罪。

本案中，被告人欧阳某某于 2006 年 6 月间，利用其个人网站"新曦网"传播其编写的 redplus. exe 程序，该程序能将被感染的计算机存储的名称是中文、后缀是 xls. doc. 的资料隐藏，使计算机系统不能正常运行。经国家计算机病毒应急处理中心认定，redplus. exe 程序为计算机病毒。而且从 2006 年 6 月 16 日至 2006 年 7 月 12 日，该病毒感染计算机信息系统达 581 例。因而，从客观方面讲，欧阳某某的上述行为符合了破坏计算机信息系统罪的客观要件。

二、通过网络攻击实施的敲诈勒索行为的罪数形态

欧阳某某案在审理过程中，除了认定定性为破坏计算机信息系统罪的观点之外，还有观点认为欧阳某某应定敲诈勒索罪。从案情来看，欧阳某某制作、传播计算机病毒攻击计算机信息系统的目的在于敲诈勒索他人游戏币等财产，破坏计算机信息系统只是手段行为。据此认为，以非法占有他人财物为目的，通过使用破坏计算机信息系统的手段勒索他人财物，构成《刑法》第 274 条规定的敲诈勒索罪。笔者认为，欧阳某某编制传播计算机病毒攻击计算机信息系统的行为构成了破坏计算机信息系统罪，通过使用破坏计算机信息系统的手段勒索他人财物的行为也符合了敲诈勒索罪的犯罪构成，因此本案的关键问题在于欧阳某某为了敲诈勒索他人财物而制作、传播计算机病毒破坏他人计算机信息系统，最终以修复系统勒索财物的行为应当如何论处。

对此，广州市越秀区人民法院一审认为被告人供述其设计 redplus. exe 程序病毒在个人网站上传播的动机是显示其在计算机程序设计的才能和牟取非法利益。被告人欧阳某某为了牟取非法利益，制作、传播计算机病毒的行为同时触犯破坏计算机信息系统罪、敲诈勒索罪两个犯罪客体，构成我国刑法理论的想象竞合犯，按对想象竞合犯"从一重罪处断"的处罚原则，本案应以破坏计算机信息系统罪论处。对此笔者以为是不妥的，实际上，本案是一起典型的牵连犯罪。所谓牵连犯，是指以实施一个犯罪行为为目的，其方法行为或者结果行为又触犯其他罪名的犯罪形态。牵连犯应当具备以下条件：

（1）行为人以实施一个犯罪为目的。在牵连犯罪，行为人的目的

是仅意图实施一个犯罪，但是犯罪的手段或者结果又构成了其他犯罪，其他犯罪都是为意图实施的犯罪服务的或者是由其派生出来的。对于牵连的其他犯罪，并不是说行为人没有犯罪故意，而是说行为人并非以直接追求这些犯罪为目的。本案中，尽管欧阳某某实施了一系列破坏计算机信息系统的犯罪行为，但其最终目的却是实施敲诈勒索。

（2）存在两个以上的危害行为。牵连犯中存在两个以上可以独立成罪的行为，也就是说牵连犯中的原因行为与结果行为、目的行为与方法行为都符合各自独立成罪的犯罪构成。这一点可以将牵连犯与想象竞合犯区分开来。想象竞合犯是实质的一罪，行为人只实施了一个犯罪行为，而牵连犯是裁判的一罪，行为人实施的是数个犯罪行为。本案中，广州市越秀区人民法院一审认为欧阳某某为了牟取非法利益，制作、传播计算机病毒的行为同时触犯破坏计算机信息系统罪、敲诈勒索罪两个犯罪客体，构成我国刑法理论的想象竞合犯，是有失偏颇的。

（3）数个行为之间具有牵连关系。牵连犯的数个行为的牵连关系表现为两种情况：一是目的行为与方法行为的牵连。目的行为是行为人意图实施的犯罪行为，方法行为是为本罪实施提供便利条件的行为。二是原因行为与结果行为的牵连，即以犯一罪的意思实施犯罪，其结果行为又触犯了其他罪名。本案中，欧阳某某制作、传播计算机病毒破坏计算机信息系统的目的在于敲诈勒索他人游戏币等财产，破坏计算机信息系统只是手段行为。

（4）牵连犯的数个行为触犯了不同的罪名。牵连犯存在数个行为，并且各行为都达到了犯罪程度，符合不同的犯罪构成，触犯不同的罪名。即不仅原因行为和目的行为单独构成犯罪，结果行为与方法行为也构成其他犯罪。本案中，欧阳某某以非法占有他人财物为目的，制作、传播计算机病毒破坏计算机信息系统，并敲诈勒索他人财物的行为同时构成了破坏计算机信息系统罪和敲诈勒索罪。

牵连犯的处罚规则较多，根据立法的规定，一般是"从一重罪处罚"，也有的是"从一重罪从重处罚"，还有数罪并罚的特殊规定。在没有特别的立法规定的情况下，对于牵连，应当从一重处罚。本案中，欧阳某某的手段行为触犯了破坏计算机信息系统罪，目的行为又构成敲诈勒索罪。按照一般的处罚理论，应当适用从一重罪处断原则。根据《刑法》第286条第1款的规定，犯破坏计算机信息系统罪，后果严重的，处五年以下有期徒刑或者拘役；《刑法》第274条规定，犯敲诈勒索罪，数额较大的，处3年以下有期徒刑、拘役或者管制。破坏计算机信息系统罪与敲诈勒索罪两罪相比而言，前者为重罪，因此，本案应以破坏计算机信息系统罪进行定罪。

此外，今后司法实践中值得注意，还有正确区分本罪和实施其他犯罪后的毁证行为等问题。对于司法实践中所发生的众多以计算机为犯罪工具的犯罪，行为人在实施犯罪后往往会以破坏计算机信息系统的方法来消灭罪证。例如，盗窃他人虚拟财产后故意删除、破坏计算机程序，以掩盖罪证。此种以打乱计算机程序的方法破坏计算机信息系统功能的行为就属于一种典型的事后毁证行为，这种行为客观上又同时构成了破坏计算机信息系统功能罪，因而其行为应当以盗窃罪和破坏计算机信息系统功能罪实行数罪并罚。

第二十八章　通过篡改系统数据实施的伪造证照行为

[典型判例] 温某、范某、刘某破坏计算机信息系统案

案由： 破坏计算机信息系统

基本案情： 赣州市机动车驾驶人考试基地是机动车驾驶人员申领机动车驾驶证时，对机动车驾驶人进行考试的国家机构，隶属于赣州市公安局交通警察支队。被告人温某原系该基地的聘用员工。2011年1月初，被告人温某趁该基地考试中心计算机信息系统刚建立数据库之机，擅自在服务器中注册用户名为 csys 的用户，密码设置为 chjini，并添加其管理权限。2011年2月，被告人温某编制了一个脚本程序，能非法侵入该基地考试中心计算机信息系统；可以对于系统内存储的科目二的学员考试成绩进行修改。之后，被告人温某将自己能侵入计算机系统，修改学员考试成绩的情况，告知了时任石城县一无名驾校负责人，即被告人范某。两被告人经预谋，由被告人范某负责联系需要修改考试成绩的学员，并收取一定的费用；被告人温某负责侵入计算机系统，修改学员的考试成绩；每修改成功一次，则由被告人范某负责支付被告人温某人民币1000元。此后，被告人范某又将被告人温某能侵入计算机系统修改学员考试成绩的情况告知了时任其驾校教练的被告人刘某，让被告人刘某帮助联系、介绍需要修改考试成绩的学员，并收取一定的费用共同牟利。2011年3月至同年10月26日，

被告人范某、刘某先后联系了彭某有、钟某庆、潘某梅、谢某清、邱某有、谢某娟、胡某秀、黄某能、马某生、钟某禧、黄某华、曾某生这些需要修改考试成绩的学员，收集了上述学员的身份信息，并收取了一定费用。然后，被告人范某将上述学员的身份信息告知被告人温某，被告人温某则利用之前注册的用户名，非法侵入该基地考试中心计算机信息系统，对系统内存储的科目二的上述学员的扣分成绩进行了修改，将不合格的成绩修改为合格，使得其中十一名学员非法领取了机动车驾驶证。被告人温某、范某、刘某通过上述手段，分别获取非法利益人民币 11000 元；人民币 5200 元及香烟 4 条；人民币 1100元。案发后，被告人温某在其单位同事的陪同下，向公安机关投案。

判案理由：章贡区人民法院经审理认为，被告人温某、范某、刘某违反国家规定，以牟取非法利益为目的，非法侵入计算机信息系统对存储的数据进行修改，后果严重，其行为均已构成破坏计算机信息系统罪，应依法惩处。公诉机关指控被告人温某、范某、刘某犯破坏计算机信息系统罪的罪名成立。被告人温某主动向公安机关投案，如实供述犯罪事实，系自首，可以从轻处罚。被告人范某、刘某在法庭上自愿认罪，均可以酌情从轻处罚。

定案结论：赣州市章贡区人民法院对温某、范某、刘某破坏计算机信息系统罪案件作出一审判决，范某、刘某各被判处有期徒刑 8 个月，温某被判处有期徒刑 6 个月。被告人温某、范某、刘某分别违法所得人民币 11000 元、5200 元、1100 元依法没收上缴国库。①

[**学理简析**] 温某等人破坏计算机信息系统案是一起典型的利用网络制售假证的案件。对于这个典型判例，从形式上看，温某非法侵入该基地考试中心计算机信息系统，修改、添加该系统内存储的驾考成绩的行为是违反了刑法第 286 条之规定，构成破坏计算机信息系统罪；但从实质来看，相关官方网站信息系统中存储的信息也是机动车

---

① 案例信息参见喻红峰、傅一波：《章贡区法院宣判首例破坏计算机信息系统罪案件》，载赣州市章贡区人民法院网，2012 年 5 月 27 日访问。

驾驶证的信息内容，那么温某等人修改信息的行为就属于对证照信息的一种伪造行为，只是由原来的针对现实文本证照信息的伪造，转变成为对网络信息系统中证照信息的伪造。

一、伪造证照犯罪中网络因素的介入及其司法尴尬

随着网络时代的到来，信息数据实现了网络化，网络因素也开始逐步地介入伪造证照（证件、车牌照等）犯罪。网络因素的介入，导致伪造证照犯罪的犯罪停止形态和共同犯罪形态都逐渐出现异化。同时，刑法对于传统伪造证照犯罪和破坏计算机信息系统罪在法定刑设置上的不相协调，造成本质上仍是传统犯罪的伪造证照犯罪，由于网络因素的介入而在定性上被迫全部转化为计算机网络犯罪，可以说，此种司法效果从一定程度上架空了伪造证照犯罪，成为网络时代一个尴尬司法现实。学位证、毕业证、驾驶证、军官证、车辆牌照、执业医师证……客观地讲，此类证照本身即证照的文本载体自身可以说并无任何价值，存在价值的是其所承载的信息，传统空间中的伪造证照，实际上主要就是伪造这种文本载体上的信息。

（一）伪造证照犯罪中网络因素介入的时代必然性

随着网络进入数据信息领域，个人的身份信息、资格信息等通过网络基本可以达到同步的网络内查询，于是证照所承载的信息就被纳入到了网络中，从而可以更高效地查询和使用。以此为基础，一份证照就存在于两个完全不同的领域：一是现实世界，一是网络虚拟世界。于是，仅仅针对文本证照本身进行伪造，只是完成了整个伪造过程的一部分，而另一份网络虚拟领域中的信息还在正确地、真实地存在着，要真正实现伪造证照的现实使用和达到"以假乱真"的目的，就必须要完成对网络虚拟领域中信息的伪造。过去，证照真伪的验证主要靠人力进行，这种由人凭借一定的经验来识别证照的效率是极其低下的，而且准确率不高；同时，此种文本证照的制作成本低，防伪技术不高，被伪造的可能性很大。之后，防伪技术开始进入证照，例如，在证照表面使用激光防伪技术、水印技术等，防伪技术的运用虽

然一定程度上提高了证照伪造的门槛，但是，对于证照的查验来说，只是徒增了人工工作量，不仅没有提高效率，反而带来诸多不便。再之后，人们开始使用机器来识别证照和读取证照信息，它的技术模式是在证照内部植入微型智能芯片，例如，当前的银行卡、医院的就医卡都使用了这项技术，可以快速地读取相关证照信息，这一技术的初衷本是为了提高证照的使用效率和便捷性，但是，客观地造成伪造证照的技术难度被加大，在一定程度上实现了效率与质量的完美结合。然而，仅仅通过提高证照本身的科技含量和防伪技术本身并不能从根本上杜绝证照被伪造的可能性：一方面，部分证照的自身价值不高，而高技术化的证照本身却是需要大量成本投入的，运用过高的技术防伪显得不必要、不经济；另一方面，只要某种证照具有足够大的使用价值，无论多么高的防伪技术都无法避免被伪造的命运，我国居民身份证就是一个很好的例子：虽然第一代身份证的防伪技术含量已经很高，但伪造身份证的案件屡见不鲜；即使是防伪技术含量更高一筹的第二代身份证，也是不断出现被伪造的情况。因此，为了提高证照验证效率，打击证照伪造行为，一个有效可行的办法就是将证照信息与证照申请办理时存档的信息进行对比，这样仅仅对文本证照本身的伪造就很难蒙混过关，特别是计算机的使用，使得证照信息的比对在瞬间即可完成。应当说，网络的出现及其同步性和共享性特征，为证照信息的同步、网内共享、查验和比对提供了最佳解决手段。而与此同时，政府信息化的快速进展，为我国证照信息的网络化查询和比对构建了物质基础，网络因素在我国已经全面进入传统证照领域。正是由于此种证照信息的网络化，才使得对于证照信息进行伪造的犯罪行为也同步进入了网络领域。

（二）温某等人破坏计算机信息系统案定性存在的主要问题

本案的核心人物温某等人均被判为破坏计算机信息系统罪，让人不无疑问。从形式上看，温某等人侵入有关计算机信息系统，修改、添加该系统内存储的信息的行为是违反了刑法第 286 条之规定，构成破坏计算机信息系统罪；但从实质来看，相关官方网站信息系统中存储的信息也是证照的信息内容，那么温某等人添加、修改信息的行为仍然是对证照信息的一种伪造行为，只是由原来的针对现实文本证照信息的伪造，转变成为对网络信息系统中证照信息的伪造，而判决中却对后者没有进行任何的说明分析，让人百思不得其解。暂且抛开判决是否合理不论，既然此种网络信息的添加、修改行为属于伪造行为，那么，就在客观上存在着一个行为同时触犯伪造证照犯罪和破坏计算机信息系统罪两个罪名的想象竞合形态，按照想象竞合犯"择一重处断"的原则，依据刑法第 280 条与第 286 条的法定刑比较，应当以破坏计算机信息系统罪来定罪量刑。但是，在行为目的仍然是伪造证照（这一点始终没有改变）、实施的也是对证照信息的伪造行为的情况下，仅仅是因为在伪造行为中或者说在伪造过程中介入了网络因素，仅仅是伪造的对象在物理存在形式上有所变换，结果却出现了由伪造证照犯罪到破坏计算机信息系统罪的如此之大的差异，甚至是将两个原本是一个整体行为的两个行为阶段分别定罪。

详言之，温某等人的行为同时符合破坏计算机系统罪和伪造证照罪的犯罪构成，根据想象竞合犯"从一重罪处断"的定罪规则，法院对温某以破坏计算机系统罪定罪处罚本身没有问题，但是值得注意的是，因为在设立"破坏计算机信息系统罪"之初对网络犯罪的发展、危害范围、损失无法估量，且以当时的技术难以查获，所以对于该罪的科刑相比伪造证照等罪要重，而正是因为这样，在今天的司法实践中破坏计算机信息系统罪已经开始逐渐成为"通吃"传统犯罪的"口袋罪"：无论传统犯罪行为的性质如何，只要介入了网络因素，一概可能被"装入"破坏计算机信息系统罪这一"口袋罪"之中。笔者认为，导致此种局面的根源就在于，一方面，网络因素介入伪造证照犯罪后，犯罪停止形态和共犯形态都发生了异化；另一方面，原本设置看似合理的刑法内部各个罪名之间的法定刑体系，其实存在着很大的不协调。此种不协调客观上导致的结果是，在伪造证照犯罪中只要介入网络因素就只能出现一种结果：刑法第 286 条的破坏计算机信息系统罪，基于想象竞合理论而把伪造证照犯罪的法律规定完全架空，刑法第 280 条关于伪造证照犯罪的规定完全失去了司法实践意义，而刑法第 286 条的破坏计算机信息系统罪则成为一切介入网络因素的伪造证照犯罪的口袋罪。

客观地讲，在传统伪造证照犯罪中，伪造证照行为是可能包括空白文本的制作、证照信息的填充、印章、签名等的一系列文本证照伪造行为的实行行为，只要某一特定证照的伪造行为完成，达到了使一般人信以为真的程度就是伪造行为实行完毕，即为伪造证照犯罪的既遂。当网络被用于证照信息领域的比对和查询时，证照犯罪的"物理"结构开始发生变化，伪造文本证照逐渐不再是伪造证照犯罪的核心行为。由于文本证照被伪造的可能性很大，人们已经不再轻易相信文本证照，转而依赖于网络，进而导致文本证照本身的重要性逐渐降低，网络信息的篡改行为成为伪造证照所不可或缺的组成部分，而且与文本证照本身相比更为关键，已经成为整个伪造证照犯罪新的核心。证照本身出现了虚拟化，有无文本证照显得不再那么重要，于是文本证照伪造行为的地位日益衰落，出现了向着"预备行为"转化的趋势，成为一种为后续的网络信息伪造行为提供准备的预备行为。与此同时，因为伪造证照犯罪的实行行为开始触及网络信息，而伪造网络信息的技术要求较高，这使得此类犯罪门槛提高，而这导致的必然结果之一就是伪造网络信息行为在整个伪造证照犯罪中的地位得到提升，直至文本证照伪造者自身也不得不听命于网络信息伪造者，被迫将其主犯地位让位于后者。网络因素的介入使得原有的共同犯罪形态发生了异化，网络信息伪造者由从犯上升为主犯，文本证照伪造者则由主犯下降为从犯。

二、破坏计算机信息系统罪与伪造证照犯罪的罪名选择

本案中温某等人的行为被定性为破坏计算机信息系统罪，表明了当前司法实践认为传统文本证照伪造行为延伸到了网络领域就会出现伪造证照犯罪让位于破坏计算机信息系统罪的普遍现象。换言之，网络因素的介入使得伪造证照犯罪的法条设置成为一纸空文，"破坏计

算机信息系统罪"开始成为一个信息时代的"口袋罪",在很大程度上严重挤压、掠夺伪造证照犯罪在司法实践中的存在空间,有逐渐架空伪造证照犯罪的法条和罪名之嫌。

1. 网络信息伪造行为的法律属性

作为伪造文本证照的后续行为的网络信息伪造行为,不同于传统证照伪造行为之处就在于其发生在网络空间中,它的基本行为模式是:行为人首先利用黑客技术侵入相关的门户网站,然后对其中的信息数据库进行篡改。例如,湖北仙桃警方破获的黑客入侵省公安厅交警总队车管系统一案,主犯就是尝试用超级管理员用户,密码登录数据库,添加数据;除此之外,还向网上黑客购买了校验位计算程序,破解用户密码,以便在车管系统中录入数据。① 此时,网络信息伪造行为过程中所侵入的相关网站系统,如果是"国家事务、国防建设、尖端科学技术领域"的计算机信息系统,其行为就触犯了非法侵入计算机信息系统罪;随后对计算机信息系统中存储的信息数据进行"删除、修改、增加"的行为,如果"后果严重",就触犯了破坏计算机信息系统罪。由于侵入行为是破坏行为的必经阶段和必要实施手段,侵入的目的是为了篡改系统内部的数据信息,两者构成牵连犯,根据牵连犯"从一重罪处罚"的原则,以破坏计算机信息系统罪论处即可。

应当明确的一点是,网络信息伪造行为的性质并没有变化,仍然是对证照信息的伪造,仍然为伪造证照犯罪所辐射。但是,其表现形式是通过网络对相关计算机信息中的信息进行修改、添加,直接触犯了破坏计算机信息系统罪。于是,一个证照网络信息伪造行为同时触犯了两个罪名,属于刑法理论上的想象竞合,应该按照法定刑较重的罪进行论处。《刑法》第 280 条及相关伪造证照犯罪法条规定的法定刑一般是"三年以下有期徒刑、拘役、管制或者剥夺政治权利",情

---

① 蔡早勤:《特大"地下车管所"土崩瓦解》,载《武汉晚报》2009 年 8 月 25 日,第 3 版。

节严重的才处"三年以上十年以下有期徒刑";而对应的《刑法》第286条关于破坏计算机信息系统罪的法定刑是"后果严重的,处五年以下有期徒刑或者拘役;后果特别严重的,处五年以上有期徒刑。"通过比较发现,从整体来看,在第一法定刑幅度中,前者上限是3年有期徒刑,下限是管制或剥夺政治权利,后者上限是5年有期徒刑,下限是拘役;在第二法定刑幅度中,前者最低限是3年有期徒刑,最高限是10年有期徒刑,后者最低限是5年有期徒刑,最高限是15年有期徒刑。两者相比,明显是后者的法定刑要高,应当以破坏计算机信息系统罪定罪量刑。可以说,本案的判决结果也是照此模式进行的。

2. 利用网络伪造证照行为的法律属性

本案将温某等人非法侵入计算机信息系统修改驾考成绩的行为定性为"破坏计算机信息系统罪",并不能准确地体现该行为的实质性质,存在"名不符实,罪不如其名"的尴尬局面。更严重的是,通过共犯理论,将范某、刘某等人只是负责联系需要修改信息学员的行为人也以"破坏计算机信息系统罪"来定性,使其行为性质进一步被扭曲,罪名异化甚是严重。因此,赣州市章贡区人民法院最终做出的判决不仅对非法侵入计算机系统修改学员考试成绩的温某定性为破坏计算机信息系统罪,就连完全是为了伪造证照而搜集信息、提供信息的被告人范某、刘某等人也因构成共犯而被定性为"破坏计算机信息系统罪"。因此,本案原本是伪造证照的犯罪行为,仅仅因为网络因素的介入,仅仅因为是文本证照的伪造行为过程被拉长而延伸至网络空间,在其行为性质并无改变的情况下,结果却出现了罪与"行"完全是两张皮的扭曲现象。

笔者认为,网络因素引入伪造证照犯罪之后,虽然此类犯罪的犯罪完成形态和共同犯罪形态都发生了异化,但这仅仅是伪造证照犯罪内部结构由于网络因素介入而引起的一系列变化,这种变化并没有造成整个犯罪性质的改变,它仍是传统犯罪,并没有被纳入"破坏计算机信息系统罪"之内;传统领域中的文本证照伪造行为进入虚拟的网络空间之后，其行为性质也没有改变，它的犯罪对象仍是证照信息。在网络因素介入之后，伪造证照犯罪最显著的变化就是出现了文本证照伪造行为之后的后续网络信息伪造行为。由于后续性网络信息伪造行为的科技含量高，对行为人的技术要求也高，一般人无法涉足这一行为领域。根据社会一般规律和经济学原理，物以稀为贵，既然这一后续行为的实施门槛这么高，那么行为实施的投入就大，由于其他人实施不了这一行为，它就会成为整个伪造证照犯罪的关键环节，扼守着整个犯罪的咽喉，取代了原本处于核心地位的文本伪造行为，引起了整个犯罪完成形态的异化和共同犯罪形态的异化。这两个异化就给人一种假象，即后续网络行为是整个犯罪的核心，它最能代表整个犯罪的性质。既然后续网络行为具有"破坏计算机信息系统罪"的性质，那么整个伪造证照犯罪就应当是"破坏计算机信息系统罪"，进而，赣州市章贡区人民法院对本案的定性就不存在问题。

但是，笔者认为，第一，后续网络行为充满了网络技术因素，与"破坏计算机信息系统罪"交织，但是，其性质仍是证照伪造行为，本质没有改变；第二，"破坏计算机信息系统罪"是指针对计算机网络和信息系统自身实施的犯罪，后续的网络技术行为虽然修正了内存的数据和信息，但是，并不一定非要以"破坏计算机信息系统罪"定罪。文本证照的伪造行为是传统领域伪造证照犯罪的代表行为，后续的网络信息伪造行为是网络因素进入之后伪造证照犯罪的代表行为：（1）伪造证照犯罪中的后续网络信息伪造行为，正是文本证照伪造行为在网络空间延续的结果，具有与传统领域中文本证照伪造行为不同的行为特征：其一，存在领域不同，前者处于网络空间这样一个虚拟领域，而后者则处于传统现实领域；其二，前者的对象是网络空间中的证照虚拟数据、信息，而后者则是对文本证照载体上的证照信息进行伪造；其三，前者不存在对有权机关、组织制作的文本证照载体进行伪造的行为，后者则直接是针对这一载体进行的。（2）应当强调指出的是，虽然这两个行为之间存在诸多不同之处，但从行为性质来看，两者是完全一致的。其一，两者都是针对证照信息进行伪造的，虽然数据库中的信息并不像文本证照上的信息那样印制在证照载体上，但其功能是相同的，都是为了证明或记载某种身份或事实。证照本身并不重要，就如同纸质货币一样，虽然制作需要一定的成本投入，特别是防伪技术的一再提高，其价值会上升，但其价值不在于其自身，其仅仅是一种载体，真正有价值的是其承载的证照信息，持有人之所以持有就在于此，有关人员和组织查验证照也在于此，因此，伪造证照犯罪所侵害的法益是证照的公共信用，即使证照本身的材质、防伪标志、印章以及签名等各项格式都是真实的，没有进行伪造，但只要证照所要证实的信息是伪造的，那么，这个证照就是伪造证照。无形伪造就是如此，无形伪造使用的载体并不是伪造的，而是有权机关制作的载体，证照载体本身是完全真实的，但是，由于程序违法而直接导致证照信息的不真实性，属于伪造证照的一种行为方式。其二，当前，证照已经出现了虚拟化倾向，证照也不再仅仅限于我们所常见的纸质学历证、军官证、驾驶证、学生证和金属质的机动车牌照等有形的、格式统一的证照，植入微型计算机芯片的证照、指纹、眼膜、数字号码等都是新型的证照，当然将指纹、眼膜、数字符号等称之为证照，不如直接将其称为验证信息更恰当。在这些新形式之中，就很难再看到那些有形的、格式统一的文本证照，只要拥有自己唯一的验证信息就可以在使用证照时直接输入该信息，证照信息就会随之显现在网络终端上，可以方便快捷地读取和验证，同时，还减少了文本证照制作的成本，减少了为了预防和打击日益猖獗的文本证照伪造行为而投入的巨大社会资源，那么，不对证照本身进行伪造，而仅仅是针对网络中的证照信息进行伪造的行为，自然也是对证照的伪造。

　　基于以上分析，尽管伪造证照犯罪中介入了网络因素，也引起了伪造证照犯罪内部行为结构和犯罪形态的巨大异化，但行为性质并没有异化，整个犯罪行为的性质也没有异化，后续性的网络信息伪造行为仍是一种证照伪造行为，整个伪造证照行为仍是伪造证照犯罪。具体地讲，伪造证照犯罪中的后续网络信息伪造行为，其目的是为了添加、修改证照信息，属于对证照的伪造行为。虽然此种侵入网络计算机信息系统添加、修改计算机信息系统中存储的数据、信息的行为触犯了"破坏计算机信息系统罪"，但是，它对计算机信息系统的破坏行为本身并不是为了破坏计算机信息系统，而是为了伪造证照信息，进而达到文本证照与网络数据库中的留存信息相一致，使得现实伪造的文本证照能够通过网络验证而变成所谓的"真"证照，能够在社会中使用。破坏计算机信息系统仅仅是一种伪造证照的手段和方法，此类犯罪在本质上仍然是一种利用计算机所实施的传统犯罪，因此，传统犯罪在介入网络因素后，就被一律定性为"破坏计算机信息系统罪"是不妥当的，包括温某、刘某、范某等人非法侵入该基地考试中心计算机信息系统对系统内存储的科目二的学员考试成绩进行修改的行为，伪造证照犯罪在介入网络因素后，就被直接定性为破坏计算机信息系统罪是不合理的，掩盖了犯罪行为的真实性质，不能够做到罪如其名。

此外，网络数据信息的伪造行为，并没有对计算机信息系统的安全和功能形成破坏。刑法第 286 条破坏计算机信息系统罪侵害的法益就是计算机信息系统的安全，法条中的"后果严重"是直接针对计算机信息系统的安全而言的，仅仅对计算机信息系统中存储、处理或者传输的"证照信息"型"数据"的"删除、修改、增加"，不会影响计算机信息系统的正常运行，因此，对于此类行为全部定性为"破坏计算机信息系统罪"，名不副实。

3. 应如何划分破坏计算机信息系统罪与伪造证件犯罪的界限

从基本推理逻辑来看，得出上述结论不存在任何问题。以现行刑法的具体规定为大前提，以伪造证照犯罪中的网络空间信息伪造行为为小前提，最后得出伪造证照犯罪中网络空间中的行为部分构成破坏计算机信息系统罪的结论，同时，由于网络信息伪造行为是主犯，其他相关行为通过共同犯罪理论，都被定性为破坏计算机信息系统罪；从刑法理论来看，伪造证照犯罪的网络后续行为是一行为触犯数罪名，上述分析完全符合想象竞合理论的条件要求，理论分析不存在问题。那么，问题究竟出在哪里呢？是什么原因使得原本在传统犯罪领域内运作顺畅的刑法体系，在进入网络领域后就出现了如此大的羁绊？既然推理逻辑不存在错误，刑法理论也应用正确，事实行为也是属实表述，结论却出现了问题，那么，唯一可能出错的就只能是法律自身。

在 1979 年《刑法》中，不存在网络犯罪规范，此种伪造证照犯罪被架空的局面自然不会发生。1997 年《刑法》修订时，为了打击日益泛滥的网络犯罪，而专条设置了非法侵入计算机信息系统罪和破坏计算机信息系统罪。从当时学者对计算机犯罪研究的代表性著作中，可以发现当时计算机犯罪的两个特性：一是危害范围无限化，损失无法估量化。即由于网络的无限性和开放性，较之传统犯罪而言更易突破地域限制，对于某一特定网络犯罪的危害范围无法提前预计；由于计算机网络应用领域极其广泛，不仅仅涉及财产领域，还关涉到国防安全、高科技技术安全、个人隐私等各个领域，网络犯罪的损害也就非常巨大。二是网络犯罪高科技化，难以查获。网络犯罪是一种高科技犯罪，一般人员无法实施，由于网络空间是一个虚拟的领域，犯罪行为极其隐蔽，往往只有等到危害后果发生之后很久才会发现犯罪的发生，侦破案件的可能性就更是微乎其微。[①] 这样看来，破坏计算机信息系统型犯罪的社会危害性较传统犯罪严重了很多，那么，立法者在设立第 286 条的破坏计算机信息系统罪之时从犯罪体系协调和罪刑相适应考虑，将网络犯罪的法定刑规定的较之传统犯罪略高，设置的第一量刑档次是 5 年，而传统犯罪一般是 3 年；设置的第二量刑档次起刑点是 5 年，而传统犯罪一般是 3 年。立法者的立法初衷是正确的，在当时网络犯罪发生领域相对受限的情况下，该种法定刑体系并无不妥。但到了今天，计算机网络犯罪已经是随处可见，一些只有高端计算机人员才能实施的行为，由于“傻瓜型”软件的出现，使得

---

① 参见孙春雨等：《计算机与网络犯罪专题整理》，中国人民公安大学出版社 2007 年版，第 83 - 143 页。

一般人也可以实施，网络因素已经渗入了各个传统犯罪领域，几乎所有的涉及网络因素的传统犯罪都会同时触犯第 286 条 "破坏计算机信息系统罪"，正是由于当初对破坏计算机信息系统罪的法定刑设定略高于传统犯罪，通过刑法理论中的罪数理论，几乎一致是以法定刑较重的个罪论处，其结局只能是以破坏计算机信息系统罪来定罪处罚。因此，一方面，网络因素的介入使得传统犯罪被架空，司法价值降低；另一方面，网络因素介入传统犯罪使得传统犯罪的定性向网络犯罪转化，破坏计算机信息系统罪已经开始逐渐成为 "通吃" 传统犯罪的 "口袋罪"：无论传统犯罪行为的性质如何，只要介入了网络因素，一概可能被 "装入" 破坏计算机信息系统罪这一 "口袋罪" 之中。

三、防止 "破坏计算机信息系统罪" 演变为新的 "口袋罪"

网络信息伪造的行为，由于触犯了破坏计算机信息系统罪，根据想象竞合犯 "从一重罪论处" 的定罪规则，结果只能是以 "破坏计算机信息系统罪" 定性。这样一来，行为性质是证照伪造，而司法定性却只能是破坏计算机信息系统罪，出现了罪名选择上的异化现象。

（一）现行罪名体系下伪造证照犯罪的司法定性

作为伪造文本证照的后续行为的网络信息伪造行为，不同于传统证照伪造行为之处就在于发生在网络空间中，它的基本行为模式是：行为人首先利用黑客技术侵入相关的门户网站，然后对其中的信息数据库进行篡改。例如，湖北仙桃警方破获的黑客入侵省公安厅交警总队车管系统一案，主犯就是尝试用超级管理员用户，密码登录数据库，添加数据；除此之外，还向网上黑客购买了校验位计算程序，破解用户密码，以便在车管系统中录入数据①。

此时，网络信息伪造行为过程中所侵入的相关网站系统，如果是

---

① 参见蔡早勤：《"地下车管所" 土崩瓦解》，载《武汉晚报》2009 年 8 月 25 日，第 3 版。

"国家事务、国防建设、尖端科学技术领域"的计算机信息系统，其行为就触犯了非法侵入计算机信息系统罪；随后对计算机信息系统中存储的信息数据进行"删除、修改、增加"的行为，如果"后果严重"，就触犯了破坏计算机信息系统罪。由于侵入行为是破坏行为的必经阶段和必要实施手段，侵入的目的是篡改系统内部的数据信息，两者构成牵连犯，根据牵连犯"从一重罪处罚"的原则，以破坏计算机信息系统罪论处即可。

应当明确的一点是，网络信息伪造行为的性质并没有变化，仍然是对证照信息的伪造，仍然为伪造证照犯罪所辐射。但是，其表现形式是通过网络对相关计算机信息中的信息进行修改、添加，直接触犯了破坏计算机信息系统罪。于是，一个证照网络信息伪造行为同时触犯了两个罪名，属于刑法理论上的想象竞合，应该按照法定刑较重的罪进行论处。《刑法》第 280 条及相关伪造证照犯罪法条规定的法定刑一般是"三年以下有期徒刑、拘役、管制或者剥夺政治权利"，情节严重的才处"三年以上十年以下有期徒刑"；而对应的《刑法》第 286 条关于破坏计算机信息系统罪的法定刑是"后果严重的，处五年以下有期徒刑或者拘役；后果特别严重的，处五年以上有期徒刑。"通过比较发现，从整体来看，在第一法定刑幅度中，前者上限是 3 年有期徒刑，下限是管制或剥夺政治权利，后者上限是 5 年有期徒刑，下限是拘役；在第二法定刑幅度中，前者最低限是 3 年有期徒刑，最高限是 10 年有期徒刑，后者最低限是五年有期徒刑，最高限是 15 年有期徒刑。两者相比，明显是后者的法定刑要高，应当以破坏计算机信息系统罪定罪量刑。前述的山东李某案的判决结果也是照此模式进行的。同样的案例还有：2008 年 11 月 25 日，仙桃市公安局交警支队车管所民警在工作中发现，有两部高档小轿车号牌核发机关是仙桃市交警支队车辆管理所，但是，在该局交管信息系统工作库中却找不到原始登记信息，而在全国公安交通管理信息系统查询库中又可以查到。民警经过反复核查，确认本局没有为这两部小轿车核发号牌。电脑信息疑是被"黑客"侵入。省公安厅交警总队接到报告后，迅速与系统开发单位取得联系，对涉及系统进行技术核查。经技术人员分析比对，发现全国公安交通管理信息系统查询库中共有 126 条类似信息。进一步调查后发现，这些汽车均系走私而来的高级轿车。而为走私车发放号牌是绝对不允许的。犯罪嫌疑人付某凭借曾经帮助省公安厅科技处金盾办开发软件、为省交警总队开发车辆管理信息程序的便利条件，利用超级管理员用户密码登录数据库，添加数据。一年时间，以付某为主犯的这个"地下车管所"非法办理牌证共计 126 套，涉案金额 1500 余万元。检察机关对于以付强为首的 8 名犯罪嫌疑人，以涉嫌"破坏计算机信息系统罪"等罪名提起公诉。①

当然，由于伪造证照犯罪一般是行为犯，不以危害结果的发生和情节严重为构罪条件；而破坏计算机系统罪则是结果犯，只有达到了"后果严重"才始构成犯罪，当行为完成却没有发生严重后果的则不以犯罪论。将没有发生危害后果或者危害后果轻的排除于犯罪圈之外，这可能是立法者当初将计算机犯罪引入立法时充分考虑刑法谦抑性的结果，将构罪门槛提高，同时将法定刑提高，缩小犯罪圈。因此，当伪造证照犯罪中的后续网络伪造行为没有造成严重后果时，只构成伪造证照犯罪，不存在想象竞合犯的适用空间，但是，一旦这种危害后果达到严重程度时，就会以想象竞合理论为介质，最后以破坏计算机信息系统罪来定罪处罚。

因此，值得关注的一个现象是：不仅仅山东李某案最终以破坏计算机信息系统罪定性，而且目前所有的伪造证照犯罪，一旦介入了网络因素，只要传统文本证照伪造行为延伸到了网络领域，就会出现伪造证照犯罪让位于破坏计算机信息系统罪的局面。此种局面可能是立法机关没有预想到的，立法者以不经意的方式，将看似两不相干的、分别针对现实空间和网络空间的两个法条加以重叠，经由司法者之手，以自己创立的一个法条规范和罪名否定了同样由其所创设的另一

---

① 参见蔡早勤：《"地下车管所"土崩瓦解》，载《武汉晚报》2009 年 8 月 25 日，第 3 版。

法条规范和罪名。

（二）重新审视"破坏计算机信息系统罪"的适用范围

温某等人破坏计算机信息系统案作为一起典型的利用网络制售假证的案件，涉及了司法实践中普遍存在的以破坏计算机信息系统罪作为"兜底性"罪名的司法尴尬。笔者认为，后续的网络信息伪造行为并不是一定要评价为"破坏计算机信息系统罪"，不是一定要将所有的删除、增加、修改计算机信息系统中存储的数据的行为均定性为"破坏计算机信息系统罪"。这是另外一种全新角度的解释方法，某种意义上是对于第286条和第287条各自内涵以及相互关系的一种重新解读。在无法及时调整第280条的证照犯罪（包括其他诸多类似的传统犯罪）的法定刑幅度的情况下，似乎可以通过重新解读第286条和第287条各自内涵的方法来解决问题，并以此为角度去重新审视第286条和第287条的相互关系：（1）如前所述，第286条的"破坏计算机信息系统罪"，是一种狭义上的计算机犯罪，它不是传统犯罪的网络化，不是传统犯罪在方法上简单介入计算机技术、网络因素后的转化定性，它是对于计算机信息系统的功能和安全造成严重影响和破坏的一类犯罪。因此，传统的伪造证照犯罪之中，虽然利用网络技术和方法篡改了计算机信息系统存储的数据，但是，并不是在破坏计算机信息系统安全和功能意义的"删除、修改、增加"数据，因此，不构成"破坏计算机信息系统罪"。（2）《刑法》第287条规定："利用计算机实施金融诈骗、盗窃、贪污、挪用公款、窃取国家秘密或者其他犯罪的，依照本法有关规定定罪处罚。"这一法条规定，应当理解为是对所有的利用计算机实施的传统犯罪的总体定性规则，对此可以进行扩张解释的是：为了实施传统犯罪，即使在网络空间中实施了某种技术方法，包括伪造证照犯罪中网络因素的介入，实质都只是"利用计算机实施"的传统犯罪，只要没有实际危害到计算机信息系统的安全和功能，都应当依照传统犯罪的具体罪名和法条去追究刑事责任，而不是只要涉及网络因素、计算机技术的运用，就一定要判定在传统犯罪的罪名和第286条的"破坏计算机信息系统罪"之间形成一个想象竞合关系或者牵连关系，进而被迫再进行罪名的二次选择，而这一选择结果如前所述，只可能是"破坏计算机信息系统罪"。

对于第287条适用范围的这一扩张解释模式，会否定掉大部分的想象竞合犯（包括相当一部分牵连犯），但是，毕竟第287条是一个法定规则，想象竞合犯和牵连犯只是一个理论上普遍认可的非法定规则，而且牵连犯还是一个饱受批评的理论规则，因此，此种否定结果是可以接受的。同时，在传统犯罪的许多罪名都会和第286条的"破坏计算机信息系统罪"发生想象竞合、牵连的情况下，在无法逐一修正传统犯罪的法定刑幅度的情况下，采用扩张解释的方式来重新解读刑法第287条的适用范围，或许是最为经济、最为可行的一种解决矛盾的方法。

第二十九章　利用网络编造、故意传播虚假恐怖信息的行为

[**典型判例**] 陈某某编造、故意传播虚假恐怖信息案

案由: 编造、故意传播虚假恐怖信息、破坏计算机信息系统

基本案情: 2008 年 5 月 31 日下午 15 时，被告人陈某某在网络上收集到广西近期有地震的信息后，即通过互联网登录广西防震减灾网（www.gxsin.gov.cn）（由广西地震局主办并将网站服务器安置于南宁市青秀区古城路 33 号）查看相关信息。当陈某某发现该网站的网页存在明显的设计漏洞后，便在江苏省太仓市阿凡提科技公司内使用自己的一台清华同方笔记本电脑通过互联网，运用 nbsi3 和 13vip.asp 工具获取了广西防震减灾网系统控制权，删除了原管理员权限（admin），建立了一个新的管理权限（123321）。然后通过该权限将网页原横幅广告图片"四川汶川强烈地震悼念四川汶川大地震遇难同胞"篡改为"广西近期发生 9 级以上重大地震，请市民尽早做好准备"，并将该网站首页左侧的"为您服务"栏目中的"滚动信息"全部篡改为"专家预测广西有可能在近期将发生 9 级以上重大地震灾情"。陈某某以"不是佐助"、"alex715413"网名将已篡改的网页截屏图片上传到天涯社区的汶川地震板块并命题为"广西地震局官方网发布地震预告，是不是真的?"之后，陈某某又在网易论坛上发布"因为有朋友在广西，没事的时候去看了广西地震局的网，官方网上发布了地

震预报，吓死人了，9 级，大家自己去看吧，骗人我死全家"的帖子。截至 6 月 5 日，网民点击量为 13242 次。

判案理由：承审法院认为，被告人陈某某明知是编造的虚假恐怖信息而故意传播，严重扰乱社会秩序，其行为已构成编造、故意传播虚假恐怖信息罪；违反国家规定，破坏计算机系统功能，对计算机信息系统中存储的数据和应用程序进行删除，致使计算机信息系统不能正常运行，其行为又构成破坏计算机信息系统罪。被告人陈某某一人犯数罪，应对其数罪并罚。公诉机关指控的犯罪事实清楚，证据确实充分，指控的罪名成立。被告人陈某某明知编造、传播虚假的恐怖信息会扰乱社会秩序，仍然故意编造、传播；意图破坏广西防震减灾网计算机信息系统使之无法正常运行，两行为的主观均为故意。

编造、故意传播虚假恐怖信息罪的客观方面表现为明知是编造的恐怖信息而故意传播，严重扰乱社会秩序的行为。被告人陈某某通过广西唯一的官方网站广西防震减灾网向社会传播编造的恐怖信息与事实不符。由于被告人陈某某发布虚假恐怖信息，造成社会民众恐慌。广西警方为侦破本案先后调动江苏、广西等 7 个省区网监及刑侦部门警力 245 人次，支出办案经费 2.5 万元。广西地震局为稳定广西民众而分别在广西《南国早报》、《法制快报》等报纸登报辟谣。被告人陈某某的行为已严重扰乱社会秩序。被告人陈某某实施了注入黑客程序、入侵防震减灾网、篡改网页信息、删除服务器数据文件及应用程序文件的行为，属于破坏计算机信息系统功能和破坏计算机信息系统中存储、处理或传输的数据和应用程序的行为。而且严重影响广西防震减灾网的正常工作。

编造、故意传播虚假恐怖信息罪侵犯的客体是公共秩序，即国家法律确定或认可的、人们在社会生活中共同遵守的公共场所和共同生活准则。被告人陈某某故意在官方网站上公布来源不实的虚假地震预报信息，严重地扰乱公共社会秩序。破坏计算机信息系统罪侵犯的客体是计算机信息系统的安全。对象为各种计算机信息系统功能及计算机信息系统中存储、处理或传播的数据和应用程序。广西防震减灾网计算机服务器是广西地震局存储该网站的计算机信息系统。被告人陈某某侵害该计算机系统属于侵害了计算机信息系统的安全。

编造、故意传播虚假恐怖信息罪与破坏计算机信息系统罪的主体均为一般主体。被告人陈某某于 1989 年 10 月 30 日出生，案发时已达到刑事责任年龄，符合两罪的主体要件。

由此可见，被告人陈某某的行为符合编造、故意传播虚假恐怖信息罪与破坏计算机信息系统罪的特征，构成编造、故意传播虚假恐怖信息罪与破坏计算机信息系统罪。因此，对于被告人陈某某辩称其行为不构成犯罪及其辩护人提出公诉机关指控被告人陈某某犯编造、传播虚假恐怖信息和破坏计算机信息系统罪，没有法律依据，不符合犯罪构成要件，指控的罪名不能成立的意见，法院不予采纳。

定案结论：江苏省无锡市滨湖区人民法院认定被告人陈某某犯破坏计算机信息系统罪，判处有期徒刑 3 年。一审宣判后，被告人陈某某提起上诉。江苏省无锡市中级人民法院二审认为，原审判决认定事实清楚，适用法律正确，量刑适当，审判程序合法，应当予以维持。上诉人陈某某的上诉理由及其辩护人的辩护意见不能成立，不予采纳，依法裁定：驳回上诉，维持原判。①

［学理简析］被告人陈某某在汶川大地震抗震救灾期间，入侵广西官方唯一的广西防震减灾网站，编造、故意传播虚假地震信息，带来严重的社会恐慌，尤其网络传播的高速性和广泛性，更使得网络谣言甚嚣尘上，社会危害性极大。网络的超时空特性使得谣言不再受制于有限的时间、地点，这也使得谣言的扩散具有了无限延展的可能性。和传统编造、传播谣言的媒介和平台相比，网络造谣的传播速度、传播范围得到了无限的放大，影响和涉及的范围也无限扩大，网络谣言可以快速和无限制地被传播与复制，可以在瞬间触及全世界可以上网的角落。三是这一特性，使得造谣、传谣者日益青睐网络，使网络成为造谣、传谣者便捷的造谣平台和绝佳的传谣犯罪工具。因

---

① 案例内容参见：江苏省无锡市中级人民法院裁定书（2001）锡刑终字第 213 号。

此，鉴于利用网络传播虚假恐怖信息行为的日益猖獗，本章以陈某某编造、故意传播虚假恐怖信息、破坏计算机信息系统案为视角，探析对陈某某适用"编造、故意传播虚假恐怖信息罪、破坏计算机信息系统罪"定性的理论根据，以期对此后司法人员在审理同类的网络"谣言"案件时有所参考、有所借鉴。

一、对"虚假恐怖信息"的理解

近年来，网络谣言日益呈现出多发态势，曾在网上疯传的"地质大学教授潜规则女研究生"，一时间使得"高校潜规则"成为社会关注的重大热点，尽管最终真相大白，却给整个教师群体形象带来严重影响。"海南香蕉有毒"、"牛奶三聚氰胺超标"、"费县花生毒死多人"等曾在网上热传的帖子，给相关行业带来严重影响，尤其海南香蕉有毒的谣言导致海南香蕉严重滞销，给蕉农带来惨重损失。与本案相似，以特定事件为中心的造谣传谣更是普遍，例如"非典"时期的"板蓝根防非典"一度导致板蓝根脱销、"日本地震导致核污染、食盐防辐射"的网络谣言更使得我国各地现抢盐风潮……传播虚假、恐怖信息作为网络造谣的另一表现形式，新乡、南京等出现的地震谣言、江苏省响水市化工厂爆炸谣言引发的万人恐慌出逃事件、河南杞县从"放射性核元素出事"说法演变为核爆炸的谣言，引发杞县人大量外逃，等等。

本案被告人陈某某编造并入侵广西防震减灾网站故意传播"广西近期将发生9级以上重大地震"的虚假信息，作为网络时代背景下的"造谣"行为给社会带来的恐慌远远超过了传统此类犯罪。因此，对于陈某某编造传播的"广西近期将发生9级以上重大地震"的虚假信息，是否属于虚假恐怖信息成为认定其是否构成犯罪的关键问题。被告人陈某某辩护人在案件审理过程中，提出陈某某编造传播"假地震"虚假信息的行为不属于编造、传播虚假恐怖信息，刑法没有把传播自然灾害险情的行为列入恐怖信息的范围的意见。《刑法》第291条之一规定："编造爆炸威胁、生化威胁、放射威胁等恐怖信息，或者明知是编造的恐怖信息而故意传播，严重扰乱社会秩序的，处五年以下有期徒刑、拘役或者管制；造成严重后果的，处五年以上有期徒刑。"《刑法修正案（三）》所增设的这一条文，在列举虚假恐怖信息的基础上，最后采取了兜底性的立法规定，即编造传播虚假恐怖信息行为除了爆炸威胁、生化威胁、放射威胁为恐怖信息外，还有其他类型的恐怖信息。除此之外，2003 年 5 月 15 日最高人民法院、最高人民检察院制定实施的《关于办理妨害预防、控制突发传染病疫情等灾害的刑事案件具体应用法律若干问题的解释》第 10 条规定、第 18 条规定：编造与突发传染病疫情等灾害有关的恐怖信息，或者明知是编造的此类恐怖信息而故意传播，严重扰乱社会秩序的，依照《刑法》第 291 条之一的规定，以编造、故意传播虚假恐怖信息罪定罪处罚。"突发传染病疫情等灾害"，是指突然发生，造成或者可能造成社会公众健康严重损害的重大传染病疫情、群体性不明原因疾病以及其他严重影响公众健康的灾害。2008 年 5 月 26 日最高人民法院颁布的《关于依法做好抗震救灾期间审判工作切实维护灾区社会稳定的通知》规定："对抗震救灾和灾后重建期间发生的以下犯罪行为应依法从重处罚：（三）故意编造、传播、散布不利于灾区稳定的虚假、恐怖信息……"。由此不难发现，被告人陈某某编造传播的"广西近期将发生 9 级以上重大地震"的虚假信息，属于"在抗震救灾、和灾后重建期间发生的不利于稳定"的恐怖信息。

二、利用网络编造、传播虚假恐怖信息是否应认定为严重扰乱社会秩序的行为

根据《刑法》第 291 条，编造、故意传播虚假恐怖信息，严重扰乱社会秩序的才能构成犯罪。本案中，被告人陈某某入侵广西防震减灾网站，于 2008 年 5 月 31 日以"大家去看广西地震局的网，上面发布了地震预报广西要地震了"为题发布在网易论坛的"时事论坛"栏目中的帖子。截至 6 月 5 日，网民点击量为 13242 次。由于被告人陈某某发布虚假恐怖信息，造成社会民众恐慌。即使被告人陈某某认为

其行为造成的后果不是特别严重，但实际上已严重扰乱社会秩序。

在关于网络传播虚假恐怖信息的同类案件中，网络"造谣"的横行和"造谣"案件的快速增加，已经使得网络传播虚假恐怖信息犯罪严重扰乱了社会秩序。网络谣言的肆虐，除了造谣者的"妖言惑众"，还有传谣者的间接推动。网络谣言一经发布，往往会迅速引起集体围观，经过成千上万网民的以讹传讹，使谣言出现"裂变式"快速传播，导致"真理还没有穿上鞋子的时候，谎言已经走遍了全世界"。在网络空间中，谣言就像滚雪球一样被网民在无意间发酵、夸大，不仅引发了社会的恐慌，也给不特定的个人或者行业甚至是社会秩序、国家利益带来严重负面影响。另一方面，网络造谣的横行和造谣案件的快速增加，跟网络造谣的低门槛性和低成本性也有着密切关系。一方面，谣言扩散的广度和速度取决于用于传播谣言的载体，在过去，谣言只能依赖于广播、电视、报纸等传统媒体。而对于传统媒体而言，信息生产机制是先过滤，后生产，依靠行业准入机制和新闻审查机制，对于信息真实性的审查相对严格，同时，信息制作的过程也是信息成本的产生过程，客观上形成了信息准入的高壁垒，一般公众无法成为信息的大规模生产源和发布平台。但是，网络中的信息生产、发布特点是先生产、后过滤，甚至边生产、边过滤抑或是只生产、不过滤，且信息生产成本几乎为零。

同时，网络的平民化使得发布虚假言论的门槛较低，一个BBS就是一张报纸，一个论坛就是一个讲堂，一个微博就是一个广播台甚至是电视台，在人人都可以通过网络将声音扩散到全世界的今天，大规模造谣、传谣的门槛已经降低到几乎没有；另一方面，造谣、传谣的违法成本过低，囿于网络犯罪技术侦查投入的严重匮乏、相关学理研究的滞后以及法不责众的社会文化心理，大量网络造谣行为在事后没有能够进入到司法程序中进行查处和制裁，无法对于网络造谣、传谣者形成有力的威慑。纵观网上造谣事件，大多以行政拘留或者公开道歉告终。因此，网络在赋予造谣者传声器和麦克风的同时，对应的违法制裁措施却没有及时设置和跟进，导致网络造谣者面对偏低甚至几乎为零的违法成本往往有恃无恐。

因此，伴随着网络谣言数量和类型的日益增多，网络谣言对于社会利益和国家利益的冲击、实际危害日益扩大，某些谣言已经不再是事实和真相之间的差异，它可能彻底改变甚至摧毁一个民族、一个社会固有的道德观念、价值取向和行为规范，也可能冲击、危害到具体的、现实的国家、民族利益和社会秩序，甚至可能会引发或者说形成现实空间中的群体性事件，乃至社会动荡，因此，加大对网络谣言的法律制裁，对危害严重的网络谣言追究刑事责任，已经极有必要。

三、删除修改计算机文档内容是否属于破坏计算机信息系统

本案辩护人提出陈某某删除修改的是计算机文档的内容，不是删除计算机信息系统功能。只删除网站页面上的广告，而不是删除系统中实际处理的文字、符号、声音、图像等有意义的组合，没有造成严重后果，而且我国《刑法》没有关于删除计算机文档要接受刑事处罚的规定。

根据《刑法》第 286 条第 2 款的规定，对计算机信息系统中存储、处理或者传播的数据和应用程序进行删除、修改、增加的操作，以破坏计算机信息系统罪论处。从法院掌握的证据来看，被告人陈某某曾于 2008 年 6 月 1 日、3 日两次将广西防震减灾网的计算机服务器上存储信息系统数据的应用程序删除，造成计算机信息系统无法正常运行。而计算机存储、处理或传输的数据，是指计算机用以表示一定意思或者由其进行实际处理的一切文字、符号、数字、图形等有意义的组合。因此，被告人陈某某将广西防震减灾网的计算机服务器上的 D 盘文件全部删除，就等于删除了计算机存储、处理或传输的数据。

同时，《计算机信息系统安全保护条例》第 2 条规定：计算机信息系统是指计算机及其相关的和配套的设备、设施（含网络）构成的，按照一定的应用目标和规则对信息进行采集、加工、存储、传输、检索等处理的人机系统。由此可以认为，广西防震减灾网作为对

地震信息进行采集、加工、存储、传输、检索等处理的人机系统，本质上仍然属于计算机信息系统的一部分，而且被告人陈某某将广西防震减灾网的计算机服务器上的 D 盘文件全部删除曾导致广西民众在"5·12"汶川地震后，一度无法从官方渠道掌握正确的防震减灾信息，严重扰乱了社会秩序。因此，被告人删除、修改广西防震减灾网信息数据、删除网站服务器 D 盘文件的行为构成了破坏计算机信息系统罪。

综上，在被告人陈某某同时构成编造、故意传播虚假恐怖信息罪与破坏计算机信息系统罪两罪的情况下，由于被告人只实施了一个行为，由此可见，属于想象竞合犯，应当从一重处罚，由此可见，对于本案以破坏计算机信息系统罪是恰当的。

第三十章 网上传播淫秽物品行为的定性

[典型判例] 荣某传播淫秽物品牟利案

案由：传播淫秽物品牟利

基本案情：被告人荣某利用含淫秽内容的网站"地狱之爱"论坛 mysql 数据库以及从网上下载的论坛 PHP 网页源程序组合成完整的论坛网站，并对论坛的部分标志图片进行了修改后，上传到网页服务器。2004 年 3 月 27 日，被告人荣某以化名向四清在北京新网互联科技有限公司购买了域名，并将该域名指向网页服务器的 IP，供上网用户进行浏览，并提供会员注册服务，从而建立了"性福天堂"网站。"性福天堂"是一种论坛性质的淫秽网站，被告人荣某在该网站中设立的版区中有十一个淫秽版区。被告人荣某以论坛管理员 ID king5859 的身份，在网站上发布了招聘版主的帖子，并从版主中提升金锐、周瑜（均另案处理）等人为系统管理员，协助其管理"性福天堂"网站。自 2004 年 3 月 27 日"性福天堂"网站建立至案发被关闭，被告人荣某建立的网站共发展会员 63863 名；利用 FTP 站点对外进行传播的电影中含淫秽电影 427 个；在天津市民政局低保网页服务器上有淫秽电影 139 个，淫秽图片文件 1912 个、长篇淫秽小说 7 篇、淫秽小说 8 篇，原创小说 10 篇；部分淫秽信息的点击量为 11 万余次；通过传播淫秽电子信息牟利人民币 1750 余元。

判案理由：承审法院认为，被告人荣某以牟利为目的，明知是淫秽物品而制作、复制并进行传播，其行为构成制作、复制、传播淫秽物品牟利罪。公诉机关指控的基本事实清楚，证据确实充分，依法应予确认。被告人荣某利用互联网制作、复制、传播电影视频文件数量及以会员制方式传播淫秽电子信息、注册会员的人数，均属情节特别严重；其还在互联网上制作、复制、传播具体描绘不满十八周岁未成年人性行为的淫秽电子信息以及明知是具体传播具体描绘不满十八周岁未成年人性行为的淫秽电子信息而在自己所有的网站上提供直接链接，依法均应从重处罚。

定案结论： 湖北省汉江中级人民法院认定被告人荣某犯制作、复制、传播淫秽物品牟利罪，判处有期徒刑 15 年，并处罚金人民币 10000 元（刑期自判决执行之日起计算，判决执行以前先行羁押的，羁押 1 日折抵刑期 1 日，即自 2004 年 6 月 13 日起至 2019 年 6 月 12 日止；罚金自判决生效起 30 日内交纳）。提取在案的被告人荣某供犯罪使用的电脑硬盘、银行卡及非法所得予以没收。①

［学理简析］ 网络为传统的制作、贩卖、传播淫秽物品犯罪提供了技术支持和崭新的平台，淫秽物品犯罪在网络空间中可谓是"如鱼得水"，不仅传统的犯罪行为获取了更加充裕的犯罪资源，还滋生了诸多的新型犯罪行为，网络对于淫秽物品犯罪而言不仅具有工具性的意义，制作、传播淫秽物品犯罪活动已然同网络自身所具有的特性紧密地融合在一起。网络制作、传播淫秽物品犯罪在犯罪方式上首先表现为传统犯罪活动的复制，所有的传统淫秽物品犯罪活动都可以通过网络进行，可以说传统淫秽物品犯罪实现了向网络空间的全部移植，网络已经成为淫秽物品犯罪的重要平台，而随着网络的不断普及和深化，网络将成为淫秽物品犯罪的最为主要的平台。

荣某案作为典型的利用网络制作、复制、传播淫秽物品牟利犯罪案件，对于今后司法实践中同类案件的定性具有一定的借鉴意义。荣某案主要涉及传播淫秽物品牟利罪的定性与量刑问题，本章将对网络

---

① 案例内容参见：湖北省汉江市中级人民法院刑事判决书（2004）汉刑初字第 055 号。

传播淫秽物品牟利罪的认定及其帮助行为的司法评价进行探讨。

一、网上制作、复制、传播淫秽物品牟利行为的定性思路

网上传播淫秽物品的行为一般表现为上传淫秽物品、下载淫秽物品和建立展示淫秽物品的超链接点。上传淫秽物品是指行为人通过网络将淫秽物品载入特定网站的行为。本案中，被告人荣某利用含淫秽内容的网站"地狱之爱"论坛 mysql 数据库以及从网上下载的论坛 PHP 网页源程序组合成完整的论坛网站，并对论坛的部分标志图片进行了修改，上传到网页服务器，荣某又从北京新网互联科技有限公司购买了域名，将域名指向网页服务器的 IP，供上网用户进行浏览，并提供会员注册服务，从而建立了"性福天堂"网站。这一网站的创建本质上为被告人荣某传播淫秽物品进行牟利提供了工具和基地，而且被告人荣某在创建网站之后设立了十一个淫秽版区，构成了传播淫秽物品牟利罪的客观要件。

2004 年 9 月 6 日起施行的最高人民法院、最高人民检察院《关于办理利用互联网、移动通讯终端、声讯台制作、复制、出版、贩卖、传播淫秽电子信息刑事案件具体应用法律若干问题的解释》（以下简称《淫秽电子信息解释》）第 1 条规定：以牟利为目的，利用互联网、移动通讯终端制作、复制、出版、贩卖、传播淫秽电子信息，具有下列情形之一的，依照刑法第 363 条第 1 款的规定，以制作、复制、出版、贩卖、传播淫秽物品牟利罪定罪处罚。（1）制作、复制、出版、贩卖、传播淫秽电影、表演、动画等视频文件 20 个以上的；（2）制作、复制、出版、贩卖、传播淫秽音频文件 100 个以上的；（3）制作、复制、出版、贩卖、传播淫秽电子刊物、图片、文章短信息等 200 件以上的；（4）制作、复制、出版、贩卖、传播的淫秽电子信息，实际被点击数达到 10000 次以上的；（5）以会员制方式出版、贩卖、传播淫秽电子信息，注册会员达 200 人以上的；（6）利用淫秽电子信息收取广告费、会员注册费或者其他费用，违法所得 10000 元以上的；（7）数量或者数额虽未达到第（1）项至第（6）项规定标准，

但分别达到其中两项以上标准一半以上的；（8）造成严重后果的。本案中，被告人荣某在其创建网站上上传的淫秽电影等已经超过了《淫秽电子信息解释》规定的定罪数量，并以 VIP 会员缴费的方式进行牟利，使其浏览一般会员不能浏览的部分淫秽图片或电影，因而法院判处被告人荣某构成传播淫秽物品牟利罪的判决是正确的。

在解决网络制作、复制、传播淫秽物品牟利罪定性的基础上，还需要进一步明确网络空间中制作、传播淫秽物品罪"情节严重"的评价标准等问题。实际上，传统淫秽物品犯罪中网络因素的介入改变了传统犯罪行为的量化标准，例如，以点击量作为传播淫秽物品犯罪的定量因素等等。

《淫秽电子信息解释》第 2 条规定：实施第一条规定的行为，数量或者数额达到第 1 条第 1 款第（1）项至第（6）项规定标准 5 倍以上的，应当认定为刑法第 363 条第 1 款规定的"情节严重"；达到规定标准 25 倍以上的，应当认定为"情节特别严重"。本案中，被告人荣某利用 FTP 对外进行传播的电影中含淫秽电影 427 个，淫秽图片文件 1912 个、长篇淫秽小说 7 篇、情色淫秽小说 8 篇，原创小说 10 篇，淫秽信息的浏览量为 11 万余次。法院以此为依据将被告人荣某利用互联网制作、复制、传播电影视频文件数量及以会员制方式传播淫秽电子信息、注册会员的人数，认定为情节特别严重，为今后司法实践过程中对于此类案件量刑情节的认定提供了参考依据。

二、搜索引擎恶意链接淫秽物品信息的行为

网络淫秽物品犯罪离不开信息的共享和传输，无论是淫秽物品信息本身还是提供淫秽物品服务的信息，只有通过网络向整个社会传播，才能达到网络淫秽物品犯罪的预期效果，实现犯罪分子的犯罪目的。而在网络空间浩如烟海的信息当中，如何使一般公众获取犯罪分子所发布的信息，无疑是一个难题。搜索引擎起到了重要的桥梁作用，只要输入几个词汇，网络中的相关信息便显露出来。而实际上，搜索引擎在发展之初就同网络淫秽物品犯罪有着密切的联系，国内最

早的搜索引擎，如1996年的YAHOO，1997年国内的SOHOO，其搜索结构中，"SEX"和XXX主体字的搜索占了很大的比例。而近几年来，国内的三大搜索引擎服务提供商百度、谷歌、搜狗也多次因其链接的淫秽物品信息泛滥而被媒体曝光。

实际上，绝大部分网络淫秽物品犯罪信息的传播和获取，都是依靠搜索引擎来进行的，对于搜索引擎链接内容进行控制，可以有效地遏制网络淫秽物品犯罪信息的传播，因此应当通过行政立法等法律手段，对搜索引擎厂商的义务进行明确的规定，尽量减少淫秽物品犯罪信息的链接，对于未能有效进行内容控制的，予以一定的行政处罚。然而，对于某些明知自己链接的内容含有大量的淫秽物品信息，为吸引网民使用自己的搜索引擎获得市场占有率而故意链接的行为，已然属于恶意链接，此种恶意链接整合了大量的零散的淫秽物品信息，实质上链接服务商自身已经成为一个巨大的淫秽物品信息网站，具有严重的社会危害性，对于此类行为仅仅给予行政处罚已然是不够的，应当给予刑法上的评价。然而，对于此类搜索引擎恶意链接淫秽物品信息的行为，由于它仅提供链接，本身并不包含任何淫秽物品信息，难以单独入罪，而以共犯处理，则必须进行主观上的意思联络和客观共同犯罪行为的认定，要依赖于上传淫秽物品信息的犯罪实行行为者的行为构成犯罪这一前提，因此，在认定上往往存在着巨大的现实障碍。

三、网上为传播淫秽物品提供服务、帮助行为的定性思路

网络的技术性特征，决定了网络空间中的犯罪活动，必须具备一定的网络技术支持。对于网络淫秽物品犯罪而言，大多数犯罪分子本身并不具有特别高超的网络技术，而是通过专门的网络服务者的行为，获得实施网络淫秽物品犯罪所需的技术支持。网络服务提供者的行为往往成为网络淫秽物品犯罪的关键，例如在网络中获取合适的存储空间，作为传播淫秽信息的平台，是传播淫秽物品犯罪首要也是最

为重要的步骤，获得合适的平台后只要上传淫秽信息即可完成犯罪活动。因此，打击网络淫秽物品犯罪活动，必须扩展到网络淫秽物品犯罪的网络服务提供行为，对于故意为网络淫秽物品犯罪提供网络技术帮助的行为，其危害性较之一般的网络淫秽物品犯罪更为严重。因为网络的无限复制性和传输的便捷性，可以轻易地实现一对多的帮助，网络技术帮助行为可以同时对无限多个网络淫秽物品违法犯罪活动进行帮助，这是网络淫秽物品犯罪泛滥的重要原因，因此，应当通过刑法来对此类职业化的技术服务和帮助行为进行严厉打击，但是，由于网络技术服务提供者的行为本质上属于帮助行为，并没有直接实施网络淫秽物品犯罪行为，所以依照现行的刑法制裁体系，只能以帮助犯进行刑法制裁，这在实际操作中同样存在着巨大的现实困难。

　　网络空间的开辟使犯罪行为总量激增，尤其是推动了共同犯罪的增长。导致此种现象的根本原因在于，在网络空间中实施犯罪通常需要一定的计算机和网络技术支持，即传统犯罪在扩张到网络场域中时，必须要面对网络所设置的技术门槛，因此网络中的犯罪大多存在着"技术上的帮助犯"，这些"技术上的帮助犯"的行为方式多种多样，可以是提供病毒、木马软件的行为，也可以是提供网站域名、存储空间的行为，还可以是提供软件漏洞、系统后门的行为，总之"技术上的帮助犯"泛指所有对网络空间中犯罪行为提供计算机和网络方面技术支持的行为人。此类信息技术上的帮助行为是网络空间中犯罪行为存在和泛滥的主要原因。网络空间中的生存需要技术，离开技术支持，犯罪分子在网络空间中寸步难行，此类对于犯罪的技术支持行为理应是刑法评价和制裁的重点。然而，此类"技术上的帮助犯"并不能等同于传统刑法共同犯罪理论中的帮助犯，此类"技术上的帮助犯"可能在主观上和接受帮助的对象之间并无意思联络，例如，在网络空间中发布木马软件的行为，其行为在客观上对于利用该木马软件实施网络攻击的犯罪人起到了重要的帮助作用，但是，发布木马软件的行为人和实施网络攻击的行为人之间可能从未联络过，也永远不会发生实际的犯意交流和意思联络。此外，更为关键的是，提供技术上的帮助和支持行为，可以充分发挥网络的"聚拢效应"，使得本来散布在网络空间中的一般违法行为的轻微的社会危害性被急剧地放大，例如，本书章节前面提过的搜索引擎的恶意链接行为，由于其所帮助的一般违法行为可能并不会构成犯罪，因此，它本身也就无法成为被帮助行为的共犯。

刑法理论上近年来开始思考"共犯行为的正犯化解释"，而且已经得到了司法解释的认可。具体而言，就是将网络空间中此类表象上属于犯罪行为的帮助犯、实质上已然具有独立性的"技术上的帮助犯"扩张解释为相关犯罪的实行犯，即不再依靠共同犯罪理论对其实现评价和制裁，而是将其直接视为"正犯"，直接通过刑法分则中的基本的犯罪构成要件进行评价和制裁，从而有效地解决在共同犯罪范畴中难以有效评价的技术性帮助行为。

客观地讲，关于淫秽物品的司法解释是最先开始遵循这一思路的司法文件。2010 年初，最高人民法院、最高人民检察院《关于办理利用互联网、移动通讯终端、声讯台制作、复制、出版、贩卖、传播淫秽电子信息刑事案件具体应用法律若干问题的解释（二）》（以下简称《关于淫秽电子信息解释（二）》）规定：其一，"利用互联网建立主要用于传播淫秽电子信息的群组，成员达三十人以上或者造成严重后果的，对建立者、管理者和主要传播者，依照刑法第三百六十四条第一款的规定，以传播淫秽物品罪定罪处罚。……"。其二，"以牟利为目的，网站建立者、直接负责的管理者明知他人制作、复制、出版、贩卖、传播的是淫秽电子信息，允许或者放任他人在自己所有、管理的网站或者网页上发布，具有下列情形之一的，依照刑法第三百六十三条第一款的规定，以传播淫秽物品牟利罪定罪处罚……"。其三，"网站建立者、直接负责的管理者明知他人制作、复制、出版、贩卖、传播的是淫秽电子信息，允许或者放任他人在自己所有、管理的网站或者网页上发布，具有下列情形之一的，依照刑法第三百六十四条第一款的规定，以传播淫秽物品罪定罪处罚……"。其四，"电信业务经营者、互联网信息服务提供者明知是淫秽网站，为其提供互联网接入、服务器托管、网络存储空间、通讯传输通道、代收费等服务，并收取服务费，具有下列情形之一的，对直接负责的主管人员和其他直接责任人员，依照刑法第三百六十三条第一款的规定，以传播淫秽物品牟利罪定罪处罚……"。

认真分析上述司法解释所确立的定罪规则可以发现，该解释对于"互联网群组的建立者和管理者"、"网站建立者和直接负责的管理者"、"电信业务经营者和互联网信息服务提供者"这三类传播淫秽物品行为的网络技术支持的提供者，直接作为传播淫秽物品罪、传播淫秽物品牟利罪的实行犯加以评价和制裁，不再考虑其所帮助的、实际在网络中传播淫秽物品的行为人是否构成犯罪的问题，不再以传播淫秽物品罪、传播淫秽物品牟利罪的共犯来对相关的技术帮助行为进行定性评价，从而在司法上减少了繁琐的、对于具体传播淫秽物品行为加以认定的步骤，能够更为有效地评价和制裁危害性更大的传播淫秽物品的网络技术帮助行为，这显然是遵循了"共犯行为的正犯化解释"的整体思路。

应当强调指出的是，上述司法解释的解决问题的思路，是最高司法机关对于理论创新的认可，是一种全新的定罪思路。按照这一思路，对于四种类型的传播淫秽物品的网络技术支持行为，不再以共犯定性，而直接作为传播淫秽物品罪、传播淫秽物品牟利罪的实行行为进行制裁，从而在司法上减少了繁琐的、对于具体传播淫秽物品行为加以认定和评价的步骤，能够更为有效地评价和制裁危害性更大的传播淫秽物品的网络技术帮助行为。《淫秽电子信息解释（二）》将实质是属于传播淫秽物品犯罪帮助行为的网站建立者、直接负责的管理者、电信业务经营者、互联网信息服务者的行为解释为传播淫秽物品犯罪的实行行为，而不是像通过投放广告等方式向其直接或者间接提供资金，或者提供费用结算服务的行为那样，依然要依附于传播淫秽物品犯罪的实行行为。依照《淫秽电子信息解释（二）》的思路，同样也可以将其他网络淫秽物品犯罪的帮助行为，解释为网络淫秽物品犯罪的实行行为，从而避免司法实践中对于其他网络淫秽物品犯罪帮助行为刑法评价的不足。

图书在版编目（CIP）数据

网络犯罪的裁判经验与学理思辨/于志刚，于冲著.
—北京：中国法制出版社，2013.5
　（法学格致文库系列）
　ISBN 978 - 7 - 5093 - 4511 - 5

　Ⅰ.①网… Ⅱ.①于… ②于… Ⅲ.①计算机犯罪 - 研
究 - 中国 Ⅳ.①D924.364

中国版本图书馆 CIP 数据核字（2013）第 069909 号

策划编辑/刘　峰（52jm.cn@163.com）　　责任编辑/杨　智　　封面设计/蒋云羽

网络犯罪的裁判经验与学理思辨
WANGLUO FANZUI DE CAIPAN JINGYAN YU XUELI SIBIAN

著者/于志刚　于冲
经销/新华书店
印刷/三河市紫恒印装有限公司

开本/640×960 毫米 16　　　　　　　　印张/ 24.5　字数/ 311 千
版次/2013 年 5 月第 1 版　　　　　　　2013 年 5 月第 1 次印刷

中国法制出版社出版

书号 ISBN 978 - 7 - 5093 - 4511 - 5　　　　　　　　定价：56.00 元

北京西单横二条 2 号　邮政编码 100031　　　　　　传真：66031119
网址：http://www.zgfzs.com　　　　　　编辑部电话：66038703
市场营销部电话：66033393　　　　　　邮购部电话：66033288